AF245141

Volume II

Le français autour de nous

La francophonie aux États-Unis : héritage et perspectives d'avenir

Sous la direction de
Kathleen Stein-Smith et Fabrice Jaumont

CALEC - TBR Books
New York – Paris

TBR Books est un programme du Centre pour l'avancée des langues, de l'éducation et des communautés (CALEC). Nous publions les travaux de chercheurs et de professionnels souhaitant toucher des publics variés sur des sujets liés à l'éducation, aux langues, à l'histoire culturelle et aux initiatives sociales.

CALEC – TBR Books
750 Lexington Avenue, 9th Floor
New York, NY 10022
USA
www.calec.org | contact@calec.org

Illustration de couverture © bgstock72 via Canva (One-design use license)
Conception de la couverture © Nathalie Charles
Titre original : *French All Around Us. Exploring the Legacy and Future of Francophonie in the USA* (2025)

Traduction de l'anglais : Toscane Landréa

ISBN 978-1-63607-569-3 (Broché)
ISBN 978-1-63607-581-5 (Relié)
ISBN 978-1-63607-469-6 (livre électronique)
Library of Congress Control Number: 2026937295

TABLE DES MATIÈRES

Éloges

Cet ouvrage, au contenu varié, offre un regard neuf et éclairant sur les paysages de la francophonie en Amérique. En mettant en avant la résilience et la créativité des communautés, de la Rust Belt à la Louisiane, ces récits montrent que le français, sous toutes ses formes, est bien plus qu'une langue parlée en Europe ou dans les salles de classe : c'est un outil dynamique favorisant les échanges, le développement identitaire et l'épanouissement. Il s'agit d'une lecture essentielle pour les pédagogues, les chercheurs et tous les amoureux de la diversité linguistique et culturelle.

—Pr. Teboho Moja, Université de New York

Ayant passé des années à mener des recherches sur les grandes évolutions historiques de l'enseignement du français aux États-Unis, je trouve cette nouvelle collection particulièrement éclairante. Les chapitres démontrent que, loin d'être une relique, le français reste une langue vivante qui imprègne les histoires familiales, l'activisme communautaire et l'innovation pédagogique. Cet ouvrage à la fois captivant et indispensable enrichira le débat sur notre héritage linguistique commun.

—Dre Jane Ross, autrice de Deux siècles d'enseignement français à New York

En tant que directrice de l'École Bilingue, j'ai pu constater à quel point la langue française suscite la curiosité, l'empathie et la créativité chez les élèves. *Le français autour de nous* réaffirme ce pouvoir, en offrant un aperçu éclairant des communautés, des salles de classe et des espaces culturels où le français continue de vivre et d'inspirer. Ce livre témoigne à la fois de l'héritage durable et de la pertinence moderne du français dans la vie américaine.

—Darcey Hale, ancienne directrice, Lycée international de Boston

Remerciements

Nous tenons à exprimer notre plus profonde gratitude à tous ceux qui ont soutenu et contribué à ce projet. Tout d'abord, nous remercions les auteurs des chapitres, dont les récits variés et inspirants ont donné vie à cet ouvrage. Chaque chapitre reflète de façon unique le lien fort qui les unit à la langue française et à la culture francophone, que ce soit à travers des histoires personnelles sur le fait d'avoir grandi au sein d'une famille francophone ou à travers les témoignages d'enseignants de français dévoués qui valorisent la langue et soutiennent les élèves et les communautés. Ce deuxième tome s'appuie sur les fondements du premier et réunit des voix familières ainsi que de nouvelles perspectives qui élargissent nos horizons. La rencontre de ces voix crée un récit captivant qui souligne la richesse de la langue et de la culture françaises. Lire les deux volumes permet une immersion approfondie dans l'histoire du français autour de nous, offrant une compréhension plus riche du monde francophone et de sa place dans nos vies, que nous parlions le français comme langue d'héritage ou comme compétence acquise.

Le titre de ce livre rappelle que les récits qu'il renferme s'adressent à ceux d'entre nous qui ont des ancêtres français, à ceux qui parlent le français comme langue d'héritage et même à ceux qui ont appris le français à l'école. Ces chapitres nous invitent à nous reconnecter avec nos souvenirs d'enfance, notre histoire familiale et notre perspective culturelle, tout en nous ouvrant à une nouvelle compréhension de nous-mêmes et des autres. Il convient de reconnaître que le français, langue maternelle de millions d'Américains et langue d'héritage pour des millions d'autres, joue un rôle mondial essentiel au sein des Nations Unies et de nombreux autres forums internationaux. Plus près de chez nous, la langue française et la culture francophone continuent de s'épanouir parmi des familles, des communautés et des individus dans l'ensemble des États-Unis et de l'Amérique du Nord. Le dynamisme continu du monde francophone, tel qu'il se reflète dans les communautés en ligne, les réseaux sociaux et les programmes éducatifs, prouve que la langue et la culture françaises aux États-Unis ont un avenir prometteur. Les récits de ce livre sont ancrés dans l'importance personnelle du français et reflètent le contexte plus large du multilinguisme aux États-Unis et au-delà. Ils nous rappellent la valeur de toutes les langues et cultures et la nécessité de tisser des liens grâce au bilinguisme et au biculturalisme.

Nous souhaitons également remercier chaleureusement chacun de nos contributeurs, dont l'expertise, la passion et la collaboration ont donné forme à cet ouvrage : Eileen M. Angelini, Valérie Barrau-Ogereau, Timothy Beaulieu, Joseph Bolton, Claire-Marie Brisson, Monique Martineau Cairns, Megan Diercks, Hamza Djimli, Elcie Douce, Rebecca Fortgang, Frédérique Grim, Jessamine Irwin, Emmanuel Kayembe, Melody Keilig, Sophie Kerman, Patrick Lacroix, Camden Martin, Jesse Martineau, Franck Mounier, Jonathan Olivier, Jerry L. Parker, Steven J. Sacco, Jennifer Schwester, Rebecca P. Sewall, Maya Angela Smith, Jasmine Grace St. Pierre, Marguerite Tabusse, Bertrand Tchoumi, Scott Tilton, John Tousignant, Joëlle Vitiello.

Nous remercions également chaleureusement l'Organisation internationale de la Francophonie d'avoir soutenu la traduction de ce volume. Nous tenons tout particulièrement à exprimer notre gratitude à l'ambassadeur Michel Xavier Biang, qui a rédigé la préface de ce livre, ainsi qu'à Ifigeneia Kontoleontos pour sa postface et son soutien inestimable. Nos remerciements s'adressent également à toute l'équipe de l'OIF, Patricia Herdt, Rotane Khaled, Joseph Nkalwo Ngoula, Juliette Anne et Nidia Buick, pour leur contribution. Nous souhaitons aussi exprimer notre profonde reconnaissance pour le soutien indéfectible du Centre pour l'avancée des langues, de l'éducation et des communautés, ainsi qu'à son conseil d'administration, à son conseil consultatif et à l'ensemble de ses membres à travers le monde. L'équipe de CALEC a travaillé sans relâche à la préparation de ce manuscrit en vue de sa publication, et nous leur sommes profondément reconnaissants de leur engagement. Nous adressons également un immense merci à Toscane Landréa pour la qualité de cette traduction. Cette collaboration entre les auteurs, les éditeurs et les communautés impliquées illustre le caractère vivant et continu de la francophonie en Amérique, une histoire qui, nous l'espérons, continuera d'inspirer les pédagogues, les militants et les acteurs culturels pour les années à venir.

— Kathleen Stein-Smith et Fabrice Jaumont

Préface

*Son Excellence Michel Xavier Biang, Ambassadeur,
Représentant permanent de l'Organisation internationale de la
Francophonie auprès des Nations Unies à New York*

La langue française est une langue de mobilité, de transmission et de création. Elle traverse les frontières, se transforme au contact des cultures et s'enrichit de celles et ceux qui la font vivre au quotidien. *Le français autour de nous* (Volume 2) capte et documente cette dynamique en mettant en lumière une réalité encore méconnue : celle d'une francophonie vivante, plurielle et profondément ancrée aux États-Unis.

À travers les contributions réunies dans cet ouvrage, le lecteur découvre une mosaïque de parcours, d'histoires et de voix qui témoignent de la présence durable du français sur le territoire américain. De New York à la Louisiane, du Maine à la Rust Belt, et bien au-delà en Floride et en Californie, le français, héritage de migrations anciennes, langue de transmission familiale, outil d'expression artistique, vecteur d'éducation et de dialogue interculturel, apparaît ici non pas comme une langue figée, mais comme une langue pleinement inscrite dans la vie sociale, culturelle et intellectuelle des communautés qui la portent.

L'Organisation internationale de la Francophonie se réjouit de la publication de cette traduction française. Forte de sa présence institutionnelle ancrée dans les Amériques, l'OIF défend activement le rang de la langue française dans les enceintes internationales, notamment à travers sa Représentation auprès des Nations unies à New York, dont le plaidoyer s'inscrit plus largement dans la promotion du multilinguisme comme pilier fondamental de la gouvernance internationale. Par ailleurs, la Représentation de l'OIF pour les Amériques, basée au Québec, œuvre sans relâche au rayonnement de la langue française et des cultures francophones sur l'ensemble du continent. Elle abrite l'Observatoire de la langue française, qui publie tous les quatre ans le *Rapport sur la langue française dans le monde*, référence incontournable en matière de données statistiques et d'analyses sur les locuteurs du français à l'échelle mondiale. Ce rapport met en lumière l'évolution, la vitalité et la dynamique de la langue française dans l'espace francophone et bien au-delà de ses frontières.

Les actions diplomatiques et académiques récentes menées par l'OIF au Chili et au Costa Rica illustrent cette dynamique d'ouverture et de rayonnement. Elles ont permis de toucher de nouveaux publics, marqués par un engouement croissant pour la langue française, ainsi que de jeunes diplomates polyglottes pour lesquels le français constitue à la fois un outil professionnel, un vecteur d'influence et un espace de dialogue interculturel. La Francophonie veille également à assurer sa présence numérique, en menant des actions ambitieuses pour améliorer la découvrabilité des contenus culturels francophones, garantir la diversité linguistique et culturelle et renforcer la place du français dans l'environnement numérique mondial.

Au-delà de sa dimension culturelle et identitaire, *Le français autour de nous* met en lumière la portée économique de la langue française, en particulier pour la jeunesse. Dans un monde globalisé et interconnecté, la maîtrise du français représente un atout stratégique pour l'employabilité, la mobilité professionnelle et l'accès à des réseaux économiques internationaux. Langue de travail de nombreuses organisations internationales et langue d'échanges sur plusieurs continents, le français ouvre des perspectives concrètes dans les domaines de la diplomatie, des affaires, de l'innovation, de la culture et de l'entrepreneuriat. Pour les jeunes générations, notamment au sein des communautés francophones minoritaires, le plurilinguisme est un levier essentiel d'inclusion et de développement économique pour l'avenir.

Le précieux travail réuni dans cet ouvrage invite à penser la francophonie comme un projet résolument tourné vers l'avenir. Les années à venir seront celles d'une francophonie économique et numérique, portée par une jeunesse créative et engagée, consciente que la langue française constitue à la fois un héritage commun et un formidable moteur d'innovation, de dialogue et de développement. Que cette traduction française permette aux lectrices et lecteurs de mesurer la richesse de ces parcours francophones et d'y trouver une source d'inspiration pour continuer à faire vivre, ensemble, une francophonie ouverte, inclusive, décomplexée et pleinement inscrite dans le monde contemporain.

Introduction
Kathleen Stein-Smith et Fabrice Jaumont

France. Canada. Haïti. Sénégal. Louisiane. Nouvelle-Angleterre. La Rust Belt. Les salles de classe et les rues des villes américaines. Chacun de ces mots évoque un panorama de lieux et d'expériences, ajoutant un trait singulier au portrait complexe de la vie américaine. Des premières colonies aux diverses migrations venues d'Afrique, des Caraïbes et d'autres régions francophones, la langue française et la richesse de ses expressions culturelles se sont entremêlées au tissu même des États-Unis. *Le français autour de nous : la francophonie aux États-Unis, héritage et perspectives d'avenir* se présente comme une célébration de cette influence durable, un ouvrage qui rassemble enjeux historiques, récits personnels, engagements communautaires et innovations créatives afin de révéler les multiples façons dont le français continue de façonner la vie américaine.

Dans un pays que l'on suppose souvent uniformément anglophone, la présence persistante et la croissance du français témoignent d'une diversité résiliente qui défie les présupposés conventionnels. Au fil des siècles, le français s'est progressivement éloigné de ses origines coloniales : il a été maintenu, réinventé et enrichi par des communautés venues d'Afrique, des Caraïbes, du Québec, de l'Acadie et d'ailleurs. Des réseaux culturels solides, des écoles bilingues, des initiatives diasporiques et des projets locaux ont ainsi joué un rôle déterminant dans sa préservation, faisant du français à la fois un héritage précieux et un outil dynamique au service de l'expression créative et du lien social. À mesure que les horizons mondiaux s'élargissent sous l'effet des rapides avancées technologiques et que les communautés locales font face à des défis en constante évolution, comprendre cette francophonie plurielle ne relève plus d'un simple objectif académique, mais d'un impératif culturel urgent, touchant à tous les aspects de la vie publique et privée.

Cet attachement à la langue française et, plus largement, au monde francophone fait écho à deux concepts étroitement liés : la franco-responsabilité et le franco-activisme. Ensemble, ils mettent en lumière la manière dont les communautés francophones américaines, ainsi que les francophones du monde entier, continuent de préserver, d'enrichir et de défendre leur héritage linguistique. La franco-responsabilité renvoie au sentiment de responsabilité partagée qu'éprouvent les francophones à l'égard de la préservation et de la promotion de la langue française et des expressions culturelles qui l'accompagnent. Elle implique à la fois la fierté d'un héritage commun et l'engagement à en assurer la vitalité pour les générations futures. Le franco-activisme, quant à lui, traduit ce sens des responsabilités en un engagement concret et proactif : organisation d'événements culturels, mise en œuvre d'initiatives politiques, promotion de l'éducation bilingue et création d'alliances communautaires valorisant le français comme une force vivante et dynamique. Envisagés à travers le prisme de la franco-responsabilité et du franco-activisme, les récits réunis dans cet ouvrage offrent des perspectives porteuses d'espoir et permettent de mieux saisir les rôles du français à l'échelle locale et mondiale. Ils montrent que la langue n'est pas seulement préservée, mais qu'elle est continuellement adaptée pour répondre aux besoins et aux aspirations contemporains.

Cet ouvrage se présente comme une tapisserie d'histoires et de thèmes, où chaque chapitre apporte un fil essentiel à un récit plus vaste, reliant le passé au présent, l'histoire à l'actualité. Plusieurs essais nous invitent à revisiter les premières colonies françaises, où explorateurs, missionnaires et colons ont semé les graines d'un héritage linguistique devenu une force culturelle distinctive. Des analyses des églises franco-américaines dans les villes industrielles, ainsi que les récits ancestraux des communautés de la Rust Belt, révèlent comment les événements historiques ont façonné des mémoires intergénérationnelles, préservées dans des espaces sacrés, des rituels communautaires et des célébrations festives. Ces contributions rappellent que, malgré les migrations industrielles et les transformations urbaines et démographiques, l'héritage du français demeure une composante essentielle de l'identité locale et de la mémoire collective.

Au-delà de ces fondements historiques, l'ouvrage explore les expériences diasporiques des communautés francophones, offrant une vision multidimensionnelle de l'évolution du français dans de nouveaux contextes. Les récits des diasporas haïtienne, sénégalaise et d'autres communautés africaines mettent en lumière les liens complexes entre préservation linguistique, adaptation culturelle et résilience face au changement. Ils montrent également comment le français et ses variantes s'inscrivent dans des enjeux contemporains, identités ethniques, politiques migratoires, justice sociale, au sein de divers espaces urbains américains. À travers les témoignages d'acteurs culturels et d'organisateurs communautaires, le lecteur est invité à envisager le français non comme une relique figée du passé, mais comme une langue vivante, en constante évolution au gré des migrations et des initiatives locales. À bien des égards, ces récits constituent un microcosme de l'expérience américaine elle-même : un processus dynamique de recomposition culturelle, où les identités se redéfinissent sans cesse.

L'éducation s'impose comme un thème central et récurrent tout au long de l'œuvre. Des pédagogues et des acteurs communautaires décrivent avec précision la réalité des programmes bilingues, allant de projets immersifs en maternelle à des formes innovantes de promotion des langues à l'université, montrant que la valorisation du français nourrit la fierté, le sentiment d'appartenance et la vitalité intellectuelle. Chaque parcours éducatif apparaît ainsi non comme un simple transfert de connaissances, mais comme un processus transformateur où se rencontrent héritage culturel et aspirations contemporaines. La salle de classe n'est plus seulement un lieu d'apprentissage passif, mais un espace dynamique où le patrimoine francophone est activement réinterprété et revitalisé pour chaque nouvelle génération. Dans les cadres scolaires formels comme dans les ateliers communautaires informels, ces initiatives éducatives permettent au français de demeurer une langue vivante, capable d'inspirer les générations futures à la fois à valoriser et à enrichir leur héritage culturel.

Les arts créatifs mettent en lumière la vitalité et le dynamisme de la francophonie aux États-Unis. L'expression artistique, qui prend de multiples formes, des danses folkloriques haïtiennes à la poésie franco-américaine, en passant par les paysages musicaux en constante évolution de la Nouvelle-Orléans, du jazz, du zydeco et de la pop créolisée, constitue un puissant vecteur par lequel les communautés affirment leur identité et célèbrent leur empreinte culturelle singulière. Ces œuvres témoignent d'une réinvention continue des traditions francophones, auxquelles elles donnent des formes nouvelles, capables de résonner auprès de publics à la fois locaux et internationaux. Les arts visuels, le spectacle vivant, la littérature et la musique racontent chacun une part de cette histoire globale, mettant en évidence l'adaptabilité et l'esprit d'innovation qui permettent à la langue de demeurer pertinente à travers les siècles et les continents.

Parallèlement, l'ouvrage met en lumière le rôle essentiel de l'engagement communautaire et de la promotion du bilinguisme dans la préservation du français en Amérique. Dans des quartiers marqués par une grande diversité, des enclaves historiques de la Nouvelle-Angleterre aux paysages en perpétuelle transformation de la Rust Belt, centres communautaires, festivals culturels et initiatives locales œuvrent activement à la défense des droits linguistiques et au développement du dialogue interculturel. Ces dynamiques montrent que le français dépasse largement les salles de classe et les scènes artistiques : il devient un véritable levier de mobilisation sociale, de cohésion communautaire et d'innovation dans les politiques publiques.

Qu'il s'agisse de défendre les droits linguistiques dans les établissements scolaires, de soutenir des projets liés au patrimoine culturel ou de relier le tourisme patrimonial au développement économique, les contributions réunies dans ce volume démontrent que le français constitue un outil puissant de création de liens et de renforcement de la résilience collective. Dans bien des cas, les initiatives militantes présentées révèlent comment l'engagement local peut servir de modèle à des transformations sociétales plus larges, rappelant que la préservation de la langue est indissociable des enjeux de justice sociale et d'équité.

Au-delà des défis actuels, cet ouvrage se tourne résolument vers l'avenir de la francophonie en Amérique. Plusieurs auteurs posent une question essentielle : comment encourager les jeunes générations à continuer de parler français dans un environnement largement anglophone ? En explorant le potentiel des nouveaux médias et des plateformes numériques, ils proposent des approches innovantes pour créer des ponts entre les communautés, reliant les traditions héritées aux réalités contemporaines. À mesure que le paysage démographique se transforme, avec la croissance des populations francophones d'origine africaine, des créolophones haïtiens et de nouvelles vagues d'immigration, ces réflexions dessinent des perspectives porteuses d'espoir pour bâtir un avenir culturel à la fois dynamique et inclusif. Les analyses réunies ici esquissent ainsi un avenir où le français ne se réduit pas à un héritage nostalgique, mais se réinvente sans cesse à travers l'expression créative, l'innovation technologique et le dialogue interculturel.

Fabrice Jaumont et Marguerite Tabusse ouvrent l'ouvrage en mettant en lumière la diversité et la richesse des communautés francophones à travers les États-Unis. En examinant les dynamiques migratoires et les données démographiques, ils révèlent le potentiel du français comme langue-passerelle entre des sphères sociales et professionnelles variées. Leur approche macro-analytique établit un cadre général qui conduit naturellement à des études plus ciblées et ancrées dans des contextes locaux. Dans cette continuité, Hamza Djimli explore le rôle déterminant des Alliances françaises dans le maintien et le rayonnement de la francophonie à travers le pays. En retraçant leur évolution historique, leurs missions et leurs initiatives, il montre comment ces institutions fonctionnent comme des pôles culturels et linguistiques capables de s'adapter aux transformations démographiques et aux besoins contemporains. À travers leurs actions en matière d'éducation, d'intégration sociale et de dialogue interculturel, il souligne que les Alliances françaises ne se contentent pas de préserver la langue, mais contribuent activement à façonner une francophonie vivante, inclusive et tournée vers l'avenir.

Jessamine Irwin se penche ensuite sur le Maine, mettant en lumière l'importance de l'histoire et des identités locales. Ses recherches révèlent que la résurgence du français dans cet État dépasse le cadre de l'enseignement traditionnel des langues pour s'inscrire dans une véritable démarche de réappropriation patrimoniale. En replaçant le français au cœur des pratiques culturelles et de l'héritage du Maine, elle approfondit la compréhension de la fierté linguistique et ouvre la voie à une exploration plus fine des identités francophones à l'échelle communautaire. Jerry L. Parker nous conduit ensuite en Louisiane, où il montre que le soutien au français ne relève pas uniquement d'un enjeu culturel, mais aussi d'une stratégie économique. Son analyse des politiques publiques met en évidence le rôle de la francophonie dans le développement de l'entrepreneuriat, la dynamisation des économies locales et le renforcement des partenariats internationaux. Cette perspective enrichit le propos en articulant identité culturelle et retombées concrètes.

Claire-Marie Brisson nous emmène dans la Rust Belt, région marquée par les transformations post-industrielles, où la réappropriation de l'identité francophone devient un levier de renouveau communautaire. Son étude montre comment ces communautés se réinventent en renouant avec leurs racines linguistiques, faisant émerger un espace dynamique d'apprentissage interculturel et de revitalisation sociale. Dans cette même dynamique, Frédérique Grim met en évidence le rôle central de la transmission intergénérationnelle : l'apprentissage des langues ne se limite pas à l'enfance, mais s'inscrit dans un continuum qui traverse les âges. En valorisant des initiatives destinées tant aux jeunes qu'aux aînés, elle montre que la transmission culturelle s'épanouit pleinement lorsqu'elle est portée collectivement à travers les générations.

Au-delà des dynamiques locales, Maya Angela Smith propose une analyse éclairante de l'expérience des immigrants sénégalais, remettant en question les définitions conventionnelles du terme « francophone ». Elle met en lumière la manière dont les traditions africaines s'entrelacent avec la langue et la culture françaises, donnant naissance à de nouvelles formes d'expression. Cette perspective élargie souligne le caractère évolutif de la francophonie en Amérique. Dans cette continuité, Bertrand Tchoumi offre des réflexions personnelles et pédagogiques sur la construction de l'identité bilingue à travers une approche éducative centrée sur l'Afrique. Son témoignage met en évidence la complexité du bilinguisme et montre comment une pédagogie culturellement ancrée peut renforcer à la fois l'autonomie des apprenants et les liens communautaires, articulant ainsi expérience individuelle et pratiques éducatives élargies. Enfin, Elcie Douce livre un récit profondément personnel qui entrelace ses racines haïtiennes avec un processus de réappropriation culturelle. Son témoignage, à la fois intime et représentatif, illustre la manière dont les trajectoires individuelles contribuent au tissu plus large de la francophonie américaine, rappelant que l'héritage personnel est indissociable de l'identité collective.

Revenant à la Louisiane, Jonathan Olivier examine l'émergence de nouveaux locuteurs du français. Son étude de cette langue minoritaire régionale met en évidence des évolutions démographiques et des initiatives éducatives innovantes qui laissent entrevoir un avenir prometteur pour le français dans l'État. Son analyse offre ainsi un contrepoint résolument optimiste, montrant la capacité d'adaptation constante de la langue face à des contextes changeants. Dans le prolongement de cette réflexion sur la jeunesse et l'évolution linguistique, Valérie Barrau-Ogereau s'intéresse aux contacts linguistiques entre enfants immigrés francophones. Ses recherches mettent en lumière les stratégies créatives par lesquelles ces enfants naviguent entre plusieurs univers linguistiques, soulignant le caractère profondément transformateur de l'apprentissage des langues en contexte migratoire et confirmant que la langue est une pratique vivante, en perpétuelle évolution. Emmanuel Kayembe établit ensuite un lien entre migration individuelle et réussite scolaire à travers le récit rétrospectif de son parcours, de l'Afrique à l'Amérique. Son témoignage relie les réseaux francophones mondiaux au champ en constante mutation des études francophones, illustrant comment la circulation de la langue et de la culture françaises dépasse les frontières et enrichit notre compréhension collective.

Timothy Beaulieu prolonge cette réflexion en appelant à une mobilisation collective, soulignant l'importance de la fierté culturelle comme fondement d'une communauté durable. Il plaide pour la mise en place de réseaux dynamiques et de projets collaboratifs visant à revitaliser les communautés locales, montrant que l'identité culturelle gagne en force lorsqu'elle est partagée et célébrée collectivement. Ajoutant une dimension complémentaire à cette analyse, Melody

Keilig examine le rôle de la culture visuelle et matérielle dans la transmission du patrimoine. Son travail met en évidence que l'art, la musique et le spectacle vivant ne constituent pas seulement des formes d'expression, mais aussi des incarnations vivantes de la tradition, capables d'honorer le passé tout en s'inscrivant dans l'avenir. Scott Tilton explore ensuite les traditions musicales, souvent méconnues, des communautés francophones. Ses recherches montrent comment musiciens et compositeurs francophones ont contribué à la richesse de la musique américaine, ajoutant une tonalité singulière à la diversité des identités culturelles du pays. Toujours dans le domaine musical et patrimonial, Eileen M. Angelini et Rebecca P. Sewall mettent en lumière la dimension architecturale du patrimoine franco-américain à travers l'étude des églises. Elles démontrent comment ces espaces sacrés, façonnés par un équilibre entre expression artistique et pragmatisme, servent de points d'ancrage à l'identité culturelle, préservant mémoires et traditions malgré les transformations des communautés environnantes. Enfin, les recherches généalogiques de Joseph Bolton nous reconnectent à la mosaïque complexe des héritages franco-canadiens. En soulignant l'importance des traditions orales, des objets familiaux et des récits personnels, son travail rappelle que la mémoire culturelle est à la fois une construction collective et une expérience profondément intime.

John Tousignant livre une réflexion émouvante sur la réappropriation de l'héritage, soulignant que redécouvrir ses racines culturelles constitue un cheminement continu, à la fois personnel et universel. Son récit prolonge les analyses précédentes en mettant en relief la dimension émotionnelle de la mémoire et de l'identité culturelles. Patrick Lacroix nous invite ensuite à reconsidérer le rôle des commémorations, montrant que les anniversaires historiques ne sont pas de simples repères temporels, mais des occasions privilégiées de renouer avec nos racines. Ses réflexions encouragent, en particulier chez les jeunes générations, un engagement renouvelé en faveur de la préservation du patrimoine et insufflent une nouvelle dynamique au récit collectif. Approfondissant cette réflexion sur l'interconnexion, Camden Martin propose de concevoir le monde francophone comme un archipel : un ensemble d'îles de langue, de mémoire et de solidarité, distinctes mais étroitement liées. Cette métaphore évocatrice souligne que, malgré leurs spécificités, les communautés francophones partagent des histoires et des aspirations communes.

Jesse Martineau et Monique Martineau Cairns évoquent quant à eux la permanence du rêve et du champ des possibles, en conjuguant réflexion personnelle et engagement public. Leur contribution rappelle avec force que l'avenir de la francophonie n'est pas prédéterminé, mais qu'il se construit à travers les aspirations et les actions de celles et ceux qui en portent le projet. Franck Mounier met en évidence la richesse de la synergie interculturelle dans l'évolution du français en Amérique. Il montre que l'articulation entre le français académique et les racines créoles régionales engendre un espace linguistique fécond, propice à l'émergence de nouvelles formes d'expression et d'innovation. À l'intersection de l'éducation et de l'économie, Steven J. Sacco et Megan Diercks analysent le rôle du financement et des modèles économiques innovants dans le développement des programmes de français dans l'enseignement supérieur. Leur étude souligne que le soutien à la francophonie dépasse la seule préservation culturelle, en contribuant également à la vitalité économique locale et au renforcement des partenariats internationaux. Jennifer Schwester apporte une dimension intime à cet ensemble par un récit introspectif de la francophilie au quotidien. Son témoignage illustre comment l'attachement à la langue et à la culture françaises peut s'épanouir dans des contextes inattendus, jusque dans le New Jersey, participant ainsi à l'élargissement et à l'inclusivité de la francophonie américaine.

Joëlle Vitiello et Sophie Kerman approfondissent le rôle fondamental de la conversation et du lien communautaire dans la transmission de l'héritage francophone. Leurs travaux rappellent que la langue ne se réduit pas à un simple outil de communication, mais constitue un vecteur vivant de relations humaines et de continuité culturelle à travers les Amériques. Rebecca Fortgang et Jasmine Grace St. Pierre partagent enfin leurs expériences de l'enseignement du français, mettant en lumière la manière dont les évolutions pédagogiques contemporaines renforcent les liens communautaires et ravivent la fierté culturelle. Leurs témoignages montrent que l'éducation se construit dans une interaction constante entre tradition et innovation, s'adaptant aux besoins des sociétés contemporaines.

Au terme de cette traversée, l'histoire du français en Amérique apparaît comme celle d'une persévérance, d'une créativité et d'un espoir renouvelés. Elle invite à repenser les possibles en embrassant la diversité culturelle et en œuvrant collectivement à la construction d'une société plus inclusive. L'héritage francophone, tel qu'il se déploie dans cet ouvrage, témoigne avec force que la langue, loin d'être confinée aux institutions ou aux mémoires du passé, imprègne la vie quotidienne de celles et ceux qui la font vivre, pour dire leur identité, transmettre leurs histoires et imaginer de nouveaux horizons culturels.

Bienvenue dans ce long voyage au cœur de la francophonie en Amérique. Puissent les idées, les visions et les récits personnels rassemblés dans ces pages vous inviter à explorer, à questionner et à célébrer la richesse linguistique et culturelle qui continue de s'épanouir à travers les États-Unis. Le français est présent dans chaque conversation, chaque salle de classe, chaque expression artistique et chaque rassemblement communautaire, s'adaptant, évoluant et inspirant sans cesse. C'est une langue qui nous relie à notre passé, nous donne les moyens d'agir dans le présent et nous ouvre les portes d'un avenir riche en possibilités créatives. À chaque page tournée, laissez les récits et les réflexions qu'elle renferme vous rappeler que l'héritage du français aux États-Unis n'est pas figé : il constitue une mosaïque vivante de voix, d'expériences et de rêves en constante évolution. Plongez dans ce voyage, rejoignez la conversation et faites entendre votre voix au sein de ce récit collectif et dynamique. C'est dans la rencontre entre histoire et possibles, entre mémoire et innovation, que réside la véritable force de la francophonie, une force qui continue de façonner l'expérience américaine et d'en redéfinir les contours, génération après génération.

1. La francophonie aux États-Unis : origines historiques, diversité culturelle et perspectives

Fabrice Jaumont et Marguerite Tabusse

Façonnés par des siècles d'immigration et de diversité, les États-Unis constituent une véritable mosaïque de cultures et de langues. Parmi les nombreuses communautés linguistiques qui composent ce paysage, celle des francophones occupe une place à la fois singulière et significative. Leur présence enrichit la vie culturelle du pays, portée par une histoire ancienne et des traditions toujours vivantes, qui en perpétuent l'héritage linguistique et culturel. Des premières colonies françaises en Amérique aux vagues d'immigration contemporaines, les francophones ont ainsi joué un rôle essentiel dans le développement social, économique et culturel des États-Unis.

Les origines historiques de la francophonie américaine

L'histoire de la francophonie en Amérique débute au XVIe siècle avec les premières expéditions françaises en Amérique du Nord. Des explorateurs tels que Jacques Cartier et Samuel de Champlain ouvrent la voie à l'établissement de colonies comme la Nouvelle-France et la Louisiane, qui s'étendent alors du Canada actuel jusqu'au golfe du Mexique. Ces territoires donnent naissance à des communautés francophones durables, souvent issues d'interactions complexes avec les peuples autochtones. Si ces échanges ont favorisé des circulations culturelles et linguistiques, ils s'inscrivent également dans des contextes marqués par des rapports de pouvoir inégaux, caractéristiques de l'expansion coloniale.

La fondation de villes emblématiques, telles que Québec City en 1608 et New Orleans en 1718, laisse une empreinte durable sur ces espaces. Elles participent à l'émergence de traditions linguistiques et culturelles distinctes, dont les héritages se manifestent encore aujourd'hui dans de nombreuses régions des États-Unis.

À la suite de l'achat de la Louisiane en 1803, une importante population francophone est intégrée aux États-Unis, consolidant ainsi sa présence dans des régions stratégiques. Ce transfert permet aux francophones de préserver leur vitalité culturelle, malgré des pressions croissantes en faveur de leur assimilation. Au XIXe siècle et au début du XXe siècle, des vagues d'immigration venues du Canada (notamment d'Acadiens et de Québécois), viennent renforcer la francophonie américaine, en particulier dans les États du Nord-Est tels que le Maine, le Vermont et le New Hampshire. Ces migrants apportent avec eux leur langue, leurs traditions et leurs valeurs, contribuant à façonner durablement les sociétés locales. La diversité de ces groupes introduit également une pluralité de dialectes et de pratiques culturelles, enrichissant encore le tissu social des États-Unis.

Le nombre de francophones aux États-Unis aujourd'hui

Selon l'American Community Survey (ACS) de 2023, une enquête démographique nationale menée annuellement par le Bureau du recensement des États-Unis, environ 1,25 million de personnes aux États-Unis parlent français à la maison. Si l'on inclut les locuteurs du créole haïtien, ce chiffre dépasse les 2 millions. La francophonie américaine regroupe ainsi des communautés d'origines haïtienne, africaine, française, canadienne, franco-américaine et autochtone, reflétant une diversité linguistique et culturelle remarquable.

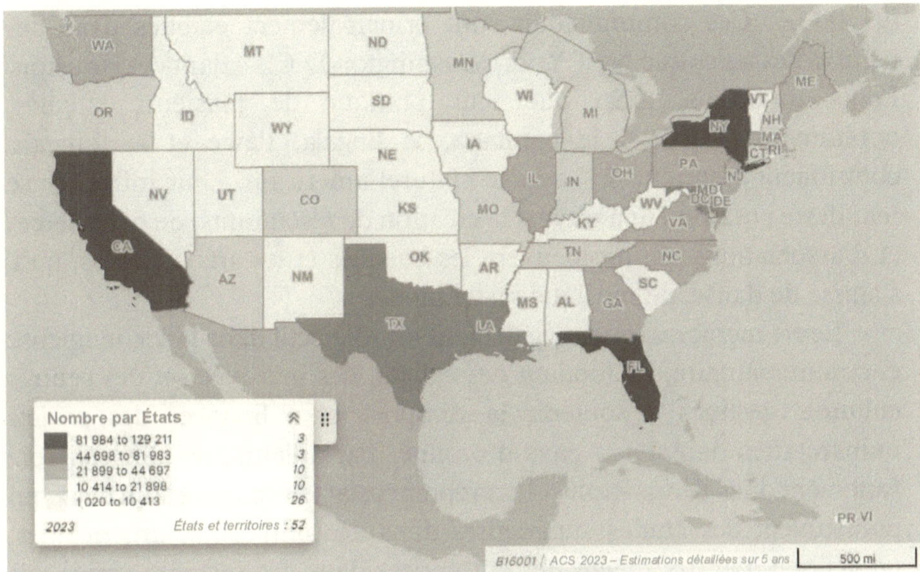

Figure 1 : Nombre de personnes parlant français à la maison, par État (American Community Survey, 2023).

La plus importante communauté francophone aux États-Unis est d'origine haïtienne, comptant environ 1 052 000 personnes en 2023. Au sein de cette population, environ 925 000 parlent le créole haïtien et 175 000 le français. Elle est principalement concentrée en Floride, notamment à Miami, où résident 46 % des Américains d'ascendance haïtienne (soit environ 488 000 personnes), ainsi que dans l'État de New York, qui en regroupe 18 % (186 000 personnes), et dans le Massachusetts, qui en compte 7 % (69 000 personnes). Cette communauté contribue à une richesse culturelle singulière, issue de la rencontre entre traditions africaines, caribéennes et françaises, perceptible notamment dans la musique, la cuisine et les pratiques festives.

S'agissant de l'Afrique francophone, plus de 300 000 résidents des États-Unis sont nés dans des pays tels que le Sénégal (29 000 personnes), le Togo (37 000), la Côte d'Ivoire (25 000), la République démocratique du Congo (63 000), la République du Congo (43 000) et le Cameroun

(91 000)[1]. Ces communautés sont principalement établies dans des métropoles telles que New York, Washington D.C., Atlanta et Houston. Leurs traditions, ainsi que leur pratique de plusieurs langues, notamment le wolof, le bambara, le lingala, l'éwé et le français, contribuent à enrichir le paysage culturel américain. Leur influence se manifeste notamment à travers la création de restaurants, de commerces et d'associations qui promeuvent les cuisines et les arts africains, qu'il s'agisse de danse, de musique ou de mode.

Leurs membres jouent également un rôle actif dans la vie religieuse et communautaire, en fondant des églises, des mosquées et des centres culturels destinés à soutenir la diaspora et à financer des projets humanitaires dans leurs pays d'origine. Par ailleurs, ils s'investissent fortement dans l'éducation et l'entrepreneuriat : nombreux sont ceux qui poursuivent des études supérieures dans des universités américaines, tandis que d'autres créent des entreprises dans des secteurs variés tels que la finance, l'énergie ou les technologies de l'information. En s'appuyant sur leurs réseaux et leurs compétences plurilingues, ils participent pleinement au dynamisme économique et social du pays. Ainsi, la diaspora africaine francophone contribue de manière significative à la diversité culturelle et économique des grandes villes américaines, tout en maintenant des liens étroits avec ses pays d'origine.

Selon les données de 2023, près de 187 000 résidents des États-Unis sont nés en France. Ces immigrés sont principalement installés en Californie, notamment à Los Angeles et à San Francisco, ainsi que dans les États de New York, de Floride, en particulier à Miami, et du Massachusetts. Ils participent activement à la vie culturelle et économique, en apportant des influences variées dans les domaines de la gastronomie, de la mode, de l'art et des technologies.

En 2023, environ 828 000 personnes nées au Canada résident aux États-Unis, dont près de 150 000 francophones. La majorité d'entre elles est établie dans des États frontaliers tels que le Maine, le Vermont et le New Hampshire, ainsi que dans de grandes métropoles comme New

---

[1] Voir annexe, tableau 5 : « Nombre de résidents des États-Unis nés dans un pays francophone ». Source : *American Community Survey, Place of Birth of the Foreign-Born Population in the United States, 2023* (estimations annuelles, 2023).

York et Los Angeles. Ces Canadiens francophones, souvent issus de communautés historiquement enracinées, apportent avec eux leurs traditions, notamment les fêtes acadiennes et certaines pratiques saisonnières, qui s'intègrent harmonieusement dans le paysage culturel américain.

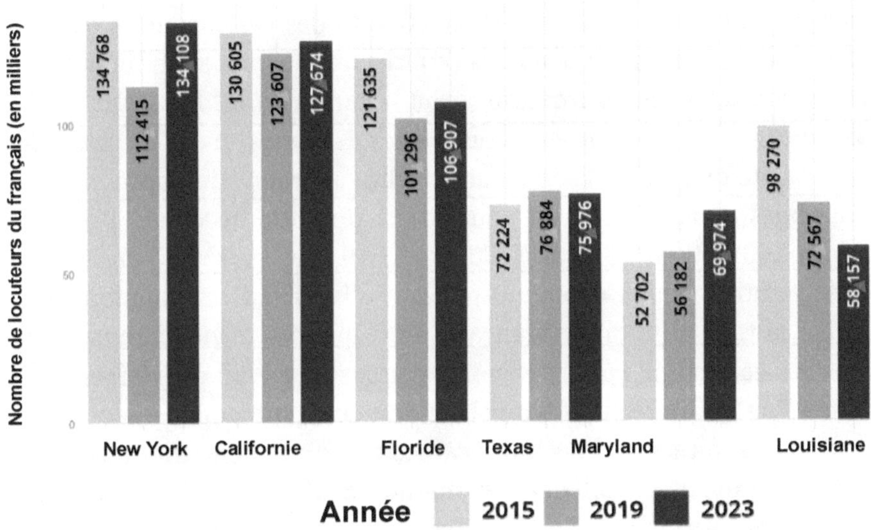

*Figure 2 : Ce graphique présente les estimations de l'*American Community Survey *(ACS) du nombre de personnes parlant français à la maison en 2015, 2019 et 2023, dans les six États américains où ce nombre est le plus élevé. Les États sont classés par ordre décroissant selon le nombre de locuteurs recensés en 2023. Source :* American Community Survey, Languages Spoken at Home for the Population 5 Years and Over, *estimations annuelles pour les années 2015, 2019 et 2023.*

Les communautés francophones autochtones regroupent principalement trois tribus : les Houmas, les Pointe-au-Chien et les Tunica-Biloxi, soit environ 19 000 personnes. Chez les Tunica-Biloxi, près de 30 % des membres des générations les plus âgées parlent français. Dans la communauté Pointe-au-Chien, qui compte environ 680 membres, une proportion importante des aînés est également francophone. Les Houmas, quant à eux, intègrent des éléments culturels et linguistiques d'origine française dans leurs traditions, principalement en Louisiane, mais aussi dans d'autres régions selon leur dispersion. Ces communautés incarnent un métissage singulier entre héritages autochtones et influences françaises, perceptible dans leurs pratiques artistiques, leurs rituels et leurs usages linguistiques.

Répartition géographique

En Louisiane, près de 60 000 personnes parlent le français, le créole louisianais ou le créole haïtien. On y retrouve des variétés telles que le français cadien, le créole louisianais (kouri-vini), le français houma et le français colonial. Cette estimation inclut notamment les locuteurs issus des communautés autochtones comme les Houmas et les Pointe-au-Chien. Toutefois, on observe un déclin marqué du nombre de francophones dans cet État au cours de la dernière décennie, passant d'environ 100 000 en 2015 à 80 000 en 2019, puis à 60 000 en 2023[2]. Cette diminution peut s'expliquer par les politiques d'assimilation, qui ont freiné la transmission du français, ainsi que par le vieillissement et le décès des générations pour lesquelles cette langue était plus largement pratiquée. Malgré ce recul, la Louisiane demeure, sur le plan historique, le cœur de la francophonie américaine, profondément marquée par l'influence française. Celle-ci se manifeste dans l'architecture, la musique, la gastronomie et les festivités, notamment Mardi gras, célébré avec une intensité particulière par les communautés locales.

La Floride, qui abrite une importante communauté haïtienne, concentre un grand nombre de locuteurs de langues issues du monde francophone. En 2023, cet État comptait près de 570 000 personnes liées à la francophonie, dont environ 464 000 locuteurs du créole haïtien et 107 000 locuteurs du français. Bien que la Floride rassemble la plus grande population associée à la francophonie, il convient de distinguer les locuteurs du créole haïtien de ceux du français. Si l'on considère

---

[2] Voir annexe, tableau 1 : « Nombre de personnes parlant français à la maison, classement par État de 2015 à 2023 ». À noter que ces estimations de l'*American Community Survey* (ACS) n'incluent ni les populations autochtones vivant en tribus ni les enfants de moins de cinq ans.

uniquement ces derniers, l'État de New York arrive en tête, avec environ 315 000 personnes liées à la francophonie, dont 181 000 locuteurs du créole haïtien et 134 000 locuteurs du français, majoritairement originaires de France, d'Afrique francophone et d'autres régions du monde francophone. Ces données témoignent de la diversité linguistique et culturelle caractéristique de cet État.

Dans le Nord-Est, plusieurs autres États comptent également des populations francophones significatives. Le Massachusetts recense environ 125 000 personnes liées à la francophonie, dont 83 000 locuteurs du créole haïtien et 41 000 locuteurs du français, soit près de 2 % de sa population totale. Le Maryland compte quant à lui environ 86 000 francophones, dont 70 000 parlent français, principalement originaires de France ou d'autres pays européens, tandis qu'une minorité s'exprime en créole haïtien. La Pennsylvanie et le New Jersey abritent également des communautés francophones notables. La première compte environ 51 000 francophones, tandis que le second en rassemble près de 101 000, répartis entre locuteurs du créole haïtien et du français. Ces deux États illustrent la persistance de la francophonie dans des régions historiquement marquées par les migrations françaises et canadiennes.

State	2015	2016	2017	2018	2019	2021	2022	2023
New York	134,768	143,251	126,476	145,979	112,415	132,797	142,480	134,108
California	130,605	131,901	132,930	123,226	123,607	126,371	129,585	127,674
Florida	121,635	105,816	110,117	102,143	101,296	103,125	104,481	106,907
Texas	72,224	74,430	63,666	77,739	76,884	71,795	92,675	75,976
Maryland	52,702	51,994	57,705	60,237	56,182	57,606	52,848	69,974
Louisiana	98,270	87,771	87,004	77,066	72,567	60,593	64,302	58,157
Massachusetts	58,206	50,585	56,693	52,086	49,442	42,251	44,129	41,957
New Jersey	37,179	33,001	34,879	42,857	36,615	32,944	29,201	35,741
Maine	41,664	38,695	37,126	35,752	34,473	33,580	32,665	31,675
Connecticut	24,269	24,959	19,420	26,330	21,757	18,990	20,545	24,269
Colorado	16,507	19,423	16,844	19,690	18,294	17,409	24,969	18,818
Vermont	8,855	8,508	8,558	8,371	8,385	8,356	8,196	8,124

Tableau 2 : Nombre de personnes parlant français à la maison dans les grandes villes américaines en 2015, 2019 et 2023. Source : *American Community Survey, Languages Spoken at Home for the Population 5 Years and Over*, estimations annuelles.

Bien qu'aujourd'hui le nombre absolu de francophones soit relativement faible dans le Vermont, le Maine et le New Hampshire, en raison de la taille plus réduite de leur population, du recul récent de l'immigration francophone et de l'effet des politiques d'assimilation, ces régions ont historiquement constitué d'importants foyers de présence francophone. Le Vermont et le New Hampshire comptent chacun environ 16 % à 17 % de leur population revendiquant une ascendance française, témoignant de l'héritage des vagues d'immigration franco-canadiennes, en particulier québécoises et acadiennes.

Dans le Maine, près de 16 % des résidents déclarent également une ascendance française, et environ 32 000 personnes y parlent encore français à la maison en 2023. Cet État conserve une forte empreinte franco-américaine, particulièrement visible dans des villes comme Lewiston et Augusta, où festivals, initiatives communautaires et programmes éducatifs bilingues contribuent à la préservation des traditions culturelles et linguistiques.

À une échelle plus modeste, le Rhode Island compte près de 8 000 francophones, soit environ 1 % de sa population. Dans l'ensemble, les États du Nord-Est portent encore la marque des influences acadiennes et québécoises, perceptibles à travers les festivals, les centres culturels et les programmes éducatifs en langue française. Dans cette région, la ville de Boston, bien qu'elle soit située dans le Massachusetts, constitue également un pôle de rassemblement pour les francophones, où la diversité culturelle s'exprime à travers de nombreuses initiatives associatives et culturelles.

Par ailleurs, les grandes villes américaines accueillent aujourd'hui d'importantes diasporas francophones issues de migrations plus récentes [3]. En 2023, la ville de New York comptait environ 89 000 locuteurs du français d'origine française ou franco-américaine, ainsi que 108 000 personnes d'origine haïtienne. Des organisations telles que la Chambre de commerce franco-américaine et le Haitian American Business Network organisent régulièrement des événements professionnels et culturels. La région métropolitaine du Grand New York,

---

[3] Voir annexe, tableau 2 : « Nombre de personnes parlant français à la maison dans les grandes villes américaines en 2015, 2019 et 2023 ».

qui s'étend sur trois États, à savoir le sud de l'État de New York, le nord du New Jersey et le sud du Connecticut, et qui comptait 18 423 000 habitants en 2023, regroupe plus de 356 000 francophones, soit plus de 2 % de sa population. Cette population inclut des communautés haïtiennes, africaines, françaises et canadiennes.

Miami, qui compte environ 7 000 francophones, soit 3,5 % de sa population, ainsi qu'une importante communauté haïtienne, accueille chaque année des festivals et des ateliers linguistiques organisés par la Haitian Cultural Arts Alliance, visant à valoriser l'héritage créole et francophone. Boston abrite près de 16 000 francophones haïtiens, auxquels s'ajoute une présence franco-canadienne notable, ainsi qu'environ 4 000 personnes d'origine européenne parlant français. Des institutions culturelles, telles que l'Alliance française de Boston et Cambridge, y proposent des ciné-clubs et des conférences littéraires, contribuant au renforcement des liens communautaires.

Ces grandes métropoles constituent de véritables centres névralgiques de la francophonie américaine, offrant de nombreuses opportunités culturelles, professionnelles et éducatives pour les francophones de toutes origines.

La francophonie d'héritage

La francophonie d'héritage aux États-Unis regroupe environ 6,2 millions de personnes revendiquant une ascendance française. Ce chiffre atteint près de 7,8 millions si l'on inclut les individus d'ascendance franco-canadienne. Cette population est principalement concentrée dans le Nord-Est, notamment dans le Maine, le New Hampshire, le Vermont, le Massachusetts, la Pennsylvanie et le Rhode Island, où l'on observe une forte proportion de descendants de Français.

Dans le Midwest, des États tels que le Michigan, l'Illinois, le Wisconsin et le Minnesota abritent également d'importantes communautés d'ascendance française. Par ailleurs, environ 12 % de la population de la Louisiane déclare un héritage français ou acadien. Enfin, des États comme la Californie, le Texas, la Floride et l'État de New York attirent également des populations d'ascendance française significatives, en raison des migrations internes et des opportunités économiques[4].

Cette diversité géographique met en lumière la richesse de la francophonie américaine, chaque région contribuant à sa manière à une identité culturelle et linguistique plurielle. Par exemple, la francophonie du Nord-Est est marquée par les influences acadiennes et québécoises, tandis que la culture louisianaise est profondément imprégnée des traditions cadiennes et créoles. Les Franco-Américains ont, pour leur part, préservé des éléments du patrimoine rural et industriel du Midwest, participant ainsi à la diversité économique et sociale de cette région.

Bien que le français soit aujourd'hui moins répandu comme langue maternelle au sein de ces communautés, il demeure enseigné et utilisé dans certains contextes, notamment dans des écoles, des églises et des associations culturelles. Les traditions se perpétuent à travers des festivals célébrant l'héritage francophone, tels que le Festival international de Louisiane à Lafayette, le Festival Acadiens et Créoles, ainsi que divers festivals franco-américains dans le Maine et le New Hampshire. La gastronomie continue également de jouer un rôle central, avec des plats emblématiques comme la tourtière, le sucre à la crème et d'autres spécialités régionales. La musique traditionnelle, qu'il s'agisse de la musique cadienne en Louisiane ou des chansons franco-américaines du Nord-Est, demeure une composante essentielle de cette culture.

Des institutions telles que le Centre franco-américain de Manchester, dans le New Hampshire, et le Centre franco-américain de l'Université du Maine à Orono jouent un rôle clé dans la préservation et la promotion de la langue et de la culture françaises. À travers des programmes éducatifs, des ateliers artistiques et des événements communautaires, elles renforcent le sentiment d'appartenance et facilitent la transmission intergénérationnelle des traditions. Par ailleurs, certaines écoles et universités continuent d'enseigner le français ainsi que l'histoire et la culture franco-américaines, contribuant à la

---

[4] Voir annexe, tableaux 3 et 4 : « Les dix États comptant le plus de personnes d'ascendance française ou franco-canadienne en 2023 » et « Personnes déclarant une ascendance française ou franco-canadienne par État américain en 2023 ».

sensibilisation des jeunes générations. Quelques publications et émissions de radio, comme *Le Forum*, publié par l'Université du Maine, participent également à la diffusion de la culture francophone.

La diversité des parlers

Le français aux États-Unis se caractérise par une grande diversité linguistique, issue d'un long processus de contacts et de métissages. Il résulte notamment de l'héritage du français colonial des premiers colons, des apports des Acadiens à l'origine du français cadien, ainsi que des influences des immigrés haïtiens et des communautés africaines et autochtones.

En Louisiane, cette richesse se manifeste à travers plusieurs variétés de français : le français cadien, associé aux descendants acadiens ; le créole louisianais, également appelé kouri-vini, né du contact entre le français colonial, des langues africaines et d'autres langues ; ainsi que des variantes régionales utilisées par certains groupes autochtones, comme les Houmas ou les Pointe-au-Chien, issues d'un français ancien influencé par les langues autochtones et l'anglais. Bien que ces parlers soient aujourd'hui fragilisés, ils demeurent vivants dans des contextes familiaux et culturels. Les efforts de revitalisation menés par des organisations telles que le Conseil pour le développement du français en Louisiane contribuent à préserver et à valoriser cette diversité linguistique.

Dans le Nord-Est, notamment dans le Maine, le Vermont et le New Hampshire, le français est étroitement lié à l'immigration québécoise et acadienne. Ce français régional, souvent qualifié de franco-américain, conserve des traits distinctifs, notamment dans le vocabulaire et certaines structures syntaxiques, tout en s'adaptant à un environnement majoritairement anglophone. Dans d'anciennes villes industrielles comme Lewiston, Biddeford ou Manchester, la langue a longtemps été transmise au sein des familles, des associations culturelles et des paroisses catholiques.

Toutefois, les pressions liées à l'assimilation linguistique ont entraîné un recul progressif du nombre de locuteurs actifs, et de nombreux jeunes se tournent désormais vers l'anglais. Malgré cela, des initiatives éducatives, telles que les programmes d'immersion et les cours de français extrascolaires, visent à inverser cette tendance en valorisant la culture franco-américaine et en renforçant le sentiment d'appartenance des nouvelles générations.

Ailleurs, dans les centres urbains, le français reflète la diversité des origines de la francophonie contemporaine. Dans des villes comme New York, Miami et Boston, on observe une véritable mosaïque linguistique : le français standard, parlé par les expatriés français ; le créole haïtien et le français utilisé par les locuteurs issus d'Haïti ; ainsi que différentes variétés africaines du français, notamment sénégalaises, ivoiriennes ou congolaises. Le créole domine la vie quotidienne dans certains quartiers de New York, comme Brooklyn et Queens, ainsi qu'à Miami, notamment à Little Haïti, tandis que le français est davantage utilisé dans des contextes formels, professionnels ou académiques. Dans ces environnements cosmopolites, ce français pluriel s'enrichit également d'influences de l'anglais et d'autres langues, formant un tissu linguistique et culturel particulièrement dynamique.

En dehors des grandes métropoles, la région du bassin du Mississippi conserve des traces du français colonial, notamment dans le Missouri, autour de St. Louis, et dans d'anciens districts miniers. Le français du Missouri, parfois appelé Paw Paw French, trouve ses origines chez les premiers colons français du XVIIIe siècle, avant les grandes vagues d'immigration ultérieures. Ce parler, qui a évolué de manière relativement isolée en milieu rural, est aujourd'hui en danger de disparition, ses derniers locuteurs étant âgés. Malgré certaines initiatives de documentation et de revitalisation, il demeure l'une des variétés du français les plus menacées aux États-Unis.

La communauté haïtienne, principalement concentrée en Floride, dans l'État de New York et dans le Massachusetts, constitue un autre pilier majeur de la francophonie américaine. Dans ces régions, le créole haïtien est largement utilisé dans la vie quotidienne, tandis que le français, souvent maîtrisé par les personnes ayant reçu une éducation en Haïti, conserve une place importante dans les sphères culturelles et professionnelles. L'alternance entre ces deux langues renforce le sentiment d'identité et soutient un réseau associatif particulièrement dynamique.

Enfin, les expatriés et les immigrés francophones arrivés plus récemment ont profondément transformé la carte linguistique des grandes villes américaines au cours des dernières décennies. Qu'il s'agisse de professionnels français, d'Africains originaires de pays francophones ou de Canadiens, leur présence se manifeste dans les quartiers cosmopolites, les universités, les entreprises internationales et le secteur associatif. Le français qui en résulte, souvent standard ou régional selon les origines, s'enrichit d'anglicismes et d'influences interculturelles, reflétant la diversité du paysage linguistique contemporain. Dans des villes comme Los Angeles, Chicago ou Washington D.C., les écoles bilingues, les médias et les associations contribuent activement à l'animation de la vie francophone locale.

Ainsi, qu'il s'agisse des parlers franco-américains de la Nouvelle-Angleterre, du français du Missouri, des communautés haïtiennes, des migrations récentes ou des multiples variétés de Louisiane, ces formes du français témoignent de la richesse et de la diversité linguistique des États-Unis. Chaque communauté évolue dans un contexte historique et socioculturel spécifique, mettant en œuvre des stratégies variées pour préserver, transmettre et valoriser son héritage. Ensemble, elles constituent les fils d'un vaste tissu francophone, dont la vitalité repose à la fois sur le nombre de locuteurs et sur la force des réseaux culturels, éducatifs et associatifs qui en assurent la pérennité.

Les défis de la transmission et de la préservation

Les communautés francophones aux États-Unis font face à de nombreux défis en matière de transmission linguistique et de préservation culturelle. Malgré leur résilience, la pression d'assimilation demeure un obstacle majeur. Elle se traduit par un recul progressif de l'usage du français chez les jeunes générations, immergées dans un environnement largement anglophone. Cette situation engendre un décalage linguistique entre les générations, les aînés conservant souvent le français comme langue principale, tandis que les plus jeunes privilégient l'anglais dans leur vie quotidienne. En parallèle, ces difficultés sont accentuées par un manque de ressources éducatives. Les écoles bilingues et les programmes d'immersion restent peu nombreux, limitant ainsi l'accès à un enseignement en langue française. Faute de dispositifs adaptés, les familles rencontrent des difficultés à transmettre la langue à leurs enfants, tandis que les communautés locales constatent un recul du nombre de locuteurs compétents. Par ailleurs, la faible visibilité de la francophonie dans les médias, le système éducatif et le débat public peut conduire à une forme de marginalisation culturelle, risquant d'effacer les contributions historiques et contemporaines des communautés francophones à la société américaine. Néanmoins, la détermination de ces communautés à préserver leur langue et leur culture témoigne d'une résilience remarquable.

L'enseignement du français aux États-Unis reflète la diversité des réalités francophones : français d'héritage dans les communautés historiques, français standard parmi les expatriés récents, et variétés linguistiques présentes dans les contextes urbains. Les données récentes mettent en évidence ces défis tout en orientant les stratégies visant à renforcer la place du français dans le système éducatif. En 2024, on comptait 3 623 programmes bilingues à l'échelle nationale, toutes langues confondues, dont 182 programmes de français regroupant environ 33 000 élèves inscrits en immersion. Par ailleurs, les lycées américains proposaient 17 778 programmes de langues vivantes, dont 3 738 en français langue étrangère.

L'enquête nationale sur l'apprentissage des langues vivantes de 2017 recensait 1 289 004 élèves étudiant le français, soit environ 2,3 % de l'ensemble des élèves américains. Ce chiffre est resté relativement stable, malgré une légère baisse, ce qui suggère une popularité globalement stagnante chez les lycéens. Toutefois, une tendance à la hausse sur le long terme reflète un intérêt croissant pour les compétences plurilingues dans un contexte de mondialisation. Bien que le nombre total de programmes bilingues ait presque doublé au cours des vingt dernières années, ceux consacrés au français demeurent sous-représentés par rapport à des langues comme l'espagnol. Cela souligne la nécessité de promouvoir plus activement le français, notamment dans les régions où la demande culturelle est forte, comme la Nouvelle-Angleterre, certaines parties du Midwest ou la Louisiane.

Au niveau universitaire, on dénombre 36 412 programmes de langues vivantes, dont 1 316 en français. En 2024, environ 135 088 étudiants étaient inscrits dans un cours de français, soit une baisse de 23 % par rapport à 2016, où ils étaient 175 000. Cette évolution s'inscrit dans un déclin plus large de l'apprentissage des langues aux États-Unis, avec une diminution globale de 16,6 % des inscriptions entre 2016 et 2021. Cette tendance se traduit notamment par la fermeture de départements de langues ou la réduction de leurs effectifs. Par ailleurs, la montée en popularité de langues telles que le chinois ou l'espagnol, perçues comme plus utiles sur le marché du travail, contribue à affaiblir la position du français.

Selon une étude Ipsos de mars 2024, 30 % des répondants estiment que le français est utile à l'étranger, 25 % le considèrent comme un atout académique, 16 % comme un avantage professionnel et seulement 14 % comme utile dans la vie quotidienne. Toutefois, 88 % des Américains ont une perception positive du français, qu'ils associent à la romance, au prestige social et à une certaine forme d'élitisme. Cet écart entre l'attrait symbolique de la langue et son utilité perçue souligne l'importance de valoriser à la fois son image culturelle et ses applications concrètes, notamment à travers des programmes professionnels ou des expériences immersives dans des contextes francophones.

Enfin, la pénurie nationale d'enseignants en langues vivantes constitue un enjeu majeur. En 2024, elle pourrait entraîner jusqu'à 100 000 postes vacants d'ici 2025, avec un déficit particulièrement marqué dans l'enseignement du français. En 2010, le nombre total d'enseignants de français était estimé à environ 10 000, un chiffre qui a peu évolué depuis. Le manque d'enseignants qualifiés freine ainsi le développement et la pérennité des programmes de français, les établissements peinant à recruter du personnel compétent pour répondre aux besoins, qu'il s'agisse du français d'héritage, du français cadien ou du français langue étrangère.

Les domaines d'action à l'horizon 2050

Selon l'Organisation internationale de la Francophonie, la population francophone mondiale pourrait atteindre 700 millions de locuteurs d'ici 2050, principalement sous l'effet de la croissance démographique en Afrique. Cette évolution confère au français un rôle stratégique croissant dans de nombreux domaines, notamment les affaires, la diplomatie, la culture et la science, tout en renforçant son importance à l'échelle mondiale. Dans ce contexte, les communautés francophones des États-Unis ont intérêt à consolider leur position et à approfondir leurs liens avec les régions où la langue connaît une expansion rapide.

Dans un premier temps, l'enseignement du français langue étrangère doit se développer et mieux s'aligner sur les besoins du marché du travail. Le français occupe déjà la troisième place parmi les langues les plus demandées, après l'espagnol et le chinois, selon une étude de l'ACTFL de 2018, et son importance devrait continuer de croître avec l'essor démographique des pays africains francophones. Le développement de formations spécialisées, telles que le français des affaires, le français professionnel ou technique, permettrait de mieux répondre aux enjeux économiques et diplomatiques contemporains. Par ailleurs, des partenariats avec des entreprises actives sur les marchés africains pourraient offrir aux étudiants des perspectives concrètes et favoriser leur insertion dans des carrières internationales.

Parallèlement, il est essentiel de soutenir les départements de français dans les universités en proposant des programmes plus flexibles et adaptés aux réalités du XXIe siècle. L'intégration du français dans des domaines tels que la santé, l'ingénierie ou le droit international permettrait de répondre aux besoins d'une économie mondialisée. Le développement de stages et de programmes d'échange dans des régions francophones, en particulier en Afrique, contribuerait également à renforcer les compétences linguistiques et interculturelles des étudiants.

En outre, le soutien aux écoles de langue française dans des régions historiquement francophones, comme la Louisiane, la Nouvelle-Angleterre ou certaines communautés haïtiennes, demeure essentiel pour préserver et valoriser cet héritage. Il convient de promouvoir des approches pédagogiques différenciées, prenant en compte les niveaux de compétence des élèves, notamment ceux issus de milieux francophones. La mise en place de cours avancés de littérature ou de projets interculturels, en lien avec des régions francophones en expansion, favoriserait à la fois la transmission de l'héritage et son inscription dans une dynamique contemporaine.

Enfin, face à la croissance attendue du monde francophone, la formation d'un nombre suffisant d'enseignants constitue un enjeu majeur à long terme. Pour répondre à ce défi, il apparaît nécessaire de renforcer la collaboration avec des initiatives telles que le programme French for All, porté par la Villa Albertine, ainsi qu'avec d'autres institutions de formation initiale et continue. L'amélioration de la formation des enseignants et la diversification des profils recrutés permettront de garantir une instruction de qualité et de soutenir durablement les programmes de français, qu'il s'agisse de l'immersion, du français langue étrangère ou du français d'héritage.

Malgré ces défis, les initiatives actuelles constituent le socle des progrès à venir. Les écoles bilingues et les programmes d'immersion offrent déjà un accès élargi à l'enseignement en français. En Louisiane, le CODOFIL a considérablement enrichi le paysage éducatif tout en contribuant à la revitalisation du français louisianais. Sur le plan culturel, des organisations telles que la Fédération des Alliances françaises des États-Unis, les centres franco-américains et les clubs étudiants organisent festivals, ateliers et expositions, participant ainsi à la diffusion de la langue et à la création de passerelles avec l'ensemble du monde francophone.

Les médias en langue française, qu'il s'agisse de la presse, de la radio, des podcasts ou de la télévision, contribuent également au maintien des liens linguistiques et culturels. Parallèlement, certaines communautés autochtones, notamment les Houmas et les Pointe-au-Chien, développent des initiatives spécifiques visant à transmettre les variantes du français héritées de l'époque coloniale et à préserver leurs traditions. Ensemble, ces efforts témoignent de la vitalité et de la résilience d'une francophonie américaine qui conjugue héritages anciens et dynamiques contemporaines. L'enjeu consiste désormais à renforcer la cohérence de ces initiatives et à les adapter aux transformations à venir, afin que la croissance mondiale du français constitue une véritable opportunité pour les États-Unis.

Conclusion

Ancrée dans une histoire riche et portée par une diversité culturelle remarquable, la francophonie américaine occupe une place singulière dans l'évolution des États-Unis. À l'heure où la population francophone mondiale devrait atteindre 700 millions de locuteurs d'ici 2050, les francophones américains bénéficient d'une position stratégique : celle d'évoluer au croisement de la première puissance mondiale et d'un espace linguistique en pleine expansion. Cette situation leur confère un rôle déterminant sur les plans diplomatique, économique, académique et culturel.

Sur le plan diplomatique, ils constituent des acteurs clés du renforcement des relations entre les États-Unis et les pays francophones d'Afrique, d'Europe et des Caraïbes, grâce à leurs compétences linguistiques et interculturelles. D'un point de vue économique, la maîtrise du français et la compréhension des contextes culturels facilitent l'accès à des marchés en forte croissance. Par ailleurs, la coopération internationale dans les domaines scientifique et artistique se trouve renforcée lorsque les francophones américains développent des partenariats durables avec leurs homologues à travers le monde.

À l'avenir, la création de passerelles efficaces entre les différentes communautés francophones et les acteurs économiques, culturels et institutionnels américains sera essentielle. Investir dans l'éducation, la formation des enseignants et les innovations pédagogiques, tout en soutenant les associations et les médias francophones, permettra de renforcer le rayonnement de la francophonie américaine à l'échelle nationale et internationale.

En définitive, en valorisant la diversité de leurs héritages et en s'inscrivant pleinement dans les dynamiques mondiales, les francophones américains peuvent contribuer à l'émergence d'un monde plus inclusif et interconnecté. Leur rôle d'intermédiaires culturels leur confère une responsabilité et une influence majeures dans la promotion d'une francophonie vivante, fondée sur la diversité, la coopération et le partage.

2. Les Alliances Françaises aux États-Unis : des piliers de la francophonie américaine

Hamza Djimli

Depuis sa création en 1883, l'Alliance Française joue un rôle central dans la diffusion et la promotion de la langue française à travers le monde. Aujourd'hui présente dans 135 pays, elle propose un enseignement de qualité, des certifications reconnues et une grande variété de programmes culturels destinés à valoriser l'apprentissage du français. Comptant plus de 830 institutions autonomes régies par le droit local, l'Alliance Française constitue aujourd'hui le plus vaste réseau culturel associatif au monde. Son modèle repose sur l'engagement des sociétés civiles locales et favorise un dialogue interculturel apolitique. Cet ancrage local et cette autonomie en font un pilier de la francophonie internationale.

Présentes sur l'ensemble du territoire américain, les Alliances Françaises forment un réseau unique et dynamique, reflétant l'intérêt durable des Américains pour la langue et la culture françaises. Depuis leur émergence à la fin du XIXe siècle, ces institutions ont su s'adapter aux évolutions sociétales et pédagogiques, devenant de véritables centres culturels et linguistiques engagés dans des valeurs d'inclusion et de partage. Avec plus de 100 Alliances réparties dans 44 États, de la Floride à Hawaï, en passant par le Missouri, l'Utah et l'Oregon, les États-Unis abritent le plus grand réseau d'Alliances au monde. Leur mission est claire : promouvoir la langue française et les cultures francophones, tout en renforçant les échanges interculturels entre la France et les États-Unis.

Chaque Alliance Française fonctionne de manière indépendante, avec sa propre gouvernance et ses initiatives locales, tout en bénéficiant du soutien de deux entités clés chargées de coordonner, d'orienter et d'accompagner le réseau. La Fédération des Alliances Françaises aux États-Unis, créée en 1902, ainsi que le bureau de la coordination nationale, placé sous l'autorité du Service culturel de l'Ambassade de France à Washington D.C., jouent un rôle essentiel dans la cohésion et le développement de ce réseau. Celui-ci évolue en permanence au rythme des transformations culturelles et éducatives, s'adaptant aux attentes des apprenants et du public. Il constitue ainsi l'un des moteurs majeurs de la francophonie aux États-Unis.

Un héritage centenaire et une mission en perpétuelle évolution

L'Alliance Française est fondée à Paris en 1883 par un groupe d'intellectuels, de diplomates, d'écrivains et de scientifiques français, parmi lesquels Louis Pasteur, Jules Verne et Paul Cambon. Son objectif est de promouvoir la langue et la culture françaises à travers un réseau associatif international indépendant. Aux États-Unis, le contexte est alors particulièrement favorable : la mémoire du soutien français durant la guerre d'indépendance, le prestige des écrivains et artistes français et l'influence diplomatique de la France contribuent à susciter un vif intérêt pour la francophonie.

La première Alliance Française des États-Unis est fondée en 1889 à San Francisco, en Californie, et attire rapidement des intellectuels et des artistes désireux de participer à des conférences, des cercles de discussion et des événements culturels inspirés par la littérature, la philosophie et les arts français. Au tournant du XXe siècle, d'autres Alliances se développent à travers le pays, notamment à Chicago et à Denver en 1897, puis à Boston et à New York en 1898. Elles bénéficient du soutien de figures engagées dans la promotion de la culture et de l'éducation.

À Denver, une personnalité incarne particulièrement cet attachement à la langue et à la culture françaises : Margaret Brown, plus connue sous le nom de « Molly Brown ». Figure emblématique, notamment célèbre pour son rôle lors du naufrage du Titanic en 1912, elle s'illustre également par son engagement humanitaire. Pendant la Première Guerre mondiale, elle soutient les troupes alliées en collaborant avec la Croix-Rouge et en venant en aide aux soldats et aux réfugiés. Passionnée par les arts et les langues, elle participe à la fondation du Denver Woman's Club, une organisation dédiée à l'amélioration de la condition des femmes par l'éducation et la philanthropie. Son intérêt pour la culture française la conduit également à contribuer à la création d'une branche de l'Alliance Française à Denver.

Son engagement en faveur de la francophonie et son action humanitaire lui valent la prestigieuse Légion d'honneur en 1932. Grâce à des figures telles que Molly Brown, les Alliances Françaises s'affirment progressivement comme des espaces propices à l'émancipation sociale. Elles deviennent des pôles culturels majeurs, organisant conférences, expositions et performances, et favorisant ainsi les échanges intellectuels.

Les deux guerres mondiales contribuent à renforcer leur rôle social et culturel. Durant la Première Guerre mondiale, elles soutiennent les échanges intellectuels et participent activement à la diplomatie culturelle franco-américaine. Pendant la Seconde Guerre mondiale, dans le contexte de l'occupation de la France, elles deviennent des lieux de mobilisation en soutien à la Résistance et à la France libre, en organisant des événements et des campagnes de sensibilisation.

Après la Seconde Guerre mondiale, environ 50 000 femmes européennes, dont près de 6 500 Françaises, épousent des soldats américains et émigrent aux États-Unis[5]. Parmi ces dernières, un grand nombre sont issues de milieux instruits ou disposent d'un capital culturel important et cherchent à maintenir un lien avec leur culture d'origine, tant pour elles-mêmes que pour leurs enfants. Dans ce contexte, certaines se tournent vers les Alliances Françaises et jouent un rôle actif dans la création ou la revitalisation de branches locales. Il n'existe pas d'étude exhaustive recensant l'ensemble des Alliances fondées par des épouses de soldats, mais plusieurs récits historiques locaux attestent de telles initiatives dans des villes de taille moyenne du Midwest et du Sud, ainsi que dans des communautés ne disposant pas d'une présence francophone institutionnelle marquée, mais où des francophiles ou d'anciens militaires conservaient un attachement à la France.

Durant les années 1950 et 1960, de nouvelles Alliances Françaises sont créées dans des villes universitaires et des centres urbains de taille

---

[5] Zeiger, 1996.

moyenne, comme Orlando en Floride, Saint Louis dans le Missouri et Birmingham en Alabama, rendant l'apprentissage du français accessible à un public élargi. À partir des années 1970, l'augmentation des partenariats industriels et commerciaux entre les États-Unis et la France, notamment dans les secteurs de l'aéronautique, du luxe et de l'automobile, renforce la demande pour l'apprentissage du français. Par ailleurs, le développement de l'Union européenne et l'intensification des échanges économiques transatlantiques incitent certains professionnels à acquérir des compétences en français. Dans les années 1980, les Alliances diversifient leurs activités en proposant des ciné-clubs, des festivals, des formations spécialisées et des partenariats académiques avec les universités américaines. L'intérêt pour le français dépasse alors le cadre universitaire et s'étend à de nouveaux horizons professionnels et culturels.

Dans les années 1990, le paysage linguistique américain évolue sous l'effet de la mondialisation et de l'essor d'Internet : l'espagnol et le mandarin gagnent en importance dans les programmes scolaires. Afin de rester compétitives, les Alliances Françaises se dotent de ressources numériques et développent de nouvelles stratégies pour toucher un public plus large. Elles mettent également davantage en valeur les cultures francophones d'Afrique, des Caraïbes et du Québec, à travers des événements variés tels que des dégustations, des conférences, des tables rondes et des festivals de musique. Certaines Alliances, comme celles de La Nouvelle-Orléans en Louisiane, de Miami en Floride et de Portland dans le Maine, accordent une attention particulière aux cultures créoles et caribéennes, tandis que celles de San Diego en Californie, de Seattle dans l'État de Washington, de Chicago dans l'Illinois et de Greenwich dans le Connecticut se distinguent par leur engagement dans le cinéma francophone et les initiatives entrepreneuriales.

Les Alliances au cœur des francophonies américaines

Les Alliances Françaises ne se limitent pas à de simples écoles de langue ; elles constituent de véritables lieux d'échange, de transmission et d'inclusion. Elles créent des espaces de dialogue entre francophones et francophiles, rassemblant des personnes issues d'horizons variés. Ken D., qui a étudié le français au lycée, a trouvé bien plus que des cours à l'Alliance Française de Santa Rosa, en Californie : « L'Alliance a ravivé mon amour de la langue française. Alors que nous traversions des temps difficiles aux États-Unis, mes cours à l'Alliance ont été une source précieuse d'amitié et de joie. » Dans le même esprit, Laura M., membre de l'Alliance Française d'Austin, au Texas, souligne la diversité et l'originalité des activités proposées : « *J'adore le cours de yoga en français !*[6] que ce soit en ligne ou en présentiel. C'est un excellent moyen, à la fois original et amusant, de pratiquer la langue. *C'est le meilleur !* C'est le top du multitâche : du super yoga et une super opportunité d'améliorer ma compréhension orale. *Merci beaucoup !* »

Comme eux, de nombreux apprenants trouvent au sein de ces institutions des liens sociaux précieux et un environnement accueillant. Les Alliances jouent un rôle clé dans le dialogue entre des communautés d'origines variées, qu'elles soient haïtiennes, africaines, franco-canadiennes, louisianaises ou encore hispanophones. Leurs actions contribuent de manière essentielle à la vitalité de la francophonie en Amérique du Nord, sur les plans culturel, éducatif et socio-économique.

Cette diversité se reflète également au sein des équipes et des volontaires qui font vivre les Alliances Françaises aux États-Unis. Enseignants, administrateurs, animateurs culturels et bénévoles viennent des quatre coins du monde, notamment d'Afrique, d'Asie francophone, des Caraïbes, du Canada, de la Suisse, de la Belgique, de la Roumanie et d'ailleurs. Cette pluralité fait des Alliances des espaces dynamiques où s'exprime pleinement l'esprit de la francophonie mondiale.

Une présence francophone marquée par l'Histoire et les migrations

La diversité francophone aux États-Unis est le résultat de trajectoires historiques complexes, liées à des migrations économiques, à des héritages coloniaux et à des dynamiques culturelles transatlantiques. En

---

[6] Ndt : Les citations en italique sont en français dans le texte original.

raison de leur implantation géographique, des réalités économiques et des spécificités historiques locales, certaines Alliances Françaises redoublent d'efforts pour soutenir et valoriser des communautés francophones spécifiques.

La communauté haïtienne : un dynamisme soutenu par les Alliances Françaises de Miami, Boston et New York

Les Haïtiens constituent une importante diaspora francophone aux États-Unis, réunissant près de 1,2 million de personnes. Ils sont particulièrement nombreux en Floride, où Miami abrite l'une des plus grandes communautés haïtiennes du pays. Depuis la fin du XVIIIe siècle et la Révolution haïtienne, plusieurs vagues migratoires se sont succédé vers les États-Unis. Toutefois, à partir des années 1990, une présence diasporique plus importante et durable s'est implantée en Floride. Miami, notamment avec le quartier de Little Haiti, est ainsi devenu un pôle majeur de cette diaspora. L'Alliance Française de Miami Metro contribue à la valorisation de cette culture en organisant des projections de films et des événements mettant en lumière la littérature, l'histoire et la musique haïtiennes.

Dans les années 1950 et 1960, des Haïtiens, souvent issus de la classe moyenne ou des élites, émigrent aux États-Unis, notamment à New York, Boston et Chicago, afin de poursuivre des études supérieures ou de fuir l'instabilité politique. Bien que leur nombre soit alors relativement limité, ils participent à la structuration des premières communautés haïtiennes organisées. L'Alliance Française de Boston et Cambridge constitue aujourd'hui un point d'ancrage important pour cette communauté, notamment grâce à des partenariats avec des organisations locales favorisant l'accès à la culture et à l'éducation en français. L'Alliance Française de New York attire également un large public haïtien et organise régulièrement des expositions et des conférences consacrées à l'histoire d'Haïti et à son influence dans le monde francophone.

Les Africains francophones aux États-Unis : une présence croissante au sein des Alliances Françaises de Washington D.C. et d'Atlanta

Les diasporas africaines francophones, en pleine expansion, sont particulièrement visibles dans des villes comme Washington D.C. et Atlanta, en Géorgie. Elles regroupent des immigrés originaires du Sénégal, de la Côte d'Ivoire, du Mali, du Cameroun et de la République démocratique du Congo. Ces populations sont souvent actives dans les secteurs de l'entrepreneuriat et des services.

Grâce à des associations, des médias communautaires, des événements culturels et des lieux de culte francophones, ces diasporas continuent de faire vivre les langues et les cultures de leurs pays d'origine, tout en tissant des liens avec la société américaine. Dans ce contexte, les Alliances Françaises de Washington D.C. et d'Atlanta constituent des espaces d'accueil, de visibilité et de dialogue pour ces communautés. En proposant des événements mettant à l'honneur la littérature, la musique et le cinéma africains, et en collaborant avec des artistes et des intellectuels issus de ces diasporas, elles contribuent à leur intégration dans la dynamique francophone locale.

Les Franco-Canadiens et les Québécois : un patrimoine vivant au sein des Alliances du Maine et de Chicago

À la fin du XIXe siècle, des milliers de Québécois émigrent aux États-Unis, principalement pour travailler dans les industries textile, forestière et manufacturière, en plein essor en Nouvelle-Angleterre. Cette migration se concentre dans des villes industrielles telles que Lewiston dans le Maine, Manchester dans le New Hampshire et Worcester dans le Massachusetts. Ces travailleurs francophones fondent des quartiers, des paroisses et des écoles, laissant une empreinte durable sur la culture locale.

Aujourd'hui, cet héritage perdure grâce à une mémoire collective forte et à des communautés franco-américaines toujours actives, bien que la transmission intergénérationnelle du français demeure parfois fragile. Dans ce contexte, les Alliances Françaises jouent un rôle essentiel dans la préservation, la valorisation et la revitalisation de la culture franco-américaine.

L'Alliance Française de Portland, dans le Maine, s'inscrit pleinement dans cette dynamique en contribuant à faire revivre l'histoire francophone dans une région qui compte encore de nombreux descendants de travailleurs québécois. Elle collabore étroitement avec des institutions acadiennes et québécoises et organise des festivals franco-américains, des ateliers intergénérationnels, des projections de documentaires sur l'histoire de la classe ouvrière, ainsi que des événements culturels bilingues.

À Chicago, autre ville marquée par l'arrivée de Québécois et de Franco-Canadiens au XXe siècle, l'Alliance Française met également en valeur cet héritage à travers des conférences, des expositions, des concerts et des échanges artistiques. Elle entretient des liens étroits avec des institutions culturelles et éducatives québécoises et participe activement à un réseau francophone transfrontalier reliant le Québec au Midwest américain. Ces initiatives permettent non seulement de renforcer les relations culturelles entre les États-Unis et le Québec, mais aussi de raviver l'intérêt des jeunes générations pour leur héritage francophone.

Les Louisianais : mise en valeur du français grâce aux Alliances de La Nouvelle-Orléans et de Lafayette

En Louisiane, le français n'est pas seulement une langue étrangère ; il constitue une langue d'héritage profondément ancrée dans l'histoire et l'identité culturelle de l'État. Hérité des colons français, des déportés acadiens, appelés Cadiens, et des populations créoles, le français de Louisiane a donné naissance à une variété linguistique singulière, mêlant expressions locales, accents distinctifs et formes plus anciennes de la langue. Face à l'érosion progressive de ce parler au fil des générations, sa revitalisation est devenue un enjeu majeur pour les institutions publiques comme pour les organisations communautaires.

L'Alliance Française de La Nouvelle-Orléans joue un rôle central dans la préservation et la transmission du français. Elle propose des cours spécialement adaptés aux locuteurs d'héritage, c'est-à-dire aux

Louisianais ayant un lien culturel ou familial avec la langue sans nécessairement la maîtriser pleinement, et s'attache à renforcer les liens entre francophones d'héritage, nouveaux apprenants et locuteurs internationaux.

De son côté, l'Alliance Française de Lafayette se situe au cœur de l'Acadiana, une région profondément marquée par l'héritage acadien. Elle valorise les cultures acadienne et cadienne à travers un programme varié comprenant des festivals francophones, des cours de français louisianais, des ateliers de musique traditionnelle, des conférences sur l'histoire locale et des rencontres avec des artistes et des conteurs. Elle soutient également la transmission intergénérationnelle de cet héritage en collaborant avec des écoles d'immersion et des centres communautaires. Ces deux Alliances contribuent activement à la reconnaissance du patrimoine culturel immatériel de la Louisiane et à la valorisation d'une identité linguistique en constante évolution, à la croisée des dynamiques locales et globales.

Les locuteurs hispanophones : un public clé pour l'apprentissage du français.

Les États-Unis comptent une importante population hispanophone, majoritairement composée d'immigrés originaires d'Amérique latine et de personnes vivant dans des régions frontalières, représentant environ 18,5 % de la population totale. Cette communauté manifeste un intérêt croissant pour l'apprentissage du français, motivé par des raisons professionnelles, culturelles et éducatives.

Les similarités entre l'espagnol et le français, toutes deux langues romanes, rendent l'apprentissage du français plus accessible aux hispanophones. Par ailleurs, la maîtrise du français constitue un atout professionnel, notamment dans les domaines du commerce international, du tourisme et de la diplomatie. Sur le plan culturel, elle ouvre également l'accès à une riche tradition littéraire, artistique et francophone.

Dans certains États comme la Californie, le Texas, l'Arizona et la Floride, plusieurs Alliances Françaises ont développé des programmes spécifiquement destinés aux hispanophones. Ces formations s'appuient sur les proximités linguistiques entre l'espagnol et le français, facilitant ainsi la progression des apprenants. L'approche pédagogique est adaptée aux besoins spécifiques de ce public, en tenant compte de son héritage linguistique et culturel.

Dans les régions où l'espagnol est particulièrement présent, ces Alliances accueillent un grand nombre de membres hispanophones et organisent des événements mettant en valeur les liens culturels entre la France et l'Amérique latine. Ces initiatives favorisent les échanges interculturels et offrent aux locuteurs de l'espagnol de nouvelles opportunités d'apprentissage.

Les Alliances Françaises au service de toutes les francophonies

En consolidant les liens entre ces différentes communautés, les Alliances Françaises aux États-Unis remplissent leur mission principale : faire du français une langue de partage, d'opportunités et de dialogue interculturel. Vitrines de ces héritages multiples, elles renforcent leur influence locale tout en élargissant leur portée à l'échelle mondiale. Dans un pays marqué par la diversité, la richesse des francophonies constitue un atout majeur. Loin de se limiter à des écoles de langue, les Alliances Françaises sont des lieux de mémoire, de transmission et d'innovation, contribuant activement au dynamisme culturel et économique des États-Unis. Depuis plus de 140 ans, elles ont su évoluer au rythme des transformations sociétales et culturelles. Autrefois perçues comme des institutions élitistes, elles se sont progressivement transformées en centres culturels ouverts à tous, jouant un rôle essentiel dans la promotion du français et dans le renforcement des liens franco-américains. Elles continuent d'innover et de s'adapter afin de relever les défis du XXIe siècle et demeurent des acteurs incontournables de la francophonie aux États-Unis.

Les Alliances Françaises aux États-Unis :
Les projets sociaux au service des communautés

Les Alliances Françaises constituent également un moteur social et culturel important au sein de leurs communautés locales. Grâce aux revenus qu'elles génèrent, aux dons privés et aux subventions de la

Fédération des Alliances Françaises aux États-Unis et de l'Ambassade de France, de nombreux projets à impact social voient le jour chaque année, offrant des opportunités éducatives, culturelles et infrastructurelles à un large public. Cet engagement s'inscrit dans une tradition américaine où les initiatives communautaires et le bénévolat occupent une place centrale dans la vie civique. Aux États-Unis, les organisations à but non lucratif et les institutions culturelles reposent en grande partie sur la générosité des donateurs et la participation citoyenne. Les Alliances Françaises s'intègrent pleinement dans cette dynamique. Elles s'appuient sur l'engagement de leurs membres, de leurs bénévoles et de leurs partenaires locaux pour promouvoir la langue française et les cultures francophones, tout en répondant aux besoins spécifiques des communautés qu'elles servent. Leur engagement social se manifeste notamment à travers des programmes éducatifs accessibles à des publics variés, qu'il s'agisse d'enfants issus de familles francophones, de nouveaux arrivants souhaitant maintenir un lien avec la langue ou d'adultes désireux d'améliorer leurs compétences linguistiques à des fins professionnelles. Par exemple, à l'Alliance Française de Miami Metro, la bourse Jacques Brion offre une année complète de formation visant à conduire les bénéficiaires vers une maîtrise avancée du français. Elle soutient également un programme de formation des enseignants sur deux ans, aboutissant à l'obtention d'un diplôme de niveau master, et ouvrant ainsi de nouvelles perspectives académiques et professionnelles.

De son côté, l'Alliance Française de La Nouvelle-Orléans valorise la littérature jeunesse en organisant chaque année « My French Book Fair », un salon qui permet aux élèves des écoles d'immersion d'accéder à une large sélection d'ouvrages francophones. La diversité et l'inclusion constituent également des valeurs centrales de leur mission culturelle. Dans un pays marqué par une grande pluralité ethnique et linguistique, les Alliances Françaises aux États-Unis proposent des événements qui mettent en valeur les cultures variées de la francophonie mondiale. Par exemple, l'Alliance Française de Seattle accueille des artistes francophones tels que la Compagnie Pyramid, qui mêle danse et théâtre pour offrir des expériences immersives. L'Alliance Française de Kansas City a, quant à elle, proposé une adaptation théâtrale de *Stupeur et*

Tremblements d'Amélie Nothomb, offrant une perspective interculturelle à travers la littérature. L'engagement des Alliances ne se limite pas aux domaines éducatif et culturel ; il s'étend également à des enjeux sociaux plus larges. Plusieurs d'entre elles collaborent avec des associations locales afin de soutenir des causes telles que l'éducation des jeunes défavorisés, l'accès à la culture pour les publics marginalisés, ou encore la promotion des droits des femmes et des personnes LGBTQ+.

L'Alliance Française de San Francisco, par exemple, a ouvert le premier musée de la baie de San Francisco consacré à l'histoire francophone, mettant en lumière les contributions des communautés francophones à la région. À Louisville, l'Alliance Française propose un programme extrascolaire dans les écoles publiques, rendant l'apprentissage du français accessible à de jeunes élèves tout en les initiant à la culture francophone. À mesure que leur rôle évolue, les Alliances Françaises démontrent qu'elles sont bien plus que des écoles de langue : elles constituent des espaces d'ouverture culturelle et d'engagement social. Leur action en faveur de la diversité, de l'éducation et de l'inclusion s'inscrit pleinement dans les traditions américaines de participation civique et de service public.

Les Alliances Françaises dans les villes sanctuaires :
Des espaces d'accueil et d'intégration

Dans certaines villes américaines, cet engagement prend une dimension particulière en raison du contexte social et politique local. Les Alliances Françaises situées dans des villes sanctuaires deviennent des ressources précieuses pour accompagner les populations francophones nouvellement arrivées. Ces municipalités ont adopté des politiques limitant leur coopération avec les autorités fédérales en matière d'immigration. Caractérisées par leur diversité culturelle et leur ouverture envers les communautés immigrées, ces villes favorisent l'intégration sociale. Ce contexte constitue un terrain propice à l'action des Alliances Françaises, dont la mission de promotion de la langue et des cultures francophones s'inscrit pleinement dans ces dynamiques. Dans ces environnements, les Alliances Françaises ne se contentent pas de promouvoir la langue et la culture françaises : elles deviennent de véritables espaces d'intégration, de dialogue et de transmission culturelle. Elles incarnent une forme d'ouverture en résonance avec les valeurs de ces municipalités, offrant un cadre où la diversité francophone s'inscrit dans les réalités sociales et politiques locales.

Prendre racine et se réinventer :
Les Alliances Françaises entre tradition et innovation

Afin de garantir leur pérennité et de consolider leur ancrage local, les Alliances Françaises aux États-Unis développent de plus en plus de collaborations avec les institutions académiques ainsi qu'avec les acteurs culturels et économiques. Confrontées à l'évolution du paysage linguistique américain et à la baisse du nombre d'étudiants en français dans l'enseignement supérieur depuis 2008, elles s'appuient sur des partenariats stratégiques pour élargir leur public et diversifier leurs sources de financement. Historiquement, le réseau des Alliances Françaises aux États-Unis a entretenu des liens étroits avec les universités. Nombre d'entre elles ont été fondées grâce à l'initiative de professeurs d'université, comme à Houston, avec l'Université Rice, ou à Boston, avec Harvard, un modèle qui perdure encore aujourd'hui. Alors que le français recule progressivement face à d'autres langues vivantes, ces partenariats demeurent essentiels. Les Alliances collaborent avec les établissements pour organiser des événements culturels, délivrer des certifications linguistiques et, dans certains cas, bénéficier d'espaces sur les campus. À Charlottesville, Birmingham et Philadelphie, ces collaborations contribuent à maintenir les Alliances au cœur des communautés universitaires, en renforçant leur visibilité et en facilitant leur accès aux étudiants.

Parallèlement, l'Alliance Française de Seattle, implantée dans un environnement fortement marqué par le secteur technologique, a amorcé une transition vers des formats d'apprentissage flexibles bien avant la pandémie. Elle a progressivement intégré des offres de formation à distance, hybrides et comodales. Cette évolution ne constitue pas seulement une réponse aux contraintes liées à la pandémie de COVID-19, mais s'inscrit dans une volonté d'élargir son public, notamment auprès des professionnels, des étudiants éloignés des centres urbains et des francophones souhaitant entretenir ou perfectionner leurs compétences linguistiques sans contrainte géographique. Certaines Alliances, comme celles de Porto Rico et de New York, ont été parmi les premières à proposer des cours hybrides ou entièrement en ligne, avec des modules flexibles, synchrones ou asynchrones, adaptés aux besoins individuels. Désormais largement adoptée, cette approche permet d'améliorer l'accessibilité des formations tout en intégrant des outils numériques dans un modèle pédagogique renouvelé.

En complément des cours traditionnels, en présentiel ou à distance, plusieurs Alliances Françaises aux États-Unis ont enrichi leur offre éducative en proposant des séjours d'immersion linguistique. Ces programmes offrent aux apprenants l'opportunité de renforcer leurs compétences en français dans un environnement francophone, tout en découvrant la diversité des cultures qui composent le monde francophone. L'Alliance Française de Charlottesville collabore avec plusieurs Alliances en France, notamment celles de Bordeaux, de Lyon et de Montpellier, afin d'organiser des activités culturelles et des rencontres avec des locuteurs locaux, créant ainsi des expériences pleinement immersives. De son côté, l'Alliance Française de Minneapolis a mis en place un programme de séjours en France et au Maroc, permettant à ses membres de progresser en français tout en découvrant la diversité du monde francophone. Ces programmes, qui combinent apprentissage linguistique et immersion culturelle, incarnent la mission des Alliances Françaises : faire du français une langue vivante, dynamique et accessible. Ils illustrent également leur rôle de passerelle entre les cultures, en renforçant les liens entre les francophiles américains et les communautés francophones à l'échelle internationale.

Au-delà des partenariats académiques et des innovations pédagogiques, le réseau des Alliances Françaises développe un esprit de coopération interne renouvelé. Certaines branches mutualisent leurs offres de formation, favorisant ainsi une utilisation plus efficace des ressources et un accès élargi pour les apprenants. À Détroit et à Grosse Pointe, par exemple, deux Alliances ont conclu un accord permettant aux élèves d'assister aux mêmes cours tout en choisissant le site qui leur convient le mieux. De même, les Alliances de North Shore et de DuPage coordonnent leurs programmes afin de proposer des offres complémentaires. Ces initiatives témoignent d'une volonté d'adaptation aux réalités économiques, en privilégiant la coopération plutôt que la concurrence. Dans cette perspective, plusieurs Alliances cherchent également à diversifier leurs sources de financement en renforçant leurs partenariats avec des acteurs culturels et économiques locaux. Le mécénat et les dons privés jouent un rôle essentiel dans leur développement. En collaborant avec des entreprises, des fondations et des institutions culturelles, elles assurent un soutien financier durable, permettant d'enrichir leur programmation et de soutenir l'innovation. À travers des événements de levée de fonds, des collaborations avec des galeries d'art, des festivals et des projets menés en partenariat avec des entreprises valorisant la culture française, les Alliances renforcent leur ancrage dans le paysage culturel américain. Qu'il s'agisse de partenariats académiques, d'innovations pédagogiques, de mutualisation des ressources ou de collaborations économiques, elles démontrent une forte capacité d'adaptation. Ces dynamiques traduisent une volonté de modernisation et d'ouverture, essentielle pour relever les défis contemporains et continuer de promouvoir la langue et la culture françaises dans un monde en constante évolution.

Aller vers une francophonie en mouvement

À mesure que le monde évolue rapidement, les Alliances Françaises aux États-Unis sont amenées à repenser leur mission afin de continuer à attirer de nouveaux publics à l'horizon 2050. Bien plus que de simples structures d'enseignement, elles constituent une mosaïque vivante de la francophonie, un véritable archipel où chaque centre joue un rôle singulier tout en contribuant à une dynamique globale. Elles ne sont pas uniquement des lieux d'apprentissage, mais des espaces de rencontre où langues, cultures et parcours individuels se croisent, tissant des liens entre les générations, les continents et les imaginaires partagés. Pour relever les défis à venir, les Alliances devront renforcer leurs partenariats avec les entreprises, les institutions locales et les autres organisations linguistiques, afin de développer des parcours éducatifs et culturels en adéquation avec les évolutions du marché du travail et les aspirations des jeunes générations.

Au-delà de son statut de langue littéraire et diplomatique, le français offre de nombreuses opportunités, notamment dans les domaines des technologies, du commerce international et de l'économie verte. Les partenariats avec des acteurs économiques et des institutions académiques permettront d'adapter l'apprentissage aux exigences du monde professionnel, à travers des modules spécialisés en français des affaires, en intelligence artificielle, en diplomatie, en relations internationales ou encore en tourisme durable. Dans un contexte de mobilité internationale accrue et de brassage culturel, les Alliances devront également s'ouvrir à d'autres langues et communautés linguistiques, en dialoguant avec les univers hispanophones, créolophones, arabophones ou sinophones. La diversité linguistique ne constitue pas une menace, mais bien une force, capable de renforcer la présence du français dans les grandes villes américaines. La francophonie aux États-Unis est plurielle, portée par des diasporas africaines, caribéennes, québécoises et européennes ; c'est en valorisant cette diversité que les Alliances Françaises pourront maintenir leur pertinence et susciter un intérêt renouvelé. Les technologies numériques joueront également un rôle central. L'essor de l'apprentissage en ligne, de la réalité virtuelle et des approches immersives ouvre des perspectives inédites pour atteindre un public élargi, au-delà des espaces physiques des Alliances. On peut ainsi imaginer la création de campus francophones virtuels, où des apprenants du monde entier pourraient se rencontrer, étudier et développer des projets collaboratifs. De même, la réalité augmentée pourrait favoriser des expériences culturelles interactives, transformant les Alliances en passerelles vers des environnements linguistiques immersifs.

En définitive, l'avenir des Alliances Françaises dépendra de leur capacité à réinventer leur rôle social et culturel. En s'engageant davantage dans des enjeux contemporains tels que la diversité, l'inclusion et le développement durable, elles continueront d'être des lieux de communauté, de dialogue et d'émancipation. Dans un monde en quête de sens et de connexions, elles peuvent devenir des laboratoires d'idées, des incubateurs de projets interculturels et des espaces de réappropriation de l'héritage linguistique et culturel. À l'horizon 2050, les Alliances Françaises ne seront plus seulement des lieux d'apprentissage, mais aussi des espaces où se façonne la francophonie de demain : une francophonie inclusive, ouverte et en dialogue avec le monde, un archipel en constante évolution où la langue française continue de relier, d'inspirer et de rassembler.

Remerciements

Je tiens à exprimer ma profonde gratitude à Melissa Saura, responsable des programmes à la Fédération des Alliances Françaises aux États-Unis, pour sa collaboration précieuse et sa connaissance approfondie du réseau, qui ont largement contribué à la réussite de nos efforts communs. J'adresse également mes sincères remerciements à Upi Struzak, Isabelle Leroux et Linda Witt, trois directrices exceptionnelles avec lesquelles j'ai eu le privilège de travailler durant mon mandat de coordinateur national. Chacune, à sa manière, a exercé une influence durable par son engagement et la clarté de sa vision, renforçant ainsi la portée et l'efficacité de nos actions collectives.

3. Enseigner, apprendre et vivre en français
Jessamine Irwin

L'État du Maine connaît aujourd'hui une renaissance de la langue et des cultures françaises au sein de ses communautés locales. Bien que la présence francophone dans cet État remonte à plusieurs siècles, le nombre de locuteurs du français a longtemps été en déclin. Cette résurgence s'explique en grande partie par l'arrivée de nouveaux habitants, originaires notamment de la République démocratique du Congo, du Burundi, du Rwanda et de Djibouti, qui insufflent une énergie nouvelle au paysage francophone régional[7].

Ce chapitre explore l'histoire du français dans le Maine, retrace le rôle de cette langue dans mon parcours personnel et professionnel, et met en lumière les liens entre langue, identité et inclusion. Il examine également le potentiel transformateur des initiatives éducatives communautaires, en s'appuyant sur mon expérience dans la mise en œuvre de telles pratiques, tant dans le cadre scolaire qu'extrascolaire, au cours des huit dernières années (2017-2025), en tant que professeure de français à l'Université de New York et réalisatrice de films documentaires. Bien que de nombreux éléments présentés relèvent d'une perspective subjective, certaines données quantitatives ont été recueillies à partir d'enquêtes afin d'illustrer l'impact de la *Maine Schools Initiative* (2022) et de la *Intersection Schools Initiative* (2024)[8].

Une brève histoire du français dans le Maine

La présence de la langue et des cultures françaises dans le Maine remonte à 1604, lorsque soixante-dix-neuf colons français, parmi lesquels le cartographe Samuel de Champlain, s'installent sur l'île

---

[7] Craig, 2016 ; Fawthrop, 2023.
[8] Irwin, 2024.

côtière de Muttoneguis, aujourd'hui connue sous le nom d'île Sainte-Croix, ou île Dochet[9]. Après un hiver particulièrement rigoureux, les survivants traversent la baie de Fundy pour s'établir à Port-Royal, fondant ce qui deviendra la capitale de l'Acadie. Bien que leur séjour dans le Maine n'ait duré qu'un an, ils ne furent pas les derniers francophones à s'y établir durablement.

La déportation massive des Acadiens sous le régime britannique, connue sous le nom de Grand Dérangement (1755-1764), constitue la première grande vague de présence francophone dans le Maine[10]. Cette expulsion se déroule en deux phases principales : la première contraint les Acadiens à rejoindre les Treize Colonies britanniques, tandis que la seconde les exile vers la France. Nombre d'entre eux migrent ensuite vers la Louisiane, où ils seront appelés Cadiens, ou trouvent refuge dans la vallée du fleuve Saint-Jean, au nord du Maine, ainsi que dans les régions adjacentes de l'actuel Nouveau-Brunswick. Sur les quelque 11 500 Acadiens expulsés, environ 5 000 périssent en raison des maladies, de la famine ou de naufrages.

En hommage à l'histoire acadienne, le poète du Maine Henry Wadsworth Longfellow évoque, dans *Évangéline* (1847), la tragédie du Grand Dérangement :

> *« De longues années s'étaient écoulées depuis*
> *que Grand-Pré avait été livré aux flammes*
> *depuis longtemps déjà, les vaisseaux anglais*
> *avaient quitté la baie de Gaspereau, enlevant*
> *à ses foyers tout un peuple condamné à un*
> *exil sans terme et dont l'histoire moderne*
> *n'offre pas un autre exemple. »*[11]

La région du Madawaska, initialement un lieu central de rassemblement et d'activités de subsistance pour le peuple malécite, devient, au milieu du XVIIIe siècle, un refuge pour les Acadiens[12]. Poussés à l'exode par la

---

[9] National Park Service, n.d.
[10] National Park Service, n.d.
[11] Traduction de Marcel Poulain (1894).
[12] Université du Maine, n.d.

pression démographique et la raréfaction des terres agricoles dans leur région d'origine, ainsi que par l'essor de l'industrie du bois dans le Maine, de nouveaux colons francophones en provenance du Québec s'y installent au milieu du XIXe siècle. Ce croisement d'influences malécites, acadiennes et québécoises donne naissance à une identité distincte, dite brayonne, qui continue aujourd'hui de caractériser la région.

Publié en 1847, *Évangéline* de Longfellow précède de peu l'essor de la révolution industrielle aux États-Unis. L'abondance des cours d'eau fait du Maine un territoire propice au développement d'industries hydrauliques ; des villes-usines comme Saco, Biddeford, Lewiston et Auburn émergent ainsi le long des principales rivières de l'État[13]. La demande croissante de main-d'œuvre entraîne alors une importante migration francophone vers le Maine. Ce mouvement rappelle celui observé dans le Madawaska, avec l'arrivée de familles catholiques francophones venues travailler dans l'industrie textile en pleine expansion.

Selon les données du Gendron Franco Center, la population franco-canadienne du Maine passe de 7 490 résidents en 1860 à 77 000 en 1900, dont 13 000 à Lewiston au tournant du siècle[14]. À Lewiston, de nombreux Franco-Américains se souviennent encore avoir grandi dans un environnement largement francophone. La langue était utilisée aussi bien à la maison que dans la vie publique : à la radio, dans *Le Messager* (journal local francophone), à l'église, dans les commerces, les usines et les écoles confessionnelles.

Cependant, des décennies de discrimination linguistique et culturelle à l'encontre des Franco-Américains, combinées à la fermeture des industries dans les années 1970, ont contribué à l'érosion de cet espace francophone. L'année 2010 marque le début d'une nouvelle vague migratoire francophone vers le Maine, avec l'arrivée de populations originaires de régions plus éloignées. Selon les Catholic Charities Refugee & Immigration Services, 437 personnes originaires de la République démocratique du Congo, du Burundi et du Rwanda

---

[13] Maine Memory Network, n.d.
[14] Franco Center, n.d.

s'installent dans l'État cette année-là, fuyant l'instabilité politique, les conflits et les difficultés économiques, à la recherche de sécurité et de meilleures perspectives[15]. Depuis lors, de nouveaux arrivants issus du Cameroun, de Djibouti, de l'Angola, de la République du Congo et d'autres pays francophones continuent de s'installer dans le Maine, principalement à Portland et à Lewiston[16]. Cet afflux a non seulement diversifié le paysage culturel de l'État, mais aussi contribué à revitaliser son héritage francophone de longue date.

L'expérience des Franco-Africains, des Franco-Canadiens, des Franco-Américains, des Acadiens et des Brayons dans le Maine est complexe et façonnée par une diversité de facteurs sociaux et historiques. L'âge, le statut socio-économique et la localisation géographique, par exemple, influencent fortement la manière dont les individus perçoivent leur héritage linguistique et culturel. À travers l'État, des pédagogues et des défenseurs de la francophonie, notamment au sein du système de l'Université du Maine et des Alliances Françaises, poursuivent leurs efforts pour préserver, valoriser et transmettre ce riche héritage francophone.

Le français : une connexion constante

J'ai appris mes premiers mots de français grâce à ma mère, qui avait elle-même découvert cette langue dans la cour de récréation de son école maternelle à Madawaska, en 1970. Il s'agissait plus précisément du français brayon, souvent appelé *Valley French* en anglais. À cette époque, la population totale du Maine s'élevait à un peu moins d'un million d'habitants, dont environ 141 000 déclaraient le français comme langue maternelle ou langue parlée à la maison.[17]. Cela signifie qu'à l'époque, près d'un habitant du Maine sur sept parlait français. Bien que le comté d'Aroostook, où se situe la ville de Madawaska, ait connu une baisse démographique plus marquée que tout autre comté de l'État depuis 1970, l'héritage francophone de la région a su résister à l'épreuve du

---

[15] Craig, 2016.
[16] Fawthrop, 2023.
[17] USAFacts, n.d.

temps. Aujourd'hui, 83 % des habitants de Madawaska continuent de parler français, souvent comme langue première[18].

Au regard de l'Histoire locale et des liens anciens avec le Canada, il est tout à fait naturel que ma mère ait été immergée dans la langue française dès la maternelle. Son parcours témoigne de la profondeur de l'empreinte linguistique et culturelle laissée par les communautés francophones dans la vallée du fleuve Saint-Jean. Le français, tel un fil rouge tissé dans son identité dès l'enfance, est demeuré présent dans sa vie sous diverses formes.

Étudiante de premier cycle, elle vivait dans l'aile francophone d'Oxford Hall à l'Université du Maine, à Orono, au milieu des années 1980. Puis, en tant qu'étudiante diplômée, elle a collaboré avec Yvonne Labbé au Centre franco-américain de l'université afin d'attirer des entreprises françaises dans le Maine. Aujourd'hui, dans son exercice d'infirmière praticienne dans le nord de l'État, le français lui permet de prodiguer des soins aux francophones locaux dans leur langue maternelle.

C'est elle qui m'a ouvert la porte du monde francophone. À l'époque, je n'imaginais pas que ce qui avait commencé par l'air « Alouette », chanté sur la banquette arrière de notre monospace Dodge familial, deviendrait une composante essentielle de ma vie adulte. Le français imprègne de nombreux souvenirs d'enfance : les moments passés à me lier d'amitié avec des enfants canadiens-français sur la balançoire du camping Hadley Point, au milieu des années 1990 et au début des années 2000, ou encore mon premier emploi chez Bagel Central, où je suis rapidement devenue l'employée de référence pour les touristes francophones. Indiquer, en français, le chemin jusqu'à la maison de Stephen King faisait simplement partie de la routine estivale.

Mes premières expériences du français en dehors du Maine se sont déroulées au Québec. Ayant grandi au sud de la frontière canadienne, je comprenais mal les kilomètres et les degrés Celsius, mais les forêts, la neige et le sirop d'érable m'étaient aussi familiers que la langue elle-même. Dans le sillage de ma mère, j'ai moi aussi étudié le français en premier cycle à l'Université du Maine à Orono, l'un des rares

---

[18] Université du Maine, n.d.

établissements du pays à proposer une licence en études franco-américaines.

Au cours de ma première année, grâce à une bourse couvrant mon billet d'avion, complétée par de nombreuses heures supplémentaires chez Bagel Central, j'ai eu l'opportunité d'étudier à l'Université d'Angers. Dans la France des années 2010, marquée notamment par les mobilisations sociales autour de la réforme des retraites, mes souvenirs restent empreints de trajets en train, de soirées étudiantes et des moments passés à garder des enfants afin de subvenir à mes besoins.

Le baby-sitting auprès de familles françaises, malgré ses hauts et ses bas, m'a permis de prendre pleinement conscience du lien intrinsèque entre langue et culture. Comme l'écrit Rita Mae Brown : « Le langage est la feuille de route d'une culture. Il vous indique d'où vient et où va son peuple. » Bien que je parle déjà couramment français avant mon séjour, j'évoluais encore selon une autre grille culturelle, éloignée des pratiques et des références quotidiennes françaises. Je reste profondément reconnaissante envers ces familles pour les apprentissages qu'elles m'ont transmis, souvent sans en avoir conscience.

Cette première année passée loin de chez moi a été déterminante dans mon parcours académique et professionnel. Après l'obtention de ma licence, je suis retournée en France pour poursuivre mes études. Ce séjour m'a permis de découvrir la manière dont le Maine, et plus largement les États-Unis, sont perçus à l'étranger, offrant des perspectives précieuses. Plus la distance avec mon lieu d'origine augmentait, plus je prenais conscience du caractère exceptionnel de mon exposition précoce au français du Maine. Peu de personnes que je rencontrais savaient que cette langue y existait, et encore moins qu'elle y était toujours parlée aujourd'hui.

Les histoires des francophones du Maine demeurent relativement méconnues en dehors des communautés francophones de Nouvelle-Angleterre et de certains cercles académiques, en grande partie en raison d'un manque de représentation. De plus, même au sein des discours communautaires, en particulier avant l'arrivée des francophones africains, le français était souvent évoqué au passé, ce qui contribuait à minimiser son statut de langue vivante dans l'État.

Au-delà du contexte propre au Maine, l'idée largement répandue était que l'anglais constituait la seule langue parlée dans la région, une perception en totale contradiction avec mon expérience personnelle. Les francophones du Maine ont été mes premiers enseignants, et j'ai ressenti le désir de leur rendre hommage en contribuant, à mon tour, à la valorisation de leur héritage.

En 2017, j'ai été recrutée comme professeure associée de français à l'Université de New York. Depuis, j'ai eu le privilège de déconstruire ce mythe du monolinguisme à travers mon cours *Living in French in North America* (Vivre en français en Amérique du Nord). Ce cours explore à la fois les racines historiques et la présence contemporaine du français dans le Maine, tout en aidant les étudiants à approfondir leur compréhension des dynamiques linguistiques et culturelles aux États-Unis. Conçu pour articuler savoir académique et expérience concrète, il s'appuie sur les principes fondamentaux de la pédagogie communautaire.

Le pouvoir de la pédagogie communautaire

L'apprentissage communautaire établit un lien direct entre l'enseignement en classe et la communauté environnante, en intégrant les institutions locales, l'Histoire, la littérature, le patrimoine culturel et les environnements naturels dans le processus éducatif[19]. Cette approche repose sur l'idée que toutes les communautés disposent d'atouts éducatifs intrinsèques susceptibles d'enrichir l'apprentissage.

Combler le fossé entre les études universitaires et l'expérience du monde réel constitue non seulement une approche logique de l'enseignement des langues, mais aussi une démarche durable. Lorsqu'il est bien conçu, l'apprentissage communautaire favorise l'engagement en classe, renforce l'autonomie des membres de la communauté et consolide les liens entre individus et institutions.

Ces interactions contribuent à renforcer la pertinence de la langue au-delà des salles de classe, en montrant que le français n'est pas simplement une matière à étudier, mais une réalité vécue au quotidien par des individus et des communautés.

---

[19] Sabbott, 2014.

Les sections qui suivent proposent un aperçu de la pédagogie communautaire, ainsi que des exemples concrets tirés de mon expérience en tant que professeure.

Les approches de la pédagogie communautaire

La pédagogie communautaire peut prendre de nombreuses formes. *The Glossary of Education Reform* en identifie quatre principales : les liens pédagogiques, l'intégration de la communauté, la participation communautaire et l'engagement citoyen[20]. Ces catégories offrent un cadre flexible pouvant être adapté aux besoins spécifiques de chaque classe.

Les liens pédagogiques visent à intégrer de manière intentionnelle les enjeux, les contextes et les réalités locales dans l'enseignement linguistique. Par exemple :

- utiliser des archives locales, des récits oraux et des ressources visuelles comme supports authentiques ;
- analyser des événements récents en lien avec les communautés francophones environnantes.

L'intégration de la communauté consiste à inviter des membres de la communauté dans la salle de classe afin de mettre les élèves en contact avec des ressources locales. Par exemple :

- inviter des intervenants pour partager leurs expériences, proposer des présentations ou animer des ateliers ;
- faire découvrir aux étudiants des spécialistes locaux de l'histoire, des arts ou de la préservation culturelle ;
- encourager les interactions à travers des entretiens, des performances ou des projets collaboratifs.

La participation communautaire implique de sortir du cadre de la classe pour interagir directement avec la communauté locale. Cette immersion

---

[20] Sabbott, 2014.

permet aux élèves de mobiliser leurs compétences dans des situations concrètes. Par exemple :

- organiser des sorties de terrain au cours desquelles les étudiants interrogent des membres de la communauté et restituent leurs observations ;
- participer à des événements communautaires ;
- s'impliquer dans des projets liés au patrimoine local, tels que la collecte de témoignages oraux.

L'engagement citoyen invite les élèves à mobiliser leurs apprentissages pour contribuer activement à la communauté ou susciter un changement. Il peut se traduire par :

- la réalisation de courts métrages en collaboration avec des acteurs locaux ;
- l'organisation d'événements communautaires valorisant l'héritage local ;
- des partenariats avec des musées, des centres culturels ou des organisations locales dans le cadre de projets à impact social.

Vivre en français en Amérique du Nord

Ce cours singulier associe l'enseignement en classe à un voyage d'une semaine à travers la Nouvelle-Angleterre et le Québec, au cours duquel les étudiants visitent Lowell dans le Massachusetts, Biddeford, Portland, Lewiston et Orono dans le Maine, puis les villes de Québec et de Montréal. Voici comment l'apprentissage communautaire est intégré dans ce cours :

- Liens pédagogiques : avant le départ, les étudiants s'immergent dans l'Histoire franco-américaine à travers la littérature, le cinéma et des recherches sur les politiques linguistiques locales.
- Intégration de la communauté : les étudiants mènent eux-mêmes des entretiens avec des francophones à Biddeford,

Lewiston et Orono, afin de mieux comprendre les enjeux liés à l'identité linguistique et à la préservation culturelle.

- Participation communautaire et engagement citoyen : à travers un travail de collecte d'histoires orales, les étudiants contribuent à la préservation du français dans le Maine, en produisant des travaux dont la portée dépasse le cadre académique.

Au retour, les étudiants réalisent un projet final reflétant leur expérience. Parmi les productions réalisées figurent des recueils de poésie, des livres de recettes, des courts métrages documentaires, des pièces de théâtre et des compositions musicales, dont la plupart sont ensuite partagés avec les communautés ayant accueilli les étudiants. Cet échange renforce le rôle de la langue comme vecteur de lien entre les générations et les espaces géographiques.

Grâce à ces expériences, les étudiants prennent conscience que le français n'est pas une langue étrangère lointaine, mais une composante essentielle de l'Histoire nord-américaine et un élément central de la mosaïque culturelle des États-Unis. En mettant en valeur les récits passés et présents des communautés francophones du Maine, nous contribuons à redéfinir ce que signifie vivre en français. La langue est bien plus qu'un simple moyen d'expression : elle constitue un marqueur d'identité et d'appartenance. Dans mon travail de professeure de français, j'ai pu constater à quel point cette langue peut être un outil puissant d'inclusion. Son enseignement ne se limite pas à la transmission de la grammaire et du vocabulaire ; il implique la création d'un environnement dans lequel les étudiants se sentent reconnus, écoutés et valorisés.

Aux États-Unis, où l'anglais domine largement l'espace public et éducatif, l'enseignement des langues joue un rôle essentiel dans la promotion de la diversité linguistique. Mes expériences à l'Université de New York et dans divers programmes communautaires ont mis en évidence le potentiel transformateur de cet enseignement. Dans *Living in French in North America*, les étudiants interagissent directement avec des communautés franco-américaines et franco-africaines en Nouvelle-Angleterre, recueillant des témoignages oraux et explorant la richesse des cultures francophones. Ces interactions amènent les étudiants à remettre en question leurs représentations de la langue et de l'identité. Ils découvrent que le français n'est pas une relique du passé, mais une langue vivante, en constante évolution, qui continue de façonner les communautés à travers le pays. Cette prise de conscience suscite un sentiment de connexion et d'appartenance, non seulement chez les étudiants d'héritage francophone, mais aussi chez tous ceux qui redécouvrent leur propre identité à travers l'apprentissage de la langue.

Le Carrefour / *The Intersection*

À la fin du premier semestre de ce cours, en 2018, j'ai été profondément touchée par les projets finaux de mes étudiants. Il était clair que ces approches communautaires avaient eu un impact significatif, tant sur les étudiants que sur les communautés locales et sur moi-même. Animée par le désir de continuer à valoriser les voix francophones et à accroître leur visibilité, tant dans le cadre académique qu'au-delà, j'ai entrepris de réaliser des films documentaires. En 2021, mon premier film, *Le Carrefour / The Intersection*, a été présenté en première au Camden International Film Festival, où il a remporté le prix du public du meilleur court métrage documentaire. Ce projet a été co-réalisé avec Daniel Quintanilla, réalisateur basé dans le Maine. Dans *Le Carrefour / The Intersection*, Cecile Thornton renoue avec le français de son enfance grâce à des immigrés franco-africains récemment arrivés, tels que Trésor Muteba Mukendi, venu chercher asile à Lewiston, dans le Maine, ville natale de Cecile. Les origines franco-américaines de cette dernière la relient aux milliers de Franco-Canadiens ayant travaillé dans les usines locales et ayant subi des décennies de discrimination et d'oppression.

Alors que l'Histoire semble se répéter, Cecile et Trésor nouent une amitié profonde qui permet à Cecile de se réapproprier son identité et de retrouver une fierté franco-américaine. Une planification rigoureuse et l'implication de la communauté ont été essentielles pour garantir l'authenticité du film. Nous avons ainsi collaboré avec des membres de la communauté et des spécialistes locaux, dont une équipe consultative composée de chercheurs et de professionnels du documentaire :

- Georges Budagu Makoko, éditeur du livre multilingue *Amjambo Africa*, installé dans le Maine après avoir fui les violences au Rwanda et en République démocratique du Congo ;

- Dr Chelsea D. Ray, professeure associée de langue et littérature françaises à l'Université du Maine à Augusta, spécialiste reconnue du français dans le Maine ;
- Dr Emmanuel Kayembe, chercheur en études franco-américaines et professeur de français à l'Université du Sud du Maine, apportant son expertise sur les expériences franco-américaines et franco-africaines ;
- Ben Levine, réalisateur de documentaires et pionnier de la vidéo, auteur notamment de *Si je comprends bien* (1980) et *Réveil - Waking Up French* (2003).

Le Carrefour / The Intersection a reçu la première subvention conjointe de TV5Monde et du Points North Institute dédiée aux films sur le patrimoine du Maine, ainsi qu'un financement du Maine Humanities Council en 2020. Le film a été sélectionné au Festival international du film de Boston en 2022 et récompensé par le Maine Tourmaline Award au Maine International Film Festival la même année. En 2024, il a également reçu le Spirit of Action Award au Vacationland Film Festival.

Les initiatives du Carrefour

Depuis le début de mon travail documentaire, le soutien aux enseignants, en retour de tout ce que j'ai moi-même reçu, a toujours constitué une priorité. C'est dans cette optique que j'ai lancé la *Maine Schools Initiative* en 2022, puis la *Intersection Schools Initiative*. L'édition 2022 de cette initiative a permis de rendre *Le Carrefour / The Intersection* accessible gratuitement à tous les enseignants du Maine pendant deux semaines en novembre. La version la plus récente a étendu cette offre à l'ensemble de la Nouvelle-Angleterre ainsi qu'à l'État de New York.

Selon des données recueillies en 2024, environ 3 184 étudiants ont visionné le film, dont près de 420 parlent français à la maison. Près de 60 % des spectateurs étaient des lycéens, tandis qu'environ 25 % étaient des apprenants adultes. Sur 105 enseignants participants, 98 ont utilisé le guide pédagogique fourni et 77 envisagent d'acquérir le film via l'organisme Documentary Educational Resources. Bien que le film ait été principalement utilisé par des enseignants de français, il a également suscité l'intérêt d'enseignants d'espagnol, d'arabe et d'Histoire. Ces initiatives ont largement contribué à ouvrir des espaces de dialogue autour du français aux États-Unis, en rapprochant les savoirs académiques des réalités vécues et en donnant une visibilité accrue aux voix franco-américaines et franco-africaines dans les salles de classe.

L'avenir du français dans le Maine : une approche holistique

En plaçant les mises en situation dans le monde réel au cœur de l'enseignement des langues, la pédagogie communautaire remet en question les idées reçues sur le français aux États-Unis et démontre que la diversité linguistique est à la fois actuelle et bien vivante. Des initiatives telles que la *Intersection Schools Initiative* montrent aux étudiants que l'apprentissage d'une langue ne se limite pas à un exercice académique ; il constitue un acte de connexion, d'inclusion et d'émancipation.

Dans le climat politique polarisé actuel, l'enseignement des langues représente un levier puissant pour contrer les discours fondés sur la peur, l'exclusion et le réductionnisme économique. Trop souvent, les arguments en faveur du rejet de certains groupes sont formulés en termes économiques, perpétuant l'idée que la diversité constitue une menace pour la stabilité sociale. Ce raisonnement réducteur limite notre compréhension des notions de communauté et d'appartenance. En tant qu'enseignants de langues, nous avons à la fois le privilège et la responsabilité de remettre en question ces discours.

À travers la langue, nous cultivons l'empathie, l'esprit critique et la conscience interculturelle. Nous ouvrons une fenêtre sur des histoires, des littératures et des expériences vécues qui humanisent « l'autre » et révèlent la richesse de perspectives différentes. L'enseignement des langues peut ainsi déconstruire les récits monolithiques et servir de contrepoids face aux discours de peur. En donnant aux étudiants l'opportunité de rencontrer de manière authentique des communautés francophones locales, nous les aidons à comprendre que la différence n'est pas un obstacle, mais une richesse.

L'avenir du français aux États-Unis repose sur la reconnaissance de son rôle en tant que langue de diversité, d'inclusion et de lien humain. Pour qu'il demeure pertinent, il est essentiel de créer des occasions d'engagement au-delà de la salle de classe. Cela implique de favoriser l'expression créative, de renforcer les liens communautaires et de défendre des politiques éducatives valorisant le multilinguisme.

La langue française a été le fil conducteur de ma vie personnelle et professionnelle, tissant des liens à travers le temps, les lieux et les multiples dimensions de mon identité. Grâce à l'éducation, à l'engagement communautaire et aux échanges culturels, j'ai pu constater le pouvoir transformateur de la langue, capable de favoriser l'inclusion et de construire des communautés. Je suis fière de contribuer à ces efforts, qui continueront d'évoluer et de s'enrichir dans les années à venir.

4. La valeur économique du français en Louisiane : une analyse politique

Jerry L. Parker

De nombreux défenseurs de la francophonie considèrent le français comme un levier susceptible, à lui seul, de contribuer à résoudre les difficultés économiques de la Louisiane[21]. À l'inverse, une grande partie des décideurs politiques perçoit le français comme un simple outil économique, dont l'utilité se limite essentiellement au secteur du tourisme, notamment pour attirer des visiteurs dans l'État. En dehors de ce domaine, les investissements stratégiques et à grande échelle en faveur du français restent rares, voire inexistants.

Ce chapitre vise à faire évoluer la réflexion sur le français en Louisiane en mettant en lumière les avantages économiques potentiels liés à l'allocation de financements ciblés et au développement de politiques publiques volontaristes favorisant l'essor d'une économie franco-louisianaise. En adoptant une approche économique de la réforme des politiques publiques, cette analyse propose de dépasser la question traditionnelle, « Pourquoi ne parle-t-on pas français en Louisiane ? », pour se concentrer sur une interrogation plus stratégique : « Comment investir de manière efficace, en termes de ressources et de soutien, dans le français en Louisiane afin de stimuler son développement économique ? »

L'économie louisianaise

Les principaux moteurs économiques de la Louisiane comprennent les taxes générales sur les ventes, les taxes sur les ventes de véhicules, l'impôt sur le revenu des particuliers, l'impôt sur les sociétés et les taxes sur les franchises, les recettes issues des jeux d'argent, les taxes d'extraction des ressources naturelles non renouvelables et les redevances associées, ainsi que les taxes sur les primes et les revenus liés

---

[21] Hurt, 2023 ; Dunn, 2023.

aux accords sur le tabac[22]. Pourtant, les catastrophes naturelles, en particulier les ouragans, continuent de freiner les perspectives économiques de l'État[23]. Des parties de la Louisiane se remettent encore des dégâts causés par Ida, Laura, Delta, Zeta et la célèbre Katrina. Les entreprises hésitent donc à investir en raison des épreuves répétées, du possible besoin de déménager ou de faibles retours sur investissement dus aux fréquents travaux de reconstruction.

Les politiques économiques de Louisiane

Bien que la Louisiane dispose d'atouts considérables, notamment ses ressources en gaz naturel, ses raffineries de pétrole, ses terrains à coûts relativement faibles, le contrôle stratégique de l'embouchure du fleuve Mississippi, ainsi qu'une culture et une gastronomie uniques, elle souffre d'un long déclin démographique largement attribué à des politiques publiques inefficaces[24]. L'État figure également parmi ceux qui dépendent le plus des financements fédéraux [25]. Pour relancer son économie, plusieurs propositions ont été avancées : réduire les taux d'imposition et les dépenses publiques, mettre en œuvre une réforme fiscale d'envergure afin d'accroître la compétitivité de l'État, élargir l'assiette de taxation des ventes et instaurer un système plus uniforme et centralisé de collecte des taxes à l'échelle locale et étatique. L'idée sous-jacente est que les politiques fiscales influencent directement les écosystèmes économiques, lesquels peuvent stimuler l'entrepreneuriat, l'innovation et le développement du secteur privé.

Les politiques économiques solides sont souvent associées à un haut degré de liberté économique, ce qui implique la mise en place d'un système fiscal moins contraignant afin d'attirer entreprises, investissements et main-d'œuvre qualifiée. D'autres recommandations visant à rétablir l'équilibre budgétaire incluent le contrôle des dépenses, l'augmentation des recettes, ainsi que la réévaluation des contrats publics et des affectations constitutionnelles du budget, en vue de

---

[22] Boxberger & Brasseaux, 2023.
[23] Hurt, 2023.
[24] Ginn & Tairov, 2024.
[25] The Pelican Institute, 2023 ; The Public Affairs Research Council, 2017b.

regroupements, de renégociations ou de suppressions [26]. Cependant, aucune de ces approches ne s'est révélée pleinement efficace, ce qui a contribué à la persistance des déséquilibres budgétaires et à la menace d'un précipice fiscal.

De manière générale, une restructuration des dépenses publiques et une réforme en profondeur du système fiscal apparaissent nécessaires [27]. Par ailleurs, l'économie de la Louisiane atteint son plein potentiel lorsque l'ensemble de ses citoyens dispose des ressources nécessaires à son épanouissement : accès à une éducation de qualité, à des quartiers sûrs, à des logements abordables, à des services de santé adéquats et à des mécanismes de protection en période de crise économique [28]. Dans cette perspective, le français pourrait être envisagé comme une ressource stratégique encore sous-exploitée, susceptible d'être développée et valorisée au service du dynamisme économique de l'État [29].

L'Histoire du français en Louisiane

Afin de pleinement saisir la valeur économique du français pour la Louisiane, il est nécessaire de comprendre le développement historique de la langue dans cet État, ainsi que la culture française caractéristique qui s'est développée à travers l'Amérique du Nord depuis son arrivée en 1604, lors de l'installation de colons français au Canada [30]. La vie sur ce territoire est alors difficile, car ces colons ne sont pas préparés à la rudesse de l'hiver. Ils ne maîtrisent pas non plus les techniques locales d'agriculture ou de chasse ; ils finissent donc, pour certains, par rentrer en France. Une seconde vague de colons français s'installe en 1632 en Acadie et tente d'établir une colonie. Malheureusement, les Britanniques étendent progressivement leur emprise sur le territoire, jusqu'à en obtenir le contrôle total en 1755, après la guerre anglo-micmaque (1749–1755). Toute personne se revendiquant acadienne et refusant de se convertir au protestantisme est alors arrêtée et déportée.

---

[26] Task force on structural change, 2017.
[27] The Public Affairs Research Council, 2017a.
[28] Louisiana Budget Project, 2023.
[29] Dunn, 2023.
[30] Ancelet, 1988; 2007; Brasseaux, 2005; Klingler, 2003.

Certains individus retournent en France, tandis que d'autres sont envoyés en Nouvelle-Angleterre ou migrent vers la Louisiane afin de pratiquer librement leur religion sous l'autorité espagnole. Ce groupe, plus tard appelé « les Cadiens », s'installe dans le sud de la Louisiane et construit des communautés en s'adaptant à leur environnement, en cultivant la terre, en posant des pièges et en chassant, comme ils le faisaient auparavant au Canada.

La culture francophone en Louisiane s'est épanouie au cours du XIXe siècle. En raison de sa proximité avec les Caraïbes, la Louisiane commence également à intégrer des aspects linguistiques et culturels des Antilles, conséquence des vagues migratoires provoquées par la Révolution haïtienne[31]. Au fil des ans, le sud de la Louisiane développe une culture singulière, issue d'un mélange de variétés du français, notamment colonial, créole et cadien, encore parlées aujourd'hui. Le terme de « français régional louisianais » a été proposé par certains chercheurs pour décrire le dialecte français développé dans le sud de la région[32]. Toutefois, certains affirment que le français cadien et le créole louisianais (aussi appelé Kouri-Vini) constituent deux langues distinctes. Avec l'américanisation et l'industrialisation croissante, l'usage de l'anglais s'est répandu en Louisiane, à l'exception des sociétés créoles noires et des communautés cadiennes plus modestes du Sud de l'État[33]. Après la guerre de Sécession, la Louisiane connaît une augmentation du nombre de locuteurs natifs du français louisianais s'assimilant progressivement à une société majoritairement anglophone.

Le français dans la Louisiane actuelle

Dans le sud de la Louisiane contemporaine, on observe une évolution progressive de l'importance accordée au français régional louisianais au sein des familles, notamment en ce qui concerne sa transmission et son usage[34]. Autrefois langue du quotidien, utilisée dans les journaux, les commerces et les interactions sociales, ce dialecte occupait une place

---

[31] Ancelet, 2007; Brasseaux, 2005.

[32] Lindner, 2008 ; 2013.

[33] Ancelet, 2007 ; 1988; Brasseaux, 2005 ; Klingler, 2003.

[34] Lindner, 2008 ; 2013; Schmidt, 2001.

centrale dans la vie locale[35]. Bien que la Louisiane soit le seul État américain doté d'un héritage bilingue aussi marqué, l'anglais est devenu la langue dominante, reléguant le français à un usage plus limité, souvent perçu comme vernaculaire.

De nombreux facteurs, notamment les politiques publiques, ont façonné le développement historique du français en Louisiane. Alors qu'il constituait initialement un outil économique et social pour les populations locales, il est aujourd'hui parlé par une minorité. La section suivante a pour objectif d'apporter davantage de contexte sur les politiques adoptées en Louisiane en lien avec le français, et d'examiner plus en détail le déclin de son usage au fil des années.

Les politiques louisianaises autour de la langue et de la culture françaises

Le tableau 1 présente 28 statuts révisés (R.S.) actuellement inscrits dans la Constitution de la Louisiane qui mentionnent explicitement la langue française ou son enseignement. Par ailleurs, plusieurs autres statuts révisés y font référence de manière indirecte, notamment à travers leur traduction, parfois entachée d'erreurs. Comme le suggèrent les données, les décideurs politiques ont adopté trois grandes approches en matière de politiques linguistiques liées au français : les affaires gouvernementales, l'éducation et les recettes publiques. Ces domaines présentent un potentiel nettement plus important que d'autres secteurs pour favoriser le développement du français. Le reste de cette section analysera chacune de ces trois approches.

---

[35] Sexton, 2000.

Tableau 1 : Le français dans la constitution louisianaise

Code	Résumé	Thème
R.S. 17: 1977.1	Création de l'École Pointe-au-Chien, une école publique d'immersion en français.	Éducation
R.S. 17: 1977.2	Élaboration et mise en œuvre, par le Conseil de l'enseignement primaire et secondaire (BESE), d'un processus de certification des programmes pédagogiques d'immersion en langue étrangère.	Éducation
R.S. 17:1977.3	Possibilité pour les élèves, à partir de 2026, de choisir entre les options informatique et langue vivante, incluant notamment le cours *Advanced Placement French Language and Culture* (cours avancé de langue et culture françaises).	Éducation
R.S. 17:1977.4	Enseignement de la langue, de la culture et de l'Histoire françaises en Louisiane dans les écoles élémentaires et les lycées publics. Disposition abrogée par la loi de 1971, n° 13, § 3.	Éducation
R.S. 17:1977.5	« Immersion School Choice Law » (loi relative au droit des familles d'inscrire leurs enfants dans des écoles d'immersion), permettant aux conseils d'administration locaux des écoles publiques de mettre en place des programmes d'immersion en langue vivante dans les établissements relevant de leur juridiction.	Éducation
R.S. 17:1977.6	Obligation pour les conseils d'administration de l'Université d'État de Louisiane et de la Southern University d'exiger que leurs établissements proposant des programmes de certification pour l'enseignement du français au lycée offrent également des formations équivalentes pour le niveau primaire.	Éducation
R.S. 17:1977.7	L'éligibilité aux bourses TOPS, attribuées selon les résultats scolaires (mentions Opportunity, Performance ou Honors), requiert l'étude de deux langues vivantes. Cela inclut, entre autres, le cours *Advanced Placement French Language and Culture* pour la période 2022–2026.	Éducation
R.S. 17:1977.8	Afin d'être éligibles aux mentions Opportunity, Performance ou Honors, les étudiants peuvent choisir entre les options informatique et langue vivante. Deux modules en langue vivante sont requis, dont l'un peut être le cours *Advanced Placement French Language and Culture*, entre autres.	Éducation

R.S. 17:1977.9	Tout acte ou contrat rédigé ou conclu en français possède la même légitimité et la même force exécutoire que s'il avait été rédigé ou conclu en anglais.	Affaires gouvernementales
R.S.17:1977.10	Création de la *Louisiana Educational Television Authority* (Autorité éducative de télévision de la Louisiane), avec pour mission de préserver et de valoriser la langue française, ainsi que de promouvoir et développer la culture et l'héritage français de la Louisiane.	Affaires gouvernementales
R.S. 17:1977.11	Création de la *Louisiana Educational Television Authority*, avec la possibilité pour les membres du CODOFIL de siéger au sein de son conseil d'administration.	Affaires gouvernementales
R.S. 17:1977.12	Désignation de la composition du conseil d'administration.	Affaires gouvernementales
R.S. 17:1977.13	Obligation pour le Département du Tourisme, de la Culture et des Loisirs, en collaboration avec le Conseil pour le développement du français en Louisiane, d'élaborer et de mettre en œuvre un programme visant à fournir des services publics en français.	Affaires gouvernementales
R.S. 17:1977.14	Obligation pour le Département du Tourisme, de la Culture et des Loisirs de formuler des recommandations afin d'améliorer l'offre de services en langue française au sein des administrations publiques.	Affaires gouvernementales
R.S. 17:1977.15	Le Conseil pour le développement du français en Louisiane a pour mission de préserver, promouvoir et développer les langues, cultures et héritages français et créoles ; le français constitue la langue de travail officielle du conseil et de ses employés ; le conseil est domicilié à Lafayette, en Louisiane.	Affaires gouvernementales
R.S. 17:1977.16	Désignation d'un conseil chargé de représenter la Louisiane auprès des pays membres ou observateurs de l'Organisation internationale de la Francophonie (OIF). Tous les membres doivent maîtriser le français.	Affaires gouvernementales

R.S. 17:1977.17	Mise en place du *Louisiana French Language Services Program* (programme de services en langue française de la Louisiane), destiné à fournir des services publics en français aux citoyens et aux visiteurs francophones, entre autres.	Affaires gouvernementales
R.S. 17:1977.18	Obligation pour l'administration du Département des Transports et la *Federal Highway Administration* d'élaborer une ressource complémentaire au manuel existant, regroupant l'ensemble des panneaux utilisant des symboles ou des inscriptions bilingues, et présentant des termes à la fois en anglais et en français louisianais, sous réserve de l'approbation des autorités fédérales.	Affaires gouvernementales
R.S. 17:1977.19	Obligation de publier en anglais toute annonce liée à une procédure judiciaire, à la vente d'un bien pour taxes impayées ou à tout autre type de procédure légale ; possibilité de la publier également en français. Les bureaux de l'État et des collectivités locales peuvent également publier des documents en français et en anglais.	Affaires gouvernementales
R.S. 17:1977.20	Obligation pour le greffier du tribunal d'employer un archiviste professionnel à plein temps pour l'assister dans ses fonctions. Cet archiviste doit être titulaire d'un diplôme de premier cycle en français, en espagnol ou dans une autre langue.	Affaires gouvernementales
R.S. 17:1977.21	Inclusion des descendants d'Acadiens français dans une étude portant sur les discriminations envers les populations noires et les femmes.	Affaires gouvernementales
R.S. 17:1977.22	Possibilité pour le CODOFIL d'accepter des dons et des subventions provenant de toute source afin de soutenir la réalisation de ses objectifs.	Recettes
R.S. 17:1977.23	Possibilité pour tout titulaire d'un permis de conduire d'ajouter la mention « I'm Cajun » (Je suis cadien), moyennant des frais annuels de cinq dollars. Ces sommes sont perçues annuellement par le Conseil pour le développement du français en Louisiane, puis reversées trimestriellement. Elles sont exclusivement destinées au financement des bourses de la Fondation de Louisiane, dans le cadre du programme « Escadrille Louisiane » mis en place par le Conseil.	Recettes

R.S. 17:1977.24	Possibilité pour tout titulaire d'un permis de conduire d'ajouter la mention « I'm Cajun », moyennant des frais annuels de cinq dollars. Ces sommes sont perçues annuellement par le Conseil pour le développement du français en Louisiane, puis reversées trimestriellement. Elles sont exclusivement destinées au financement des bourses de la Fondation de Louisiane, dans le cadre du programme « Escadrille Louisiane » mis en place par le Conseil.	Recettes
R.S. 17:1977.25	Le secrétaire du *Department of Public Safety and Corrections* (Département de la sécurité publique et des services correctionnels) crée une plaque d'immatriculation spéciale, dite plaque « I'm Cajun », à condition qu'un minimum de mille personnes en fassent la demande. La couleur et le design sont déterminés par le Conseil pour le développement du français en Louisiane. Le département perçoit une redevance annuelle de quinze dollars pour cette plaque spéciale. Ces fonds sont exclusivement destinés au financement des bourses de la Fondation de Louisiane dans le cadre du programme « Escadrille Louisiane ».	Recettes
R.S. 17:1977.26	Le secrétaire du *Department of Public Safety and Corrections* crée une plaque d'immatriculation spéciale, intitulée « En français S.V.P. », réservée à certains types de véhicules, à condition qu'au moins mille personnes en fassent la demande. Il collabore avec le conseil d'administration du *Saint LUC French Immersion Cultural Campus* pour déterminer la couleur, le design, ainsi qu'une phrase et un logo spécifiques à y faire figurer. Le département perçoit une redevance annuelle de vingt-cinq dollars.	Recettes
R.S. 17:1977.27	Le secrétaire du *Department of Public Safety and Corrections* crée une plaque d'immatriculation spéciale, intitulée « Chez nous autres », à condition qu'un minimum de mille personnes en fassent la demande. Le département perçoit une redevance annuelle de vingt-cinq dollars pour cette plaque. Les sommes collectées sont reversées au Conseil pour le développement du français en Louisiane.	Recettes
R.S. 17:1977.28	Le secrétaire du *Department of Public Safety and Corrections* crée une plaque d'immatriculation spéciale, intitulée « I'm Creole », à condition qu'un minimum de mille personnes en fassent la demande. Le département perçoit une redevance annuelle de quinze dollars pour cette plaque spéciale.	Recettes

Les affaires gouvernementales

La relation entre la Louisiane francophone et les populations anglophones a longtemps été marquée par des tensions[36]. Au moment de la vente de la Louisiane, la division culturelle est telle que Thomas Jefferson considère le territoire comme impropre à devenir un État dans l'immédiat. Entre 1803 et 1812, la Louisiane traverse ainsi une période dite « d'essai », durant laquelle ses habitants sont progressivement assimilés à l'Union. Les législateurs finissent toutefois par revendiquer l'obtention du statut officiel d'État afin de pouvoir administrer leur propre gouvernement local.

Au fil du temps, la Louisiane a adopté onze constitutions depuis sa création, chacune abordant, à des degrés divers, le statut de la langue française[37]. La première constitution est rédigée en français avant d'être traduite en anglais pour les représentants du gouvernement fédéral à Washington D.C. À cette époque, les lois et les archives publiques ne sont rédigées qu'en anglais, en raison d'une disposition de l'*Enabling Act*, qui conditionne l'admission dans l'Union à l'usage de l'anglais dans les documents officiels et impose l'alignement sur les pratiques linguistiques du gouvernement fédéral des États-Unis.

Cependant, en Louisiane, les gouvernements de l'État et des collectivités continuent, dans les faits, de fonctionner en français[38]. Pendant une longue période, l'anglais est principalement utilisé pour la conservation officielle des lois, tandis que le français demeure une langue d'usage administratif et social. La constitution originelle de 1812 vise d'ailleurs à maintenir le pouvoir politique entre les mains des citoyens francophones : elle conserve le système de droit civil et rejette la *common law*. Fait notable, le français n'y est toutefois pas explicitement mentionné.

En 1845, le statut du français s'affaiblit en raison de la croissance de la population anglophone et de l'expansion démographique

---

[36] Ward, 1997.
[37] Ibid.
[38] Ibid.

américaine[39]. L'article 6, section 15 de la constitution de 1812 est alors amendé afin d'autoriser la rédaction des lois en français ou en anglais, sans distinction. Cette disposition est maintenue dans la constitution de 1852. En revanche, celle de 1864 supprime la clause bilingue et impose que toute loi s'aligne sur la langue de la constitution des États-Unis, consacrant ainsi la primauté de l'anglais.

Tout au long du XIXe siècle, le français est donc mobilisé comme un outil de pouvoir politique et de contrôle institutionnel. Il joue un rôle structurant dans la formation des élites politiques et juridiques, illustrant la relation historique étroite entre langue française et système légal louisianais[40]. Aujourd'hui encore, de nombreux étudiants en droit, et une grande partie des futurs responsables politiques, sont exposés au français dans le cadre de leur formation. Néanmoins, cet apprentissage demeure facultatif et ne fait l'objet d'aucune obligation formelle.

L'éducation

L'Histoire du français dans l'éducation en Louisiane est à la fois riche et ancienne. De nombreux habitants natifs de la région parlent le français comme langue première, bien avant la fondation de l'État, et transmettent ainsi les matières fondamentales à leurs enfants dans cette langue. Il faut toutefois attendre la constitution de 1864 pour que l'État impose que l'instruction publique se fasse en anglais[41]. C'est la première fois que l'éducation en Louisiane est directement affectée par des politiques linguistiques défavorables au français.

La constitution de 1868 marque une rupture encore plus nette. Elle supprime les protections accordées au français, en grande partie en raison du manque de représentation des francophones parmi les législateurs capables de défendre leurs intérêts. Cette constitution met en place des politiques favorisant l'usage exclusif de l'anglais dans les écoles publiques et exige que toutes les lois, archives publiques, procédures judiciaires et législatives soient rédigées uniquement en

---

[39] Ibid.
[40] Ward, 1997.
[41] Ward, 1997.

anglais. Les constitutions de 1864 et de 1868 portent ainsi un coup décisif au français en Louisiane. Dans ce contexte, où le manque d'éducation est directement lié à la pauvreté, les familles n'ont souvent d'autre choix que d'adopter l'anglais, sous peine de compromettre les perspectives économiques des générations futures.

La constitution de 1879 introduit un assouplissement en annulant l'obligation de l'anglais comme seule langue d'enseignement et en réautorisant l'instruction en français dans les écoles primaires des régions où cette langue est prédominante, à condition que cela n'entraîne pas de coûts supplémentaires. Cette pratique devient ensuite relativement courante, notamment dans la région d'Acadie, à différents niveaux scolaires. Toutefois, la constitution de 1921 marque un nouveau recul : elle supprime toute référence au français et impose l'anglais comme langue exclusive de l'enseignement général. Par ailleurs, dès 1916, l'anglais devient la langue obligatoire de l'éducation, renforçant les politiques d'assimilation des enfants francophones et créolophones, qu'ils soient noirs ou blancs, à la culture dominante anglophone. D'autres populations se retrouvent marginalisées, confinées à des espaces sociaux où le français demeure présent mais sans reconnaissance institutionnelle.

Après la Seconde Guerre mondiale, la Louisiane connaît néanmoins une phase de revitalisation linguistique et culturelle, notamment sous l'influence de jeunes soldats revenant de France[42]. Ce moment marque le début de ce que l'on appelle la « Renaissance cadienne ». En 1968, la loi 409 autorise la création du Conseil pour le développement du français en Louisiane (CODOFIL). Son objectif est de promouvoir le français en Louisiane afin qu'il redevienne une langue d'usage répandu, et de préserver l'héritage français de la région[43]. On observe les principaux efforts du CODOFIL à travers les programmes qu'il élabore à destination des enseignants. Ces derniers sont encouragés à prendre toutes les mesures nécessaires pour assurer le développement, l'utilisation et la préservation de la langue française telle qu'elle existe en Louisiane, dans l'intérêt culturel, économique et touristique de l'État.

---

[42] Ancelet, 1988 ; 2007.
[43] Ancelet, 2007 ; Lindner, 2008.

Plus tard, dans la constitution de 1974, on peut lire : « tout groupe dispose du droit de préserver, favoriser et promouvoir son héritage et ses origines linguistiques et culturelles. » Cela inclut les francophones de Louisiane.

- L'éducation de la maternelle au lycée et l'immersion

Le CODOFIL continue de soutenir et de renforcer les efforts d'enseignement du français dans le système éducatif, de la maternelle au lycée, en faisant venir des enseignants et en mettant en place des programmes d'immersion dans tout l'État[44]. Son travail porte ses fruits : les élèves qui suivent des cours de français en Louisiane estiment que cette langue n'est pas seulement un moyen de communiquer avec des personnes vivant à l'étranger. Le français fait ainsi partie intégrante de la vie en Louisiane, accompagné de riches aspects culturels.

- L'enseignement supérieur

Comme l'affirme Dr Margaret Marshall, l'enseignement supérieur est essentiel à la promotion et à la préservation de la langue et de l'héritage français en Louisiane[45]. Les années 2010 et 2011 constituent toutefois une période défavorable à l'étude de la langue et de la culture françaises dans l'État. À lui seul, le système de l'Université de Louisiane ferme dix-sept programmes de licence en français et en enseignement du français. L'étude de cette langue au niveau universitaire connaît alors une baisse soutenue.

La valeur économique du français

En dehors des affaires gouvernementales et de l'éducation, l'attention se porte également sur les politiques visant à générer des recettes. À l'inverse de ces deux domaines, les recettes constituent un levier essentiel pour assurer un soutien complet au français. Pour promouvoir

---

[44] Ward, 1997.
[45] Westerman, 2012.

la langue et la culture françaises en Louisiane, des objectifs économiques clairement définis et des résultats quantifiables doivent être alignés sur les aspirations politiques. Le français représente déjà un élément clé de l'industrie touristique en Louisiane ; toutefois, des améliorations sont possibles[46]. Jusqu'à présent, la principale politique liée à la génération de recettes repose sur des plaques d'immatriculation, qui permettent de financer des programmes de bourses d'études. Pour observer des changements fondamentaux dans les politiques liées au français, un retour sur investissement clair est nécessaire. Tant que le tourisme demeure rentable, le français continuera d'occuper une place importante dans ce secteur. Cependant, son potentiel économique dépasse largement ce cadre et pourrait être exploité dans d'autres secteurs de l'économie de l'État.

Recommandations pour les politiques
sur la langue française en Louisiane

Les économistes et les chercheurs ont proposé différentes hypothèses pour expliquer la crise économique que traverse la Louisiane. L'État possède un fort potentiel de croissance économique qui pourrait se concrétiser grâce à une stratégie ciblée et à des investissements dans la langue et la culture françaises. Un alignement stratégique entre l'éducation, les affaires gouvernementales et la génération de recettes apparaît nécessaire. Les recommandations politiques suivantes constituent des stratégies visant à tirer parti de la valeur économique du français en Louisiane :

- L'éducation

- Augmenter le soutien financier, les programmes de subventions et/ou réaligner les ressources afin de développer l'éducation immersive en français dans tout l'État.
- Collaborer avec les districts scolaires afin de proposer des programmes d'immersion en français dans chaque paroisse.

---

[46] Ward, 1997.

- Lier les programmes de langue à la préparation aux études universitaires, aux résultats scolaires et/ou au financement du *Minimum Foundation Program* des écoles publiques.
- Créer un programme d'orientation et d'accompagnement de la maternelle à l'université.
- Collaborer avec les services de recrutement des universités pour cibler les pays francophones et mettre en place des incitations à l'inscription d'élèves francophones.
- Collaborer avec les établissements d'enseignement supérieur pour développer des programmes de formation bilingues à faibles coûts et des certificats de premier cycle.
- Encourager le développement de programmes interdisciplinaires combinant le français avec les sciences politiques, les STIM et la gestion des affaires, afin d'élargir les opportunités professionnelles.

- Affaires gouvernementales

- Réexaminer les affectations budgétaires constitutionnelles en vue de regroupements, renégociations ou suppressions, et les réaligner avec les entreprises francophones et les écoles d'immersion.
- Réexaminer les contrats de l'État et formuler des recommandations pour mieux les aligner avec les priorités des pays francophones.
- Créer un poste au sein du cabinet du gouverneur dédié à la diplomatie internationale et aux relations avec les pays francophones.
- Renforcer les relations gouvernementales et la diplomatie avec les pays francophones.
- Rétablir des accords commerciaux avec Haïti.
- Accroître les partenariats commerciaux et industriels avec les pays francophones.

-    Recettes

- Examiner les affectations constitutionnelles afin d'évaluer leur pertinence actuelle.
- Réaligner les priorités budgétaires pour accroître les recettes liées aux jeux.
- Augmenter le financement et le soutien aux activités culturelles génératrices de revenus ciblant les touristes francophones ou mettant en valeur la culture louisianaise.
- Accorder des allègements fiscaux aux entreprises dont au moins 60 % des activités se déroulent en français ou avec des partenaires francophones.
- Accorder des avantages fiscaux aux individus francophones vivant en Louisiane et aux touristes, notamment sous forme de réductions de taxes sur les ventes, sur les véhicules ou sur le revenu, sous certaines conditions liées à la maîtrise ou à l'usage du français.

En instaurant certaines de ces mesures ou l'ensemble d'entre elles, la Louisiane pourrait espérer une croissance économique durable. Il est recommandé de considérer ces trois domaines conjointement, car ils agissent de manière complémentaire pour soutenir et promouvoir le français. Il est également conseillé de prendre en compte les évolutions technologiques et l'interdépendance croissante des économies lors de la planification et de la mise en œuvre de ces politiques.

5. La francophonie est ici : la langue française et l'identité francophone dans la *Rust Belt*

Claire-Marie Brisson

La Rust Belt est célèbre pour sa résilience, son authenticité et sa renaissance. L'innovation surgit dans les cathédrales de l'ingénierie et de la production industrielle de ma ville natale, Dearborn, dans le Michigan, située à une dizaine de kilomètres au nord-ouest de la frontière canadienne. L'aire métropolitaine de Détroit évoque des images variées dans l'imaginaire collectif. Deux de ses plus célèbres représentations artistiques illustrent l'ascension et la chute de l'homme et de la machine : tout d'abord dans *The Detroit Industry Murals* (Les fresques de l'industrie de Détroit), réalisées en 1932-1933 par le peintre mexicain Diego Rivera, puis dans la photographie austère de Yves Marchand et Romain Meffre, deux photographes français qui ont passé cinq ans (2005-2010) à capturer une série de portraits photographiques d'espaces en ruine et abandonnés au sein de Motor City. Bien qu'ils emploient des techniques distinctes, Rivera, Marchand et Meffre partagent un objectif commun : déconstruire l'idée du Midwest comme région monolithique, uniquement définie par l'industrie, l'innovation et une histoire d'effacement. Dans ce chapitre, l'image que je peins est toute autre encore : l'image d'une région riche en diversité linguistique, en dynamisme culturel et en potentiel caché en faveur de connexions internationales, en particulier la naissance d'une connexion avec la francophonie.

Les fresques de Rivera représentent l'usine Ford River Rouge, une fabrique où mon arrière-grand-père travaillait avant d'être licencié en raison de la Grande Dépression, à l'époque où les fresques ont été commandées. L'œuvre d'art de Rivera témoigne de l'anonymat des ouvriers parmi les machines ; leur silhouette s'étend jusqu'à former un regroupement presque infinitésimal de corps qui se perdent dans les profondeurs des chaînes d'assemblage. Comme dans ces fresques, les habitants du Midwest sont confrontés au même anonymat et au même abandon aujourd'hui, qui existent à la périphérie de la représentation linguistique et culturelle en Amérique du Nord et au-delà. C'est particulièrement vrai dans les études françaises, où le terme « *Franco-Michigander* » (résident du Michigan d'origine française), que j'ai commencé à employer pour me décrire, suscite autant d'enthousiasme que de perplexité. Comme le dit Farzan Sharifian, les difficultés à identifier, à exprimer ou même à étudier la langue et la culture viennent du fait qu'elles ont toutes deux « été perçues différemment selon les diverses écoles de pensée ».[47] La relation entre les cultures périphériques, les communautés locales et l'apprentissage culturel transnational (en particulier l'apprentissage des langues) peut offrir de nouvelles perspectives à une approche francophone qui inclurait des locuteurs et des apprenants provenant de zones géographiques et de contextes socioculturels dépassant les frontières traditionnellement reconnues du monde francophone.

Observer la peinture craquelée par la dégradation dans la photographie de Marchand et Meffre me rappelle ce à quoi Détroit ressemblait jadis, quand je finissais le collège, puis le lycée, avant d'entrer à l'université ; curieusement, vue de l'extérieur, l'aire métropolitaine de Détroit reste figée dans les récits de sa ruine et de sa déchéance. Aujourd'hui, un grand nombre de symboles autrefois glorieux de la prospérité de la ville ont été revitalisés grâce à de nouvelles couches de peinture, de nouveaux occupants et, pour aller de pair, des loyers plus élevés. Seule une chose continue d'échapper aux habitants de Metro Detroit : une meilleure reconnaissance de l'interconnectivité mondiale rendue possible en ouvrant des régions comme le Midwest et la Rust Belt à une coopération multilatérale avec diverses entités linguistiques et culturelles telles que la francophonie, afin de favoriser l'émergence d'une communauté dans laquelle le français, l'arabe, l'espagnol, le roumain, le tamoul, le bengali, le polonais et de nombreuses autres langues s'épanouissent et évoluent à la frontière entre le Canada et les États-Unis.

---

[47] Sharifian, 2015, p.3.

En m'appuyant sur mon vécu, ayant grandi à *Metro Detroit*, je défends dans ce chapitre l'idée selon laquelle la Rust Belt, souvent décrite par son déclin, recèle un potentiel inouï pour les communautés linguistiques mondiales comme la francophonie. La Rust Belt, qui traverse actuellement une période de transformation, devrait jouer un rôle central dans les coopérations multilatérales, la croissance économique et les discussions sur l'éducation. La diversité linguistique et culturelle du Midwest, en tant que carrefour culturel, représente un potentiel inexploité pour les réseaux mondiaux. Comme le remarquent Massie et ses collègues, « l'engagement ambitieux de la francophonie en faveur de la démocratie, des droits de l'homme et de la paix est loin d'être contraire aux intérêts anglo-américains ».[48] En effet, de nouvelles opportunités de collaboration et de bénéfices mutuels peuvent émerger en renforçant les liens entre la francophonie, l'enseignement supérieur et le Midwest multilingue. Cette approche valorise différents points de vue, remet en question les hiérarchies géographiques et culturelles traditionnelles et promeut une communauté mondiale plus inclusive et équitable qui réinvente les frontières linguistiques et déconstruit l'idée selon laquelle l'apprentissage des langues serait réservé aux « étrangers ».

La vie d'une *Franco-Michigander*.
Enchevêtrement, expérience, existence

Peu de gens penseraient que de grandes découvertes sur soi puissent arriver dans des pièces aux murs épais en béton brut, sans fenêtres, sous des lumières fluorescentes aveuglantes. Pourtant, je l'ai vécu, assise dans une salle de classe de Manoogian Hall, sur le campus de l'université de l'État de Wayne (Wayne State University), au cœur de Détroit. Le Dr Michael Giordano, spécialiste de la Renaissance française et de la littérature baroque, proposait un cours entièrement consacré à Michel de Montaigne. C'était le premier jour du premier semestre de mon master en études françaises, et même si j'étais francophone et que j'avais grandi avec de profondes attaches familiales à la francophonie, je n'avais

---

[48] Massie et al. , 2013, p. 479.

jamais entendu parler de cet auteur. Quelque chose m'avait tout de même poussée à m'inscrire à ce cours. Montaigne m'a aidée à mieux me comprendre et, en fin de compte, m'a poussée à m'aventurer au-delà des murs de cette classe, afin de nourrir de nouvelles façons de penser, de vivre et d'exister dans le monde, en particulier en tant qu'habitante du Midwest, au parcours multilingue. Le premier cours se mêla au second, puis au troisième, tandis que nous analysions la courte mais touchante note introductive de Montaigne « Au Lecteur », rédigée en 1588. Il explique qu'une intention humaniste anime ses écrits :

> S'il s'était agi de rechercher la faveur du monde, je me serais paré de beautés empruntées. Je veux, au contraire, que l'on m'y voie dans toute ma simplicité, mon naturel et mon comportement ordinaire, sans recherche ni artifice, car c'est moi que je peins. Mes défauts s'y verront sur le vif, mes imperfections et ma façon d'être naturellement, autant que le respect du public me l'a permis[49].

La vision montaignienne du moi dans le monde (imparfait, changeant et authentique), me rappelait la façon dont mes pairs, mes voisins et mes amis étaient aux prises avec leur propre identité au XXIe siècle, principalement en raison de leurs attaches culturelles et de leur éducation bilingue. C'est en lisant Montaigne que la trajectoire de ma vie, tant académique que personnelle, s'est déterminée. D'abord concentrée sur la littérature emblématique de la Renaissance, je me suis plongée dans les pensées des Lumières. Mon parcours m'a ensuite menée à explorer les croisements entre la sémiotique et l'imagerie visuelle au début du XXe siècle. Au final, mes recherches aboutirent au questionnement originel de Montaigne : le moi et l'importance de comprendre ses multiples versions dans l'enchevêtrement de la vie en communauté, où l'on ne cesse de grandir. Marie-Clarté Lagrée soutient que pour Montaigne, « le moi est une réalité toujours en mouvement, fugace, insaisissable, c'est pourquoi la quête du savoir de soi est à jamais inachevée ».[50] Les locuteurs du français transforment la façon dont nous

---

[49] de Montaigne, p. 2.
[50] Lagrée, 2016 , p. 470.

partageons nos expériences et notre existence au sein et à l'extérieur des frontières du monde francophone, alors que nous explorons cette notion changeante du *moi*.

Pour les locuteurs du français nés à l'extérieur de ces frontières, la francophonie a longtemps semblé quelque peu inaccessible. Jusqu'à récemment, les États-Unis n'avaient pas de langue officielle, et cette quête du moi (en particulier du moi linguistique) est souvent difficile à désenchevêtrer dans la diversité mosaïque des langues, des cultures et des régions géographiques qui coexistent ici. Cette recherche identitaire (ou du moins, ma tentative de démêler les fils de l'influence française sur mon éducation à Metro Detroit) m'a motivée à poursuivre un master en études françaises à l'université d'État de Wayne à Détroit, dans le Michigan, et à consacrer cinq ans à mon doctorat à l'Université de Virginie à Charlottesville, en Virginie. Plus j'apprenais, plus je réalisais que j'étais loin d'être seule dans ma quête de compréhension de moi-même. Aujourd'hui, j'éprouve le besoin de tendre la main à ceux qui cherchent encore leur juste place et de les guider vers le chemin du changement.

En juillet 2024, lors d'un rassemblement interdisciplinaire du personnel académique sur le campus de l'université Harvard, où je travaille depuis que j'ai soutenu ma thèse en juillet 2021, j'ai été confrontée à des réactions familières en évoquant mon parcours et mes recherches. Utiliser des termes comme « francophone », « francophonie » et « *Franco-Michigander* » suscitait des haussements de sourcils et des expressions intéressées, alors que je discutais avec les autres professeurs, ainsi qu'avec les membres du personnel et de l'administration. L'une des personnes présentes avoua que c'était la première fois qu'elle entendait les mots « francophone » ou « *Michigander* » et réagit positivement à ma démarche ; j'espérais entretenir un lien avec ma ville natale, malgré les kilomètres qui nous séparaient à présent.

D'un point de vue académique, définir ce que signifie être *Franco-Michigander* et comprendre les francophones en dehors des limites traditionnelles du monde francophone relève de plusieurs domaines de réflexion : la sociologie, l'anthropologie, l'Histoire et peut-être même la philosophie. Pourtant, je me sens restreinte si je ne choisis qu'une seule méthode pour désenchevêtrer mon identité du tissu qui l'a si étroitement liée à ma famille et à mes amis, dont la vie culturelle diverge considérablement de la mienne. La principale difficulté, quand on tente de définir son identité en tant que *Franco-Michigander* (ou en tant qu'individu moderne), c'est que nos vies transcendent les catégories mêmes que nous avons créées pour donner du sens à notre monde. Comme l'exprime Bruno Latour, nous ne vivons pas dans le « collectif social imaginé par la sociologie classique, qui invente immédiatement une forme de superstructure dans laquelle toutes les relations sociales seraient réunies.[51] » Au lieu de cela, nous vivons les interstices et les chevauchements de la culture, la langue, la communauté, l'Histoire et nos aspirations pour le futur, où nous affirmons le sentiment d'appartenance et de soi lorsque nous interagissons avec le monde.

Je suis *Franco-Michigander*. Cela veut dire que je suis locutrice du français, mais que j'ai grandi dans une ville où les panneaux sont écrits en arabe, en anglais et en espagnol. Je ne suis pas non plus exclusivement définie par ma francophonie ; je suis une personne plurilingue qui parle l'anglais et l'allemand depuis l'enfance. Au fil des ans, d'autres langues se sont ajoutées. Pendant que mes parents étaient partis travailler, mon grand-père s'adressait à moi en français et m'apprenait à compter dans une langue qu'il avait apprise à maîtriser au cours de sa vie : le japonais. L'estompe des frontières linguistiques s'étendait au-delà de ma maison : j'entendais mes voisins parler arabe, polonais et russe ; j'allais à l'école avec des élèves dont les parents étaient inscrits à des cours du soir et étudiaient l'anglais comme langue seconde dans le même bâtiment où, en maternelle, je laissais mes pinceaux et ma trousse dans mon casier. Enfant, j'absorbais le dialecte libanais de mes camarades de classe, qui mêlaient l'arabe et l'anglais dans leurs phrases lorsque nous courions sur le sol en copeaux de bois mouillé de la cour de récréation de l'école primaire Henry Ford Elementary School. Je m'asseyais avec mes amis en regardant leurs grands-parents polono-américains rouler des Gołąbki (des feuilles de chou farcies) ; ils ne pensaient pas à traduire en anglais leurs mots doux. Ces expériences linguistiques ne m'ont jamais isolée. Au lieu de cela, je suis devenue

---

[51] Latour, 2024, p. 82.

l'incarnation moderne des rêves de mes ancêtres ; des individus qui parlaient français, allemand, gaélique, italien et probablement de nombreuses autres langues au fil des siècles.

Mon inscription fortuite à un cours sur Montaigne a façonné ma compréhension de ma communauté et du rôle du moi qu'elle abrite. « Cette idée – écrire sur soi pour tendre aux autres un miroir où ils reconnaissent leur propre humanité – n'a pas toujours existé »,[52] mais c'est Montaigne et l'authenticité de ses réflexions qui ont résonné avec mon éducation. Cela m'a encouragée et m'a permis de réfléchir à ce que je savais déjà de moi-même ou des autres qui, comme moi, suivaient les programmes francophones d'émissions de radio et de télévision diffusées jusqu'à nos maisons depuis Windsor, en Ontario, de l'autre côté de la frontière[53].

Les complexités du multilinguisme ne semblaient pas du tout compliquées à Dearborn. Quand j'ai commencé à m'intéresser aux « études francophones », ce que j'apprenais correspondait parfaitement aux frontières invisibles que je percevais et qui me séparaient du monde francophone, simplifiant les enchevêtrements culturels qui définissaient ma vie depuis l'enfance. Engagée dans une quête permanente de connaissances, je suis parvenue à la rencontre de moi-même à travers les voyages que j'ai entrepris et que je continue d'entreprendre ; l'héritage culturel tangible de ma famille et de ma communauté ; et la multivocalité de la francophonie. Alors que je continue d'explorer et de redéfinir ma place au sein du monde francophone, je me souviens que la recherche identitaire est un processus dynamique et changeant, tout comme le portrait du moi dépeint par Montaigne, une réalité toujours en mouvement, en perpétuelle transformation.

La Renaissance de la Rust Belt

Selon le concept montaignien du moi comme interconnecté au monde, les environnements éducatifs et linguistiques contemporains (en particulier ceux qui existent en dehors de la francophonie traditionnelle)

---

[52] Traduction de Pierre-Emmanuel Dauzat.
[53] Bakewell, 2010, p. 10.

devraient nourrir des liens plus étroits avec les communautés francophones, dans les cadres scolaire et communautaire. Comme le titre de cet ouvrage le suggère, le français (à la fois langue et réseau de possibilités) est bien autour de nous, ici aux États-Unis. La francophonie mène des efforts pour élargir la portée de l'inclusion et du soutien qu'elle offre, et ses communautés diverses continueront de revitaliser les régions touchées par la désindustrialisation. J'imagine une « Renaissance de la Rust Belt », soulignant le potentiel de cette région et d'autres zones périphériques hors de la francophonie traditionnelle à devenir des points de liaison avec le monde francophone. Cette Renaissance de la Rust Belt représente une convergence entre la réaffirmation culturelle dans des villes comme Détroit, Cleveland, Indianapolis et Pittsburgh, et un sol fertile pour l'apprentissage interculturel, la croissance et l'augmentation de l'espace d'échange avec d'autres acteurs clés de la francophonie.

Cette approche s'aligne sur les idées de Garza et Herringer, qui mettent l'accent sur la relation entre les échanges socioculturels externes et la formation de l'identité interne, où le moi est intrinsèquement distinct des normes culturelles homogènes[54]. Alors que moi, j'étais une *Franco-Michigander* à Dearborn, dans le Michigan, nombre de mes camarades de classe, mes voisins, mes enseignants, mes prêtres et mes amis, eux, ne l'étaient pas. Il en va de même pour mes voisins, venant de différentes régions géographiques, parlant différentes langues et appartenant à différentes confessions religieuses. Pour beaucoup de membres de ma communauté, l'un des principaux facteurs unificateurs résidait dans le rapport à l'identité sociale : concilier ces horizons variés afin d'atteindre un objectif commun, celui de construire des passerelles linguistiques et identitaires entre nos identités culturelles et de faire émerger un nouveau sentiment communautaire. Comme le suggèrent Lave et Wenger :

> Contrairement à l'apprentissage en tant qu'intériorisation, l'apprentissage en tant que participation à la croissance dans des communautés de pratique implique la personne tout entière,

---

[54] Garza and Herringer, 1987.

telle qu'elle agit dans le monde. Concevoir l'apprentissage en termes de participation attire l'attention sur le fait qu'il s'agit d'un ensemble de relations qui évolue et se renouvelle de manière continue. [55]

Cette perspective met en lumière le potentiel de la langue française et de la culture comme catalyseurs de la création de communautés et de la transformation sociale dans la Rust Belt et au-delà. En favorisant un sentiment d'appartenance et une identité commune, les initiatives francophones peuvent contribuer à la revitalisation en cours du monde francophone.

Le terme « francophone » a trop souvent été mobilisé pour diviser plutôt que pour unifier dans le contexte nord-américain, où même ceux qui parlent un peu français sont confrontés à l'insécurité linguistique et à des doutes quant à leur appartenance au monde francophone :

1. s'ils ne sont pas des locuteurs natifs du français, ou
2. si le français est leur langue maternelle ou langue d'héritage, mais qu'ils ont peu, ou pas d'occasions de la parler au sein de leur communauté ou dans des contextes officiels.

Cela signifie que, bien que la Rust Belt ne soit pas uniformément francophone, reconnaître le potentiel d'y accroître la présence francophone contribuera à permettre aux apprenants comme aux locuteurs natifs de s'affirmer et de tisser des liens avec d'autres francophones à travers le monde. Schecter reconnaît également la nécessité de « réconcilier les tensions dialectiques entre les récits ethnographiques localisés de la construction identitaire, qui ont fait l'objet d'une médiation linguistique, et les approches plus larges et inclusives qui cherchent à expliquer comment la langue parvient à extraire des individus de leur identité culturelle locale »[56]. En acceptant pleinement cette interconnectivité et cette interaction entre les langues et les autres identités non francophones, nous pouvons cultiver une francophonie plus inclusive et vivante qui transcende les frontières

---

[55] Lave & Wenger, 1991, p. 49.
[56] Schecter, 2015., p. 203.

géographiques, accueille davantage de personnes curieuses de la langue française et célèbre la diversité de ses membres.

Les preuves du multilinguisme de la Rust Belt

Incluant le patois, le français cadien et le créole haïtien dans ses données sur la langue française, le Bureau du recensement des États-Unis rapporte que le français et les langues basées sur le français comptent plus de deux millions de locuteurs en 2019, soit une augmentation de 35,2 % depuis 1980[57]. Cette croissance considérable souligne la nouvelle vitalité du français et de ses langues dérivées partout dans le pays. Comme l'indiquent Vogel et García, les immigrés récemment arrivés se servent de leur plurilinguisme dans le cadre du *translanguaging*, un processus où « les bilingues et les plurilingues, et en effet, tous les usagers de la langue, sélectionnent et mobilisent certains éléments issus d'un répertoire linguistique unitaire, afin de donner du sens et s'adapter à des contextes de communication spécifiques » [58]. Fondamentalement, ces individus mobilisent de manière stratégique différentes langues pour communiquer efficacement dans des situations variées et enrichissent les interactions avec leurs pairs monolingues et plurilingues de ressources linguistiques singulières. Pour reprendre un exemple présenté dans la section précédente, lors de mon enfance à Dearborn, dans le Michigan, j'ai pratiqué le *translanguaging* en mélangeant mes répertoires linguistiques anglais, français et allemand avec ceux de mes pairs plurilingues, dans des contextes variés, tels que les salles de classe, les boulangeries ou les ateliers de réparation automobile. Cet « usage flexible et fluide de la langue dépasse les frontières socialement construites des langues nommées [59] » et permet une approche multimodale de la francophonie, où les non-francophones peuvent être invités à pratiquer le *translanguaging*, échanger et apprendre auprès des membres francophones de leur communauté.

---

[57] Dietrich & Hernandez, 2022, p. 3.
[58] Vogel & García, 2017., p. 1.
[59] Vogel & García, 2017, p. 6

Selon des données du Bureau du recensement des États-Unis, la *Combined Statistical Area* (CSA)[60] de Détroit-Warren-Ann Arbor rapporte qu'au moins 126 langues sont parlées à domicile et que 12 % de la population âgée de cinq ans et plus parle une autre langue que l'anglais [61]. Cette diversité linguistique est similaire à celle d'autres grandes communautés de la Rust Belt, telles que la Chicago-Naperville CSA, qui indique qu'au moins 153 langues sont parlées à domicile et que 29 % des résidents de plus de cinq ans parlent une autre langue que l'anglais. Ces deux CSAs figurent parmi les quinze villes américaines les plus diverses linguistiquement. Cette preuve de la diversité linguistique peint un portrait contemporain de la Rust Belt, remettant en question la vision monolithique de la région et soulignant la manière dont ses communautés multiculturelles dynamiques devraient être priorisées en raison de leur potentiel à favoriser les échanges interculturels et l'innovation.

Innover la francophonie de la Rust Belt

En embrassant la richesse de son paysage multilingue, la Rust Belt devrait se positionner en tant que leader de la collaboration et de l'apprentissage interculturels. De même, les membres de la francophonie devraient effectuer des investissements pédagogiques, économiques et diplomatiques dans ce corridor culturel américain. Grâce à une approche qui privilégie ce que j'appelle la « Renaissance de la Rust Belt », nous pouvons nourrir un échange dynamique d'idées, de connaissances et de meilleures pratiques. En favorisant les opportunités de collaboration commerciale et créative entre les francophones et les communautés de la Rust Belt, nous pouvons développer des programmes éducatifs, des initiatives culturelles et des partenariats économiques innovants, basés sur le *translanguaging*, qui bénéficieraient à toutes les parties.

---

[60] Ndt : les *Combined Statistical Areas* désignent des regroupements de zones métropolitaines étroitement liées par des flux humains et économiques.
[61] U.S. Census Bureau data, 2015.

Une telle revitalisation aviverait non seulement la vitalité culturelle de la région, mais contribuerait également à affirmer son pouvoir d'action sur la scène éducative et économique. Détroit, par exemple, a subi plusieurs vagues de crises financières, provoquant une situation d'insolvabilité entre les années 1990 et 2000. Comme l'affirme Pottie-Sherman, la récession de 2008 « met en évidence un fossé « qui se creuse » entre la Rust Belt et les économies urbaines « fondées sur la connaissance » des États-Unis[62]. Tandis que la mémoire matérielle de Motor City reste forte (avec, par exemple, de la musique enregistrée chez le label Motown Records ; des voitures produites par les *Big Three* ; les exploits architecturaux d'Albert Kahn), les opportunités économiques fondées sur la connaissance, notamment celles favorisées par les échanges linguistiques et culturels, peuvent catalyser la résurgence de la région. Investir dans le capital linguistique et culturel de la Rust Belt peut créer un avenir durable et équitable pour les régions et leurs résidents.

La présence d'une francophonie revitalisée dans la Renaissance de la Rust Belt pourrait se manifester dans plusieurs domaines clés du développement fondé sur la connaissance, dont l'éducation, les initiatives de recherche, les partenariats commerciaux et la diplomatie. Celui de l'éducation est d'une importance primordiale, se concentrant sur les programmes d'immersion linguistique, l'élaboration et le soutien de ressources en langue française destinées aux élèves de la maternelle au lycée, ainsi que sur les groupes de travail entre les programmes de français dans l'éducation supérieure. Créer des environnements immersifs pour l'apprentissage de la langue, tels que les colonies de vacances en français ou les programmes d'échange avec des régions francophones (y compris celles géographiquement proches du Canada), pourraient nettement améliorer la maîtrise de la langue et la compréhension culturelle.

Les initiatives de recherche devraient constituer la pierre angulaire de cette collaboration. Des projets de recherche communs entre les universités de la Rust Belt et les régions francophones pourraient se concentrer sur divers domaines, dont le développement durable, l'urbanisme, les études culturelles et linguistiques. Alors que

---

[62] Pottie-Sherman, 2018, p. 442.

l'apprentissage des langues est relégué au second plan dans l'enseignement supérieur, changer l'usage des langues et les liens avec les communautés linguistiques, telles que la francophonie, générerait de nouvelles connaissances et créerait de nouvelles opportunités d'échange pour les étudiants et les professeurs. De plus, mettre en place des centres de recherche dédiés aux études franco-américaines dans les deux régions favoriserait une collaboration à long terme et une expertise qui bénéficierait au cœur des États-Unis, tout en multipliant les possibilités offertes à la francophonie.

Les partenariats commerciaux déjà solides entre la Rust Belt et les partenaires mondiaux alimentent la croissance économique et créent de l'emploi. Accroître les partenariats entre la Rust Belt et la francophonie dans des secteurs tels que la technologie, les énergies renouvelables et l'industrie manufacturière permettrait de mettre à profit les forces des deux parties, stimulant l'innovation et un entrepreneuriat transculturel fondé sur le *translanguaging*. En facilitant les investissements transfrontaliers, nous pouvons créer un système économique florissant qui encourage de nouvelles innovations dans la Rust Belt et, par extension, mène les membres de ces communautés (y compris la mienne) sur la scène mondiale concrètement.

Pour finir, la diplomatie est essentielle au renforcement des liens entre la Rust Belt et la francophonie. Des visites officielles régulières, des échanges culturels et des initiatives communes peuvent consolider la coopération politique, sociale et économique. Grâce aux échanges entre les peuples, facilités par le *translanguaging* entre le français, l'anglais et d'autres langues, nous pouvons favoriser une compréhension mutuelle et établir une base stable pour les futures collaborations. Finalement, une revitalisation de la francophonie dans la Rust Belt ne concerne pas seulement la langue et la culture ; il s'agit de créer une vision partagée en faveur d'un avenir prospère et durable, où les *Franco-Michiganders* comme moi peuvent imaginer un avenir où leur héritage linguistique et culturel est célébré et valorisé comme catalyseur de l'innovation et de l'engagement mondial au sein de la francophonie.

6. Le français autour de nous : de la maternelle au troisième âge
Frédérique Grim

Si vous vous promenez dans les rues du nord du Colorado ou que vous vous arrêtez dans une épicerie, vous entendrez principalement parler anglais autour de vous, bien que l'espagnol soit également très présent. Cela n'est pas surprenant, étant donné que les habitants hispaniques et latinos du Colorado représentent 22,7 % de la population de l'État[63]. Cela ouvre de nombreuses opportunités bilingues, sur les plans personnel, professionnel et académique, et l'intérêt croissant pour la formation de nos jeunes adultes afin qu'ils puissent répondre à ces besoins linguistiques témoigne d'une volonté d'évoluer vers une société bilingue.

En consultant rapidement les offres d'emploi, on constate qu'une grande partie d'entre elles valorisent ou requièrent la maîtrise de l'espagnol dans divers domaines, tels que l'éducation, la santé, les affaires, la restauration ou encore les métiers manuels. Cependant, ce n'est pas la langue que j'enseigne, et je souhaite m'assurer que mes élèves sachent que le français occupe également une place importante ici, dans le Colorado, dans l'Ouest des États-Unis, comme ailleurs dans le pays. Puisque je ne peux pas toujours compter sur les occasions offertes naturellement par notre communauté locale, je dois faire preuve de créativité et créer des situations aussi authentiques que possible pour mettre en avant la valeur du français.

Je ne peux pas ignorer les résidents francophones du nord du Colorado, originaires de France, du Canada ou de nombreux pays africains francophones. Leur présence est suffisamment marquée pour qu'il y ait eu, il y a quelques années, une école bilingue allant de la maternelle à la sixième proposant le français comme option de langue.

---

[63] Bureau du recensement des États-Unis, 2023.

Les objectifs de cette école étaient de répondre à un besoin croissant des enfants de parents francophones, mandarinophones et hispanophones, ainsi qu'à un intérêt grandissant de la communauté pour inculquer aux jeunes générations une conscience mondiale et des compétences bilingues.

En tant que professeure de français dans une école locale de taille moyenne, je m'efforce de trouver des opportunités pour faire du français un atout qui ne se limite pas à la salle de classe, et qui incite les étudiants à s'impliquer dans la communauté afin de donner un sens à leur apprentissage. Le but de ce chapitre est de partager des activités conçues pour rendre le français utile aux étudiants universitaires, afin qu'ils puissent l'utiliser en dehors du campus et bénéficier d'expériences enrichissant leur parcours professionnel. Plusieurs programmes seront présentés afin, peut-être, d'inspirer d'autres enseignants de français, au lycée comme à l'université, à explorer les possibilités offertes dans leur région.

Je sais que toutes les communautés ne disposent pas des mêmes ressources pour mettre en place de telles initiatives, mais j'espère vous encourager à innover et à en développer une ou deux vous-mêmes, afin d'inciter vos élèves à utiliser leur français de manière authentique. Je tiens à préciser que ce chapitre est rédigé dans un style proche du journal personnel, ce que, je l'espère, certains apprécieront. Mon intention est de partager mes expériences et, si possible, de transmettre mon enthousiasme afin de contribuer à la diffusion du français dans notre pays.

Pourquoi impliquer les élèves dans leur communauté ?

La recherche démontre clairement l'importance d'impliquer nos élèves dans leur communauté, quelle qu'en soit la forme. Nous constatons que l'enseignement en milieu communautaire, ou l'apprentissage par le service, exerce une influence positive directe sur l'apprentissage d'une deuxième langue, car les apprenants utilisent la langue de manière authentique. Ils sont ainsi davantage motivés à l'utiliser, acquièrent des expériences quasi professionnelles, prennent conscience des besoins de la communauté et peuvent contribuer à y répondre[64]. J'ai observé de nombreux avantages à intégrer l'enseignement communautaire dans mes cours[65]. Cela m'a motivée à incorporer des projets communautaires dans chacun d'eux, qu'il s'agisse de cours de français ou de méthodologie didactique. Comme mentionné précédemment, de nombreux bénéfices découlent de l'engagement communautaire ; toutefois, je trouve que l'utilisation authentique du français est particulièrement significative. Les élèves mettent en pratique ce qu'ils ont appris avec des personnes qui communiquent en français, sans la pression des notes. Il est naturel de vouloir s'exprimer le plus clairement possible ; cependant, les interlocuteurs ou le public ne donnent pas de note.

De plus, certaines de ces expériences permettent aux élèves de mieux comprendre à quoi ressemblent certaines professions. Dans un contexte que les médias qualifient de « pénurie d'enseignants », certaines opportunités leur permettent de découvrir le métier d'enseignant ou d'apprendre à communiquer avec différents groupes d'âge. Elles prennent la forme de stages courts ou d'expériences de bénévolat, susceptibles d'inciter certains étudiants à explorer des domaines auxquels ils n'avaient pas été exposés auparavant.

En tant qu'enseignants de français, une partie de notre travail consiste à nous former pour devenir, en quelque sorte, des experts en marketing, ou du moins, c'est l'impression que cela donne. Dès le début, nous devons non seulement préparer et dispenser des cours pour que nos élèves apprennent la langue et la culture françaises tout en restant motivés, mais nous réalisons rapidement qu'il est aussi nécessaire de mobiliser notre entourage afin d'attirer des élèves dans nos classes.

Le rapport de 2023 de la Modern Language Association (MLA) est plutôt préoccupant pour la plupart des enseignants de langues. Il révèle que le nombre d'élèves inscrits à un cours de langue aux États-Unis est en baisse (une diminution de 16,6 % entre 2016 et 2021). Le français figure parmi les langues les plus touchées par ce déclin, avec une baisse

---

[64] Caldwell, 2007, Clifford & Reisinger, 2019, Gascoigne, 2001, Grim, 2010, 2011a, 2011b, 2017, 2022.

[65] Grim, 2017, 2022.

de 23,1 % des inscriptions sur cette période de cinq ans. Cela peut être démoralisant, mais cela nous rappelle aussi que notre engagement doit se manifester non seulement en classe, mais aussi en dehors, afin de :

1. montrer à nos élèves l'utilité de leurs compétences linguistiques,
2. partager ces compétences avec ceux qui ne les possèdent pas,
3. rencontrer des publics dont ils ignoraient l'existence,
4. mettre en valeur le français auprès d'un plus grand nombre d'élèves.

Pendant des années, je me suis demandé ce que je pouvais faire pour rendre cela possible dans mes cours et dans mon département de langues à l'université, et voici ce qui s'est concrétisé. Au cours des dernières années, nous avons eu l'occasion de développer trois programmes majeurs permettant à nos étudiants de s'impliquer en dehors de la salle de classe.

Les spécificités des programmes actuels

Permettez-moi de vous présenter quelques exemples que nous avons mis en place au sein de notre programme de français. Tous ces dispositifs s'adressent à des étudiants allant d'un niveau intermédiaire-faible à avancé, selon leurs besoins. Les étudiants débutants n'y participent pas encore ; cependant, ils en entendent parler cómme d'activités auxquelles ils pourront prendre part une fois qu'ils auront atteint un certain niveau. Nous espérons ainsi les motiver à poursuivre leur apprentissage du français, en leur montrant qu'ils pourront un jour l'utiliser dans des situations authentiques.

- Conter des histoires dans les bibliothèques et les écoles bilingues

Il y a plusieurs années, j'ai été autorisée à emmener mes étudiants de mon cours de prononciation et de phonétique françaises à la bibliothèque municipale pour lire des histoires aux enfants francophones et aux familles ouvertes sur le monde de notre communauté. Le coordinateur de la bibliothèque, qui proposait déjà des séances de contes en espagnol, pensait que cela apporterait davantage de diversité à notre communauté si nous élargissions l'offre linguistique. J'ai saisi cette opportunité. Cela a pris des semaines d'organisation, de préparation et de répétition. D'après la bibliothèque, l'activité devait être divertissante et stimulante ; en tant qu'enseignante, je souhaitais qu'elle soit intelligible pour le public et motivante pour mes étudiants. Pour la représentation finale, ces derniers ont présenté trois histoires, en costumes ou avec des marionnettes, et ont chanté des chansons en lien avec les récits. Les enfants comme les étudiants se sont beaucoup amusés, et j'étais très fière du travail accompli et du résultat de leurs efforts. Ce fut un véritable succès. Nous avons réuni la communauté francophone, entre autres ; les étudiants ont lu des histoires accessibles au public, ont surmonté leur timidité et se sont pleinement investis[66].

Après plusieurs semestres de ce programme, la bibliothèque publique a changé ses pratiques et nous avons dû trouver un nouveau site. Je ne pouvais pas abandonner ; mon objectif était de trouver un autre lieu adéquat. La suite s'est présentée à nous de manière très naturelle. Une école bilingue, l'AXIS International Academy, a ouvert dans notre ville, et l'une des langues proposées était le français. J'ai immédiatement souhaité m'engager pour soutenir cette école. Étant en contact avec leurs enseignants de français, j'ai demandé si mes étudiants pouvaient venir conter des histoires à leurs élèves. Une nouvelle tradition est née, et, depuis, chaque semestre, mes classes se rendent dans cette école bilingue pour rencontrer les élèves et partager des histoires, des chansons et de la joie. J'aimerais pouvoir montrer des photos, car ces événements ont été mémorables. Mes étudiants ont été bien plus profondément influencés que je ne l'avais prévu. Les élèves aiment voir des étudiants plus âgés apprendre le français et leur proposer ce type de spectacles. Cela offre également une pause aux enseignants de l'école bilingue, qui apprécient beaucoup ces interventions. C'est aussi l'occasion de montrer que le français est parlé par d'autres personnes, y compris par des étudiants « sympas ». Aujourd'hui encore, dans le cadre de leur programme, mes classes choisissent des histoires, préparent leur mise en scène, s'entraînent à plusieurs reprises et les présentent à l'école bilingue. Les étudiants travaillent dur, et leur prononciation n'est pas toujours parfaite, mais leur engagement, lui, l'est. Aucun étudiant ne s'est plaint de ce « devoir » dans les évaluations

---

[66] Le détail de ces travaux est disponible dans Grim, 2011b.

finales, ce que je considère comme un signe d'approbation de leur part. Une partie de l'évaluation de chacun de mes cours (rédaction en français, conversation en français, communication en français avancée [grammaire], cours de linguistique française, séminaire de dernière année) est consacrée à cette activité de conte.

- Des bénévoles et des stagiaires bilingues dans les écoles

Notre école bilingue locale, AXIS International Academy, constitue une véritable mine d'opportunités pour les élèves francophones, mandarinophones et hispanophones. Pour situer le contexte, AXIS International Academy a ouvert en 2019, juste avant la COVID-19. Sa mission est la suivante : « En faisant progresser l'excellence académique, les compétences interculturelles, le multilinguisme ainsi que le développement socio-émotionnel et cognitif, AXIS Colorado, AXIS International Academy and Preschool habilite les enfants à mener une vie riche en choix et à s'épanouir en tant que citoyens engagés au sein de leur communauté locale et mondiale[67]. » Pour remplir cette mission, l'école propose trois langues : le français, le mandarin et l'espagnol. En ce qui concerne le français, dès lors que les étudiants ont validé le cours du troisième semestre et obtenu l'accord écrit de leurs enseignants, ils peuvent demander à devenir « assistants » (également appelés « bénévoles ») auprès d'un professeur de français dans cette école. Ils y consacrent deux à trois heures par semaine et suivent les consignes de l'enseignant auquel ils sont affectés. Les horaires dépendent de leur emploi du temps, mais s'adaptent à une journée scolaire classique, l'école bilingue étant ouverte de 8 h à 15 h. Les tâches varient selon leurs aptitudes et les besoins des enseignants. Certains ont aidé un élève rencontrant des difficultés en lecture ou en mathématiques, animé un jeu ou une activité manuelle, participé à la préparation d'un spectacle scolaire, préparé du matériel pour les enseignants (découpage, collage, photocopies, etc.), ou encore lu une histoire à la classe.

Certains étudiants ont également été autorisés à effectuer un stage à l'école afin de s'impliquer davantage, à condition d'avoir un niveau

---

[67] axiscolorado.org

intermédiaire à avancé. Les trois langues sont proposées. Les étudiants peuvent choisir entre 1 et 3 crédits de stage, comptabilisés dans leur majeure (voire leur mineure pour ceux ayant un niveau plus élevé), à raison de 45 heures par crédit (soit entre 45 et 135 heures passées à l'école). Dans ces cas, les responsabilités vont de l'assistance à un ou plusieurs professeurs de langues dans des tâches similaires à celles des assistants, à l'aide apportée aux apprenants en anglais (certains ne parlant que le français, ils apprécient que le stagiaire maîtrise cette langue et puisse leur donner des instructions en français), en passant par la surveillance de la cafétéria ou des récréations, l'organisation de spectacles scolaires, l'exécution de tâches administratives, ainsi que la traduction pour les parents peu à l'aise en anglais. Je supervise les stagiaires du côté de l'université, je prépare les contrats et je lis les rapports hebdomadaires. Les étudiants savent également que je joue un rôle de liaison s'ils se trouvent dans une situation délicate.

Ces deux formes d'engagement ont été très appréciées et ont rencontré un grand succès, plusieurs étudiants revenant semestre après semestre. L'école les forme rigoureusement. Après une ou deux semaines, cette aide supplémentaire est véritablement appréciée par les enseignants, les membres de l'administration et les enfants, qui sont ravis de voir les étudiants chaque semaine.

- Les maisons de retraite et les étudiants en français

Au printemps 2023, j'ai été contactée par l'attaché à l'enseignement supérieur et à la langue française du consulat français de Los Angeles, qui m'a présenté une idée développée avec ses collègues. Afin de soutenir l'initiative « *French for All* », le président français Macron a exprimé sa volonté de « soutenir la diversité dans l'accès à l'enseignement en français aux États-Unis » et d'encourager les étudiants universitaires à devenir enseignants de français. L'attaché a suggéré de proposer des cours de français dans les maisons de retraite, ce qui permettrait à la fois d'offrir une expérience pédagogique aux étudiants universitaires et de toucher une population ayant rarement l'occasion d'être exposée au français et d'interagir avec des jeunes adultes âgés de 18 à 22 ans.

Nous avons décidé qu'un stage pourrait constituer une solution pour nos étudiants, qui donneraient des cours hebdomadaires dans le cadre des programmes de la maison de retraite locale. Cette initiative a été un véritable succès. Trois étudiants de niveau intermédiaire se sont portés volontaires et ont suivi une formation de quatre heures organisée par le consulat avant le début des cours. Le projet consistait à former une équipe de trois étudiants qui enseigneraient quatre sessions de deux heures pendant quatre semaines consécutives, puis répéteraient ces mêmes leçons, ce qui représentait un engagement total de huit semaines. Le cours était présenté comme une première initiation au français :

> Langue et culture françaises – NOUVEAU ! Découvrez les cultures française et francophone tout en apprenant les bases de la langue française. Enseigné par des étudiants en français de la CSU. Ce cours est proposé en partenariat avec le département des langues de la CSU et le consulat français de Los Angeles. Les places sont limitées. *Nous avons hâte de vous rencontrer !* [68]

La première session affichait complet, et nous avons dû demander à la maison de retraite d'ajouter quelques places supplémentaires. Il y avait douze apprenants et trois étudiants-enseignants. Ce ratio était adéquat, car ces derniers débutaient dans l'enseignement et avaient des emplois du temps chargés. De plus, nous voulions nous assurer qu'il y ait toujours au moins deux instructeurs en cas d'absence. Les étudiants-enseignants ont préparé l'ensemble des plans de cours, des présentations (PowerPoint) et du matériel, en s'appuyant sur une structure qu'ils ont choisie de suivre chaque semaine : introduction aux éléments linguistiques, nombreuses activités pratiques, retours, jeux et présentations culturelles (en anglais, portant sur différents pays francophones, la gastronomie, des faits historiques, l'architecture, etc.). J'ai supervisé leur travail et relu les diapositives afin de corriger d'éventuelles erreurs, notamment les accords en genre et en nombre. Nous avons également réfléchi ensemble aux activités les plus adaptées à leur public, composé de seniors. Au fil des semaines, les étudiants-enseignants ont appris à mieux connaître leurs apprenants et ont pu

---

[68] Frenchculture.org, 2022; ndt: en français dans le texte.

ajuster leurs approches. Par exemple, ils ont constaté que les participants avaient beaucoup voyagé et possédaient une riche culture générale. Certaines présentations culturelles ont donc été confiées aux apprenants eux-mêmes, désireux de partager leurs expériences.

La première session s'est déroulée de manière si positive que les deux tiers des participants se sont inscrits à la seconde session, bien que le contenu soit resté identique et destiné à des débutants. En raison de cette hétérogénéité de niveaux, les étudiants-enseignants ont différencié leur enseignement afin de répondre aux besoins des deux groupes. Ceux-ci se retrouvaient ensuite pour les présentations culturelles et certains jeux.

Le succès de ce premier semestre a été tel que deux des étudiants-enseignants ont poursuivi l'expérience au semestre suivant, au printemps, rejoints par un troisième étudiant. À l'automne 2024, trois étudiants-enseignants issus de ces deux semestres seront responsables des cours de français, à nouveau présentés comme des cours pour débutants. En plus de concevoir des plans de cours et de préparer le matériel pédagogique, les étudiants-enseignants ont dû signer un contrat avec la maison de retraite et notre département. Ils ont également rédigé des rapports réflexifs hebdomadaires que j'ai lus. En échange de leur engagement, ils ont obtenu des crédits de stage. J'espère que nous continuerons à attirer de nouveaux étudiants à l'avenir, car ce programme crée une véritable synergie entre les étudiants universitaires et les personnes âgées, qui apprécient sincèrement leur engagement. Nos étudiants ont participé soit par désir de servir leur communauté tout en utilisant le français, soit pour acquérir une expérience auprès des personnes âgées en vue de leur future carrière, notamment en médecine pour certains. Ce programme a été extrêmement positif, et nous sommes reconnaissants envers le consulat de France pour son soutien.

D'autres opportunités

Les programmes décrits ci-dessus ont été mis en place au cours des quatre à six dernières années. Toutefois, d'autres initiatives ont été abandonnées pour diverses raisons, telles que la localisation, le manque de supervision sur site ou des changements de politique scolaire. Je souhaite néanmoins les partager afin que d'autres enseignants puissent les adapter à leur propre contexte. Un programme peut ne pas convenir à une situation donnée, tandis qu'un autre peut s'avérer plus facile à mettre en place.

- Les clubs de langue extrascolaires

Lorsque j'ai commencé à enseigner à l'université, la seule possibilité pour permettre aux étudiants de pratiquer le français dans la communauté consistait à collaborer avec les programmes extrascolaires de plusieurs écoles primaires locales. J'ai proposé d'y ajouter un club de français, ce qui a été rapidement accepté, notamment parce que nous offrions ces services gratuitement. Chaque semaine, les étudiants travaillaient en binômes pour enseigner aux élèves du primaire les bases de la langue ainsi que des éléments culturels. Certains étaient bénévoles, tandis que d'autres obtenaient des crédits en échange de leur engagement, ce qui impliquait la préparation de plans de cours, l'enseignement et la rédaction de rapports réflexifs. Les retours ont été majoritairement positifs, et les étudiants ont développé des compétences en gestion de classe. Certains ont même choisi de devenir enseignants à la suite de cette expérience.

- Le tutorat à l'école bilingue

Lorsque l'enseignement est passé en ligne au printemps 2020, certains de nos bénévoles à l'AXIS International Academy se sont proposés pour aider les élèves contraints de suivre leurs cours à distance. Ils sont ainsi devenus tuteurs en ligne pour des familles ayant besoin d'un soutien supplémentaire. À l'automne suivant, bien que l'enseignement en présentiel ait repris, l'accès des visiteurs extérieurs restait limité. L'école a donc sollicité davantage de tuteurs en ligne. Grâce à un financement obtenu, ces tuteurs ont pu être rémunérés, ce qui était exceptionnel. Les étudiants ont apporté leur aide en français, ainsi qu'en mandarin et en espagnol pour certains, en arts du langage et en mathématiques. L'école s'est montrée très reconnaissante de ce soutien pendant cette période de transition.

- Les assistants ou tuteurs pour le lycée

Une autre idée, encore non mise en œuvre mais facilement réalisable, consisterait à proposer aux enseignants de français du secondaire de bénéficier de l'aide d'étudiants universitaires. Ces enseignants, souvent surchargés, pourraient tirer profit d'un tel soutien. Les étudiants pourraient aider à faire les devoirs, préparer du matériel, encadrer des groupes ou organiser de courtes activités. Cela pourrait se faire sur la base du volontariat ou dans le cadre d'un stage crédité. Les enseignants partageraient leur emploi du temps, et les étudiants choisiraient les créneaux compatibles avec le leur. Les étudiants pourraient également proposer des cours particuliers à des collégiens ou lycéens, en se concentrant sur l'accompagnement, comme fournir des explications supplémentaires ou encourager la pratique orale, sans faire le travail à leur place. Ces séances pourraient se dérouler sur le campus ou en ligne.

- Les groupes de réfugiés

Notre ville ne dispose pas de centre d'accueil pour réfugiés à proprement parler. Toutefois, à proximité, notamment à Greeley et à Denver, plusieurs organisations soutiennent des réfugiés, dont beaucoup viennent de pays africains francophones. Pour les étudiants à la recherche d'un stage, d'un emploi d'été ou d'une expérience bénévole, il s'agit d'une excellente opportunité de mettre à profit leurs compétences en français. L'une de nos étudiantes en médecine a ainsi effectué un stage, au cours duquel elle a analysé les besoins de santé des réfugiés et créé une brochure destinée à faciliter leur accès aux services médicaux.

Conclusion

Sortir les élèves du cadre traditionnel de la salle de classe présente de nombreux avantages. J'espère que l'enthousiasme et la motivation des étudiants engagés dans ces programmes transparaissent dans ce chapitre. Qu'il s'agisse d'utiliser le français dans des situations authentiques, d'acquérir une expérience dans le domaine éducatif ou d'inspirer de jeunes apprenants, ces initiatives permettent aux étudiants de développer des compétences réellement utiles pour leur avenir. Notre communauté a fait preuve d'une grande générosité en offrant ces opportunités. Néanmoins, de nombreuses autres communautés pourraient en faire de même, car elles en tireraient également des bénéfices. Favoriser les échanges entre générations et entre langues ne peut qu'enrichir une communauté lorsque les intentions sont positives et constructives.

7. L'hospitalité multilingue : comment les voix des diasporas africaines façonnent la francophonie américaine.

Maya Angela Smith

Au milieu des années 2000, lorsque j'étais à l'université, je me suis rendue à une soirée. Un autre étudiant m'a demandé ce que j'étudiais et je lui ai répondu que j'étais inscrite au département de français, en *Romance Linguistics* (linguistique romane). Au lieu de me sortir les blagues ringardes habituelles sur mes études « de romance », il a commencé à me parler de sa mère qui vivait à New York et qui avait été enseignante de français bénévole dans le quartier de Harlem. Cela a éveillé mon intérêt, je pensais que nous pourrions avoir une conversation enrichissante sur l'importance du français aux États-Unis ou sur le multilinguisme animé de la ville de New York. À la place, il lança, sur un ton railleur : « À quoi bon apprendre le français aux enfants de Harlem ? À quoi est-ce que ça va leur servir ? Ma mère peut avoir des idées vraiment absurdes, parfois. »

J'ai soupiré. Il était comme toutes les autres personnes que j'avais rencontrées dans ma vie. Des personnes qui remettent systématiquement en question la valeur de l'apprentissage des langues. Tout le monde parle anglais, non ? Ou d'autres qui pensent que seuls les blancs parlent français, car soyons honnêtes, la réponse de ce type relevait en réalité d'une vision raciste et classiste de qui aurait le droit de revendiquer la langue française. Étant souvent la seule étudiante noire dans mes cours de français à l'université, et ayant appris la langue à l'aide de manuels dont les pages ne présentaient que des images de personnes blanches, à moins bien sûr que le protagoniste blanc ne voyage vers de lointaines contrées dites exotiques, je connaissais bien l'étroitesse d'esprit qui accompagne la représentation que l'on se fait du monde francophone.

Alors que j'abordais avec enthousiasme le sujet de la population ouest-africaine florissante à New York, les langues qu'elle parle, notamment le français, et le fait que son foyer culturel soit le Petit Sénégal, au cœur de Harlem, une expression agacée passa fugacement sur son visage. Il n'avait pas envie que je lui apprenne ces choses, ça ne l'intéressait pas. Sa vision myope du monde le satisfaisait très bien et il n'allait pas laisser une vague camarade d'université la remettre en question lors d'une quelconque soirée.

Plutôt que de quitter l'événement sur les nerfs, ce soir-là, je suis repartie avec un projet de recherche qui guiderait les quinze prochaines années de ma vie ; explorer le multilinguisme, la mobilité et l'identité noire dans le monde francophone. En 2017, j'ai écrit un article sur les étudiants francophones de l'Afrique de l'Ouest et des Caraïbes, tirant parti du French Heritage Language Program (Programme de langues d'héritage) à New York pour montrer l'importance du français et des diverses autres langues de leur répertoire[69]. Puis, en 2019, j'ai publié mon premier ouvrage académique, *Senegal Abroad: Linguistic Borders, Racial Formations, and Diasporic Imaginaries*[70], le point culminant d'années d'entretiens avec des communautés sénégalaises à Paris, Rome et à New York[71]. Compte tenu de la place importante qu'occupent le Petit Sénégal et Harlem dans mes recherches, ces publications constituent ma réponse à l'ignorance de cet étudiant, ainsi qu'un hommage à toutes les personnes issues des diasporas africaines, des gens comme moi, qui emploient les langues de manière créative et complexe.

Introduction autobiographique

Des années avant cette soirée étudiante, j'avais été aux prises avec ma propre identité linguistique. J'étais issue d'une famille monolingue à Houston, dans le Texas, et je rencontrais des difficultés en cours d'espagnol. Je m'étais convaincue que je n'avais pas de don pour les langues. Cela reflétait un problème plus profond ; je ne savais pas

---

[69] Smith, 2017.
[70] Traduit en 2022 par TBR Books - CALEC sous le titre *Sénégalais de l'étranger: Frontières linguistiques, formations raciales et imaginaires diasporiques.*
[71] Smith, 2019.

comment trouver ma voix[72]. Mais je savais déjà combien j'aimais explorer le monde et découvrir des endroits et des cultures différentes de la mienne. L'apprentissage des langues m'aiderait à atteindre cet objectif, alors, deux ans avant de terminer le lycée, je suis partie à Zaragoza en Espagne.

Ce séjour m'a changée. Mon année passée en Espagne m'a prouvé que j'étais bien capable d'apprendre une autre langue si j'étais dans le bon environnement. Cela m'a aussi menée à m'interroger sur ce que signifie être noire dans un pays qui, à l'époque, était majoritairement peuplé de blancs et qui avait une conceptualisation de la « race » très différente de celle des États-Unis. Plus tard, en tant qu'étudiante à l'Université de New York, je suis retournée en Espagne, cette fois pour étudier à Madrid, puis à Paris, où, à nouveau, ma compréhension de l'ethnie a été remise en question, au niveau individuel comme sociétal. Il y avait beaucoup plus de noirs à Paris que ce qu'on m'avait poussée à croire ; une révélation qui a profondément transformé ma perception. Mais Paris a aussi fait surgir en moi, un manque d'assurance vis-à-vis de ma pratique du français, des doutes plus intenses que ce que j'avais vécu avec l'espagnol. Toutefois, quand je suis allée à Dakar, le semestre suivant, j'ai découvert un environnement multilingue incomparable avec tout ce que j'aurais pu imaginer[73]. L'abondance de langues a transformé ma manière de concevoir la communication. Tout aussi important, le Sénégal est le tout premier pays majoritairement noir dans lequel j'ai vécu. Le temps que j'y ai passé a révolutionné ma manière de concevoir l'ethnie et ma propre identité noire.

Quand je suis rentrée à New York pour ma dernière année universitaire, j'étais comme attirée par le Petit Sénégal, qui deviendrait

---

[72] Voir Smith, 2021.

[73] Le Sénégal, un pays majoritairement musulman de presque 18 millions de personnes, est une ancienne colonie française où le français est la langue officielle, bien que moins d'un tier de la population ne le parle (ODSEF, 2024). On compte également plus de 25 langues autochtones nationalement reconnues au Sénégal, dont le Wolof qui est parlé par plus de 80 % de gens, comme une langue vernaculaire employée par différents groupes ethniques pour communiquer (voir Smith, 2019 ; Cissé, 2005).

le lieu de mon mémoire de fin de cycle. J'avais passé les dernières années à bouger sans cesse, allant de ville en ville. J'ai réalisé que ma mobilité n'était pas la même que celle des nombreuses personnes que j'avais rencontrées dans la communauté sénégalaise de Harlem. En tant qu'Américaine, je pouvais faire le tour du monde presque sans encombre, mais en tant que femme noire, j'avais parfois le sentiment de ne pas être à ma place. Je voulais savoir ce que cela faisait de vivre à New York, pour les Sénégalais, en tant que francophones, noirs africains et immigrés. Comment cela se comparait-il à mes propres expériences, à la maison comme à l'étranger ? Le savoir que j'ai acquis grâce à mon projet de recherche m'a permis de laisser couler les remarques de cet étudiant croisé en soirée. Cette interaction a ravivé mon désir d'en apprendre davantage au sujet de la communauté qui m'a aidée à donner du sens à mon propre vécu.

Comment les voix des diasporas africaines façonnent la francophonie américaine
Étude de cas dans la ville de New York

Les Sénégalais de l'étranger

La diversité de New York est inégalée. Un tiers de ses 8,5 millions d'habitants sont nés à l'étranger et avec près de huit cents langues, c'est la ville avec la plus grande diversité linguistique au monde[74]. Quasiment la moitié des New-Yorkais parlent autre chose que l'anglais à la maison. Bien que le français soit peu répandu à New York, sa présence se fait nettement sentir. L'étudiant dont je parlais ne compterait probablement que les quelques 60 000 expatriés, majoritairement blancs, issus de la France métropolitaine. Pourtant, il y a des milliers de francophones venus des départements d'outre-mer, tels que la Martinique et la Guadeloupe, et d'autres pays, comme le Sénégal, le Mali et Haïti, dont la plupart sont de la diaspora africaine[75].

---

[74] Semple, 2013.

[75] Voir Smith, 2019 ; Bureau du recensement des États-Unis, 2015 American Community Survey 1-Year Estimates ; et Coucou coucoufrenchclasses.com/littleparisnyc

En 2014, je suis retournée à New York dans le cadre d'un projet visant à comparer les expériences des Sénégalais à Paris, Rome et New York, afin de comprendre comment l'immigration influence les idéologies de la langue (les croyances que les gens ont à propos des langues et des locuteurs). Dans mes entretiens sociolinguistiques avec cette communauté sénégalaise de New York, j'ai constaté ce que j'ai nommé « sénégalité mondiale » ; un phénomène qui souligne la volonté des Sénégalais de dépasser les frontières géographiques, linguistiques et ethniques. En particulier, ils vantent les vertus de la mobilité, du multilinguisme et de l'hospitalité (surtout linguistique).

En tant que membres du monde francophone global, les Sénégalais voient le français comme un aspect important de leur répertoire linguistique, mais le français n'est qu'une des langues dont ils disposent. Ce qui apparaissait clairement dans mes discussions était le rôle central du multilinguisme dans leurs expériences linguistiques. Cet attachement au plurilinguisme est apparu de façon flagrante au cours d'une captivante conversation que j'ai eue avec Ousseynou, un chauffeur de taxi de 37 ans, dans un restaurant franco-sénégalais de Harlem, ainsi qu'avec notre serveur sénégalais qui a rejoint la discussion quand il nous a entendu parler. Même si l'entretien avait commencé en français, la langue pouvait changer à tout moment, sans que l'on sache laquelle serait utilisée.

> M : *Quelle est votre langue préférée ?*
> O : Italiano.
> M : Italiano? *Vous parlez* italiano ?
> O : Io parlo bene italiano.
> M : Sì? Perché?
> O : Perché sono andato in Italia e ho fatto tre anni in Italia.
> M : Dove in Italia?
> O : Io stavo a Roma—
> S : [*interruption du serveur*] Parlano italiano?
> O : **Yes.** <u>Este</u> li è italiano, **too.** [*désigne le serveur du doigt*]
> M : Sì?
> O : **Yeah.**
> M : ... L'italiano è la tua lingua preferita?
> O : Preferita, sì.

M : Perché?

O: Per me, l'italiano è una lingua romantica. Quando la gente parla italiano, io, quando sento un italiano parlare… mi sento bene…

M : Sì. Come hai imparato l'italiano?

S : Sei italiana?

M : No. Ho vissuto a Roma.

S : Sì?

M : Sì. Lì ho imparato l'italiano.

S : … io ho studiato anche l'italiano in Italia.

M : Dove esattamente?

S : Vicino a Pisa. E tu?

O : Roma.

S : Roma? OK.

O : … Ma *ça fait huit ans **ma ngi fii leegi**.*

S : Ora io sono qui da cinque mesi.

O : <u>Cinco</u> mesi? Ah.

S : Cinque mesi che sono qui.

M: Ah, OK.

S : Però io sono laureato in lingue.

M: Anch'io.

S : Perciò ho studiato lingue. Inglese, francese, spagnolo, portoghese.

M : Anch'io!

S : Sì! …

O : Un perfetto uomo che parla tutto.

[*le serveur sourit et reprend son travail*]

O : *Ah, oui.*

[*Je ris*]

O : *Tu as vu hein ? Ça c'est les Sénégalais.*

M : *Oui oui. C'est incroyable.*

O : *Les Sénégalais aiment voyager, aiment apprendre des langues. Tu vois ?*

[M : *Quelle est votre langue préférée ?*

O : L'italien.

M : L'italien ? *Vous parlez* Italien ?

O : Je parle bien l'italien.

M : Oui ? Pourquoi ?

O : Parce que j'ai vécu en Italie. J'ai passé trois ans en Italie.

M : Où en Italie ?

O : J'étais à Rome—

S : [*interruption du serveur*] Vous parlez italien ?

O : **Oui**. <u>Celui</u>-là est italien, **aussi**. [*désigne le serveur du doigt*]

M : Oui ?

O : **Ouais**.

M : … L'italien est votre langue préférée ?

O : Préférée, oui.

M : Pourquoi ?

O : Pour moi, l'italien est une langue romantique. Quand les gens parlent italien, je, quand j'entends un Italien parler… je me sens bien…

M : Oui. Comment avez-vous appris l'italien ?

S : Vous êtes italien ?

M : Non. J'ai vécu à Rome.

S : Oui ?

M : Oui. J'ai appris l'italien là-bas.

S : … J'ai aussi étudié l'italien en Italie.

M : Où exactement ?

S : Près de Pise. Et vous ?

O : Rome.

S : Rome ? OK.

O : … Mais ça *fait huit ans **je suis là maintenant**.*

S : Je suis là depuis cinq mois.

O : Cinq mois ? Ah.

S : Cinq mois que je suis là.

M : Ah, OK.

S : Mais j'ai obtenu un diplôme en langues.

 M : Moi aussi.

S : C'est pourquoi j'ai étudié les langues. Anglais, français, espagnole, portugais.

M : Moi aussi !

S : Oui !...

> O : Un homme parfait qui parle tout.
> [*le serveur sourit et reprend son travail*]
> O : *Oh oui.*
> [*Je ris*]
> O : *Tu as vu hein ? Ça c'est les Sénégalais.*
> M : *Oui oui. C'est incroyable.*
> O : *Les Sénégalais aiment voyager, aiment apprendre des langues. Tu
> vois ?*]

De l'affirmation d'Ousseynou, selon laquelle les Sénégalais adoreraient
voyager et apprendre des langues, à la démonstration faite par le serveur
de cette perception sociétale au travers de leur plurilinguisme robuste
(français, italien, wolof, anglais et espagnol), cet extrait illustre de
manière succincte le concept de sénégalité mondiale. L'homme parfait
parle toutes les langues et les Sénégalais aspirent à incarner cette qualité.
En effet, ils accumulent ce que Pierre Bourdieu décrit comme du capital
symbolique : « l'acquisition d'une réputation de compétence et d'une
image de respectabilité et d'honorabilité [76]. » En d'autres mots, la
mobilité multilingue est source de respect.

Comme le montre le dynamisme de l'échange ci-dessus, le sens de
la créativité et du jeu occupent le devant de la scène. Claire Kramsch et
Anne Whiteside affirment que les personnes plurilingues possèdent une
aptitude symbolique, soit « la grande capacité à jouer avec les divers
codes linguistiques et les multiples résonances spatiales et temporelles
de ces codes [77] ». Ce talent confère un certain pouvoir ; il permet aux
individus (dans ce cas-ci, les immigrés) de revendiquer des langues et des
identités dont la légitimité est rarement reconnue par les sociétés
d'accueil. Par exemple, les Sénégalais avec qui j'ai parlé à Paris
déploraient le fait qu'à cause de préjugés racistes ou linguistiques, leur
usage du français était perçu comme inférieur par les Français blancs.
On présupposait que les Français d'ascendance sénégalaise n'étaient pas
français, même quand ils parlaient le français standard à la perfection.
En revenant au français pour décrire les Sénégalais et leur manière

---

[76] Bourdieu 1984 : 291.
[77] Kramsch and Whiteside, 2008 : 664.

d'être, Ousseynou incarne l'identité française, réfutant ainsi ces idées reçues. En parallèle, l'exclamation "Este li è italiano, **too,**" [Celui-là est Italien, aussi] implique que l'on est Italien si l'on parle italien. De plus, en passant de l'espagnol, à l'italien et à l'anglais, ils montrent que toutes les langues et toutes les identités leur appartiennent et l'ajout du mot « aussi » suggère qu'il s'agit d'une expérience collective. En résumé, ils représentent une sénégalité mobile et plurilingue.

Cependant, Ousseynou et d'autres personnes expliquent clairement que les multiples identités linguistiques ne constituent qu'un seul aspect de la sénégalité mondiale. Ils doivent également pratiquer l'hospitalité linguistique, afin que d'autres puissent profiter des cadres multilingues. Dans une autre partie de l'entretien, Ousseynou parle du rôle de la langue dans sa profession de chauffeur de taxi. « Por **me, è** muy interesante de hablar muchos *different languages*… si le client entre dans ma voiture, je dis, "¿Cómo estás? ¿Muy bien?" *They say* "Ah OK, ¡tu hablas español! " Tu vois? » [Pour **moi, c'est** très intéressant de parler plusieurs *langues différentes*… si le client monte dans ma voiture, je dis, « Comment allez-vous ? Très bien ? » *Il dit, « Ah OK,* vous parlez espagnol ! » Tu vois ?]. L'objectif d'Ousseynou est de faire en sorte que ses clients se sentent comme à la maison en les saluant avec leurs propres termes linguistiques. Il met en avant cette identité multilingue par sa manière dynamique de passer d'une langue à l'autre au cours de la conversation, ainsi que dans une même phrase. L'identité multilingue et l'hospitalité linguistique sont des attributs que j'ai également remarqués dans le French Heritage Language Program.

Le French Heritage Language Program

Après des années à fréquenter les communautés sénégalaises à travers le monde, je ne m'étonne plus du multilinguisme intrinsèque à ces espaces, ni de l'hospitalité linguistique qui m'accueille à chaque fois que j'échange avec quelqu'un. Il n'en est pas autant en ce qui concerne mes premières expériences dans des endroits « véritablement » français. Lorsque j'étudiais à Paris au début des années 2000, mes camarades et moi discutions de la brutalité dont pouvaient faire preuve de nombreux Parisiens quand nous ne parvenions pas à parler un parfait français, et de leur dédain si nous utilisions l'anglais. Beaucoup de personnes ont écrit en long et en large au sujet de la représentation de la langue française comme un trésor national qui doit être protégé ; des institutions telles que l'Académie française qui tentent de relever ce défi ; et du discours sociétal qui présente souvent les autres langues, notamment l'anglais, comme des menaces[78].

Cependant, au cours des quelques dernières années, j'ai commencé à remarquer une acceptation des autres langues, en particulier des langues européennes comme l'anglais, cela montre peut-être à quel point notre monde est devenu globalisé. Ces jours-ci, j'entends souvent de l'anglais dans les rues de Paris et les gens semblent se montrer plus patients avec les Américains qui tentent de parler français. Mais encore aujourd'hui, les langues africaines telles que le wolof et le pulaar ne semblent pas être considérées avec la même estime. Ce manque apparent de révérence envers les langues africaines est la raison pour laquelle ma découverte du French Heritage Language Program (FHLP) à New York a été une révélation. Contrairement à ce à quoi je m'attendais, le FHLP adopte une identité francophone où le français coexiste avec les nombreuses langues présentes à travers l'espace francophone mondial.

Fondé en 2005 par Jane Ross, le FHLP est un programme de l'organisation à but non lucratif Albertine Foundation[79]. Elle ouvre d'abord dans la ville de New York, après que Ross a visité le lycée international Manhattan International High School, qui fait partie du Internationals Network of Public Schools (Réseau international des écoles publiques, abrégé en INPS). Elle était impressionnée par le fait que 50 langues soient parlées par 400 élèves, dont la plupart venaient de pays francophones. Alors que l'objectif de Manhattan International était d'aider les jeunes immigrés, nouvellement arrivés aux États-Unis et en âge d'aller au lycée, à apprendre l'anglais, en parallèle, de nombreuses

---

[78] Voir Smith, 2015 ; Coppel, 2007 ; Posner 1997 ; Hagège, 1996.

[79] Lors de sa création, le FHLP faisait partie de la fondation FACE (la fondation des échanges culturels franco-américains), avant de devenir la Albertine Foundation. Aujourd'hui, le FHLP est présent dans les États de New York, Washington, Louisiane, Géorgie, Illinois et Minnesota. Consulter villa-albertine.org pour plus d'informations sur le FHLP.

familles redoutaient que leurs enfants inscrits dans cette école ne perdent leurs compétences en français.

Ross a contacté Fabrice Jaumont, attaché pour l'éducation de l'Ambassade de France aux États-Unis, afin de se renseigner au sujet de leur initiative « nouveau public ». Jaumont a confié, en se remémorant une rencontre avec Ross, combien il avait été impressionné par ses arguments : « Pourquoi ne pas faire du INPS le "nouveau public" ? Puisqu'ils ont tant d'enfants issus d'Afrique et des Caraïbes, pourquoi ne pas travailler ensemble ? J'apporterai une partie de mes fonds et vous apporterez les vôtres, et nous verrons si nous parvenons à en faire une initiative utile et digne d'intérêt[80]. »

« En faire une initiative digne d'intérêt » est un euphémisme. Dans les trois premiers mois, ils ont ouvert des programmes dans six écoles différentes dans l'État de New York. Puis, ils se sont étendus au Massachusetts, au Maine et en Floride, car ces communautés francophones ont exprimé des retours enthousiastes ; leurs membres cherchaient un moyen de poursuivre l'enseignement du français qu'ils avaient reçu dans leur pays d'origine[81]. Depuis, le FHLP a soutenu plus de 2 500 étudiants dans diverses régions des États-Unis.

Lorsque j'ai visité certains des programmes dans des écoles new-yorkaises au printemps 2016, j'ai interrogé des élèves issus de pays francophones variés, tels que Haïti, le Sénégal et la Guinée[82]. Alors qu'ils parlaient en toute honnêteté de ce qui les motivait à participer, un thème commun s'est dessiné : le français leur permettait de communiquer avec les membres d'une communauté animée, à l'échelle locale et mondiale, et de s'y intégrer. Par exemple, James, un élève haïtien de 17 ans, évoque les opportunités liées au fait de parler français à New York : « Je veux

---

[80] Interview, 26 mai 2016.

[81] Selon les résultats du sondage du FHLP à New York en 2015, plus de 87 % des participants ont répondu qu'il est important pour leur famille qu'ils continuent de parler et d'apprendre le français.

[82] Selon les résultats du sondage du FHLP à New York en 2015, 22 % des élèves venaient de Haïti et presque tous les autres venaient de l'Afrique francophone : 18 % du Sénégal, 14 % du Togo et de la Guinée respectivement, 11 % de la Côte d'Ivoire et moins de 10 % du Burkina Faso, du Mali et du Congo respectivement

apprendre plus parler ça pour améliorer parce que partout à New York je trouve que plusieurs gens parlent français. Ils viennent des pays francophones…Tu ne vas pas avoir des problèmes de trouver un travail parce que tu parles français[83]. »

Tandis que James voit le français comme la clé donnant accès aux interactions humaines et à l'emploi, d'autres se concentrent sur les aspects culturels, en particulier un attrait pour Paris. Comme le remarque Gregory, un élève haïtien de 15 ans : « Tout le monde parle de la Tour Eiffel donc j'aimerais bien visiter la tour[84]. » Les productions culturelles françaises permettent à Paris de garder une visibilité de premier plan dans l'esprit des gens, comme le démontre Madeleine, une Haïtienne de 15 ans qui choisit de s'exprimer en anglais : « I watch movies. When people are doing movies in Paris, it looks interesting. » [Je regarde des films. Quand les gens font des films à Paris, ça a l'air intéressant[85].]

La France, en particulier Paris, est souvent le premier endroit auquel on pense quand on parle du français, en raison de la place importante qu'elle occupe dans notre imaginaire culturelle et de sa représentation dans les manuels de français. Pourtant, de nombreux élèves évoquent également les opportunités que l'Afrique leur réserve. Fatima, une élève de Guinée de 19 ans, explique : « En Afrique c'est le français qui marche. On a grandi avec ça. C'est bon parce qu'avec le français tu peux passer n'importe quel pays en Afrique. Même pas en Afrique, aussi. Tu peux passer beaucoup de pays avec cette langue-là[86] ». Ici, le français sert de passerelle transitoire grâce à laquelle les locuteurs peuvent se déplacer et communiquer au-delà des frontières.

Les réponses des élèves vis-à-vis de l'importance du français correspond à ce à quoi on s'attend de la part d'un programme spécialisé dans l'enseignement du français comme langue d'héritage, notamment quand celui-ci est subventionné par le gouvernement français. Toutefois,

---

[83] Interview, 7 avril 2016.
[84] Interview, 6 avril 2016.
[85] Interview, 6 avril 2016.
[86] Interview, 7 avril 2016.

au début de mon entretien avec Jaumont, j'ai rapidement découvert son désir de voir un monde qui soutienne le multilinguisme :

> Certains des enfants parlent quatre ou cinq langues dans différents contextes et situations. J'ai trouvé cela fascinant. J'imagine que c'est toujours délicat en tant que représentant d'une institution gouvernementale française d'évoquer l'héritage français, qui est un héritage colonial. Parce que je suis linguiste et chercheur, je pense que nous devons aller de l'avant et ne pas nous trop soucier de l'enseignement du français comme langue d'héritage, mais plutôt nous concentrer bien davantage sur l'enseignement des langues d'héritage de manière générale. Je suis ravi de contribuer à la promotion de la langue française, mais ce n'est pas mon but ultime. Le but ultime est de soutenir l'enseignement des langues d'héritage en général et de nous assurer que les enfants fassent bon usage de leur héritage culturel et linguistique, afin d'en faire un atout. Et je crois que cela va au-delà de la mission originelle et au-delà des intérêts du gouvernement français[87].

Je crois qu'une des raisons pour lesquelles le FLHP est si efficace est qu'il reconnaît la valeur des élèves dans l'entièreté de leur personne et de la multitude de connaissances qu'ils apportent. Une grande partie de ce que les élèves m'ont confié lors de nos entretiens et de nos groupes de discussions fait écho aux valeurs qu'épousent les Sénégalais dans *Sénégalais de l'étranger*, principalement à l'hospitalité linguistique et à la mobilité. En ce qui concerne l'hospitalité linguistique, Gregory rayonnait de fierté : « Il y a un seul Africain à cette école. Quand il est venu, je pouvais lui parler en français. Mais les autres ne pouvaient pas lui parler parce qu'il ne parlait pas anglais[88]. » Il a su faciliter la transition de ce nouvel élève en créant un environnement multilingue accueillant.

Cette hospitalité linguistique s'étend bien au-delà des langues d'héritage. James, dont l'expérience d'avoir été entouré d'hispanophones à New York lui a permis d'apprendre une autre

---

[87] Interview, 26 mai, 2016.
[88] Interview, 6 avril, 2016.

langue, a employé ses compétences en espagnol récemment acquises pour mettre à l'aise un de ses camarades : « Parce que dans la classe il y a beaucoup de nouveaux élèves qui parlent espagnol. Moi, j'utilise mon espagnol pour aider les gens qui ne parlent pas anglais. Par exemple, si le professeur explique quelque chose dans la classe et il ne comprend pas, je traduis pour lui en espagnol[89]. » Tout comme Ousseynou, dont la carrière de chauffeur de taxi l'a poussé à ajouter de nouvelles langues à son répertoire par devoir de soutenir sa clientèle, le désir semblable de James d'offrir son hospitalité linguistique l'a motivé à apprendre les langues de la communauté qui l'entoure.

Cette volonté d'inclusion est plus qu'une vision du monde altruiste. Cela fait également partie d'une formation identitaire soigneusement façonnée qui est imprégnée du multilinguisme et de la mobilité. Comme je l'affirme dans *Sénégalais de l'étranger*, « Les Sénégalais de la diaspora ou ceux qui aspirent à voyager construisent un capital symbolique en traversant les frontières et les langues, car ils se positionnent dans un récit de longue date autour de la mobilité et le multilinguisme des Sénégalais[90]. » Le groupe de discussion, majoritairement composé d'élèves ouest-africains inscrits dans le French Heritage Language Program, a mis en avant cette compétence symbolique. On m'a fait part de toutes les manières dont les élèves passaient d'une langue à l'autre et d'une culture à l'autre, ainsi que de l'importance de ce pouvoir au sein de leur communauté. Quand tous ceux qui vous entourent (parents, proches, amis) alternent entre plusieurs langues, vous avez l'impression que ce plurilinguisme est la norme.

Cette attente et cette facilité en matière de plurilinguisme sont particulièrement manifestes lors de mon entretien avec Fatima, qui m'explique, très enthousiaste, comment elle a apporté à New York, l'environnement multilingue auquel elle était habituée en Guinée :

> C'est bon de parler beaucoup de langues. Par exemple, moi, je parle six langues. Je parle maraka, français, maninka, bambara, anglais. Maraka, je parle souvent--je n'ai pas d'amis marakas

---

[89] Interview, 7 avril 2016.
[90] Smith, 2019 ; traduction de Raphaëlle Etoundi (p.41-42).

mais parfois sur Facebook je vois les gens qui parlent maraka. Je parle avec eux parce que je ne veux pas oublier la langue *so* je me force de parler. *Yes*, c'est très important pour moi parce que dans ce pays c'est anglais seulement. Quand je rentre en Afrique je ne veux pas oublier ma langue[91].

Fatima souligne l'importance du plurilinguisme en le comparant au monolinguisme relatif des États-Unis. Elle se sent obligée de parler dans plusieurs langues, en personne comme dans les espaces numériques, pour ne pas perdre ce don qu'elle a acquis dans son pays natal. Elle fait preuve d'hospitalité linguistique en incluant le maraka ; bien que ce ne soit pas sa langue d'héritage, elle la cultive en raison de son intérêt pour des communautés du Mali, situées de l'autre côté de la frontière guinéenne. Selon moi, « le répertoire linguistique de Fatima renvoie aux multiples héritages que nombre de ces élèves portent et à la nature complexe des identités multilingues, où chaque langue les lie à un monde linguistique différent. En montrant aux élèves qu'ils peuvent continuer à développer l'ensemble de leurs langues, et que chacune possède une valeur, le programme atteint l'objectif de Jaumont : « soutenir l'enseignement des langues d'héritage en général et de nous assurer que les enfants fassent bon usage de leur héritage culturel et linguistique, afin d'en faire un atout[92]. » En effet, comme le démontre le succès des élèves du FHLP en 2016, quand ils surpassent les programmes de français bénéficiant de meilleures ressources et remportent la majorité des prix lors d'un concours dramatique ouvert à toute la ville, leur capacité à s'investir tout entier dans leur éducation a fait d'eux des apprenants épanouis et indépendants[93].

Conclusion

Les connaissances recueillies lors de mes recherches pour *Sénégalais de l'étranger* et pour « French Heritage Language Learning », indiquent la présence, aux États-Unis, de communautés francophones animées, dont

---

[91] Interview, 7 avril, 2016. Smith, 2017 : 30.
[92] Interview, 26 mai, 2016. Smith, 2017 : 30.
[93] Voir Smith, 2017.

les pratiques linguistiques dynamiques influencent notre compréhension de l'usage de la langue et de la formation identitaire. La population générale américaine voit souvent d'un mauvais œil les communautés immigrées, surtout celles issues de la diaspora africaine. De plus, il n'est pas rare que ces communautés soient absentes des discussions sur le français en Amérique. La raillerie de cet étudiant rencontré en soirée à propos du français dans Harlem est révélatrice d'une perception plus large de la société quant à qui sont les francophones et ce qu'ils peuvent faire avec le français. Les personnes interrogées au cours de mes différents projets de recherche, en ce qui les concerne, ne se laissent pas limiter par ces idées fausses. Elles emploient les langues comme elles l'entendent, dépassent les limites et les frontières de manière créative et expriment une compréhension complexe de qui elles sont et ce qui leur importe.

8. Construire une identité francophone dans les écoles bilingues : réflexions centrées sur l'Afrique d'un responsable noir dans le domaine de l'éducation
Bertrand Tchoumi

> L'histoire unique crée des stéréotypes, et le problème des stéréotypes n'est pas qu'ils sont inexacts, mais qu'ils sont incomplets. Ils font qu'une histoire devient la seule histoire. *Chimamanda Ngozi Adichie*

> On conçoit l'éducation au sens large, pour renvoyer à diverses options, stratégies et manières à travers lesquelles les gens apprennent à se connaître eux-mêmes, à connaître le monde et à agir au sein de ce monde. Cette conceptualisation de l'éducation s'appuie sur les croisements entre le savoir autochtone, la spiritualité, la culture et l'identité dans le processus d'apprentissage. *George J. Sefa Dei*

Construire une identité francophone au sein des écoles bilingues est une mission qui transcende la simple maîtrise de la langue française en façonnant les visions du monde, en enrichissant la compréhension culturelle et en éveillant des citoyens du monde capables de se repérer dans des espaces internationaux complexes. En tant qu'homme noir, né en Afrique, francophone et responsable pédagogique, je suis particulièrement bien placé pour réfléchir au sujet de la construction d'une identité intégrant la langue et la culture françaises à l'héritage francophone africain riche et varié. Ce parcours franchit les fossés culturels, défie les récits historiques et élargit le concept de faire partie d'un monde francophone.

Plus qu'un effort linguistique, l'éducation bilingue au sein d'écoles multiculturelles diversifiées représente un puissant moyen pour les élèves de cultiver une compréhension nuancée des points de vue mondiaux. Elle nourrit la croissance intellectuelle tout en encourageant le développement social et émotionnel grâce à un profond engagement en faveur de la diversité culturelle. Dans ce chapitre, j'explorerai la façon dont les écoles bilingues parviennent à entretenir une identité francophone robuste en mettant les voix africaines et diasporiques au centre du discours francophone, tout en traitant des difficultés liées à la conciliation de la diversité culturelle et de l'équité linguistique

Les perspectives linguistiques et culturelles sous le prisme
de l'identité francophone

L'identité francophone a de multiples facettes ; elle englobe bien plus que le fait de parler couramment français. Elle représente une expérience culturelle et historique commune qui rassemble les diverses communautés du monde entier, dont celles situées dans des régions d'Afrique, des Caraïbes, du Canada, de l'Asie et bien d'autres encore. Dans le cadre de l'éducation bilingue, cette identité est profondément ancrée dans la richesse culturelle de ses membres. Il s'agit d'un prisme puissant au travers duquel on peut explorer les problématiques mondiales, telles que l'immigration, l'identité et les échanges culturels. Elle offre également aux élèves un moyen essentiel d'embrasser leur héritage, qu'ils viennent de familles francophones, qu'ils apprennent le français comme langue seconde, ou bien qu'ils soient issus d'autres contextes linguistiques. Intégrer l'identité francophone à l'éducation bilingue enrichit le programme par la reconnaissance des complexités liées à l'acquisition de la langue et de l'identité culturelle.

L'un des éléments majeurs de cette perspective élargie est l'approche axée sur l'Afrique de l'enseignement du français, notamment la manière dont elle reflète le contexte culturel contemporain du continent et la riche Histoire culturelle et linguistique de la langue française dans les nations africaines[94]. Une telle appropriation s'aligne avec l'affirmation de Tétu, selon laquelle « chaque peuple peut légitimement adapter le français à sa culture et à sa civilisation[95]. » Cette

---

[94] Joslin, 2015.
[95] Tétu 1997, p. 57.

approche afrocentrée souligne l'importance d'intégrer la profondeur culturelle et le contexte historique de l'Afrique francophone dans l'enseignement du français. Cela garantit que les élèves dépassent le simple apprentissage de la langue pour accéder à une compréhension nuancée des complexités et de la vitalité du monde francophone.

En présentant le français comme étant plus qu'une compétence linguistique, cette approche vise à décoloniser l'apprentissage de la langue, favorisant le plurilinguisme et la citoyenneté mondiale afin de « transformer l'éducation sur le site de l'école en expériences d'apprentissage interconnectées en tenant compte de la réalité individuelle ou des réalités collectives des apprenants[96]. » Cet environnement étend la diversité des textes, priorise la perspective de l'apprenant dans le processus de lecture et célèbre l'héritage africain et afro-américain au même titre que les triomphes des leaders et des communautés noirs. L'un des points centraux de cette vision est de partager aux élèves des récits reflétant la richesse et la diversité des cultures francophones de par le monde. Ces efforts visent à cultiver la fierté, l'indépendance, ainsi qu'un sentiment d'appartenance, transformant la langue et la culture en de puissants vecteurs menant à la découverte de soi et à la connexion mondiale.

L'éducation bilingue devrait être rigoureuse sur le plan académique, affirmative sur le plan culturel et transformatrice sur le plan social, pour que l'identité francophone soit célébrée somme une part vivante et changeante de la vie des élèves. Mon héritage africain, mes études avancées en littérature africaine et mon profond engagement envers les épistémologies du Sud justifient ces orientations épistémologiques et mon raisonnement de centrer la culture et l'identité africaines francophones dans l'éducation bilingue. Intégrer la littérature, la musique et l'art africains au programme scolaire permet aux élèves d'enrichir leur compréhension du monde francophone. Cela nourrit un profond sentiment de fierté et d'indépendance parmi les élèves issus de milieux africains et diasporiques à mesure qu'ils embrassent leur héritage. Cette approche remet en question les stéréotypes bien ancrés, offre une compréhension nuancée des diverses Histoires et cultures

---

[96] Dei, 2002, p. 338.

africaines, et invite les élèves à participer activement et à contribuer à la communauté francophone mondiale.

Les écoles bilingues :
Des espaces d'équité linguistique et d'opportunités mondiales

Les écoles bilingues disposent du potentiel singulier de combler les fossés linguistiques et culturels, favorisant la compétence mondiale, l'inclusivité, la maîtrise de deux langues ou plus par les élèves, et une profonde appréciation des cultures que représentent ces langues. Dans des contextes américains, où l'on accorde à l'anglais plus de prestige et d'utilité, il est essentiel de garantir l'équité linguistique. Un traitement équitable des deux langues est crucial pour les écoles bilingues qui mettent l'accent sur le français et l'anglais, afin de créer un environnement d'apprentissage équilibré et efficace. Je promeus le modèle d'immersion bilingue 50/50, au pouvoir transformateur ; un programme complet qui célèbre la diversité linguistique et cultive la bialphabétisation, la compétence culturelle et l'excellence académique. Dans ce modèle, le temps d'instruction pour les classes élémentaires est divisé en parts égales. Les élèves passent une moitié de leur journée en immersion dans la langue cible (ex : le français) et l'autre moitié, en anglais. Deux enseignants hautement qualifiés mènent le programme, l'un enseigne exclusivement dans la langue cible et l'autre, en anglais, permettant ainsi aux élèves d'acquérir de solides bases linguistiques et une flexibilité cognitive. Un cursus équilibré, avec une exposition équitable à l'anglais et au français, donne aux élèves les moyens de maîtriser les deux langues sans préférence pour l'une.

Des chercheurs et des professionnels[97] ont souligné les bienfaits cognitifs du bilinguisme, tels qu'une amélioration des capacités de résolution de problèmes, de multitâche et de mémorisation. Ces avantages sont particulièrement importants pour les élèves africains et diasporiques, leur ouvrant la porte à des opportunités académiques et professionnelles. La maîtrise de l'anglais et du français leur donne accès

---

[97] Brann, 2024 ; Cherry, 2024 ; Marian & Shook, 2012 ; Poarch & Bialystok, 2015.

à des écoles d'élite, aux marchés du travail internationaux, à la diplomatie mondiale et aux carrières dans les affaires et les ONG. En dotant les élèves du plus haut niveau de maîtrise linguistique, les écoles bilingues les préparent à s'épanouir dans un monde interconnecté, traçant des chemins vers le succès qui s'étendent bien au-delà de la salle de classe

La culture francophone africaine à l'honneur

Bien que la construction d'une identité francophone dans les écoles bilingues soit prometteuse, cela présente quelques défis. La langue française est parlée dans tellement de cultures et de régions différentes qu'il est difficile de proposer une version unique et monolithique de ce que signifie d'être francophone. La culture traditionnelle française a souvent dominé le discours autour de l'identité francophone, éclipsant fréquemment les contributions des communautés francophones africaines, caraïbéennes et d'autres. De plus, les écoles des pays majoritairement anglophones peinent parfois à intégrer les cultures francophones non-européennes à leurs programmes pédagogiques de manière authentique et significative. La difficulté réside dans le fait de concilier divers récits culturels et de veiller à ce que les élèves issus de différents milieux francophones se sentent considérés et écoutés dans leur parcours éducatif.

En tant que responsable pédagogique francophone né africain, j'apporte un point de vue différent au discours sur l'identité francophone. Pour moi, elle transcende les associations traditionnelles à la culture française. Elle dépasse les stéréotypes comme la tour Eiffel, le drapeau tricolore ou les classiques intemporels de la littérature française, écrits par Molière, Voltaire, Hugo et tant d'autres, pour adopter une définition plus inclusive de ce que c'est d'être francophone. Il s'agit d'une identité vivante, en pleine évolution, qui englobe diverses voix à travers le continent africain et ses diasporas. En raison de sa relation complexe à la langue française, l'histoire coloniale de l'Afrique a fait naître une culture francophone africaine dynamique et singulière qui mérite d'être célébrée au sein de l'éducation bilingue.

La culture francophone africaine recouvre un riche tissu de traditions, de coutumes et de contributions, s'étendant de la littérature à la musique, la politique et l'art. Les pays tels que le Sénégal, la Côte d'Ivoire, le Cameroun, le Mali, la Guinée, le Congo et le Rwanda ont produit certains des écrivains et des intellectuels les plus influents du monde francophone. Plusieurs auteurs francophones africains ont été récompensés par de prestigieux prix littéraires français, comme le Prix Renaudot, soulignant davantage l'importance de leurs travaux[98]. Présenter ces écrivains et leurs œuvres est indispensable pour aider les élèves à saisir la multiplicité des expériences au sein du monde francophone et à se voir représentés de manière authentique dans leur éducation. Pendant trop longtemps, les voix culturelles, historiques et sociales de la francophonie africaine ont été reléguées au second plan et réduites au silence, écrasées par les perspectives traditionnelles européennes qui dominent les espaces éducatifs. Incorporer des récits africains redéfinit le discours, aborde les inégalités historiques, valide l'identité des élèves, célèbre leur héritage et éveille un sentiment de pouvoir.

Promouvoir la représentation et l'inclusion
à travers la littérature et les initiatives

En tant que directeur francophone né en Afrique, je contribue au changement en faveur d'une meilleure représentation et inclusion de la culture francophone africaine. Je suis l'auteur de *Regards sans complexe :*

---

[98] On compte parmi les exemples notables, les gagnants du Prix Renaudot : l'écrivain malien Y. Ouologuem en 1968 pour *Le devoir de violence*, qui critique le colonialisme et examine la complexe histoire de l'Afrique ; I. A. Kourouma en 2000 pour *Allah n'est pas obligé*, à propos d'un enfant soldat pris dans le chaos de la guerre civile. L'auteur congolais A. Mabanckou en 2006, pour *Mémoires de porc-épic*, un roman philosophique à l'humour noir qui explore l'identité Africaine ; G. T. Monénembo en 2008, pour *Le roi de Kahel*, un roman historique dont l'action se déroule en Afrique de l'Ouest à l'époque coloniale ; l'auteur rwandais S. Mukasonga en 2012, pour *Notre-Dame du Nil*, une histoire poignante et évocatrice se déroulant lors du génocide rwandais.

Vingt-six mots pour célébrer l'enfant africain[99]. Ce livre célèbre haut et fort la singularité, la visibilité et l'humanité des enfants africains. Il inspire les jeunes lecteurs à embrasser leur singularité, leur héritage et leur culture avec fierté et assurance, remodelant le discours autour de la représentation des enfants africains dans la littérature. J'ai animé des ateliers de développement professionnel afin de fournir aux pédagogues des stratégies visant à favoriser des environnements d'apprentissage inclusifs et centrés sur les élèves, et à rendre hommage à la diversité des apprenants dans les classes de français[100]. Le multiculturalisme a été la ligne directrice de mon parcours professionnel ; il apparaît clairement dans mes bourses d'études, mes pratiques pédagogiques et mes projets collaboratifs d'envergure[101]. En 2024, l'organisation caritative New Leaders m'a octroyé la bourse Roberts Award Grant pour récompenser mon projet *Francophone Arts Integration at NYFACS*, un projet ayant pour but d'enrichir les expériences culturelles et linguistiques des élèves de l'école franco-américaine NYFACS. Antérieurement, en 2010, la Maryland Foreign Language Association (MFLA) m'a attribué la bourse Escola Teacher Incentive Grant pour un projet qui employait les médias numériques afin d'introduire la richesse des diverses cultures francophones dans les salles de classe[102].

En poursuivant sur cette lancée, j'ai travaillé avec des auteurs francophones de renom, dont Hashley Auguste, écrivaine franco-haïtienne, et Fanta Marena, autrice franco-sénégalaise, afin d'introduire une littérature célébrant la richesse de la diversité francophone. J'ai également invité des personnalités telles que Kadiatou Diallo, écrivaine malienne de littérature jeunesse, et Felix Djandja, fondateur camerounais d'une école bilingue et chef traditionnel, offrant ainsi aux élèves des récits inspirants qui mettent en valeur les vécus africains et diasporiques. Felix Djandja a participé en tant que conférencier invité à la cérémonie de remise des diplômes de 8e année en 2023, où il a encouragé les élèves à assumer leurs responsabilités, à utiliser leurs

---

[99] Tchoumi, 2024b.
[100] Tchoumi, 2024a.
[101] Tchoumi, 2020a, 2020b.
[102] Tchoumi, 2010.

connaissances pour transformer leur avenir et à exercer une influence positive sur leur communauté, aux États-Unis comme à l'étranger. En mettant en avant ces voix francophones et en favorisant des pratiques pédagogiques inclusives, j'ai pour objectif de motiver les élèves à embrasser leur identité et à se projeter dans un monde davantage équitable et inclusif.

Mon parcours avec la langue française illustre son pouvoir transformateur. De l'épanouissement en tant qu'enseignant à celui de directeur d'école, je me suis servi du français comme d'un tremplin vers l'épanouissement personnel et professionnel, me permettant de prendre part à des dialogues mondiaux et de nourrir des connexions interculturelles. Ce parcours m'a ouvert la porte à d'extraordinaires opportunités, dont diriger des écoles d'immersion bilingues, inviter deux ministres français d'ascendance africaine, collaborer avec des décideurs politiques et des diplomates internationaux, cofonder une école à charte d'immersion bilingue et recevoir le prix *Outstanding Administrator Award* de l'AATF en 2024. Ces expériences ont renforcé ma conviction que l'éducation bilingue transcende l'acquisition de la langue ; c'est une clé permettant de comprendre l'interconnectivité des communautés mondiales.

La communauté francophone joue un rôle essentiel dans la formation et la promotion de l'identité francophone au sein de l'école à charte NYFACS, où les parents font preuve d'un profond engagement envers la préservation et le renforcement des liens de leurs enfants avec le monde francophone. Ils voient l'école comme un espace vital où leur langue et leur culture peuvent prospérer, car la NYFACS sert de passerelle pour faire perdurer leur patrimoine culturel dans un nouvel environnement. Ce dévouement se manifeste clairement dans leur participation enthousiaste aux célébrations culturelles telles que les journées multiculturelles, durant lesquelles ils affichent fièrement leur héritage en partageant des plats traditionnels de leur pays d'origine.

De plus, de nombreux parents enrichissent la communauté scolaire et approfondissent les expériences culturelles des élèves grâce à des sessions de danse africaine destinées aux parents et aux élèves. D'autres animent des ateliers portant sur les habitudes alimentaires saines ou proposent des cours d'intégration des arts. Ces contributions soulignent l'esprit collaboratif de la communauté francophone de la NYFACS, ainsi que son rôle dans la promotion d'un environnement dynamique, inclusif et culturellement riche, qui rend hommage à l'héritage francophone africain et à son avenir pour l'ensemble des élèves.

La diversité culturelle et la défense de la culture francophone africaine

Cultiver la diversité culturelle dans l'éducation nécessite un effort délibéré et continu de défense de la culture francophone africaine. Plus qu'un simple exercice académique, il s'agit d'un mouvement essentiel vers la création d'espaces d'apprentissage inclusifs où les expressions culturelles africaines sont célébrées et intégrées de manière significative au programme. En embrassant les perspectives africaines francophones, les institutions pédagogiques peuvent offrir aux élèves une vision du monde plus large et plus représentative que celle véhiculée par les récits européens traditionnels et majoritaires.

L'un des moyens les plus efficaces d'intégrer la culture et l'identité francophones africaines dans l'enseignement bilingue est de passer par la littérature, véritable porte d'entrée vers des expériences et des perspectives diverses. Certains écrivains, dont wa Thiong'o et Adichie, affirment que la littérature est intrinsèquement liée à la langue et à l'identité culturelle, préservant les témoignages de la résilience, de l'histoire et des aspirations d'un peuple[103]. Ils mettent l'accent sur la nécessité de s'opposer aux stéréotypes et de célébrer la richesse des cultures africaines. Dans sa réflexion sur le « danger d'une histoire unique », Adichie souligne l'importance de proposer des récits variés et nuancés, en particulier ceux qui reflètent les expériences et les identités africaines[104]. Dans ce contexte, la littérature africaine est essentielle au développement d'une solide conscience culturelle, encourageant les élèves à s'imprégner de leur héritage et à mieux comprendre leur place dans le monde.

---

[103] Wa Thiong'o, 1986 ; Adichie, 2009.
[104] Adichie, 2009.

Cela est particulièrement important pour l'identité francophone, pour laquelle la littérature en français, souvent enrichie par des expériences et des traditions africaines, offre une opportunité inestimable d'explorer les dimensions linguistiques et culturelles, renforçant le sentiment de fierté envers ses racines et son patrimoine[105]. Les élèves sont exposés à des œuvres et à des auteurs qui reflètent leur vécu, tels que Hashley Auguste, qui a écrit *Little Nappy: Quand je serai grande* et *Little Nappy: Quand maman nous apprend l'histoire du cheveu crépu*, des récits qui donnent de l'assurance aux enfants en célébrant la beauté des cheveux naturels et l'héritage culturel. Ces histoires débordantes de vie illustrent diverses professions (président, réalisateur de films, agriculteur, astronaute) associées à d'élégantes coiffures africaines, transmettant ainsi un message inspirant : tous les rêves sont valides et réalisables (voir Figure 1).

En tant que première héroïne animée noire créée en France, *Little Nappy* symbolise la fierté biculturelle, la diversité, la tolérance et l'acceptation de soi, inculquant ces valeurs aux enfants dès le plus jeune âge. Les œuvres littéraires comme celles-ci sont des outils essentiels à la préservation et à la promotion de l'identité francophone[106]. Les histoires qui reflètent la richesse des expériences africaines et diasporiques défient les stéréotypes, affirment la fierté culturelle et inspirent les jeunes lecteurs à se voir comme faisant partie intégrante du monde francophone. Ces textes ont un pouvoir transformateur par leur capacité à renforcer les liens des élèves avec leur patrimoine, tout en cultivant

---

[105] Cette perspective est illustrée dans des œuvres comme *L'Enfant noir* de C. Laye (1954), *Une si longue lettre* de M. Bâ (1981) et *Comme un million de papillons* de L. Nsafou (2017), une célébration poétique de l'amour de soi et de la guérison, servant de catalyseur à la sensibilisation au manque de diversité ethnique dans la littérature française pour enfants.

[106] Dans le même ordre d'idées, *Naturelle et Heureuse !* de F. Marena (2020) soutient le fait d'embrasser la beauté naturelle et d'avoir confiance en soi. Ces deux autrices partagent une devise semblable : le personnage de Hashley, Little Nappy, tient son nom de « *Natural and Happy* », ce qui est l'équivalent anglais de la devise de Fanta Manera, « Naturelle et Heureuse ».

une perspective mondiale, ce qui les rend particulièrement précieux pour l'avenir de la culture francophone.

Je peux tout accomplir
     I can accomplish anything.

Je suis fort(e)
     I am strong.

Je suis courageux(se)
     I am courageous.

J'ai le droit d'être moi-même
     I have the right to be myself.

Je m'aime comme je suis
     I love myself as I am.

Ma différence est ma richesse
     My difference is my wealth.

Figure 1 : *Liste de six phrases d'encouragement.* Hashley Auguste a élaboré ces phrases et les lit à ses élèves lors des ateliers qu'elle anime à la NYFACS. Elles sont également affichées dans des classes d'immersion en français, servant de ressource pour prôner la fierté culturelle et l'inclusivité dans l'environnement d'apprentissage.

L'inclusion de ressources telles qu'Adinkra a un effet tout aussi transformateur. Cette plateforme numérique traite de problématiques essentielles liées à l'identité et à la représentation en proposant aux enfants des livres numériques qui mettent en scène des personnages africains et promeuvent la culture africaine à travers le prisme de son histoire. Cette initiative s'inscrit en complément des œuvres d'auteurs francophones africains, en cultivant un sentiment de fierté et d'appartenance chez les élèves, tout en les aidant à renouer avec leurs racines. Ensemble, ces ressources littéraires célèbrent la singularité et l'humanité des élèves et remettent en cause un monde qui marginalise trop souvent leurs histoires.

La musique, les films et les danses issus des pays francophones africains préservent l'héritage culturel du continent, tout en racontant des récits forts qui rapprochent les individus de toutes générations et de toutes régions géographiques, ce qui en fait des outils d'une valeur inestimable au service de l'éducation et de la sensibilisation culturelle. Par exemple, les élèves peuvent se plonger dans le riche symbolisme des symboles Adinkra issus du Ghana, découvrir la sagesse préservée par les griots ouest-africains à travers les traditions orales, ou examiner les profondes contributions des leaders africains à l'histoire mondiale. Lors des célébrations du Mois de l'histoire des Noirs, des figures francophones historiques et contemporaines sont mises en avant pour montrer l'influence durable des Africains francophones à travers l'histoire, jusqu'à aujourd'hui. Les discussions en classe peuvent aborder des thèmes portant sur l'identité, la communauté et la résilience, tels que décrits dans des œuvres africaines francophones, encourageant les élèves à analyser de manière critique et à apprécier les diverses perspectives culturelles.

Les films peuvent également illustrer le pouvoir de la narration pour inspirer et enseigner. Basé sur la véritable histoire de William Kamkwamba, *Le Garçon qui dompta le vent* dépeint l'ingéniosité dont fait preuve un garçon malawien pour construire un moulin à vent afin de sauver son village de la famine, mettant en valeur des thèmes tels que la résilience et l'innovation[107]. De la même manière, *La Petite Vendeuse de Soleil*, réalisée par Djibril Diop Mambéty (1999), raconte l'histoire de Sili, une jeune mendiante paraplégique à Dakar, qui dépasse les barrières sociétales et devient vendeuse de journaux, mettant en avant des idées de détermination et d'égalité. Ces œuvres cinématographiques lient les élèves à des récits d'indépendance et fournissent une meilleure compréhension de la résilience et de l'ingéniosité africaines. Intégrer de tels travaux aux cadres pédagogiques élargit les perspectives mondiales des élèves et les encourage à réfléchir de manière critique aux défis et aux triomphes de l'expérience africaine.

Les introductions pratiques à la musique et à la danse africaines favorisent une appréciation plus profonde de la richesse culturelle du monde francophone, tout en promouvant l'expression créative et en

---

[107] Kamkwamba, 2009.

offrant une opportunité immersive et interculturelle de prendre part à diverses traditions qui consolident l'identité francophone.

À l'école NYFACS, Yahaya Kabore, maître percussionniste du Burkina Faso, et le talentueux danseur Yacouba Badolo ont mené une session culturelle interactive, partageant l'histoire et l'importance culturelle des percussions et des danses dynamiques qui les accompagnent. Au cours de cette session, les élèves ont exploré ce riche contexte culturel en participant activement au jeu de tambour et à la danse, faisant de ce moment un voyage éducatif vivant. Avant la visite de Kabore, Nkumu Katalay, musicien congolais accompli, a animé des cours de percussion à la NYFACS après les heures de classe pendant plusieurs années, offrant aux élèves des opportunités continues de renouer avec les traditions rythmiques africaines. Ces initiatives dans le domaine des arts du spectacle complètent et amplifient la volonté plus large de la NYFACS d'intégrer les arts francophones au programme pédagogique.

Pour étendre ces efforts, les écoles bilingues peuvent accueillir des événements culturels qui donnent vie aux traditions africaines, afin de nourrir un sentiment d'inclusion et d'appartenance. Un programme scolaire inclusif doit refléter les récits et les expériences des communautés francophones du monde entier. En exposant les élèves à la littérature, à l'histoire et à l'art de régions telles que le Sénégal, Haïti, le Maroc et la République démocratique du Congo, au même titre que la France, l'éducation bilingue permet aux élèves d'apprécier l'interconnexion du monde francophone. Ils prennent conscience des valeurs, des difficultés et des victoires qui définissent cette communauté globale, les dotant d'une compétence culturelle et d'un regard critique pour évoluer dans un monde de plus en plus interconnecté.

Grâce à des efforts délibérés et multidimensionnels, les institutions éducatives peuvent célébrer la culture francophone africaine de manière porteuse de sens, combler les écarts culturels et encourager les élèves à considérer la diversité comme une force et un atout. En intégrant la littérature, les arts et les événements culturels au programme pédagogique, les écoles veillent à ce que les voix francophones africaines et leurs traditions soient visibles et pleinement valorisées, permettant aux élèves issus de divers milieux de se reconnaître dans leur éducation et d'apprécier la richesse d'une communauté mondiale. Ces initiatives favorisent l'empathie, la compréhension et le respect, et préparent les élèves à s'épanouir dans un monde globalisé. En célébrant la culture africaine francophone, les événements organisés à la NYFACS donnent aux élèves les moyens de se réapproprier leur place, en veillant à ce qu'ils reconnaissent la valeur de leur héritage dans leur éducation et dans le monde.

**L'intégration de l'identité francophone
pour les élèves africains et diasporiques**

Pour les élèves africains et diasporiques, s'intégrer dans des écoles bilingues qui valorisent l'identité francophone peut être à la fois source d'autonomisation et de difficultés. Les écoles peuvent mettre en place différentes stratégies pour soutenir ces élèves et renforcer leur lien avec l'éducation bilingue.

**Construire une identité et un sentiment d'appartenance
grâce à des pédagogues en phase avec la culture**

Il est crucial d'engager des pédagogues et du personnel administratif partageant la même culture que leurs élèves, afin d'assurer une congruence identitaire et culturelle qui les aide à se sentir compris et estimés. Pour les élèves francophones inscrits dans un programme bilingue, en particulier, le fait d'avoir des enseignants qui comprennent la langue et le contexte culturel de leurs expériences favorise la réussite scolaire et le bien-être socio-émotionnel. Ces pédagogues peuvent endosser le rôle de traducteurs culturels et de modèles, influençant de manière positive les attentes académiques et les aspirations des élèves[108]. Comme évoqué dans mes travaux[109], la congruence culturelle en ce qui concerne la direction d'un établissement scolaire n'est pas simplement symbolique ; elle présente des avantages tangibles. Les responsables issus de minorités qui s'identifient au vécu des élèves peuvent orienter

---

[108] Sanchez et al., 2009 ; Williams & Loeb, 2012.
[109] Tchoumi, 2020a, 2020b.

leurs perspectives académiques, soulignant l'importance de voir des chefs d'établissement partageant des expériences culturelles similaires. Ce lien capte l'intérêt des élèves francophones qui tirent profit du fait de voir leur héritage linguistique et culturel représenté dans la salle de classe, renforçant leur sens d'identité et d'appartenance.

Lorsque de tels pédagogues sont disponibles, les enseignants et les membres de l'administration doivent remettre en cause les idées reçues et célébrer les différences culturelles de élèves comme étant des atouts. Ce processus de désapprentissage assure que les pédagogues voient la diversité culturelle des élèves d'un bon œil, plutôt que de la considérer comme étant un désavantage. De plus, engager des administrateurs qui partagent les expériences culturelles de leurs étudiants favorise la confiance, le respect mutuel et la cohésion de l'environnement scolaire, du curriculum et des politiques. La diversité au sein de la direction peut améliorer la culture communautaire de l'école et les réussites des élèves, car les membres issus de minorités agissent bien souvent comme des instigateurs du changement positif ayant pour but de briser les inégalités [110]. Garantir la diversité de la direction est essentiel à la création d'un environnement inclusif, équitable et éducatif pour tous les élèves, surtout pour les élèves francophones qui font face à des enjeux particuliers, en ce qui concerne la représentation culturelle.

Promouvoir un sentiment identitaire et l'inclusion
à l'aide de matériel d'apprentissage culturellement pertinent

Le matériel éducatif doit refléter la diversité culturelle et identitaire des élèves afin de promouvoir un environnement d'apprentissage inclusif. Ce concept vient de la manière dont Ladson Billing imagine la pédagogie culturellement pertinente ; un cadre de travail établit une passerelle entre l'identité culturelle et la réussite scolaire [111]. Les manuels scolaires, la littérature, les ressources multimédia et les activités en classe doivent représenter les différents points de vue culturels, en particulier ceux des élèves africains ou issus de diasporas. Cela leur permet de se

---

[110] Dantley, 2009 ; Loebe, 2004.
[111] Billings, 1995.

retrouver dans les ressources pédagogiques, nourrissant un sentiment de fierté et d'appartenance. Le matériel d'apprentissage culturellement pertinent les pousse à établir des liens entre leurs expériences personnelles et le contenu scolaire, ce qui améliore la participation et la motivation. Il a également une influence bénéfique sur les élèves, quant à « la confiance en soi, le bien-être socio-émotionnel, l'empathie et une meilleure appréciation des différences culturelles[112]. »

En plus des avantages scolaires et non scolaires soulignés ci-dessus, la représentation d'identités diverses dans le matériel pédagogique joue un rôle essentiel en ce qui concerne la manière dont les élèves s'auto-perçoivent et perçoivent le monde autour d'eux[113]. Cela met en exergue l'importance des choix faits pas les pédagogues vis-à-vis du matériel qu'ils sélectionnent et du message qu'ils transmettent à propos de l'identité, l'appartenance, les capacités et le potentiel. Ils doivent s'efforcer à dépasser l'approche générique, créant plutôt des méthodes d'enseignement sur mesure pour refléter les expériences et les origines variées de leurs élèves. En incorporant des pratiques et du matériel culturellement pertinent dans l'apprentissage quotidien, les pédagogues valident l'identité, l'estime de soi et la fierté culturelle des élèves, tout en entretenant un environnement qui valorise et célèbre la diversité.

Célébrer les langues parlées à la maison au sein des écoles

La recherche pédagogique s'intéresse depuis longtemps au fait de valoriser le développement de la langue maternelle des élèves. L'IDRA[114], l'association de recherche du développement interculturel aux États-Unis, soutient que le maintien de la langue première d'un enfant est crucial à son identité et contribue à l'image positive qu'il a de lui-même en lien avec la culture. Les enfants issus de minorités réussissent quand leur langue natale est valorisée et développée[115]. Le mouvement « *Effective schools* » (écoles efficaces) encourage l'utilisation

---

[112] Reed Marshall & Rodick, 2023, p. 4.
[113] Adukia, 2024, as cited in Brannon, 2024.
[114] IDRA, 2000.
[115] Hamayan et al., 2013.

active et le développement de la langue parlée par les élèves à la maison dans des contextes scolaires et sociaux, créant un sentiment d'appartenance et favorisant la réussite.

L'école NYFACS met en œuvre ces pratiques fondées sur la recherche en entretenant un environnement dans lequel les apprenants se sentent suffisamment à l'aise pour parler leur langue maternelle avec leurs professeurs et leurs pairs. Cette démarche valorise leur identité et favorise l'acceptation au sein de la communauté. Nous fournissons également un soutien linguistique lors des évaluations de mathématiques dans la langue parlée à la maison, afin de garantir l'équité dans l'accès à l'apprentissage et dans l'évaluation des compétences.

Des initiatives telles que les vœux multilingues du Nouvel An, au cours desquels les élèves de la NYFACS envoient des cartes rédigées dans leur langue maternelle, célèbrent la richesse linguistique et culturelle. L'édition 2025 met en lumière l'incroyable diversité de notre communauté, renforçant la place du multilinguisme comme pierre angulaire de l'identité francophone. La NYFACS favorise la réussite scolaire en valorisant les langues d'origine et en construisant une communauté éducative ouverte sur le monde.

Participer à des activités culturellement enrichissantes

Les écoles bilingues jouent un rôle essentiel dans la valorisation des cultures africaines et diasporiques à travers des événements dynamiques et créatifs. Des activités telles que les journées multiculturelles, la Semaine nationale française, les spectacles de danses africaines et les tournois de poésie permettent aux élèves d'explorer leur identité et d'apprécier leur héritage.

Pour célébrer le Mois de l'histoire des Noirs 2025, les élèves de la NYFACS, en collaboration avec des écoles en Ontario, au Canada, ont participé à deux ateliers sous forme de webinaires consacrés à l'écriture créative, animés par Yao, slameur et musicien canadien de renom né en Côte d'Ivoire. Ces ateliers, sur le thème « Ce que nous apportons, ce que nous transmettons », encourageaient les élèves à s'exprimer en expérimentant la poésie. Yao sélectionnera certaines phrases marquantes issues des travaux des élèves et les assemblera pour créer une œuvre de slam collective.

Cette initiative offre aux élèves un véritable espace pour faire entendre leur voix, échanger leurs points de vue et célébrer l'excellence africaine francophone à travers une expression orale vivante. Ils développent également des compétences poétiques tout en explorant des thèmes liés à l'identité et au patrimoine. En favorisant l'expression artistique et la collaboration interculturelle, ce projet souligne combien les arts peuvent rapprocher les communautés et encourager les élèves à considérer la diversité comme une force.

Inspirer les élèves grâce aux auteurs francophones en résidence

Faire intervenir des auteurs issus de communautés francophones africaines et européennes dans les écoles offre aux élèves de précieuses opportunités de découvrir des récits, des expériences et des perspectives variées. À travers des ateliers, des discussions littéraires et des rencontres, ces auteurs partagent les contextes culturels et les processus créatifs qui sous-tendent leurs œuvres, enrichissant ainsi l'éducation des élèves et favorisant la pensée critique et l'empathie.

À la NYFACS, le partenariat avec l'association Made in France a permis d'accueillir des auteurs et illustrateurs européens francophones de renom, collectivement appelés Les Troubadours. Ces troubadours modernes, Andrée Prigent, Orianne Lallemand, Éléonore Thuillier, Alex Cousseau et Hervé Le Goff, ont donné vie à leurs univers artistiques lors de sessions interactives avec les élèves.

Des événements mettant en lumière des auteurs et autrices tels que Clotilde Perrin, Édouard Manceau, Philippe Lechermeier et Sylvie Joseph-Julien ont permis aux élèves de découvrir une diversité de styles et de thèmes littéraires. De même, les collaborations avec des auteurs francophones africains, dont Kadiatou Diallo, autrice malienne, et Felix Djandja, auteur camerounais primé, amplifient des voix francophones qui résonnent profondément avec les expériences africaines et diasporiques. Ces initiatives renforcent la compréhension du monde francophone par les élèves, stimulent leur créativité et soulignent l'importance de la diversité et de la représentation en littérature.

Construire des ponts à travers les frontières

La création de partenariats avec des écoles situées dans des pays francophones africains et dans d'autres régions favorise les échanges culturels et enrichit les perspectives mondiales des élèves. Ces collaborations leur permettent de travailler sur des projets communs, d'échanger des idées et d'acquérir un aperçu des contextes culturels et historiques d'autrui. Au printemps 2023, la NYFACS a accueilli des élèves du collège Ma Aiye d'Apatou, en Guyane. Ceux-ci ont présenté l'aluku, une danse traditionnelle du peuple Aluku, et ont mené des discussions sur leur héritage et leur identité francophone. De tels échanges élargissent les horizons culturels, favorisent le dialogue et mettent en lumière la valeur des liens internationaux dans l'enseignement[116].

L'immersion culturelle et l'engagement communautaire

Afin de construire une identité francophone solide, les écoles devraient associer l'apprentissage scolaire à l'exploration culturelle, tout en offrant de véritables opportunités aux élèves de s'immerger dans le monde francophone.

- Les activités culturelles permettent aux élèves de s'immerger dans la langue et la culture grâce à des sorties dans des musées, des festivals francophones, des bibliothèques et librairies françaises, des théâtres ou encore des foires scientifiques organisées dans des pays francophones, que ce soit en personne ou sous forme de visites virtuelles.
- La découverte de la cuisine africaine francophone constitue également un levier important. Les écoles peuvent faire découvrir aux élèves des plats issus de ces cultures à travers des

---

[116] Au moment de la rédaction, la NYFACS met en place un partenariat avec le collège Auxence Contout de Cayenne, en Guyane. Cette collaboration a pour but de mettre les élèves en relation grâce à des échanges écrits et vidéo au cours de la première année, suivis d'un accueil d'une semaine à la NYFACS lors de la seconde année, contribuant ainsi à renforcer l'identité francophone et les liens culturels internationaux.

ateliers culinaires ou des repas partagés de type potluck, où chacun apporte un plat. Organisés avec l'aide des familles, ces moments peuvent avoir lieu avant ou après de grandes fêtes civiles ou religieuses, et deviennent ainsi des occasions de célébrer collectivement un héritage culinaire.

- La liberté vestimentaire peut aussi être valorisée. Les écoles peuvent encourager l'inclusion en permettant aux élèves de porter des vêtements traditionnels issus de leur culture. Des journées dédiées, comme les journées « venez en tenue culturelle » lors des Spirit Weeks ou des défilés de mode thématiques, offrent aux élèves l'opportunité de partager fièrement leur héritage avec leurs pairs.

- La collaboration avec les familles joue un rôle essentiel. Leur participation aux activités culturelles et l'accès à des ressources pédagogiques renforcent le sentiment d'appartenance et soutiennent l'identité francophone des élèves.

- Les programmes de mobilité à l'étranger représentent une autre dimension clé. Offrir aux élèves la possibilité de visiter des pays francophones permet de renforcer leurs compétences linguistiques et leur ouverture culturelle. Ces expériences peuvent inclure des séjours en famille d'accueil, des partenariats scolaires, des visites culturelles et des immersions linguistiques. Elles permettent aux élèves de découvrir la vie quotidienne dans un contexte francophone et d'approfondir leur compréhension de la langue, des coutumes et des traditions.

Ces stratégies contribuent à créer un environnement scolaire enrichissant dans lequel les élèves sont encouragés à se rapprocher de leur héritage francophone, à développer des compétences internationales et à embrasser leur identité en tant que membres d'une communauté mondiale dynamique.

Conclusion

Construire une identité francophone dans les écoles bilingues nécessite de l'intentionnalité, de la créativité et un engagement à honorer la diversité des cultures francophones. En tant que directeur d'école francophone noir, né en Afrique, je peux témoigner de la manière dont l'articulation entre langue et culture façonne le parcours scolaire des élèves, ainsi que leur estime de soi et leur sentiment d'appartenance. Cet essai propose une réflexion sur les stratégies, les partenariats et les initiatives qui favorisent une identité francophone riche au sein des écoles bilingues, en insistant sur la nécessité de l'inclusion, de la représentation et de la valorisation des nombreuses contributions africaines et diasporiques au monde francophone. À travers les échanges culturels, les expériences immersives et l'intégration de récits divers, les écoles bilingues deviennent des espaces où les élèves sont encouragés à prendre part à la communauté francophone internationale.

Développer des programmes bilingues présente à la fois des opportunités et des défis, nécessitant une approche réfléchie afin d'en garantir la réussite à long terme. Les réformes politiques qui priorisent le financement de l'éducation bilingue et favorisent l'inclusion des récits africains et diasporiques dans les programmes scolaires constituent des étapes essentielles pour combler les lacunes en matière de représentation et d'accessibilité. Les modèles de partenariats mobilisant les ressources communautaires, impliquant les acteurs locaux et créant des passerelles entre les écoles, les organisations culturelles et les leaders francophones sont tout aussi cruciaux.

En favorisant la collaboration et en mettant l'accent sur l'équité et l'authenticité culturelle, les programmes bilingues peuvent continuer de prospérer, en accompagnant des générations d'élèves fiers de leur identité et prêts à contribuer à un monde diversifié et interconnecté. Tournées vers l'avenir, les écoles bilingues jouent un rôle plus essentiel que jamais dans la construction de l'identité francophone. En créant des environnements où les voix africaines et diasporiques sont visibles et valorisées, les éducateurs enrichissent l'expérience d'apprentissage des élèves et renforcent l'importance de l'inclusion et de la représentation dans la construction de communautés interconnectées et solides. Ce travail témoigne de l'influence profonde que l'éducation peut avoir sur le monde, en le rendant plus équitable et culturellement conscient, un élève, une histoire et une célébration à la fois.

9. L'entrelac des racines haïtiennes dans la
    francophonie aux États-Unis : une quête personnelle
Elcie Douce

Contexte personnel et lien avec la francophonie aux États-Unis

J'ai grandi à Port-au-Prince, où j'ai fréquenté une école catholique de la
maternelle à la terminale. Dans mon école, le français était la principale
langue d'enseignement, et il était strictement interdit de parler le créole
haïtien. Par conséquent, le français est devenu ma langue de
communication principale, tandis que mon lien avec la culture haïtienne
s'est développé à la maison et au sein de ma communauté. Cette double
exposition m'a donné une perspective riche et hybride sur les cultures
française et haïtienne, façonnant ainsi mon identité et ma vision du
monde. En 1997, j'ai immigré aux États-Unis pour rejoindre mon mari
et terminer mes études universitaires. Inspirée par mon parcours
linguistique et culturel, j'ai choisi de poursuivre une carrière dans
l'éducation et j'ai obtenu ma licence pour enseigner le français en 2004.
Depuis, j'enseigne le français à des anglophones ainsi qu'à des locuteurs
du français langue d'héritage. Ce rôle m'a permis de partager ma langue
et ma culture avec mes élèves tout en élargissant ma compréhension du
monde francophone. Grâce à l'enseignement, j'ai approfondi mon
appréciation de la diversité des pays et des cultures francophones et j'ai
pu relier mes racines haïtiennes à un contexte mondial plus vaste. Le
bilinguisme a enrichi ma vie personnelle, ouvert des perspectives
professionnelles et démontré la valeur des langues dans le
développement personnel et professionnel.

Vivre aux États-Unis a encore enrichi ma relation avec la culture
franco-haïtienne et a renforcé mon désir de la chérir et de la faire vivre.
Le fait de m'engager auprès des communautés haïtiennes, de participer
à des événements culturels et de maintenir certaines traditions, comme
la préparation de plats haïtiens, mélange d'influences africaines,
espagnoles et françaises, ainsi que la célébration de fêtes importantes,

m'a aidé à préserver mon héritage tout en m'intégrant dans une société multiculturelle. Ces expériences ont renforcé ma capacité à célébrer et à naviguer à l'intersection de mes identités haïtienne et francophone, tant sur le plan personnel que sur le plan professionnel. Les communautés haïtiennes immigrées aux États-Unis, concentrée dans des régions telles que la Floride et New York, ainsi que dans des quartiers tels que Little Haiti à Miami et Brooklyn à New York, jouent un rôle essentiel dans la préservation et le renforcement des identités culturelles et linguistiques haïtiennes. Leur fort sentiment de communauté et l'évolution continue de leur culture ont été déterminants pour maintenir les liens entre les personnes vivant en Haïti et celles de la diaspora. Depuis mon arrivée aux États-Unis, j'ai vécu à Long Island, mais je me rends fréquemment à Brooklyn pour assister à l'église, où les services sont célébrés en français, en créole haïtien et en anglais. Cet environnement multilingue a joué un rôle important dans la construction de mon identité, en offrant un espace où les traditions culturelles et linguistiques sont valorisées et partagées.

Passer du temps avec d'autres Haïtiens et Haïtiens-Américains a approfondi mon lien avec mes racines. Sur le plan culturel, je me suis rapprochée des traditions haïtiennes à travers la musique, la danse et la littérature. Sur le plan linguistique, j'ai développé ma capacité à naviguer entre le français, le créole haïtien et l'anglais, en mêlant souvent ces langues dans mes échanges, selon les contextes. Ces interactions ont enrichi ma manière de m'exprimer, renforcé mon sentiment d'appartenance au sein de la diaspora et favorisé un sentiment d'unité ainsi qu'une perspective culturelle commune. La communauté haïtienne de Brooklyn facilite également l'accès à des éléments culturels essentiels, comme les ingrédients nécessaires à la préparation de plats emblématiques tels que la soupe joumou et le diri ak dyondyon (riz aux champignons noirs), ainsi que des pâtisseries d'inspiration française comme la tarte à l'oignon. Des remèdes traditionnels comme le lwil maskreti (huile de ricin) et des délices inoubliables comme le kasav (galette de manioc) sont facilement accessibles, ce qui me lie davantage aux pratiques culturelles avec lesquelles j'ai grandi. Pour l'ensemble de la diaspora haïtienne, ces communautés soudées servent de lieux de préservation et d'innovation culturelle. Elles permettent aux immigrants de préserver leur héritage tout en s'adaptant à la vie aux États-Unis et en favorisant un dialogue dynamique entre tradition et modernité. Ces espaces maintiennent la culture haïtienne vivante et l'enrichissent grâce à l'interaction avec d'autres cultures. Cela renforce l'identité de la diaspora et favorise un sentiment d'unité parmi les Haïtiens à travers le monde.

La communauté haïtienne joue un rôle essentiel dans la préservation et la promotion de la langue et de la culture françaises au sein des communautés francophones aux États-Unis, et à une échelle plus large. Les Haïtiens accordent une grande importance à la transmission de la langue française aux générations futures. Ils encouragent leurs enfants à apprendre le français comme langue internationale à l'école et dans le cadre de programmes communautaires. Cet effort permet aux Haïtiens-Américains de maintenir un lien avec leurs racines tout en contribuant à l'expansion de la culture francophone aux États-Unis. L'engagement actif de la communauté en faveur de l'importance du français, ainsi que de sa portée historique et culturelle, est pour nous tous une source de fierté et d'inspiration. Ce qui distingue les dimensions culturelles, linguistiques et sociales de la communauté haïtienne est l'identité unique façonnée par l'histoire d'Haïti en tant que première nation noire indépendante. La culture haïtienne reflète un riche mélange d'influences africaines, françaises, espagnoles et autochtones, créant ainsi une identité francophone distinctive. Cet héritage multifacette s'exprime à travers la musique, la danse, la littérature et la cuisine vibrantes qui reflètent les racines diverses d'Haïti tout en conservant des liens forts avec le monde francophone. En même temps, la communauté haïtienne interagit avec d'autres communautés francophones dans des espaces linguistiques et culturels partagés. Les événements, les organisations et les institutions qui célèbrent la langue française rassemblent souvent des Haïtiens et des francophones, favorisant la collaboration et l'appréciation mutuelle. Cependant, la fierté historique et culturelle unique de la communauté haïtienne, notamment héritée de son histoire résiliente et indépendante, apporte une voix distincte aux communautés francophones des États-Unis. Cela enrichit leur diversité tout en renforçant le sentiment de connexion partagée entre les groupes francophones.

L'enseignement des langues et la transmission culturelle

D'après mon expérience, les parents haïtiens accordent une grande importance à ce que leurs enfants apprennent le français pour plusieurs raisons essentielles. Avant tout, ils souhaitent maintenir une communication efficace au sein de la famille, tout en préservant la capacité à partager des expériences, des histoires et des traditions dans la langue qui les relie à leur héritage. Même lorsque les Haïtiens parlent principalement le créole haïtien, le français demeure la langue des affaires et confère un certain statut social au sein de la communauté haïtienne. Ainsi, le français sert de pont, permettant aux parents d'enseigner à leurs enfants leur culture, leurs valeurs et le sens qu'elles portent. Ils veillent à ce que les jeunes générations se sentent enracinées dans leur identité lorsqu'elles visitent Haïti ou interagissent avec la communauté haïtienne au sens large. De plus, ce lien linguistique favorise un sentiment d'appartenance et de solidarité, renforçant les liens entre la diaspora et le pays d'origine. Par ailleurs, pour ceux qui pourraient éventuellement choisir de retourner vivre en Haïti, la maîtrise du français constitue un outil essentiel pour l'intégration professionnelle et sociale. Une telle compétence linguistique leur permettra de contribuer de manière significative au développement du pays. En définitive, ces parents considèrent le français non seulement comme une langue de communication, mais aussi comme un lien vital avec leur héritage culturel et leurs perspectives futures.

Les enfants vivant dans des foyers d'immigrants haïtiens naviguent souvent entre plusieurs identités, francophone, haïtienne et américaine, tout en faisant face aux complexités de l'acquisition des langues et de l'intégration culturelle. Les immigrants haïtiens sont généralement fiers de leur héritage culturel multiple, qu'ils transmettent à leurs enfants. Dans les familles où les parents ont un niveau d'éducation élevé, les enfants grandissent souvent avec de solides compétences bilingues ou trilingues, parlant l'anglais, le français et parfois, le créole haïtien, selon la langue dominante à la maison. Cet environnement multilingue aide les enfants à développer un riche sentiment d'identité, leur permettant d'équilibrer leur héritage haïtien avec le contexte américain dans lequel ils grandissent. On observe également un changement notable dans les modèles d'acquisition linguistique chez les enfants haïtiens, particulièrement à la lumière de l'instabilité politique qu'a connue Haïti au cours des dernières décennies. Cette situation a perturbé le système éducatif en Haïti, notamment dans la capitale, Port-au-Prince, ce qui a eu des répercussions sur le parcours scolaire des enfants qui immigrent aux États-Unis. Les enfants issus de familles arrivées aux États-Unis au cours des dernières années peuvent rencontrer des difficultés à réussir scolairement en raison d'un niveau d'éducation plus faible dans certaines écoles publiques en Haïti. Par conséquent, ces enfants peuvent intégrer les écoles américaines avec des niveaux de préparation académique variables, ce qui peut compliquer leur intégration linguistique et éducative.

Cependant, malgré ces défis, de nombreux enfants haïtiens parviennent encore à concilier leurs différentes identités grâce à l'acquisition des langues. Ils s'adaptent et apprennent à naviguer dans leur rôle de Haïtiens-Américains, acquérant souvent une grande maîtrise de l'anglais tout en conservant le lien avec leurs racines françaises et créoles haïtiennes. Le processus d'apprentissage des langues aide ces enfants à combler l'écart entre leur héritage haïtien et leur environnement américain. Au cours de ce processus, ils développent un sentiment d'appartenance à chacune des deux communautés. Avec le temps, à mesure que ces enfants s'intègrent dans la société américaine, ils deviennent de plus en plus à l'aise avec leurs identités bilingues ou multilingues. Ils utilisent la langue pour maintenir leurs liens culturels tout en progressant dans le système éducatif américain. Les écoles, les organisations communautaires, les programmes parascolaires et les associations culturelles jouent un rôle essentiel dans la transmission de la langue française et du patrimoine haïtien aux jeunes générations. Dans les régions bien financées, les programmes bilingues et d'immersion, spécialement conçus pour les locuteurs natifs et les apprenants du français langue d'héritage, offrent un soutien solide. Ces programmes proposent souvent des livres culturellement pertinents, des événements et des activités en classe qui célèbrent la culture haïtienne tout en renforçant les compétences linguistiques en français des élèves. Les écoles qui ont des enseignants d'anglais comme langue nouvelle (ENL) ayant une formation en français ou en créole haïtien sont particulièrement efficaces. Ces éducateurs aident les élèves à combler les écarts linguistiques et à considérer leur langue d'origine comme un atout culturel précieux. Les organisations et associations culturelles contribuent également en organisant des ateliers, des séances de contes et des festivals culturels qui enseignent aux jeunes générations les traditions, l'histoire et la langue haïtiennes. Les églises et les programmes parascolaires servent souvent de centres où les enfants peuvent participer à des activités en français ou en créole haïtien, telles que la chorale, le théâtre et des cours de langue. Ces initiatives permettent non seulement de préserver le patrimoine linguistique et culturel, mais aussi de créer des espaces où les enfants peuvent se connecter avec leurs camarades au sein de la diaspora.

Cependant, ces défis persistent, en particulier dans les communautés disposant des ressources limitées ou dans les régions où il y a peu de locuteurs natifs ou d'apprenants du français comme langue d'héritage. Dans ces contextes, la responsabilité incombe souvent aux parents de soutenir l'acquisition de la langue et la transmission culturelle à la maison. De nombreux parents n'ont pas accès aux ressources nécessaires, ni le temps ni les connaissances pour défendre efficacement les besoins de leurs enfants. De plus, certains parents immigrants ne sont pas toujours au courant des initiatives éducatives disponibles ou peuvent faire face à des barrières linguistiques qui limitent leur capacité à naviguer efficacement dans le système scolaire. Parmi les meilleures pratiques figurent la création de ressources accessibles, telles que des bibliothèques numériques ou des plateformes en ligne, ainsi que l'établissement de partenariats entre les écoles et les organisations communautaires afin d'assurer un soutien cohérent. Les écoles et les organisations peuvent également offrir des ateliers pour informer les parents des ressources disponibles et les encourager à défendre les besoins éducatifs et culturels de leurs enfants. Répondre aux défis dans des contextes à ressources limitées nécessite une approche collaborative, comprenant un financement ciblé des programmes, une formation des éducateurs à l'enseignement culturellement pertinent et des efforts de sensibilisation afin de garantir que toutes les familles aient accès aux outils dont elles ont besoin pour préserver leur patrimoine linguistique et culturel.

Mon rôle et mon influence

En tant qu'enseignante de la langue française, immigrée haïtienne et fière francophone, j'ai toujours ressenti une profonde responsabilité de partager ma langue et ma culture. Je suis inspirée à aider mes compatriotes haïtiens à préserver leurs racines. Au fil des années, j'ai entrepris plusieurs initiatives visant à promouvoir la langue française et la culture haïtienne au sein de mes communautés. Ces initiatives ont eu un impact sur la rétention linguistique, la fierté culturelle et la cohésion communautaire. L'un de mes principaux efforts a été de veiller à ce que les programmes de langue française demeurent solides et stimulants. J'encourage les élèves à poursuivre leurs études en français au-delà des exigences minimales d'obtention du diplôme, en créant des parcours menant à des cours avancés. Cela comprend la création de Sociétés d'honneur de français au collège et au lycée, l'offre de cours en double inscription permettant d'obtenir des crédits universitaires, ainsi que la promotion de l'obtention du Sceau de bilinguisme en français par les élèves. Ces occasions célèbrent les réussites linguistiques des élèves et reconnaissent la valeur culturelle et académique du français, en particulier pour les locuteurs natifs et les apprenants du français comme langue d'héritage.

Pour promouvoir la fierté culturelle, j'ai organisé des festivals culturels français, participé à des événements tels que le Grand Concours (le Concours national de français) et animé diverses activités culturelles, notamment des projections de films, des explorations culinaires et des voyages dans des régions francophones. Ces initiatives exposent les élèves à la richesse du monde francophone, y compris aux contributions uniques d'Haïti. Cette démarche les conduit à une appréciation plus profonde de leur héritage et les encourage à le valoriser. De plus, j'ai travaillé à renforcer les liens au sein de la diaspora haïtienne en collaborant avec des organisations locales, des églises et des groupes communautaires. Ces partenariats permettent de créer des plateformes pour célébrer les traditions, la langue et l'histoire haïtiennes, de renforcer les liens communautaires et d'encourager les jeunes générations à embrasser leur identité culturelle. L'impact de ces efforts a été significatif. La promotion de la langue et de la culture françaises dans les milieux éducatifs et communautaires a permis d'élargir la participation aux programmes, d'inspirer un sentiment de fierté chez les locuteurs natifs et les apprenants du français comme langue d'héritage, et d'améliorer l'équité pour les apprenants multilingues. En mettant en valeur la richesse des cultures haïtiennes et francophones, j'ai aidé les élèves et les membres de la communauté à voir leur langue et leur héritage comme des atouts contribuant à une vision multiculturelle plus large.

Au fil des années, j'ai reçu des commentaires extrêmement positifs de la part des élèves, des familles et des institutions avec lesquelles j'ai travaillé. Beaucoup expriment leur gratitude pour l'impact que j'ai eu sur les programmes de français et l'expérience éducative des élèves. Des anciens élèves disent souvent que mes efforts les ont inspirés à poursuivre leur étude de la langue française et à développer une appréciation plus profonde de la culture francophone. Les familles ont également souligné que mes initiatives, telles que les événements culturels et les sociétés d'honneur, ont enrichi la vie de leurs enfants et les ont aidés à se connecter plus profondément à leur héritage. Reconnaissant les contraintes socioéconomiques auxquelles de nombreuses familles sont confrontées, j'ai travaillé à rendre les programmes culturels et linguistiques accessibles à tous les élèves, quelles que soient leurs conditions financières. Par exemple, j'ai établi de solides relations avec des membres de la communauté, des organisations locales et des familles plus aisées afin d'obtenir des ressources et du soutien pour le programme de français. Ces partenariats ont permis de financer des bourses, d'exonérer des frais liés à des événements et des voyages, et de fournir du matériel, comme des livres et des objets culturels, afin de garantir qu'aucun élève ne soit laissé pour compte en raison de contraintes financières.

Ces rétroactions ont été déterminantes dans l'évolution de mon approche. Elles ont souligné l'importance de l'inclusion et de l'équité en éducation et m'ont encouragée à défendre les intérêts des élèves issus de milieux à faible revenu. J'ai également mis en place des stratégies telles que l'organisation d'événements gratuits ou à faible coût, la mise en place de plans de paiement flexibles pour les voyages scolaires et l'intégration d'activités culturelles accessibles, comme des soirées cinéma ou des échanges virtuels avec des communautés francophones. En étant attentive aux besoins des familles et des institutions, j'ai pu concevoir des programmes qui, non seulement soutiennent l'enseignement de la langue et de la culture, mais favorisent aussi un sentiment d'appartenance et de fierté chez les élèves issus de divers milieux socioéconomiques. Ces efforts ont contribué à réduire les écarts et à créer des opportunités permettant à tous les élèves de s'épanouir, indépendamment de leur situation économique.

Perspectives sur l'avenir d'une francophonie en évolution

Les bouleversements politiques et sociaux persistants en Haïti ont profondément affecté les familles et les élèves haïtiens, tant en Haïti qu'aux États-Unis. De nombreuses familles ont été contraintes de quitter le pays en raison de l'insécurité, cherchant refuge grâce au Statut de Protection Temporaire (TPS), aux programmes de réunification familiale ou à des initiatives telles que le programme de parole humanitaire de l'administration Biden. Bien que ces programmes offrent une bouée de sauvetage aux immigrants en leur permettant de vivre dans un environnement plus sûr, ils posent également des défis, notamment des ressources limitées pour l'intégration et, dans certains cas, une stigmatisation des nouveaux arrivants. Malgré ces obstacles, la communauté haïtienne aux États-Unis demeure résiliente et profondément fière de ses racines et de son héritage culturel. Le créole haïtien constitue, pour beaucoup, une langue unificatrice qui renforce le sentiment d'identité et le lien avec leur pays d'origine. En même temps, le français joue un rôle important dans le maintien des liens avec le monde francophone, notamment dans les contextes culturels et éducatifs. Cette double identité linguistique, ancrée dans le créole haïtien et le français, contribue à préserver et à transmettre la culture haïtienne de génération en génération.

À mesure que les lois d'immigration des États-Unis évoluent, elles influenceront probablement, de plusieurs manières, la préservation à long terme de ces langues et de cette identité culturelle. Les lois favorisant la réunification familiale peuvent renforcer la transmission culturelle en permettant aux familles de rester ensemble et en offrant aux enfants des occasions d'apprendre les traditions, la langue et les valeurs haïtiennes directement auprès de leurs parents et de leurs aînés. Cependant, la pression exercée sur les ressources communautaires et les services sociaux souligne qu'un soutien intentionnel, par le biais des écoles, des organisations communautaires et des associations culturelles, est essentiel pour préserver ces traditions. Pour relever ces défis, il sera essentiel de plaider en faveur d'un financement accru de l'éducation bilingue et de programmes qui célèbrent la culture haïtienne. La mise en place de programmes parascolaires, d'ateliers culturels et de cours de langue en créole haïtien et en français peut contribuer à combler le fossé pour les nouveaux arrivants.

De plus, le développement de partenariats entre les organisations haïtiennes et les gouvernements locaux peut ouvrir des voies favorisant une meilleure intégration tout en préservant la fierté culturelle. Dans ce contexte politique en constante évolution, la résilience et la capacité d'adaptation de la communauté haïtienne demeurent essentielles. En s'appuyant sur son fort sentiment d'identité culturelle et linguistique, la diaspora haïtienne peut continuer à prospérer et à contribuer à la richesse multiculturelle des États-Unis. À l'ère de la mondialisation et des technologies numériques en rapide évolution, l'identité francophone chez les jeunes Haïtiens-Américains est appelée à évoluer. L'ère numérique a ouvert des possibilités sans précédent pour les Haïtiens-Américains de rester connectés à leurs racines et à leur culture. Cela favorise un environnement propice à l'épanouissement de la langue et des échanges culturels.

Grâce à des plateformes comme les réseaux sociaux, les services de diffusion musicale en continu, les vidéos en ligne et les communautés virtuelles, les Haïtiens-Américains et leurs compatriotes en Haïti, au Canada et en France peuvent facilement accéder à des contenus culturels tels que la musique, la danse, la littérature et l'art, et les partager. Ces technologies permettent de mêler les langues et les expressions culturelles au-delà des frontières, influençant la manière dont le français est parlé et compris au sein de la diaspora haïtienne. Les jeunes Haïtiens-Américains, par exemple, peuvent interagir avec des camarades issus de diverses régions francophones, échangeant des langues, des idées, des traditions et des tendances contemporaines. Cette interconnexion permet une évolution fluide de la langue française, qui s'adapte et s'enrichit d'influences diverses, notamment celles du créole haïtien, de l'argot américain et des tendances numériques mondiales. De plus, le monde numérique permet aux jeunes Haïtiens-Américains d'explorer et de célébrer leur identité culturelle unique, à l'échelle mondiale. Ils peuvent se connecter avec des communautés haïtiennes à travers le monde, partager leurs expériences et collaborer à des projets qui promeuvent la culture et la langue haïtiennes. Cela a un effet profond sur la préservation et l'évolution de la langue française, qui devient partie intégrante d'une conversation mondiale plus large incluant non seulement des formes traditionnelles d'expression, mais aussi des formes modernes et numériques de communication.

À mesure que l'identité francophone devient de plus en plus multifacette, les jeunes Haïtiens-Américains continueront probablement de naviguer entre ces différentes dimensions et à redéfinir ce que signifie être à la fois haïtien et francophone dans un monde numérique et globalisé. Le mélange des langues, l'engagement avec les cultures francophones à l'échelle mondiale et l'accès aux ressources en ligne continueront de façonner leur sentiment d'identité, le rendant plus inclusif et plus adaptable à l'évolution constante des langues et des cultures. Afin de renforcer la francophonie haïtienne dans des zones métropolitaines culturellement riches telles que Miami, New York et Boston, les leaders communautaires et les organisations doivent consolider leurs ressources et collaborer à des initiatives visant à soutenir la préservation de la langue et de la culture haïtiennes. En travaillant ensemble, ces leaders peuvent créer un effort collectif qui amplifie l'impact de leurs programmes et garantit que l'héritage haïtien demeure vivant au sein de la communauté francophone des États-Unis. Une stratégie clé consiste à mettre régulièrement en valeur la culture haïtienne à travers diverses activités culturelles engageantes. L'organisation de salons du livre haïtiens, de festivals d'art et de musique, de concours linguistiques et d'expositions culturelles peut offrir une plateforme d'expression artistique et une occasion de célébrer les réalisations haïtiennes. Ces événements renforcent la fierté au sein de la communauté haïtienne et sensibilisent le grand public aux riches contributions culturelles d'Haïti.

Les initiatives éducatives sont également essentielles. Les écoles et les programmes parascolaires peuvent offrir une éducation bilingue, des cours de français ainsi que des cours optionnels portant sur l'histoire et la culture haïtiennes. En fournissant aux élèves les outils et le soutien nécessaires pour parler couramment le créole haïtien et le français, ces programmes assurent la pérennité de la langue à travers les générations. De plus, la création de bourses et d'opportunités d'études supérieures en français et en études francophones peut encourager les jeunes à poursuivre des parcours académiques qui les relient à leur héritage culturel. Les initiatives intergénérationnelles, telles que des programmes de mentorat qui associent de jeunes Haïtiens-Américains à des membres plus âgés de la communauté, peuvent également jouer un rôle crucial dans la transmission des traditions, des récits et des connaissances. Ces initiatives contribuent à combler le fossé entre les générations, garantissant la préservation et l'adaptation significatives des pratiques culturelles. Enfin, l'organisation d'événements communautaires, comme des salons du livre haïtiens et des festivals culturels, permet aux gens de se rassembler, de partager leurs histoires et de célébrer leurs identités uniques. Ces rencontres renforcent les liens communautaires, favorisent la diversité linguistique et aident la diaspora haïtienne à maintenir une présence forte au sein de la francophonie des États-Unis. En mettant l'accent sur l'éducation, la promotion culturelle, la collaboration intergénérationnelle et les événements communautaires, nous pouvons développer une présence haïtienne résiliente et tournée vers l'avenir dans le milieu francophone aux États-Unis, en veillant à ce que la langue et la culture haïtiennes prospèrent pour les générations futures.

Réflexions

En tant qu'une personne qui a vécu l'expérience de l'immigration, je suis un témoignage vivant de la manière dont la culture francophone peut constituer un pilier de force et de repères pour s'adapter à la vie dans un nouveau pays. Depuis mon arrivée aux États-Unis, mon héritage linguistique en français et en créole haïtien m'a offert une perspective unique qui a joué un rôle déterminant dans ma réussite personnelle et professionnelle. Ces langues, ainsi que mon patrimoine culturel, ont été essentiels à mon adaptation au contexte américain, que ce soit dans le milieu académique, dans la construction de ma famille ou dans la manière de surmonter divers défis. Mon expérience en tant qu'immigrée haïtienne m'a permis de faire le lien entre ces deux mondes, en m'appuyant sur la résilience et la capacité d'adaptation ancrées dans mes racines francophones pour atteindre mes objectifs. Je suis également extrêmement fière d'élever deux merveilleuses filles haïtiennes-américaines profondément connectées à leur héritage. Elles sont fières de leur langue et de leur culture, et j'ai pris soin de leur transmettre cette même résilience et cette même appréciation de leurs racines. Mon histoire n'est pas seulement la mienne, c'est aussi celle d'innombrables immigrants haïtiens qui ont su composer avec les complexités de la langue, de la culture et des réalités économiques afin de s'épanouir aux États-Unis tout en restant profondément enracinés dans leur héritage. À travers ma contribution, je souhaite offrir aux lecteurs une compréhension plus approfondie des communautés francophones aux États-Unis, en particulier des communautés haïtiennes francophones, en mettant en lumière la résilience et la richesse culturelle de la communauté haïtienne. Mon expérience d'immigrée haïtienne aux États-Unis souligne combien l'héritage linguistique et culturel, en particulier les langues française et créole haïtienne, ne constitue pas seulement un moyen de survie, mais aussi une source profonde de fierté et d'identité. Ces éléments m'ont aidée, ainsi que tant d'autres, à naviguer dans la vie dans un pays étranger tout en conservant un lien profond avec nos racines.

J'espère que mon récit aidera les lecteurs à apprécier la complexité et l'évolution dynamique de l'identité haïtienne dans le contexte américain. Les immigrants haïtiens aux États-Unis font souvent face à des défis qui exigent un équilibre délicat entre la préservation de leur héritage et leur intégration dans une nouvelle société. Pourtant, c'est précisément ce mélange d'influences culturelles et linguistiques qui enrichit fortement les communautés francophones aux États-Unis. En mettant en lumière les valeurs et les fondements culturels qui m'ont été transmis dès mon plus jeune âge, j'espère montrer que notre identité n'est pas définie uniquement par nos circonstances ou notre milieu, mais aussi par les valeurs culturelles et familiales que nous portons avec nous et que nous continuons de développer. Ma contribution vise à offrir une perspective plus riche et nuancée de l'identité haïtienne, en soulignant la manière dont elle s'adapte, survit et s'épanouit dans le contexte américain, tout en contribuant à une perspective plus large sur les communautés francophones des États-Unis.

10. De nouveaux locuteurs du français en Louisiane : L'avenir d'une langue régionale minoritaire
Jonathan Olivier

Au XXe siècle, deux moments façonnent l'avenir du français de Louisiane et de ses locuteurs. Le premier a lieu en 1921, quand la constitution de l'État fait de l'anglais, langue d'instruction officielle dans les écoles publiques. Le français a alors déjà entamé son déclin en faveur d'une langue prédominante, l'anglais, lors d'une « conversion linguistique ». Au cours des décennies suivantes, la nouvelle politique de l'État précipite cette transition linguistique et met pratiquement fin à la transmission intergénérationnelle du français à la maison. En parallèle, le prestige du français se ternit davantage[117].

Cette conversion linguistique et la perspective de la « mort d'une langue », ou la disparition du français louisianais, conduit au second moment. En 1968, le Conseil pour le développement du français en Louisiane (CODOFIL) se forme pour préserver et développer la langue. Puisque les enfants n'apprennent plus le français à la maison, le CODOFIL se charge de le réintroduire à l'école pour inverser la conversion linguistique, ou, au moins, prévenir l'extinction de la langue. Écrire et enseigner la variation régionale et démographique du français louisianais présente des obstacles. Ainsi, la variété choisie par le CODOFIL comme standard pédagogique pour les cours de langue seconde est fortement standardisée, académique et détachée de toute communauté linguistique ; dans ce chapitre, nous l'appellerons « français standard ». Le CODOFIL embauche des enseignants de France, de Belgique, du Canada et d'Afrique pour donner des cours de langue seconde sans aucune ressource pour enseigner le français louisianais à l'époque. Dans les années 1980, le CODOFIL commence à mettre en place des écoles d'immersion en français qui utilisent le

---

[117] Dajko, 2012.

français standard. Aujourd'hui, il existe environ 35 de ces programmes dans l'État, qui comptent plus de 5 500 élèves.

À l'heure actuelle, nous nous trouvons à un point de convergence où les conséquences de ces deux moments se font plus évidentes. La dernière génération de locuteurs natifs ayant appris le français louisianais comme langue première à la maison et l'ayant utilisé quotidiennement dans le cadre social va bientôt disparaitre. Pendant ce temps, les membres de la première génération de l'État ayant participé à l'immersion, à qui l'on a enseigné le français standard, sont maintenant dans leur trentaine et leur quarantaine et ont eu des enfants à leur tour, et bien d'autres ont appris le français à l'âge adulte. Cela a donné naissance à une nouvelle génération qui a appris le français comme langue seconde, non comme langue première, et dans un contexte scolaire, non à la maison.

Il existe des situations similaires de par le monde, car les langues minoritaires ont perdu en importance au fil des dernières décennies. Bien que les Louisianais aient longtemps été tentés de contempler les communautés francophones minoritaires du Canada comme source d'inspiration, ces régions ont conservé une transmission intergénérationnelle de la langue ; elle est utilisée socialement et est protégée par des lois fédérales. La situation linguistique de la Louisiane ressemble davantage à celle des régions européennes, où l'on mène des efforts pour faire perdurer des langues, telles que le gaélique en Irlande et le catalan en Espagne, grâce à des programmes d'immersion. Ces régions comptent une faible population de locuteurs natifs d'une langue régionale minoritaire et connaissent une importante conversion linguistique. Ces langues régionales se transmettent également peu de manière intergénérationnelle. Les travaux de recherche mettant en lumière ces efforts de revitalisation désignent comme « néo-locuteur », une personne qui apprend une langue régionale minoritaire comme langue seconde. Il s'agit de quelqu'un n'étant que « peu ou pas du tout exposé à la langue minoritaire à la maison ou dans sa communauté, mais qui l'acquiert plutôt grâce à des programmes d'immersion ou d'éducation bilingue, des projets de revitalisation, ou en tant qu'apprenant adulte[118]. » Bien que le français louisianais soit un dialecte du français et non une langue distincte telle que le gaélique, il s'agit d'une langue minoritaire dans une région ayant subi une conversion linguistique et l'arrêt quasi-total de la transmission intergénérationnelle, accompagnée par un mouvement de revitalisation. Dans ce contexte, la nouvelle génération de francophones louisianais sont des néo-locuteurs.

Au cours du XXe siècle, l'intérêt des chercheurs se concentre grandement sur les locuteurs natifs de Louisiane et s'est intensifié lorsque les efforts de revitalisation commencent dans les années 1970. Cet intérêt découle d'un élan de fierté pour le français louisianais qui traverse la région à cette époque ; les gens se précipitent pour définir et consigner une langue qui a été marginalisée pendant des décennies. Malgré le fait qu'il existe aujourd'hui une génération de néo-locuteurs, le discours autour du français en Louisiane demeure bien souvent porté sur le passé, sans offrir une vision claire de l'avenir pour ce groupe démographique. Il est courant d'accorder autant d'importance aux locuteurs natifs dans des régions européennes où est parlée une langue minoritaire, car elles considèrent que la langue parlée y est pure et qu'elles constituent le modèle idéal pour une revitalisation de la langue[119]. Lorsque les néo-locuteurs étaient mentionnés dans des articles académiques à propos du français louisianais dans les années 80 et 90, ils servaient souvent à illustrer la rupture entre les locuteurs natifs et les apprenants en langue seconde, une représentation de l'incapacité d'enseigner le dialecte local de la région aux enfants. L'étiquette « néo-locuteur » vise à dépasser la focalisation sur la notion de locuteur natif et sur des catégories évaluatives telles que « locuteur non natif », « apprenant imparfait », ou « apprenant de langue seconde[120] ». Le qualificatif « néo-locuteur » cherche à identifier « de nouvelles formes linguistiques et de nouveaux moyens de communication[121] ». En étudiant les néo-locuteurs du français en Louisiane selon cette approche,

---

[118] O'Rourke et al., 2015.
[119] O'Rourke et Walsh, 2015.
[120] O'Rourke et al., 2015.
[121] O'Rourke et Walsh, 2015.

nous pouvons mieux nous concentrer sur l'avenir et l'évolution du français au sein de l'État.

Alors que des chercheurs comme Joshua Fishman ont défendu le fait qu'il serait possible de renverser la conversion linguistique en rétablissant la transmission intergénérationnelle de la langue minoritaire en tant que langue maternelle, d'autres affirment que la présence des néo-locuteurs fait désormais obstacle à cette notion, certains se demandant même s'il est absolument nécessaire qu'une communauté de locuteurs natifs existe pour qu'une langue survive[122]. Suzanne Romaine examine de nouvelles manières selon lesquelles une langue minoritaire pourrait fonctionner au sein d'une société, suggérant que « demain, il se pourrait que la valeur principale de nombreuses langues rares soit symbolique et culturelle, plutôt que pratique. C'est-à-dire que beaucoup d'entre elles ne seront pas communément utilisées, ou pas utilisées du tout, dans les communications quotidiennes ; elles ne seront plus basées sur la continuité de leur pratique mais, au lieu de cela, deviendront de principaux vecteurs d'expression identitaire[123] ». Romaine remarque que de nombreuses langues survivent déjà ainsi, comme par exemple en Espagne, où davantage d'enfants apprennent le basque grâce au système pédagogique qu'à la maison[124]. Les écoles d'immersion en Irlande ont offert une connaissance fonctionnelle du gaélique, acquis plus tard dans la vie et employé comme langue seconde. Malgré cela, ces programmes n'ont pas « mené à un usage oral quotidien de ces langues, ni à leur transmission intergénérationnelle[125]. »

Les chercheurs ont depuis longtemps conclu qu'il était trop tard pour inverser la conversion linguistique en Louisiane et que la préservation du français comme langue maternelle était un « rêve impossible[126] ». De nombreux néo-locuteurs du français dans cet État sont des « bilingues passifs » qui pourraient ne pas être capables de

---

[122] O'Rourke et Pujolar, 2013.
[123] Romaine, 2006.
[124] Ibid.
[125] Ibid.
[126] Blyth, 1998.

transmettre un bon niveau de langue à leurs enfants[127]. Il semblerait que le fait de parler français en Louisiane se rapproche du constat de Romaine, celui d'une pratique « symbolique » ou « culturelle », et que cela aide les locuteurs à exprimer leur identité[128]. Tel que c'est le cas pour le gaélique et le catalan, la transmission du français en Louisiane se fait par le système éducatif et non à la maison (sauf tant de rares cas isolés) ; ainsi, sa survie ne dépend pas de la population des locuteurs natifs. Cependant, contrairement à ce que l'on observe en Europe, la notion de revitalisation d'une langue minoritaire en Louisiane n'est pas claire, compte tenu du fait que les néo-locuteurs apprennent le français standard et non le français louisianais. En Louisiane, la survie de la langue française, quelle que soit sa variété, est devenue l'objectif ultime.

Tandis que de nombreux chercheurs ont suggéré que l'enseignement du français standard aux enfants ainsi que la cessation de la transmission intergénérationnelle mènerait à l'extinction du français louisianais, le modèle des néo-locuteurs nous pousse, à la place, à nous interroger sur la façon dont la langue perdurera de manière innovante. De nombreux individus ont utilisé le français standard pour apprendre les bases de la langue avant de se pencher sur les aspects du français louisianais. En observant de jeunes élèves en immersion française à Pierre Part, en Louisiane, Carl Blythe a été témoin de l'émergence d'une sorte de « dialecte hybride » qui regroupe dans l'usage linguistique des néo-locuteurs, des caractéristiques françaises, belges et louisianaises[129]. Au lieu de précipiter la mort de la langue, les néo-locuteurs sont la clé de la résilience linguistique, employant le français louisianais de nouvelles manières et dans de nouveaux espaces, le dotant ainsi des outils dont il a besoin pour perdurer pendant des générations.

Malgré l'importance des néo-locuteurs vis-à-vis de l'avenir du français en Louisiane, on ne s'est que très peu intéressé à leur usage de la langue ou leur identité francophone. Par conséquent, on sait peu de choses à propos de qui ils sont, ou de la manière dont ils emploient la langue. Lorsque j'étais étudiant de deuxième cycle dans le département

---

[127] Ancelet, 1988.
[128] Romaine, 2006.
[129] Blyth, 1998.

de français à l'université de Louisiane à Lafayette, j'ai mené une étude indépendante pour répondre à ce manque de données, ce qui a donné lieu à une évaluation préliminaire de ce groupe sous-étudié. En 2022, j'ai enquêté sur les motivations, l'identité et les problèmes sociaux linguistiques d'un groupe de 24 néo-locuteurs à l'aide de questionnaires, d'entretiens approfondis et d'une épreuve de traduction, aboutissant à un rapport nommé *New Speakers of French in Louisiana: An Introductory Analysis of Identity and Motivation* (Néo-locuteurs du français en Louisiane : une analyse initiale de l'identité et des motivations). Ce qui suit dans ce chapitre a été sélectivement tiré de parties de cette étude, illustrant des données clés qui révèlent des notions d'usage de la langue, d'identité et de défis auxquels sont confrontés les néo-locuteurs. J'espère que ce chapitre jettera les bases qui permettront d'accroître l'intérêt pour ce groupe démographique et de promouvoir un changement dans le discours portant sur ce qu'ils représentent pour l'avenir du français en Louisiane.

Le groupe de participants

Des appels à participation dans mon étude ont été envoyés à une population de néo-locuteurs nés en Louisiane. Les membres ont appris le français comme langue seconde et vivaient, pour beaucoup, dans les environs de Lafayette, en Louisiane. La plupart de ces participants étaient impliqués dans des efforts de revitalisation linguistique et s'étaient inscrits à des programmes d'immersion pour adultes. Ils avaient entre 18 et 40 ans, avec une moyenne d'âge de 29,6 ans, et regroupaient 16 femmes, 7 hommes et une personne non binaire. En majorité, les sondés déclaraient être blancs, ce qui représente un échantillon démographique limité. Pour le niveau de français, 14 participants considéraient être avancés, 9 intermédiaires, et une personne estimait avoir un niveau basique. Malgré les efforts menés pour inclure un groupe diversifié de participants, ceux qui ont accepté de participer et étaient disponibles ont finalement été sélectionnés. À l'inverse, d'autres n'ont pas été choisis en raison d'un manque de temps ou d'intérêt. En conséquence, ces résultats constituent une analyse préliminaire et les participants ne sont pas représentatifs de l'ensemble des néo-locuteurs du français en Louisiane.

Un changement identitaire

Quand on leur a demandé de préciser quel type de français ils parlaient, les six participants interrogés pour les descriptions narratives de l'étude ont exprimé avoir le sentiment que leur français était variable ou mélangé à des éléments du français louisianais. Le participant suivant, Blake, voit son dialecte comme étant hybride et faisant partie d'une évolution plus large du français louisianais, composé du dialecte régional et de fortes influences du français standard.

> Je parle le français louisianais. Je suis louisianais, je parle français [...] mais c'est un peu mondialisé aussi. Parce que je parle pas comme mon grand-père [...] Donc, le français louisianais d'aujourd'hui, ça a changé et je crois que c'est plus comme moi, je suis après parler asteur, vraiment. Donc, un mélange du français standard, disons, ou globalisé, et le français d'héritage qu'on a ici.

Dans cette réponse, il est clair que le français louisianais exerce une influence. Par exemple, il utilise la structure grammaticale louisianaise « être après » pour souligner une action en cours, au lieu du « être en train de » standard, et le « asteur » du français louisianais pour indiquer le moment présent. Blake définit son dialecte comme étant du français louisianais, car c'est un francophone de Louisiane et non parce qu'il emploie le français selon l'usage historique de la région.

Kate a suivi dix ans d'enseignement du français standard et déclare qu'après avoir suivi un cours universitaire portant sur le français de Louisiane, elle a voulu parler davantage comme sa famille. Ce cours lui a permis de trouver la valeur dans le fait de s'exprimer comme un locuteur du français louisianais.

> J'ai dirais que une mélange de français louisianais. Donc je veux dire que je parle avec un accent louisianais, mais le dialecte standard [...] Mais j'ai pas tout le vocabulaire. Et j'ai pas d'habitude de parler avec « vous-autres » et « nous-autres » et tout ça. Je pense pas que je peux juste changer comme ça, *like* dix années de français que j'ai dans ma tête.

Kate considère son français comme hybride en raison de son accent typique louisianais et non en raison des règles de grammaire régionales. Dans son entretien, elle aborde le fait d'avoir troqué son « r » guttural pour le « r » roulé du français louisianais, afin de se sentir appartenir davantage à la communauté régionale linguistique.

Ces réponses reflètent un changement de ce qui a constitué l'identité dans le sud de la Louisiane pendant la première moitié du XXe siècle, au moins. Habituellement, parmi les locuteurs natifs, les personnes blanches se considèrent cadiens et déclarent parler le français cadien, même s'ils parlent le créole louisianais. À l'inverse, les Africains-Américains se considèrent créoles et déclarent parler le créole louisianais, même s'ils parlent le français louisianais, communément appelé français cadien[130]. Quant aux néo-locuteurs de mon étude, bien que la plupart des sondés (50%) se considèrent cadiens et que 8,3% se considèrent créoles, seulement 16,7% d'entre eux disent parler le français cadien et 12,5%, le français louisianais. La majorité des sondés (29%) déclare parler le français standard et 25%, un mélange de dialectes, avec des réponses telles que « Louisianais/Standard/Parisien », « un mélange de standard et de cadien », « français louisianais contemporain métropolitain » et « français standard et louisianais ».

Ces résultats suggèrent que pour ces néo-locuteurs, le français cadien et le créole pourraient ne plus représenter une identité ethnique et linguistique indissociables. À la place, d'autres identités ont émergé. Par exemple, 33% des nouveaux locuteurs se considèrent louisianais ou franco-louisianais. Ces termes ont récemment gagné en popularité, ils sont utilisés comme moyens de représenter l'identité d'une personne en tant que francophone et louisianais, indépendamment de son ethnie. L'identité louisianaise reste ancrée dans le français et l'étiquette « franco-louisianais » fait explicitement référence à l'identité francophone. C'est sensiblement différent des marqueurs identitaires contemporains cadien et créole que les anglophones utilisent couramment pour désigner l'héritage et l'ethnie et qui ne font plus référence à l'identité francophone.

---

[130] Dajko, 2012.

Il est probable que les locuteurs natifs en Louisiane ne soient pas familiers avec les marqueurs identitaires louisianais, qui rappellent les contextes européens dans lesquels les néo-locuteurs se désignent par de nouveaux termes, tels que *neofalante* pour décrire les néo-locuteurs de Galice en Espagne, ou néo-bretonnant pour décrire les néo-locuteurs du breton en France[131]. Les néo-locuteurs du français en Louisiane vivent des expériences linguistiques et sociétales différentes ; par conséquent, on s'attend à ce changement identitaire à mesure qu'ils tissent des liens avec la langue.

Les mudes linguistiques

Les chercheurs qui ont étudié les néo-locuteurs du catalan en Espagne ont identifié des points clés du processus d'"acquisition d'une langue seconde (ALS), quant au sens que prend l'adoption d'une nouvelle langue dans la vie sociale, ce que l'on appelle « mudes linguistiques[132] ». Ces moments clés durant lesquels la langue seconde est utilisée socialement peuvent souvent constituer des tournants du processus d'ALS qui influencent fortement l'expérience d'une personne. Une muda linguistique permet aux néo-locuteurs d'incarner un personnage linguistique nouveau, additionnel ou différent de leur langue maternelle[133].

Une muda peut faire son apparition à l'école primaire, au lycée, ou à l'université, lorsqu'on obtient son premier emploi, que l'on fonde une famille et que l'on devient nouveau parent[134]. À l'inverse de l'Espagne, où les locuteurs du catalan se comptent en millions, les locuteurs du français en Louisiane sont bien moins nombreux et représentent une fraction de la population totale de l'État. Bien qu'il existe des opportunités d'employer la langue, presque tous les services et toutes les activités se déroulent en anglais. Par conséquent, sociabiliser quotidiennement dans la langue est impossible dans de nombreux contextes. Il était beaucoup plus probable que les participants de mon

---

[131] O'Rourke et Pujolar, 2013.
[132] Pujolar et Puigdevall, 2015.
[133] Ibid.
[134] Pujolar et Puigdevall, 2015.

étude vivent une muda linguistique hors de la Louisiane, lors d'un programme d'immersion dans un pays francophone. L'une des manières les plus communes était de s'inscrire au programme d'immersion estival à l'Université Sainte-Anne en Nouvelle-Écosse, au Canada. Parmi les 24 participants totaux à l'étude, 13 ont pris part au programme d'immersion de Sainte-Anne, 3 ont travaillé en France via le programme d'assistant de langue TAPIF et 10 ont, de manière générale, étudié à l'étranger (certains étaient inscrits dans plus d'un programme). Sur les six participants qui ont pris part à des entretiens approfondis, quatre sont allés à Sainte-Anne et un y est allé après la conclusion de l'étude. L'expérience de Blake au sein de cette université lui a permis de décupler ses compétences en français et l'a mené à maîtriser la langue, d'une manière qui aurait été impossible en Louisiane.

> Mais j'ai vraiment voulu apprendre le français. Et c'est pour ça que je suis allé à Sainte-Anne dans le programme d'immersion, à l'Université de Sainte-Anne. J'ai passé cinq semaines pour leur session d'immersion. Et c'est vraiment là où j'ai trouvé la volonté et la passion pour [...] pas juste apprendre la langue mais être capable de m'exprimer d'une manière plus profonde.

Michelle est allée à Sainte-Anne quand elle était adolescente. Jusqu'alors, elle avait pris des cours de français en option et ne se servait de la langue que dans le cadre scolaire.

> Mais je dirais que la première fois quand j'avais dix-sept ans, quand j'ai été à l'Université Sainte-Anne, c'était probablement l'évènement le plus marquant dans ce trajet d'apprendre le français.

En raison de ces mudes linguistiques dans des pays francophones, les néo-locuteurs du français en Louisiane peuvent connaître des changements qui « entraîne une réorganisation de leur répertoire linguistique ayant d'importantes conséquences sur la façon dont les individus se montrent aux autres[135] ». Bien que les mudes linguistiques soient de puissants outils d'apprentissage de la langue et de création de

---

[135] Pujolar et Puigdevall, 2015.

nouvelles identités pour les néo-locuteurs, lorsque ceux-ci retournent en Louisiane, les opportunités d'exprimer ces identités sont souvent limités. Par exemple, 100% des participants déclarent qu'ils aimeraient passer plus de temps à parler français et 87,5% d'entre eux rapportent que parler français leur est essentiel. Pourtant, 66,7% des sondés considèrent être le genre de personnes qui font des efforts importants pour parler français et encore moins (58,3%) répondent qu'ils s'efforcent de parler français le plus possible. Bien qu'il soit question de motivation personnelle, ces résultats sont probablement dus au nombre limité de locuteurs du français en Louisiane. Si tel est le cas, une augmentation du nombre de services en langue française en Louisiane offrirait à ce groupe démographique de précieuses opportunités de se servir de la langue dans la vie quotidienne, faisant ainsi croître l'usage du français en Louisiane.

La communauté linguistique du français louisianais

Les néo-locuteurs souhaitent souvent parler comme les locuteurs natifs. Alors, ils adoptent des expressions et des mots locaux dans le but d'imiter leurs idiolectes basés sur ce qu'ils considèrent être une manière authentique de parler la langue [136]. La réponse suivante d'Emily démontre le conflit qui apparaît lorsque les formes de langue hybridées empêchent une personne de fonctionner au sein de la communauté linguistique native de Louisiane.

> Y a des jours où j'ai honte parce que je suis en train de parler avec quelqu'un de ce tit village de l'autre coin de l'état et je parle pas comme lui [...] Et j'ai un peu honte que je peux pas être assez louisianaise pour cette personne.

Dans cet exemple, Emily emploie « être en train de » pour indiquer une action en cours au lieu d' « être après », qui est la forme louisianaise. Elle poursuit en disant que lorsqu'elle parle français, le premier mot qui lui vient à l'esprit pour s'exprimer est celui qu'elle utilise, peu importe s'il s'agit de français standard ou d'une variété davantage louisianaise. Sa

---

[136] Mcleod et O'Rourke, 2015.

langue hybridée présente une incompatibilité avec les variétés locales et régionales que l'on retrouve parmi les locuteurs natifs en Louisiane.

Une autre sondée, Kate, confie avoir vécu des expériences similaires avec ces locuteurs natifs, notamment avec son grand-père. Elle rencontrait des difficultés à s'intégrer, car ils trouvaient qu'elle parlait bizarrement, avec un accent différent et des mots qu'ils ne connaissaient pas. Pour elle, ces situations ont établi une nette distinction entre son français et leur français.

> Et même avec mon grand-père. Et peut-être c'était juste moi où j'étais au lycée. Mais je ne voulais pas parler avec lui parce qu'il était un de ces gens qui disait quelque chose comme, ah, ton accent c'est différent et mais moi je parle ce français. Ok. Je veux juste pas parler.

La réponse de Kate témoigne d'une rupture entre les natifs et les néo-locuteurs, ce qui soulève la question de l'authenticité de son français et de sa place au sein de la communauté linguistique francophone de Louisiane, telle qu'elle a été décrite historiquement[137]. On considère souvent que les locuteurs natifs parlent la langue avec authenticité et cette idée « décourage les nouveaux apprenants et les empêche parfois totalement d'utiliser la langue, » comme l'explique la réponse de Kate[138].

Malgré tout, un grand nombre des néo-locuteurs dans cette étude rapportent n'avoir que peu d'interactions avec les locuteurs natifs. Ils se retrouvent à devoir forger leur propre identité en tant que francophones louisianais. Beaucoup de ces identités se sont définies dans les salles de classe, qui constituent de puissantes communautés linguistiques[139]. Ainsi, bien que certains néo-locuteurs puissent rencontrer des difficultés à s'intégrer dans la communauté linguistique native de Louisiane en raison de niveaux de langues et de compétences communicationnelles variables, ils peuvent exceller dans le cadre scolaire où l'on valorise davantage le français standard. Ceux qui ont appris le français standard enfants, dans des programmes d'immersion (avec, par exemple, des

---

[137] Mcleod et O'Rourke, 2015.
[138] O'Rourke et Pujolar, 2013.
[139] Romaine, 2006.

cours de sciences et de maths en français) ont acquis du vocabulaire hors de portée pour les locuteurs natifs en Louisiane qui ne connaissent pas les termes français correspondants. Ceci peut être une « source alternative de légitimité ou de capital linguistique pour les néo-locuteurs[140] ». Par conséquent, les néo-locuteurs sont mieux équipés pour se servir de la langue dans leur vie professionnelle ou académique, ce qui montre que le français représente un atout dans un monde globalisé.

Lorsqu'une langue minoritaire est transférée dans de nouveaux espaces, des changements s'opèrent dans son usage et dans les formes employées de la langue[141]. Aujourd'hui, les néo-locuteurs du français en Louisiane n'entretiennent plus la même relation à la langue que les générations précédentes. Le français n'est pas un moyen de communication privilégié, mais un outil académique ou culturel qui peut ouvrir de nouvelles portes, que ce soient des études supérieures, des opportunités de voyager, ou une connexion à notre héritage. Les néo-locuteurs s'expriment différemment que les générations précédentes ; ils emploient divers termes issus de la mondialisation et ont des accents variés. Même d'un point de vue démographique, les néo-locuteurs se distinguent clairement : une classe d'immersion en français peut être constituée d'enfants hispanophones d'Afrique centrale ou du Sud, et de louisianais qui sont liés à la région par des attaches générationnelles. En continuant dans cette direction, le français de Louisiane, étant étendu à de nouveaux espaces, sera parlé d'une manière différente de celle dont nous avons l'habitude. Cette évolution, qui touche toutes les langues, assurera la survie du français en Louisiane.

---

[140] McLeod et O'Rourke, 2015.
[141] O'Rourke et Walsh, 2015.

11. Observer et comprendre le contact des langues chez les enfants français migrants aux États-Unis[142]

Valérie Barrau-Ogereau

L'histoire de l'humanité est liée aux mouvements de populations, les migrations à l'échelle internationale n'ont d'ailleurs jamais été aussi intenses et facilitées qu'aujourd'hui. Quête d'asile politique, regroupement familial, recherche d'opportunités académiques ou économiques, les États-Unis sont un pays façonné par des personnes venues d'ailleurs. Mon histoire personnelle s'inscrit dans ce courant migratoire.

C'est au début de l'année 2016 que mon mari s'est vu proposer une offre de mobilité internationale. L'envie de quitter la région parisienne, d'offrir à nos enfants l'occasion d'apprendre une nouvelle langue et de vivre en immersion dans un autre pays nous a fait déménager très rapidement dans le Massachusetts, près de Boston. Très vite, j'ai compris qu'il serait difficile pour moi de continuer mon activité d'hôtesse de l'air. C'est ainsi qu'après avoir travaillé quinze ans dans l'aviation en France, j'ai décidé de reprendre mes études et de m'orienter dans l'enseignement du Français Langue Étrangère (FLE). Mes enfants étant alors âgés de deux et cinq ans, il était important de trouver une activité compatible avec leurs rythmes de vie et les offres d'emploi locales. Aussi, très opportunément, enseigner le français me permettait de trouver un moyen de préserver et développer des compétences langagières du français chez mes propres enfants, car j'avais pour eux de grandes ambitions éducatives fondées sur une maîtrise parfaite du français et de l'anglais. Si ma vision de l'acquisition de deux langues était claire et limpide, la réalité fut toute autre. Difficultés d'apprentissage, troubles neurodéveloppementaux, mélange des langues, frustrations, crispations, rejet de la langue d'héritage… à mon grand désespoir, j'ai vu le français être relégué en

---

[142] Réflexions *Les réflexions d'une mère de famille sur l'introduction d'une deuxième langue chez ses enfants, les difficultés d'apprentissage observées et les perspectives de remédiation basées sur les approches plurielles.* Texte original.

position de deuxième langue. Ce processus, qui s'est opéré en quelques années, s'est déroulé alors que je suivais en ligne les formations de Diplôme Universitaire (DU), Licence et Master FLE. Ce Master orienté parcours Numérique et Plurilinguisme[143] m'a permis d'observer puis de comprendre cette évolution linguistique chez mes enfants. Surtout, cette formation m'a permis de mieux prendre en compte leur profil polyglotte et de développer chez eux une compétence plurilingue transdisciplinaire.

Observer les premiers pas
dans un nouvel environnement linguistique et culturel

Parents de jeunes enfants, mon mari et moi étions déterminés à les exposer à un bilinguisme précoce : le français, alors langue source, sera la langue parlée dans le foyer et l'anglais, la langue cible, sera celle parlée en société. Plus qu'un vœu pieux, et du fait de notre situation, il était impératif que les enfants acquièrent la langue véhiculaire. Cette immersion linguistique et sociale s'est en grande partie opérée dans le système éducatif local. Puis, en même temps, une occasion s'est présentée de donner des cours de français après l'école dans une structure associative, ce qui nous semblait l'idéal pour équilibrer l'exposition aux deux langues, tant du point de vue académique que social.

Le jardin d'enfant

Pour être précise, à notre arrivée aux États-Unis, mon fils était âgé de 4 ans et 10 mois. Parce qu'il n'aurait pas cinq ans à la prochaine rentrée scolaire, la structure collective qui l'accueillit fut un *day care*, un établissement privé à mi-chemin entre la crèche et l'école maternelle que je traduirais par « jardin d'enfants ». L'accueil est proposé aux enfants âgés de 21 mois à cinq ans. L'école maternelle en France dispense des enseignements académiques[144] définis par un programme national dès l'âge de trois ans avec l'apprentissage des bases de la lecture (reconnaissance des lettres, des graphèmes simples puis complexes...), de l'écriture cursive (maîtrise de la

---

[143] Université Numérique de la Réunion (UNR)
[144] Jean-Michel Blanquer détaille ces enseignements dans education.gouv.fr/bo

motricité fine, repérage spatial sur une feuille lignée, calibrage des lettres minuscules et majuscules…) et des mathématiques. Cette approche vise à favoriser une transition en douceur vers le Cours Préparatoire (CP), soit le *1ˢᵗ grade* aux États-Unis. En revanche, les objectifs éducatifs d'un *day care* varient d'un établissement à un autre. Celui qui a accueilli mes enfants, comme beaucoup d'autres aux États-Unis, portait l'accent sur le développement social et émotionnel [145] et l'apprentissage par les jeux individuels et collectifs. Dans ce type de structure, les enfants apprennent à gérer leurs émotions et celles des autres, interagir avec les pairs, etc. Ici, cette approche vise également à préparer les enfants à l'école élémentaire, car le volet socio-émotionnel est aussi important que le volet académique. Une section entière lui est attribuée dans le bulletin de notes.

C'est ainsi qu'après deux ans d'école maternelle en France, mon fils fait sa rentrée dans un jardin d'enfants américain. De nous deux, je pense que c'était moi la plus stressée. Comment naviguera-t-il dans ce nouvel environnement ? Comment communiquera-t-il avec les autres et son enseignante ? Comment exprimera-t-il ses besoins les plus élémentaires ? En fait, nous avons eu l'heureuse surprise de rencontrer Anne, son enseignante. Anne est originaire de la Martinique, une île dans les Caraïbes françaises. Elle est, de ce fait, française et vit aux États-Unis depuis plusieurs années. La transition s'est donc opérée en douceur et au bout de trois mois, mon fils était très à l'aise dans sa nouvelle vie. Il avait intégré le lexique propre aux rituels de sociabilisation et d'apprentissages de cet âge. Par ailleurs, le calendrier culturel américain est ponctué de nombreuses célébrations : *Indigeneous People's Day, Veteran Day, Halloween, Thanksgiving, Christmas*. Si Noël est célébré de chaque côté de l'Atlantique, en trois mois, mon fils a plongé de manière ludique, si ce n'est festive, dans une nouvelle culture ; ce qui a aidé à l'acquisition de l'anglais dans sa variation américaine. Exposé à une deuxième langue à l'âge de cinq ans, on peut considérer que le bilinguisme chez mon fils est de type consécutif, sa première langue (L1) était alors le français, sa deuxième langue (L2), l'anglais.

Ma fille, alors âgée de deux ans, a commencé à fréquenter ce même établissement à raison d'abord de deux matinées par semaine. Puis, elle a

---

[145] *Social Emotional Learning (SEL)* en anglais

bénéficié d'un accueil à plein temps de l'âge de trois ans à cinq ans. De nature très sociable et bavarde, elle n'a rencontré aucune difficulté à naviguer dans ce nouvel écosystème, parvenant très bien à se faire comprendre et satisfaire ses besoins. En revanche, français, anglais, *franglais,* ou encore babillage enfantin, les mots ou les fragments de phrases s'enchaînaient, quelle que soit la langue. Autant il était parfois possible de la comprendre, autant parfois non. Le discours verbal était produit avec un enthousiasme et un sourire aussi attendrissants que drolatiques. Témoin de l'acquisition naturelle du langage, je garde un doux souvenir de cette période. Du fait de l'incapacité à distinguer les codes linguistiques et du chevauchement intense des langues à un âge précoce, il n'était pas vraiment possible de distinguer la L1 de la L2. Ainsi, chez ma fille, le bilinguisme était de type simultané jusqu'à son entrée en école élémentaire à l'âge de cinq ans.

La scolarité en école élémentaire américaine
et troubles de l'apprentissage

Mes espoirs, placés sur le développement d'un bilinguisme équilibré et « parfait », furent mis à mal les années suivantes. Cette période correspond à l'enfance moyenne alors que les enfants étaient âgés de six à onze ans. C'est durant cette période qu'il est attendu l'acquisition et la consolidation des apprentissages fondamentaux académiques, tels que la lecture, l'écriture et les mathématiques. Aussi, de par nos origines françaises et du fait que la langue de la cellule familiale est le français, les deux enfants ont bénéficié d'office du programme *English Language Learner* (ELL). Ce programme assure un soutien linguistique aux apprenants pour qui l'anglais n'est pas la première langue. Mes enfants ayant déjà l'oralité de l'anglais, il s'agissait pour eux de renforcer la réception et la production écrite. Or, ces apprentissages ont été particulièrement délicats pour eux deux.

Depuis le *Kindergarten* jusqu'au *3rd grade*[146], le rapport de mon fils pour l'écrit fut entravé par une vision miroir. Pour bien comprendre, il voyait de manière inversée horizontalement (de droite à gauche) et verticalement

---

[146] De la Grande Section de la Maternelle au CE2 en France

(de bas en haut). Ainsi, dans l'apprentissage de l'écrit, la lettre « b » pouvait être interprétée comme « d », « q » ou « p ». Ces difficultés ont créé des retards dans l'acquisition de la lecture et de l'écriture, puisqu'il pouvait également écrire à l'envers. Alors que ses camarades de classe lisaient des romans de la littérature jeunesse et écrivaient avec aisance en anglais, mon fils a commencé à ressentir un manque de confiance ; ce qui est révélateur d'une insécurité linguistique. Concrètement, il préférera s'appuyer sur la narration iconique des bandes dessinées aux livres avec chapitres et alignera péniblement dix mots lorsqu'il lui sera demandé de rédiger un paragraphe. Fort heureusement, cette vision miroir s'est estompée vers l'âge de neuf ans et les choses sont rentrées dans l'ordre rapidement grâce au soutien personnalisé ELL fourni par l'école. Par la suite, sa scolarité fut normale.

À cinq ans, ma fille fit son entrée en *Kindergarten*. De nature très sociable, et forte de son expérience de la vie en collectivité au jardin d'enfants, elle a très bien démarré sa scolarité. Puis, en mars 2020, le COVID-19 s'est imposé dans nos vies, basculant les cours en distanciel via des visioconférences. C'est ainsi que j'ai pu « entrer » dans sa classe et constater un décalage de niveau entre ses camarades, les attentes du programme et elle. Difficultés de mémorisation, de conceptualisation, de repères temporels, les retards dans l'acquisition des fondamentaux en littératie étaient importants.

Le confinement ayant été reconduit l'année suivante, j'ai vu ces retards s'accentuer malgré mes efforts d'accompagnement et de soutien. Ce n'est qu'en *2nd* grade que ma fille a pu reprendre des cours en présentiel. C'est à ce moment-là que j'ai sollicité l'école pour une évaluation d'éligibilité à un programme d'éducation individualisée[147]. Les spécialistes décèlent alors un trouble neurodéveloppemental : le trouble du déficit de l'attention avec ou sans hyperactivité (TDAH). Une prise en charge à l'école est mise en place ; elle bénéficie d'un soutien personnalisé quotidien, en plus des cours et du programme ELL. Au fil des années suivantes, grâce à l'ensemble de l'équipe éducative, elle rattrape son retard dans l'acquisition des apprentissages.

---

[147] *Individualized Education Plan (IEP)*

Les cours de français après l'école

Les apprentissages académiques fondamentaux dispensés en anglais, la langue d'immersion, furent fastidieux pour mes deux enfants. Qu'en fut-il du français ? La communauté francophone dans la région de Boston étant importante, nous avons eu la chance d'inscrire nos enfants dans une structure *after-school*[148] proposant des cours de français deux fois par semaine à des enfants ayant reçu un héritage francophone. Le campus comptait alors près de 80 élèves, ce qui constituait une formidable communauté d'enfants issue de l'immigration, ou en situation de migration. La langue d'enseignement était le français, portant les objectifs d'apprentissage sur le développement de compétences en réception et production écrites. Ce focus sur l'écrit était aussi motivé par les familles, étant donné que certaines envisageaient un retour au pays d'origine, une fois leur VISA expiré.

Les classes comptaient six à huit apprenants en moyenne ; ce qui était idéal en termes de gestion de classe, de mise en place d'apprentissages différenciés, etc. Le programme pédagogique utilisé par les enseignants était inspiré de celui de l'Éducation Nationale française et les supports employés par les enseignants étaient dédiés à des apprenants de Français Langue Maternelle (FLM). La France ayant une tradition grammaticale forte, très tôt (à partir de six ans - *1st grade*), il a été question de notions grammaticales, de syntaxe, de conjugaison, avec l'utilisation du métalangage. L'approche pédagogique était fondée sur des démonstrations et des manipulations du système linguistique : tableaux de conjugaison, exercices de fixation pour travailler l'exactitude orthographique et grammaticale... Or, si les enfants scolarisés en France travaillent l'écrit ainsi, il n'en est rien pour les apprenants américains pour qui le développement de l'écrit se fait surtout par l'exposition à la langue et l'intuition. Les normes éducatives étant différentes et en l'absence de relais à l'école élémentaire américaine, le français est très vite apparu comme étant une langue difficile. Autant dire que, pour mes enfants qui rencontraient des difficultés en anglais, les cours de français furent laborieux. Mon fils s'est vite découragé arguant que cela ne lui servirait

---

[148] En français : après l'école

pas aux États-Unis et que c'était trop compliqué. Quant à ma fille, malgré son enthousiasme inné, elle ne parvenait pas à conceptualiser les règles de grammaire et donc à les retenir. Faire l'opération mentale de convertir un groupe nominal sujet en pronom personnel sujet pour conjuguer le verbe associé. Puis, identifier le verbe, son groupe et y associer la bonne terminaison… Elle était perdue. Cependant, les cours ne se résumaient pas à l'étude de la langue. En effet, de nombreuses familles étant originaires d'un des pays de la Francophonie, des enseignements et des activités étaient dédiés à la culture francophone. Ce volet mettant en valeur la diversité et la pluriculturalité de la communauté francophone locale fut ce à quoi mes enfants se sont raccrochés pour apprécier les cours. Entre-temps, le COVID s'est imposé, les cours ont basculé en ligne, de nombreux enseignants et des familles ont dû rentrer dans leur pays d'origine. Le campus a fini par fermer. Ainsi, en dépit des efforts pour développer des compétences langagières égales dans les deux langues, une asymétrie en faveur de l'anglais s'est durablement installée. L'anglais s'est ainsi positionné en L1 et le français en L2.

Comprendre le contact des langues

Alors que je commençais à faire le deuil d'une éducation bilingue pour mes enfants, je faisais mon entrée dans ma formation de Master FLE. Les semestres se sont enchaînés sur deux ans avec des cours intitulés « Théories du plurilinguisme », « Situations plurilingues », « Didactique du plurilinguisme », « Migrations et plurilinguisme ». J'ai réalisé que rien n'était perdu. Au contraire, d'autres approches didactiques existent, et j'ai décidé de les expérimenter sur mes enfants.

Le translanguaging

S'il a été difficile de développer le français écrit chez nos enfants, mon mari et moi continuons d'entretenir la langue à l'oral dans notre foyer : nous nous adressons à eux exclusivement en français, nous mettons des programmes français à la TV, le contact avec la famille en France se fait en visio-conférence en français… En bref, nous nous efforçons d'élargir le plus possible les canaux oraux de transmission de ce patrimoine linguistique. Le français est parlé à la maison, l'anglais en société. Si les choses peuvent paraitre simples en théorie, la réalité est plus contrastée, car l'anglais (L1) va fortement influencer les productions orales en français (L2). Les modifications, plus ou moins perceptibles, du code linguistique peuvent s'observer à trois niveaux :

- Lexical : les emprunts à l'anglais sont facilement repérables. Pour différentes raisons, les enfants peuvent introduire des mots anglais alors qu'ils s'expriment en français. Ceci peut être dû par lacune, l'enfant ne connait pas le mot en français « - Maman, j'ai oublié de prendre mon *retainer*[149] au *sleepover*[150] hier soir. ». Ou encore, si la personne à laquelle ils s'adressent comprend l'anglais, ils ne vont pas faire l'effort de parfaire leur discours en français « - Ma mère viendra *pick me up* après la répétition[151]. » (ma fille à une connaissance francophone). Aussi, j'ai pu remarquer qu'en s'adressant à mon mari et moi, les enfants pouvaient avoir recours à l'anglais lorsqu'ils étaient submergés par les émotions (stress, anxiété, excitation...). Si, pour éviter des fossilisations, nous nous efforçons de les corriger autant que possible, dans ces cas-là, nous les laissons s'exprimer librement, quelle que soit la langue.
- Syntaxique : calquer les règles de grammaire anglaise dans un discours français. Ici aussi, les calques seront facilement repérables. J'ai pu repérer des calques de type sémantique « je suis fini » (« - *I am finished* ») ou d'ordonnancement grammatical « - la blanche robe ». Le calque de négation avec l'ellipse du « ne » sera le plus fréquent (ex. : « - Je sais pas ») suite à la contraction courante utilisée en anglais (*don't, can't, won't*,...).
- Phonétique : l'influence de l'anglais sera ici plus subtile, mais bien présente, notamment en ce qui concerne la prosodie. Si, en français l'intonation d'une phrase affirmative est descendante, en anglais, elle est ascendante. C'est ce que l'on appelle « *uptalk* ». Ainsi, pour une oreille francophone, on a l'impression que le discours est en suspens.

---

[149] Appareil orthodontique
[150] Soirée pyjama
[151] Me chercher

Or, il est terminé. Les enfants vont aussi beaucoup utiliser un procédé expressif qu'est l'hésitation. On pourrait attribuer cela à une maîtrise relative de la langue, cherchant leurs mots, ils prendraient ainsi le temps de réfléchir. Cela dit, l'anglais américain a une structure rythmique plus lente que celle du français. À noter ici que, si en français, le silence et l'hésitation sont vécus comme gênants, ce n'est pas le cas en anglais américain. Ces particularités phonétiques de la chaine parlée pourraient être interprétées comme une marque de nonchalance ou de désintéressement pour un francophone non initié, attention aux malentendus (notamment les parents d'adolescents).

Ainsi, malgré des situations de communication bien définies (le français à la maison, l'anglais en société), on constate que les langues se mélangent. Noter aussi que, parfois, on (enfants et adultes compris) change volontairement le code selon l'interlocuteur par un besoin de simplification « On va au *playground*[152] », par insistance ou connivence « S'il te plaît maman, *pretty please* », pour se distinguer ou marquer son appartenance à une identité culturelle (choisir un « *donut*[153] » ou un « *chocolate croissant*[154] » dans une boulangerie française), ou bien encore par effet de style « *okey-dokey*[155] ». Dans tous les cas, la communication se fait en puisant des éléments de plusieurs codes linguistiques, car somme toute, ces codes ne constituent qu'un seul et unique répertoire plurilingue ; c'est du *translanguaging*[156].

Embrasser le plurilinguisme

Être bilingue n'est pas être deux fois monolingue. Être plurilingue, c'est certes avoir des compétences langagières dans au moins deux langues, mais c'est aussi accepter l'idée que leur maîtrise n'est pas égale. Le Cadre Européen Commun de Référence pour les Langues (CECRL, 2021 : 30) définit le plurilinguisme comme « une compétence inégale et évolutive [...]. Les plurilingues ont un répertoire *unique*, interdépendant, dans lequel

---

[152] *Playground* en anglais, 1 mot – aire de jeux en français, 3 mots
[153] Beignet
[154] Chocolatine, pain au chocolat
[155] Okay
[156] Dr François Grosjean explique le translanguaging dans psychologytoday.com

ils combinent leurs compétences générales et des stratégies diverses pour accomplir une tâche ». En somme, il s'agit de prendre en compte tous les codes linguistiques en présence (langue, dialecte...), quel que soit le niveau, et puiser dans ce répertoire riche pour communiquer langagièrement. Une personne plurilingue va développer une compétence plurilingue qui se manifestera ainsi :

- passer d'une langue ou d'un dialecte [...] à l'autre ;
- s'exprimer dans une langue [...] et comprendre une personne parlant une autre langue ;
- faire appel à sa connaissance de différentes langues [...] pour comprendre un texte ;
- reconnaitre des mots sous une forme nouvelle, mais appartenant à un stock international commun ;
- assurer le rôle de médiateur entre des individus qui n'ont aucune langue [...] en commun ou qui ne possèdent que des notions de l'une d'elles ;
- mettre en jeu tout un outillage langagier, en essayant une série d'expressions possibles ;
- exploiter le paralinguisme (mimique, geste, mime, etc.). » (Ibid.)

En tant que parent, c'est accepter les interférences interlinguistiques, l'intercompréhension conversationnelle (chacun parle dans sa langue : les parents en français, les enfants en anglais, par exemple), c'est apprécier la créativité linguistique (« Maman, tu peux *viendre* ? »), et surtout poursuivre la transmission de la langue familiale et encourager son expression sous toutes ses formes.

L'intégration d'une langue étrangère et approches plurielles

De toutes les compétences langagières existantes, la seule que mon fils ne maîtrise pas en français, c'est la production écrite. Après les difficultés connues pendant les premières années de sa scolarité, j'ai placé mes espoirs dans l'éducation secondaire américaine, qui prévoit l'apprentissage d'une langue étrangère à partir du *6th grade*[157]. Malheureusement, parce que le

---

[157] 6e en français, entrée au collège

français n'est pas une langue étrangère pour lui, il a dû choisir une autre langue. De ce fait, sa biographie langagière comptera désormais l'espagnol. S'il a gardé un mauvais souvenir de ses années à apprendre le français, il constate bien volontiers que l'espagnol est plus facile à apprendre, à comprendre, à retenir… Ceci n'a rien d'étonnant, le français et l'espagnol appartiennent génétiquement au même groupe de langues : les langues romanes. Maurer & Puren (2019 : 254) s'appuient sur un document publié sur ethnologue.com pour démontrer les coefficients de similarité lexicale :

- français – espagnol : 0,75
- anglais – français : 0,27
- anglais – espagnol : –

Au-delà du lexique, les similarités entre le français et l'espagnol s'observent aussi au niveau de la syntaxe. Sans rentrer dans les détails, les phrases se construisent souvent de la même manière et le métalangage (le nom des éléments grammaticaux) est quasi identique. D'après l'enseignante d'espagnol, mon fils apprend vite et intègre des concepts linguistiques avec facilité. D'après mon fils, l'espagnol est facile à apprendre, car « ça ressemble au français et ça me rappelle les cours de français ». En réalité, il a spontanément développé une compétence d'apprentissage plurilingue et mis en place des stratégies d'analyse, d'intercompréhension et de transferts. On pourrait penser que ce qui est possible avec l'espagnol l'est moins avec l'anglais. Certes, le coefficient de similarité lexicale entre l'anglais et le français est de 0,27. Pour Bernard Cerquiglini[158], « plus du tiers du vocabulaire est d'origine française ; si on ajoute les mots imités du latin, la barre des 50 % est dépassée » (2024 : 10). Il attribue la nature du lexique à « un vocabulaire abstrait, le lexique du commerce et de l'administration, les termes de droits et de la politique, etc. » (*Ibid.*) Il est donc possible de capitaliser sur l'anglais pour apprendre le français (et *vice versa*). Plus que le lexique, Maurer & Puren ont recensé « une dizaine de schémas syntaxiques strictement identiques dans les deux langues » (*cf. supra* : 257). Concrètement, plus que via les cours d'espagnol,

---

[158] Universitaire français, directeur de l'Institut national de la langue française (CNRS), auteur

je parviens à réconcilier mon fils avec l'écrit du français via les cours de sciences et de *social studies* anglais. S'appuyer sur une langue pour apprendre une autre langue relève d'une approche didactique plurielle appelée didactique intégrée des langues[159]. S'appuyer sur d'autres matières relève d'une approche transdisciplinaire.

Conclusion

La théorie du plurilinguisme m'a réconciliée avec l'idée que l'imperfection chez les enfants plurilingues n'est pas un échec ou un signe de confusion, mais une marque de flexibilité linguistique évolutive dans le temps selon l'âge, l'exposition aux langues et les expériences vécues. Mon expérience de parent d'enfants plurilingues m'amène à penser que l'apprentissage d'une langue est le travail de toute une vie. Si les jeunes enfants ont du mal dans les apprentissages, laissons-leur du temps, soyons patients et restons confiants. Au-delà du développement d'une compétence plurilingue, l'immersion dans une nouvelle société nous a conduits, parents et enfants, vers de nouveaux espaces culturels : célébrations de nouvelles fêtes, commémorations d'évènements historiques locaux (*Martin Luther King Day, Patriot Day, Independence Day,…*), nouvelle cuisine… Nous avons appris à nous décentrer de nos propres repères culturels pour en intégrer de nouveaux. En dehors de la culture américaine, et du fait que la population de Boston est très internationale, nous avons découvert d'autres us et coutumes venus d'ailleurs (Irlande, Inde, Mexique, Égypte…). En retour, c'est avec beaucoup de joie que nous avons partagé certaines traditions françaises : la galette des Rois de l'Épiphanie, les crêpes de la Chandeleur…

Français, Américains : ils sont les deux à la fois. Plus qu'un simple apprentissage des langues et le développement de compétences plurilingues, j'ai vu mes enfants acquérir des valeurs de respect, de tolérance et d'altérité. C'est avec beaucoup d'affection et de fierté que je les vois aussi s'épanouir dans le pluriculturalisme et que je préfère les voir comme des citoyens du monde.

---

[159] adeb-asso.org/portfolio_category/livres

12. Mon parcours dans le domaine des études francophones : de l'Afrique à l'Amérique
Emmanuel Kayembe

Mon amour pour la langue française est né au contact de mes enseignants d'école primaire qui m'ont fait découvrir et apprécier la littérature jeunesse d'Ernest Pérochon (1885-1942), un écrivain local né à Courlay. Il savait donner du relief à ses personnages fictifs, dont la simplicité évoque une dimension profonde de son Poitou natal. Ce rapport ancien à la culture française a été, pour moi, l'étincelle qui a attisé mon goût pour les études littéraires. À la fin de mes études secondaires en philosophie et en latin, j'ai dû m'inscrire à l'Université d'Élisabethville-Lubumbashi. J'ai fini par obtenir une double licence en lettres classiques et en lettres françaises, ce qui allait à l'encontre du souhait de mes parents. Ils voulaient que je devienne avocat ou médecin, à une époque où la promotion des sciences, de la technologie, de l'économie, des sciences légales ainsi que des études d'ingénierie et de mathématiques était au cœur des discussions à propos de l'avenir de l'Afrique. Avec tout le respect que je devais à ma famille, qui ne considérait les études qu'en termes de profitabilité immédiate, il me fallait obtenir un doctorat en langue et littérature françaises pour devenir, de fil en aiguille, d'abord professeur-chercheur, à l'Université d'Élisabethville-Lubumbashi, ensuite assistant d'enseignement à l'Université du Cap et, un peu plus tard, lecteur à l'Université du Botswana, où j'ai enseigné pendant quatre ans, le français langue étrangère et les cultures francophones, y compris la francophonie nord-américaine, après un bref passage à l'American Council of Learned Societies (Carnegie Corporation of New York). Cette longue aventure, loin d'être achevée, m'a transformé en nomade et en infatigable défenseur de l'enseignement des lettres classiques et de la langue française.

François Guilbert, spécialiste de Plaute, m'a enseigné les ficelles de la philologie classique et, très tôt, m'a poussé à lire des romans d'idées français. Robert Baudry, médiéviste réputé, m'a transmis l'amour du cycle arthurien, de la quête du Graal et de sa merveilleuse structure (Perceval et Vermeil emplissent mes rêves d'enfant !). Paul de Meester de Ravenstein m'a initié aux arcanes de la littérature francophone, qui constitue un raccourci suggestif vers les grandes questions contemporaines portant sur les identités mondiales. Je ne suis plus Africain en tout point. La Belgique et la France sont mes secondes patries. Je tiens probablement de mes anciens mentors ma passion pour le français et les lettres francophones. Cette passion m'a conduit à participer à de nombreux projets de recherche, financés notamment par l'Institut français d'Afrique du Sud et l'Agence universitaire de la Francophonie. Dès que j'ai rejoint l'Université du Sud du Maine, mon intérêt s'est de plus en plus focalisé sur l'héritage canadien français aux États-Unis, relatif à l'identité franco-américaine ; j'ai travaillé sur des projets collaboratifs qui ont pour objectif de rapprocher les organisations d'héritage franco-américain et canadien français, en mettant en commun leurs ressources, leurs projets et leur expertise, et en fournissant des données facilement accessibles aux États-Unis et ailleurs.

Sciences exactes et études technologiques,
ou lettres et sciences humaines ?

Former des élites nationales capables de contribuer au développement de l'Afrique était devenu un enjeu capital pour les pays du continent nouvellement indépendants. De plus, bien avant la fin de la Seconde Guerre mondiale, Cheikh Anta Diop, historien, anthropologue et physicien sénégalais, avait déjà mis en évidence le rôle des sciences exactes et des études technologiques dans le processus de développement du continent noir : « L'Afrique aura énormément besoin de savants atomistes, de spécialistes de l'énergie solaire, d'ingénieurs ayant une culture scientifique en rapport avec les ouvrages d'art qu'ils auront à édifier à l'échelle du continent, lors de son indépendance » (Diop 16). Cependant, tout en insistant sur le fait d'introduire les jeunes d'Afrique aux mystères scientifiques et aux études technologiques, les premiers chercheurs africains ont souligné le besoin d'« humaniser » la technologie, de considérer les humains comme le ferment de tout progrès véritable. Par conséquent, ils ont dénoncé les dangers et les abus générés par toute pratique technologique qui n'intègre pas les valeurs éthiques issues d'anciennes traditions. De nombreux pédagogues et politiciens étaient persuadés que le continent avait besoin d'écrivains, de linguistes et de cadres passionnés par la culture humaniste. Cette posture éducative, faudrait-il souligner, a fini par mener à une discussion sur les usages judicieux et les usages néfastes de la technologie ainsi que sur l'intégration des études culturelles et linguistiques aux projets développementaux du continent noir. En Afrique, en général, et en République démocratique du Congo, en particulier, la définition de l'intellectuel comme agent de transformation sociale considérait donc la connaissance des langues comme un élément formatif essentiel, entre autres.

> Car, en tout premier lieu et par priorité, notre pays [la République démocratique du Congo] a un besoin urgent de médecins, d'ingénieurs, d'une administration compétente et d'industriels et tous ceux-ci attendent une formation adéquate et hautement spécialisée qui s'amorce le mieux dans les Sections scientifiques. Cependant, ne faut-il pas également que, dans son ensemble, le pays dispose de cadres bien formés dans un style humaniste... ? (De Meester 5).

Référons-nous aux réflexions de Leopold Sedar Senghor sur la place des études classiques et sur l'importance de l'enseignement du latin au Sénégal ; des réflexions qui montrent comment les États-Unis et la République fédérale d'Allemagne, deux pays technologiquement avancés, ont néanmoins intégré au programme universitaire l'étude du latin et du grec comme catalyseur du développement humain et économique. De plus, dans une communication intitulée « Le français, langue de culture », publiée en 1962 dans le journal *Esprit* (pp. 837-844), Senghor met en lumière l'utilité de l'apprentissage et de l'enseignement du français en tant que vecteur de culture et outil de communication internationale, qui permet aux Africains de s'exprimer dans les cercles mondiaux, tout en conservant leurs langues pour les échanges locaux :

> La majorité des États africains sont francophones et, à l'ONU, le tiers des délégations s'exprime en français. En 1960, après l'entrée

massive de nouveaux États africains dans l'Organisation
internationale, Habib Bourguiba en tira la conclusion logique : il
faut renforcer l'enseignement du français en Tunisie. Dans les
faits, Hassan II n'a pas appliqué une autre politique. Le Maroc, à
lui seul, compte huit mille enseignants français : plus de la moitié
de ceux qui servent à l'étranger (Senghor 837).

Ce point de vue de Senghor était conforme à une politique d'unité
continentale, qui permettrait probablement à un bon nombre de pays
africains de communiquer entre eux et avec le monde extérieur, compte
tenu de la forte hétérogénéité linguistique du continent noir. En effet, au
plus fort des débats sur la décolonisation linguistique en Afrique, les
politiciens et les pédagogues soutenaient l'importance de conserver les
langues étrangères comme langues officielles, bien qu'elles aient été
imposées à l'Afrique par la colonisation, et ce, malgré l'opposition de
figures intellectuelles proéminentes, telles que Ngugi Wa Thiong'o et
Cheikh Anta Diop, auteurs, entre autres, d'un texte qui a provoqué de
fortes réactions, *Les Fondements économiques et culturels d'un État fédéral
d'Afrique Noire*, publié pour la première fois en 1960 à Paris par Présence
Africaine et traduit en anglais en 1987 par Harold J. Salemson (*Black
Africa: The Economic and Cultural Basis for a Federated State*). Quand je me
suis inscrit à l'Université d'Élisabethville-Lubumbashi en 1982, toutes
ces questions dominaient toujours le champ politique et intellectuel
zaïrois (de 1971 à 1996, la République démocratique du Congo
s'appelait Zaïr). Les projets développementaux de l'Afrique se
trouvaient alors au carrefour des problématiques culturelles et
économiques. Cependant, bien qu'elles reconnaissent le rôle des
sciences dites molles dans la fondation des jeunes nations africaines, de
nombreuses familles ont orienté cependant leurs enfants vers des
formations plus techniques, qui étaient perçues comme plus
avantageuses sur le marché du travail. Je n'oublierai jamais la déception
de mon père quand je lui ai annoncé que je m'étais inscrit en lettres ! Il
a promptement convoqué une réunion de famille pour me faire entendre
raison. Nous vivions dans une société en entière transformation, où les
stratégies pédagogiques avaient remplacé les stratégies patrimoniales.
En effet, nos sociétés paysannes avaient vendu aux colons et aux

missionnaires les terres ancestrales héritées d'une longue tradition, au profit de capitaux symboliques.

Nous nous étions ensuite soumis à un processus d'acculturation où le prestige des diplômes et les médailles constituaient des indicateurs de réussite sociale. À l'instar du héros de Ferdinand Oyono dans *Le Vieux nègre et la médaille* (1956), notre destinée était à présent liée à des « privilèges socialement conditionnés en mérites ou en "dons" personnels » (Bourdieu). Nos parents avaient porté au pinacle les avantages sociaux qui découlaient des études dont la rentabilité était apparente. Ils ne nous accordaient plus la possibilité de devenir enseignants, une profession qui, à leurs yeux, ne mènerait qu'à l'extrême pauvreté. Ma décision d'étudier le français et le latin était donc perçue comme de la pure provocation ! Nous avions au moins une raison qui nous poussait vers les études littéraires : nos prestigieux maîtres, dont la réputation internationale naissante nous fascinait déjà. Parmi les professeurs congolais les plus éminents figurait Valentin Yves Mudimbe, né, comme moi, à Jadotville-Likasi dans le Congo belge. Pour des raisons politiques, Mudimbe a quitté son Congo natal dans les années 1980 pour devenir d'abord professeur titulaire de la chaire William R. Kenan en français, littérature comparée et études classiques à l'Université Stanford, et ensuite titulaire de la chaire Newman Ivey White en littérature comparée à l'Université Duke. Aujourd'hui, Mudimbe est professeur émérite et titulaire de la chaire Ruth F. DeVarney en études romanes et en littérature comparée dans cette même université. Impressionnant, le capital culturel de Mudimbe ne laissait personne indifférent. En dehors du fait qu'il maîtrisait une douzaine de langues modernes, dont le français, l'italien, l'espagnol, le portugais, l'allemand, le flamant et le russe, il jouissait déjà d'une importante renommée internationale lorsqu'il vivait au Congo, bien avant son exil aux États-Unis, comme le prouve les nombreuses positions de professeur invité qu'il a occupées en Europe, à l'Université de Louvain en Belgique et à l'Université Paris-Nanterre en France.

Il était, à proprement parler, l'un de nos professeurs les plus brillants sur le plan culturel, qui parlait français sans accent, à l'exception du Dr Wansanga Mukendi, un géographe et économiste formé à l'Université de Paris-Sorbonne, qui était professeur associé invité au Amherst

College. Tous ceux qui ont fréquenté l'Université d'Élisabethville-Lubumbashi dans les années 1970 et 1980 se souviendront de cette blague qu'aimait faire le Dr Mukendi : « Dans cette université tout entière, il n'y a que deux personnes qui savent parler français, mon ami Valentin Yves Mudimbe et moi-même ».

Nous cherchions des modèles intellectuels capables de justifier notre choix du français, entre autres, comme sujet de spécialisation universitaire. Nous opposions volontiers un autre professeur congolais à Valentin Yves Mudimbe, que le monde scientifique a découvert surtout grâce à son livre *L'Invention de l'Afrique* (1988), le Dr Georges Ngal, auteur d'une thèse brillante sur Aimé Césaire défendue en 1968 à l'Université de Fribourg en Suisse[160]. À partir des années 1980, Ngal a voyagé de par le monde pour enseigner en tant que professeur associé dans plusieurs universités en France, en Allemagne, en Belgique, au Canada et aux États-Unis : Middlebury College aux États-Unis, les universités de Montréal et de Sherbrooke au Canada, l'Université de Liège en Belgique, les universités de Nice, de la Sorbonne, de Bordeaux, de Grenoble III, de Nanterre Paris X, de la Sorbonne Paris IV en France, et l'Université de Bayreuth en Allemagne. À l'époque, il y avait deux groupes antagonistes d'étudiants sur le campus de l'Université Élisabethville-Lubumbashi : ceux qui se réclamaient de V.Y. Mudimbe et ceux qui ne juraient que par Georges Ngal ! En 1975, Mudimbe ne s'est pas privé d'attaquer Ngal en justice pour diffamation, suite à la publication d'un roman intitulé *Giambattista Viko ou le Viol du discours africain*, dont ce dernier est l'auteur[161].

Vers 1970-1980, l'Université d'Élisabethville-Lubumbashi constituait un véritable microcosme du monde francophone, dans lequel des professeurs venus des quatre coins de l'Afrique, de l'Europe et de l'Asie se rencontraient. Théophile Obenga, poète, linguiste et historien originaire du Congo-Brazzaville, actuellement professeur émérite à l'Université

---

[160] *Aimé Césaire : Un homme à la recherche d'une patrie.*

[161] Ce roman a récemment été traduit en anglais dans la série « *Texts and Translations* » de la Modern Language Association en 2023, par le Dr David Damrosch, originaire du Maine et professeur titulaire de la chaire Ernest Bernbaum de littérature comparée à l'Université de Harvard.

d'État de San Francisco, représentait avec bien plus de rigueur le courant afrocentriste de l'Égyptologie initié par Cheikh Anta Diop, qui a conquis les cœurs des Congolais lors d'une série de conférences organisées à Élisabethville-Lubumbashi. Paulin Hountondji, un philosophe béninois formé à l'École Normale Supérieure de Paris et à l'Université de Paris Sorbonne, a apporté de l'eau au moulin des discussions sur l'existence et la définition de la philosophie africaine. Bogumil Jewsiewicki-Koss, actuellement professeur émérite à l'Université Laval au Canada, surnommé « Radio-France Internationale » en raison de sa volubilité en français, avait déjà établi les bases de ses recherches sur l'histoire culturelle et la mémoire sociale congolaises, qu'il développera au sein du Centre de recherche Cultures, Arts et Sociétés à Laval. Le professeur Tran Hong Cam, originaire du Vietnam, s'est attiré l'admiration de ses étudiants grâce à son vaste savoir de la linguistique française. Robert Baudry, né en Sallèles d'Aude en Occitanie, a généreusement pris en charge la direction de mon mémoire de licence, à la suite de la mort soudaine de mon mentor François Guilbert à l'Abbaye Saint-André à Bruges, en Belgique. Plus tard, Baudry est devenu chercheur associé au Centre de Recherche sur les Littératures de l'Université d'Angers en France et a collaboré à l'édition de la *New Encyclopedia Arthuriana*, l'ouvrage de référence mondial sur la littérature arthurienne. Ses ouvrages intitulés *Graal et littérature d'aujourd'hui* [162] et *Le Mythe de Merlin* [163] représentent l'aboutissement de ses recherches sur le merveilleux dans la littérature française, initiées à l'Université d'Élisabethville-Lubumbashi.

La découverte des grands romanciers français du XXe siècle

À la fin de trois années d'étude, les programmes de l'Université d'Élisabethville-Lubumbashi exigeaient que chaque étudiant remette une courte dissertation sur un sujet spécifique approuvé au sein du département dans lequel il était inscrit. Un de nos professeurs, François Guilbert, qui faisait preuve d'une bonne disposition à mon égard, m'a

---

[162] Dinan : Terre de Brume, 1998
[163] Dinan : Terre de Brume, 2008

suggéré de mener une étude sémantique du mot « forêt » en latin dans les *Tragédies* de Sénèque (le concept de forêt est inclus dans quatre mots, *silva*, *lucus*, *nemus*, et *saltus*, dont la différence sémantique ne peut être comprise que grâce au contexte dans lequel ils se trouvent). En parallèle, il m'a conseillé de lire l'intégralité des écrits des grands romanciers français du XXe siècle, dont François Mauriac, André Gide, Antoine de Saint-Exupéry, André Malraux et André Maurois, sans me limiter au cours d'analyse de textes français, qui n'incluait que des morceaux choisis de ces auteurs. Guilbert m'a expliqué avoir décelé en moi une vocation pour la recherche et le professorat universitaire, et qu'il me fallait me préparer pour mener une carrière de chercheur en littérature comparée. Ses recommandations de lecture n'étaient qu'une extension logique de l'exercice de catégorisation sémantique auquel il m'avait soumis en m'invitant à entamer une étude de vocabulaire de l'une des œuvres de Sénèque. C'est ainsi qu'à partir d'un décodage sémantique limité, je me suis ouvert à des méthodes plus vastes d'analyse textuelle. J'ai découvert le rôle du lecteur dans la recréation du sens textuel. Comme le fait remarquer Wolfgang Iser[164], qui faisait partie de nos lectures obligatoires, le sens ne devient apparent que lorsqu'on parvient à combiner les méthodes de lecture sociologiques-historiques et les approches théoriques-textuelles pour saisir à la fois les significations sociales de l'œuvre littéraire et les effets esthétiques qu'elle produit sur nous. La lecture est une véritable aventure qui nous conduit à des terres inconnues, une activité qui élargit l'horizon de nos connaissances et enrichit notre être intérieur.

Thérèse Desqueyroux par François Mauriac m'a fait découvrir l'univers romantique de l'anxiété spirituelle. Un amour pur, nourri par d'innocentes vertus rurales, se transforme en une haine incompréhensible ! Thérèse, l'héroïne, déteste le campagnard qu'elle a aimé et épousé. Elle va plus loin : elle a pour projet de l'empoisonner ! Ah, les profondeurs obscures du cœur humain ! La magie de la plume de Mauriac m'a séduit et c'est avec empressement que j'ai dévoré *Le Mystère Frontenac* du même auteur. Cette fois-ci, un hymne à la famille est en jeu ; il s'agit d'une famille unie par des liens mystérieux, dans

---

[164] *L'Acte de lecture. Théorie de l'effet esthétique*, 1985

laquelle les traditions et le respect du nom semblent influencer l'essence de la relation entre ses membres. Mon intérêt a basculé des romans d'amour et d'affection familiale à des œuvres plus sérieuses qui illustrent la grandeur de l'humain et le drame de sa condition. *Terre des hommes* et *Vol de nuit* d'Antoine de Saint-Exupéry m'ont inculqué de manière pratique des valeurs de développement personnel et un sens du devoir. Ce même idéal, changé en un combat politique et idéologique, est thématisé dans *La Condition humaine* d'André Malraux. André Maurois et son chef-d'œuvre, *Climats*, m'ont complètement désorienté, me plongeant dans le monde chaotique des relations conjugales. La littérature française m'a transformé du tout au tout. Elle m'apprit à me connaître en profondeur et à comprendre les autres. Comme le dit si justement Roland Barthes, « L'exercice jamais clos de la lecture demeure le lieu par excellence de l'apprentissage de soi et de l'autre. »

Damourette et Pichon
ou la « sexuisemblance » dans la langue française

Ma récente lecture de *Pour une langue sans sexisme* de Céline Labrosse (Montréal : Fides, 2021) a réveillé de vieux souvenirs. C'était en 1982. Nous avions un cours obligatoire de grammaire du français contemporain, inscrit au programme du premier cycle d'études françaises et latines à l'Université d'Élisabethville-Lubumbashi. Le professeur qui animait ce cours, Pierre-Claver Ntamunoza, disciple de V.Y. Mudimbe et décédé en Australie en 1992, ne cessait de nous inciter à lire les livres de bons auteurs, dont *Les Nourritures terrestres* d'André Gide et *La Chute* d'Albert Camus. Cependant, en même temps, il nous exhortait à nous convertir à la linguistique : « Convertissez-vous, camarades, convertissez-vous à la linguistique, vous irez au paradis ! ». Au-delà de ses blagues fréquentes, qui nous aidaient à nous détendre, le professeur Ntamunoza nous a enseigné les prolégomènes des grands courants de la linguistique moderne. Par lui, nous avons appris les concepts fondamentaux de la grammaire, de Ferdinand de Saussure, fondateur de la linguistique moderne et du structuralisme, à Noam Chomsky, père de la grammaire générative transformationnelle, en passant par Ferdinand Brunot, auteur de *La Pensée et la langue* (1922) et précurseur de la psycholinguistique. Nous découvrions avec émerveillement ce qu'on appelait la « Révolution chomskyenne ». Chomsky partait du principe que les enfants ont une conscience innée de la grammaire fondamentale partagée par l'ensemble des langues humaines, suggérant que toute langue est une forme de limite. Il nommait ce savoir inné « grammaire universelle » et affirmait que l'usage d'une grammaire formelle pour exprimer le savoir linguistique explique la « productivité » de celui-ci. Lorsqu'on leur donne un nombre fini de règles grammaticales et un ensemble fini de termes, les gens sont capables de créer un nombre infini de phrases. Il disait qu'il existe et qu'il existera toujours des mots qui n'ont jamais été prononcés. Les défenseurs de cette théorie s'accordent à dire qu'il est difficile d'expliquer pourquoi les enfants apprennent si rapidement les langues, à moins qu'ils ne soient nés dotés d'une aptitude naturelle à leur acquisition.

Toutefois, le moment le plus intéressant du cours de Pierre-Claver Ntamunoza portait sur la question de la « sexuisemblance » dans la langue française, soulevée par Jacques Damourette et Édouard Pichon dans *Des mots à la pensée. Essai d'une grammaire de la langue française* (1930-1956). Selon ces auteurs, en français, le nom nominal repose sur trois concepts : la base (c.-à-d., le degré de détermination), la quantité (c.-à-d., le nombre) et la « sexuisemblance ». Cette dernière notion, qui ne s'inscrit pas dans la logique linguistique, étend la différence sexuelle qui distingue les hommes et les femmes aux choses. Pourquoi a-t-on attribué un sexe aux objets et aux idées en français ? Pour Damourette et Pichon, cela fait partie de l'imaginaire national français et caractérise les langues les plus complexes. Dans *Pour une langue sans sexisme* (2021), Céline Labrosse, chargée de cours et chercheuse associée en études de genre à l'Université McGill, réintroduit le débat au cœur de l'université et s'exprime en faveur d'une langue française « vivante, fertile, enrichissante et infiniment plus égalitaire ». Elle critique les premiers grammairiens et les accuse d'avoir rendu les femmes « invisibles et muettes ». Selon Labrosse, le genre n'est pas universel, puisque certaines langues, notamment les langues finno-ougriennes, le turc, le mongol et le chinois n'ont pas de genres. Même si un tel projet semble légitime, on peut toutefois craindre qu'il mène à une défiguration totale d'une langue dont la beauté a traversé les siècles malgré le caractère genré de l'imaginaire national français, hérité du latin. Cette beauté, qui fait du français un espace par excellence de découverte de soi et des autres m'habite et ne cesse de me transformer. C'est toujours avec passion que je me dévoue depuis des décennies à le promouvoir, notamment dans des régions où il constitue une langue minoritaire.

Promouvoir le français dans un monde dominé par l'anglais : de l'Afrique du Sud aux États-Unis, en passant par l'Europe

La période postapartheid a permis à l'Afrique du Sud de s'ouvrir au monde et à l'Afrique. L'immigration en masse de francophones de l'Afrique sub-saharienne en Afrique du Sud a fait apparaître un besoin d'échange de connaissances et de collaboration dans les secteurs pédagogique, culturel et commercial selon une perspective mondiale. C'est dans ce contexte qu'est né l'Institut français d'Afrique du Sud, dont la mission est de renforcer les relations bilatérales entre la France, le sud de l'Afrique et le reste du monde. Ainsi, confronté aux défis de plus en plus urgents du phénomène « transculturel » qui a émergé dans les grandes villes sud-africaines, l'Université de Johannesburg et l'Institut Français d'Afrique du Sud avaient estimé nécessaire d'organiser en 2005 une conférence internationale sur le transculturel dans la littérature et la culture africaine francophone. J'ai eu le privilège de participer comme orateur à ces importantes assises sponsorisées par l'ambassade de France en Afrique du Sud. Cette dernière a généreusement pris en charge les frais de voyage, le logement et le couvert, et m'a accordé un *per diem* de 800 rands pour mes besoins personnels (l'équivalent de 100 dollars américains par jour). L'interculturel et le transculturel sont des éléments qui permettent de comprendre les différences culturelles et ethniques d'aujourd'hui. Ils entretiennent un lien étroit avec les processus identitaires d'appartenance, d'intégration et d'exclusion. Les identités interculturelles sont basées sur la réalité selon laquelle personne n'est enfermée dans une seule culture, comme dans une bulle, isolée du monde. Personne n'est monoculturel. Nous portons tous plusieurs casquettes identitaires, que nous utilisons souvent opportunément. Nous sommes en négociation permanente de notre identité.

L'interculturalité (ou l'interculturel) encourage les échanges entre les cultures et facilite leur intégration au sein d'une société spécifique. En ce sens, elle nous aide à éviter la discrimination et à promouvoir la cohésion sociale, et ce grâce au dialogue interculturel, au respect mutuel et au désir de préserver l'ensemble des identités culturelles. Par conséquent, le but est de ne pas imposer une culture à une autre, mais de créer des valeurs communes. La diversité des identités, qu'elle soit culturelle, religieuse, etc., est mise en valeur dans l'interculturalité. Cependant, celle-ci prend également en considération la culture dominante du pays d'accueil afin d'éviter l'intégration excessive d'individus issus d'une culture différente. Tout le monde doit avoir les mêmes droits. En revanche, le transculturel ou la transculturalité (ce concept a été inventé par l'anthropologue cubain Fernando Ortiz Fernández) nous définit comme hommes de passage, prisonniers du passage, prenant part à un processus perpétuel d'identification à différents pôles culturels. Il s'agit, à proprement parler, d'un croisement de cultures en vue d'une culture hybride, dont le tissu est formé de différentes fibres identitaires.

Ce qu'il faut retenir de ces discussions importantes sur les dynamiques identitaires contemporaines est qu'elles m'ont permis, à l'époque, de m'intégrer dans un réseau de chercheurs travaillant sur la littérature francophone et les cultures du monde. Je n'oublierai jamais ce mot gentil prononcé par mon collègue et ami Heidi Bojsen, professeur de littérature francophone à l'Université de Roskilde au Danemark : « Eh bien, mes chers amis, nous faisons désormais partie de la même famille. » Notre identité était alors davantage définie en termes d'existence que d'essence, vis-à-vis d'autrui et de nous-mêmes, sans tomber dans l'extrémisme identitaire de Gilles Deleuze : « Le désert, l'expérimentation sur soi-même, est notre seule identité, notre chance unique pour toutes les combinaisons qui nous habitent. »

Cette réunion avec des collègues du monde entier a avivé ma vocation de défendre la langue française et la littérature francophone, ainsi que ma passion pour la littérature comparée. Grâce aux bourses de mobilité de l'Agence Universitaire de la Francophonie et de l'Université du Botswana, j'ai eu l'occasion d'intervenir lors d'importantes conférences et de contribuer à des travaux sur les identités émergeantes, notamment à l'Université du KwaZulu-Natal à Pietermaritzburg, à l'Université de Galati en Roumanie, aux universités de Lorraine et de Bordeaux en France, à l'Université Laval au Canada, à Furman University, au College of Charleston et à l'University of Puerto Rico aux États-Unis, à l'exception d'une invitation de recherche à l'Université de Melbourne, entre autres. J'aimerais évoquer ici ma profonde reconnaissance à l'égard du Professeur Paul de Meester de Ravestein, de pieuse mémoire. Bien que spécialiste de littérature classique, il m'a fait découvrir les perles cachées de la littérature francophone et m'a encouragé à mener des recherches dans ce domaine en orientant d'abord ma curiosité vers *L'Aventure ambiguë* de Cheikh Hamidou Kane.

Enseigner la francophonie nord-américaine
à l'Université du Botswana

Après avoir obtenu mon doctorat en littératures et cultures francophones à l'Université du Cap, où j'ai enseigné le français langue étrangère pendant trois ans, j'ai travaillé à l'American Council of Learned Societies (Carnegie Corporation of New York) comme chercheur associé pendant un an, avant de joindre l'Université du Botswana. Au sein de cette institution, mon rôle principal était d'enseigner le français à tous les niveaux, les cultures et les civilisations du monde français et francophone, ainsi que la littérature française. Malgré les nombreuses classes dont j'avais la responsabilité, je m'étais donné comme priorité de développer deux cours, le français 314 et le français 214. Le français 314 offrait une introduction aux modes de vie, à la structure sociale, aux institutions juridiques et politiques, aux attitudes et aux mentalités ainsi qu'à d'autres facettes de la culture et de la civilisation françaises, en rapport avec l'étude de la littérature et de la langue. Les étudiants avaient l'opportunité d'étudier la langue et la littérature françaises et acquéraient une meilleure compréhension de la civilisation. Comme matériels didactiques, nous utilisions des textes issus de séries télévisées, des films, des journaux et d'autres médias pour offrir aux étudiants une compréhension fondamentale de la culture et de la civilisation françaises. Le français 214 était une introduction à la culture et à la civilisation francophones. Ce cours avait pour objectif d'explorer les facettes de la civilisation et de la culture francophones qui sont importantes pour l'étude de la littérature et de la langue, tout en offrant une véritable introduction aux structures sociales, à la politique, à la loi et aux autres domaines de la vie quotidienne. Une enquête sur les civilisations des pays francophones s'appuyait sur des ressources réelles à propos de la politique, de la vie sociale et de l'économie. Les étudiants ont eu l'occasion de comparer les différentes facettes de la civilisation francophone et celles de leur propre civilisation.

Je tiens à souligner le fait d'avoir dédié l'un des chapitres du français 214 à ce que l'on appelle « la francophonie invisible », à savoir la francophonie nord-américaine. Lorsqu'il s'agit d'enseigner la francophonie américaine, les professeurs sont confrontés à un manque flagrant de matériel d'apprentissage, à moins qu'ils ne fassent l'effort considérable de transformer des sources disparates en un ensemble cohérent. Quelques manuels, cependant, apparaissent ici comme une solution inattendue à ce gouffre documentaire, même s'ils ne proposent souvent que de courts extraits relatifs à des aspects limités du monde francophone aux États-Unis.

- *Civilisation progressive de la francophonie* (2003) de Jackson N. Njiké,
- *À l'Écoute des Francophones d'Amérique* (1991) de Nicole Maury et Jules Tessier, et
- *Je me souviens. Histoire, culture et littérature du Québec francophone* (2014) d'Elizabeth Blood et J. Vincent H. Morrissette.

Njiké présente une anthologie globale de la francophonie, qui inclut l'Afrique de l'Ouest, l'Afrique centrale, les Grands Lacs d'Afrique, l'Océan Indien, les pays arabes, l'Asie du Sud-Est, l'Océan Pacifique, les Caraïbes, l'Amérique du Nord et l'Europe. De la francophonie américaine, l'auteur camerounais n'inclut malheureusement que la Louisiane, le Nouveau-Brunswick et le Québec. Pas un mot sur la Nouvelle-Angleterre ! Njiké fait brièvement mention de la culture musicale louisianaise, dont l'une des formes les plus accomplies est le jazz (une musique qui tire son origine des chansons d'esclaves noirs africains emmenés en captivité sur le sol américain, et qui a rendu Louis

Armstrong célèbre) et la musique cadienne illustrée par Zachary Richard. Maury et Tessier consacrent un paragraphe à l'histoire des Franco-Américains, descendants des immigrés québécois qui ont choisi de s'installer en Nouvelle-Angleterre, à la recherche d'emplois mieux rémunérés et qui, pour résister à l'assimilation culturelle des États-Unis, se sont organisés en de petites agglomérations nommées « Petits Canadas ». Blood et Morrissette considèrent l'histoire des Franco-Américains comme un appendice de l'histoire du Québec francophone. En fin de compte, ils sacrifient la spécificité franco-américaine en classifiant, sans aucun souci taxinomique, des auteurs dont la nationalité pose tout de même problème, à savoir : Honoré Beaugrand (*La Chasse-galerie*, 1900), Louis Hamon (*Maria Chapdelaine*, 1916), et Lucie Therrien (*Mémère*, 1992). Quoi qu'il en soit, face à la pénurie de matériel didactique sur la francophonie en Nouvelle-Angleterre, les professeurs sont souvent contraints d'élaborer leurs propres notes de cours. Le guide pédagogique publié par l'Université du Maine à Orono en 1981 est un précieux outil qui offre aux enseignants la possibilité de développer des programmes d'études franco-américaines (voir Stanley L. Freeman et Raymond J. Pelletier, *Manuel du Professeur pour introduire les études franco-américaines. Initiating Franco-American Studies. A Handbook for Teachers*, Orono : Université du Maine). Malheureusement, cet ouvrage n'est pas disponible sur le marché international. Il faudrait peut-être le mettre à jour et le faire publier aux Éditions CLE, Hachette ou Hatier à Paris. Au total, mes cours de français 214 et 314 m'ont permis de faire découvrir aux étudiants des questions clés se rapportant au concept de diversité en France et dans les littératures et les cultures francophones, ainsi que la notion d'identité, qui a été largement intégrée dans le domaine des sciences humaines et sociales depuis des décennies, et qui semble aujourd'hui essentielle pour comprendre la complexité des conflits, des tensions et des crises qui secouent le monde.

Établir des liens entre les sociétés d'héritage français aux États-Unis

Mon engagement envers les études francophones s'étend au-delà de la volonté d'enseigner aux étudiants le français et les cultures francophones. Il implique également de nombreux services rendus à la profession, à l'université et aux communautés francophones. Récemment, j'ai œuvré à établir des liens entre les sociétés d'héritage français aux États-Unis. Mon projet collaboratif a pour objectif de permettre aux organisations d'héritage franco-américain ou canadien-français de mieux se connaître, d'améliorer leur visibilité institutionnelle mutuelle en partageant leurs ressources et leur expertise, et en fournissant des données facilement accessibles aux États-Unis et ailleurs. Il est conçu pour réunir sur une plateforme nationale interactive des membres de conseils d'administration, des professeurs, des chercheurs et des amateurs d'origine et de culture diverses qui s'intéressent à l'histoire et à la culture des immigrés canadiens francophones venus de régions bordant la frontière américaine et des Acadiens, qui ont été brutalement déportés hors de leur terre natale. À part les Acadiens, dont l'exil n'était pas volontaire, ces populations, comme je l'ai expliqué, étaient attirées par de meilleures perspectives d'emploi dans les usines et les manufactures de chaussures en Nouvelle-Angleterre, les fermes, les compagnies forestières et les mines du Midwest des États-Unis (Minnesota, Michigan, Illinois, Missouri).

L'histoire des Franco-Américains ou des Canadiens français aux États-Unis est aussi celle d'une ignorance mutuelle. Avec le temps, les sociétés de sauvegarde du patrimoine français se sont, en effet, fragmentées de plus en plus, chaque groupe travaillant séparément dans son coin. Ainsi, l'une de leurs lacunes est l'absence quasi totale d'une plateforme de concertation et de coordination relative aux stratégies communes pour la préservation de l'histoire et des cultures franco-américaines. À cet égard, il semble urgent de jeter les bases d'une telle plateforme. Cet espace pourrait servir de cadre aux consultations, aux échanges, aux discussions et à la collaboration sur des questions majeures vis-à-vis de la protection, de la préservation et de la promotion de l'héritage culturel des populations franco-américaines ou canadiennes françaises aux États-Unis et ailleurs.

Le second projet sur lequel je travaille actuellement est un programme de français reposant sur la communauté. L'afflux croissant d'immigrés africains francophones dans le Maine a entraîné une renaissance de la langue française à Lewiston, à Auburn, à Portland et alentour. Nous sommes loin de l'époque où, en 1919, une loi interdisait l'usage de la langue de Voltaire dans les écoles du Maine. Ces écoles sont devenues aujourd'hui des espaces multilingues au carrefour de diverses cultures. Aussi observe-t-on un regain d'intérêt pour le français, en particulier parmi les Franco-Américains. De plus en plus, les jeunes Franco-Américains, qui souhaitent renouer avec leurs racines linguistiques et culturelles, choisissent le français comme cours d'option, notamment à l'Université du Sud du Maine, où j'enseigne depuis quelques années. Ces jeunes étudiants, reconnaissables à leurs patronymes à consonance française (Beaudet, Beaulieu, Leblanc, Lévesque, Paquette, Pelletier, Saint-Onge, etc.), accentuent le besoin de créer des programmes de français, en tant que langue communautaire, non seulement pour les Franco-Américains, mais aussi pour les immigrés francophones.

13. Mener une action collective pour protéger notre futur : la voie d'un avenir franco-américain durable
Timothy Beaulieu

Depuis plus de dix ans, je suis bénévole et j'organise des événements dans le monde franco-américain[165]. Actuellement, j'organise le PoutineFest dans le New Hampshire et le Maine ; des festivals qui célèbrent la langue française et la culture francophone dans leurs communautés respectives.

À l'instar de nombreux groupes ancestraux aux États-Unis, nous sommes isolés au sein de la communauté dans laquelle nous vivons. Nous prononçons des phrases telles que « je suis fier d'être un francophone du Maine » ou « je suis un francophone du quartier de l'ouest (de Manchester, du New Hampshire) ». Il y a de quoi en être fiers ; nos ancêtres ont accompli des choses incroyables dans les communautés que nous avons fondées lors de notre immigration de masse aux États-Unis entre 1860 et 1930. Bien que le sentiment de fierté local soit louable, il soulève une importante question : nous rend-il service aujourd'hui ? Qu'en penseraient nos ancêtres ? Après tout, est-ce que les travailleurs d'usine canadiens français sont allés sur le zillow.com du XIXe siècle en quête des meilleurs quartiers ?

Ce chapitre abordera certaines problématiques urgentes et les solutions potentielles permettant de préserver notre culture, soulignant le besoin impérieux d'une prise de mesures immédiates.

---

[165] Pour ce chapitre, représentez-vous le monde franco-américain comme se limitant aux États de la Nouvelle-Angleterre, au nord de l'État de New York et à certaines parties du Midwest. Notez également qu'un Franco-Américain, dans ce chapitre, est quelqu'un qui vit aux États-Unis et déclare descendre du Canada français.

Le français est en péril

En devenant plus impliqué et plus conscient du monde franco-américain, j'ai remarqué que la fermeture d'une usine se profile à l'horizon et nous y sommes tous aveugles. Il ne s'agit pas d'une menace lointaine ; c'est une réalité qui se déroule sous nos yeux. Peut-être qu'il y a un soupçon de déni ; peut-être voyons-nous une ou deux bonnes histoires et cela alimente notre biais de confirmation. Mais en vérité, nous sommes dans un moment critique où notre langue et notre culture risquent de disparaître en une génération si nous ne prenons pas des mesures immédiates d'envergure.

Peu importe la raison, la dure réalité est que le français et l'éducation française disparaîtront en Nouvelle-Angleterre du vivant de mes enfants si nous n'agissons pas promptement. Bien entendu, il existera toujours de petites sphères et des expatriés français à Boston, mais c'est tout. Vous vous dites sans doute : « ce n'est pas possible ; nous avons beaucoup d'organisations qui font des choses variées. » Cependant, sachez que ce n'est pas suffisant. Ce n'est tout simplement pas suffisant. Nous en sommes arrivés à nous complaire dans la réalité que je viens de décrire et j'ai l'impression que nous relâchons quelque peu nos efforts. À chaque fois que je lis l'actualité locale en ligne (les journaux disparaissent eux aussi), je vois une nouvelle annonce indiquant qu'un district scolaire a supprimé ses programmes de français. Il devient difficile de développer le français dans un grand nombre de districts scolaires au nord de la Nouvelle-Angleterre.

Cette conséquence découle du déclin observé dans les années 1990. Recruter des enseignants est une tâche complexe et puisque les districts scolaires n'arrivent pas à en trouver, ils mettent fin aux programmes entièrement. Le fait de dépendre des municipalités locales pour promouvoir *notre langue*[166] dans les districts scolaires n'est pas une stratégie qui fonctionne. Cela nous amène à nous demander : que pouvons-nous faire différemment ?

---

[166] Ndt : en français dans le texte.

Le français est-il toujours important ?

La réponse courte est : « absolument ». Bien que la récente renaissance franco-américaine se déroule principalement en anglais, le français y laisse partout son empreinte. Ce n'est pas une mauvaise chose : faire pleinement partie de la culture américaine est une force considérable. Grâce à cela, nous nous assurons que notre culture ne tombe pas dans l'oubli et continue de faire partie de notre coin des États-Unis.

Cependant, au fil de mes voyages et du temps que j'ai passé à me familiariser avec les Québécois, nombreux sont ceux qui ne comprennent pas notre concept très américain de la culture : si vous ne savez pas parler français, vous êtes juste américain. J'apprécie peu cette attitude, mais cette manière de penser existe bel et bien au sein de la mère-patrie. Cela met en lumière la déconnexion culturelle qui s'est développée au fil du temps. Les personnes vivant hors des États-Unis peinent à comprendre pourquoi la langue a disparu dans la majorité des familles franco-américaines. Heureusement pour nous, de nombreux Québécois sont réceptifs, ils sont plus que disposés à prodiguer des conseils sur l'apprentissage de la langue et à écouter des idées. Si notre monde franco-américain perdure, il sera très important d'entretenir un lien solide avec le Québec. Ce lien pourra nous aider à combler le fossé culturel et à revigorer l'intérêt pour la langue française.

L'établissement des fondations est en cours

Tout d'abord, prenons conscience du fait qu'il s'agit d'un travail de longue haleine. Préserver notre culture franco-américaine ne se fera pas en un tournemain, mais à force d'efforts continus qui nécessitent que nous nous débarrassions de notre complaisance et reconnaissions les bases qui ont déjà été jetées.

Quelques lueurs d'espoir commencent déjà à émerger. Partout en Nouvelle-Angleterre, on observe des fondations et des efforts organisés dans le but d'apporter plus de visibilité à notre culture. Vous pouvez lancer un podcast, organiser un festival culinaire ou des événements culturels virtuels, ou ouvrir le dialogue avec l'ensemble des différents groupes francophones en Nouvelle-Angleterre. Nous sommes mieux connectés que jamais et chacun de nous peut contribuer à ce mouvement à sa manière.

Un grand nombre de ces projets n'existaient pas il y a dix ans ; imaginez ce à quoi les choses pourraient ressembler dix ans dans le futur, si nous agissons maintenant pour le français. À mesure que ces projets mûrissent (certains sont déjà développés), nous devons décider ce que nous allons faire avec ce succès. On peut quantifier le succès en termes financiers pour certains projets, mais la véritable mesure est l'influence culturelle. Cela nous pousse à envisager de nous appuyer sur ces bases pour répondre aux défis de demain, en contemplant l'avenir avec espoir.

Le problème de réclusion

Lorsque j'ai commencé à travailler à différents endroits de la Nouvelle-Angleterre, j'ai remarqué que de nombreuses bonnes organisations œuvraient dans leur communauté. Cependant, il faut amplifier cette influence au-delà des frontières locales. Par exemple, en automne 2024, j'ai offert une conférence devant quelques étudiants à l'Université du Massachusetts à Lowell. Lowell, dans le Massachusetts, est la ville natale de Jack Kerouac ainsi qu'une ville industrielle historique francophone. Elle se situe à un peu moins de 160 kilomètres du Maine PoutineFest de Portland, dans le Maine, et à 43 kilomètres du New Hampshire PoutineFest de Merrimack, dans le New Hampshire. Pourtant, pas un seul des étudiants à qui je me suis adressé ne savait ce qu'est un Franco-Américain ou s'il existe des institutions qui font encore perdurer des parties de la culture. C'est comme si nous nous étions éteints.

Après leur avoir raconté l'immigration canadienne française en Nouvelle-Angleterre et la place de la poutine dans notre histoire moderne, les étudiants se sont montrés très intéressés. Nous avons eu une agréable discussion et j'ai quitté cette rencontre en ayant le sentiment d'avoir contribué à perpétuer notre histoire. Toutefois, je suis également parti en me posant des questions fondamentales. Comment est-il possible que des étudiants d'une université en Nouvelle-Angleterre n'aient aucune connaissance du passé francophone de la région ? Cela souligne le problème de réclusion auquel nous sommes confrontés.

La bulle francophone

L'histoire de l'immigration canadienne française n'est pas enseignée dans les écoles de la Nouvelle-Angleterre ; nous sommes une note de bas de page. Pourtant, nous accomplissons des choses dans le présent. Alors pourquoi ne nous connaît-on toujours pas ? Cela est en partie dû à la bulle francophone. Comme évoqué plus tôt, les organisations francophones ont tendance à être de petites structures qui n'opèrent qu'au sein de leur communauté locale. Une poignée de petites activités peuvent engendrer des sentiments positifs, mais quelle est la vision à long terme ? Combien de temps pourrons-nous continuer ainsi ?

La réponse courte est que ce modèle ne tiendra pas sur la durée. Si vous ne vous développez pas, vous êtes en train de mourir. Si vous ne parvenez qu'à intéresser des classes ou des groupes à effectif limité, cela est préoccupant. Au lieu d'avoir une multitude de petites organisations éparpillées, travaillant chacune dans sa bulle, pourquoi ne pas nous rassembler davantage ? En unissant nos efforts, nous pouvons étendre notre influence et toucher un plus large public.

Le rêve de Gagnon

Cela nous amène à la vision de Ferdinand Gagnon. Au XIXe siècle, un des premiers journalistes franco-américains, Ferdinand Gagnon, imagina une union internationale des Canadiens français aux États-Unis et au Canada. Il pensait que son idée se réaliserait un jour ; malheureusement, ce ne fut pas le cas de son vivant. Vers la moitié du XXe siècle, les Canadiens français au Québec et aux États-Unis commencèrent à s'éloigner les uns des autres. Au XXIe siècle, cette distance est telle que nous avons oublié nos connexions.

Certains s'éveillent peu à peu, mais le processus est lent. En 2024, le PoutineFest comptait des bénévoles du Québec, à la fois pour l'événement du Maine et pour celui du New Hampshire. Toutes ces connexions se sont faites grâce aux réseaux sociaux, plus spécifiquement grâce au groupe Facebook « *Le Rêve de Gagnon – French-Canadians in Canada and the United States* ». Comme c'est remarquable, ce qui peut être accompli quand des cousins renouent contact !

Sans doute les Canadiens français aux États-Unis devraient-ils collaborer davantage sur de grands projets et événements. Je constate les mêmes problèmes à Lewiston, dans le Maine, qu'à Nashua, dans le New Hampshire. Le fait de partager les meilleures pratiques régulièrement pourrait-il permettre à notre culture de perdurer ? En poursuivant le rêve de Gagnon, nous pouvons tisser des liens plus solides et revigorer notre héritage culturel.

Le *Franco Talent Collective*

Motivés par cette idée, quelques Franco-Américains commencent déjà à s'extirper de ces bulles et à travailler sur des projets. Un bon nombre d'entre nous, du New Hampshire, du Maine, et du Massachusetts, formons un groupe de Franco-Américains aux valeurs communes. Nous nous rassemblons et nous aidons mutuellement sur nos projets. Jusqu'ici, nos rencontres ont eu lieu à Manchester, dans le New Hampshire ; à Lewiston dans le Maine ; à Boston et Salem dans le Massachusetts. Personnellement, cela me rappelle fortement la vision de Ferdinand Gagnon. Bien que nous ayons grandi dans des communautés séparées, nous ignorons ces frontières et travaillons main dans la main.

La chose que je préfère à propos du *Franco Talent Collective* est sans doute d'écouter de nouvelles idées empreintes d'un même sentiment d'urgence. Nous sommes conscients du fait que le temps presse. Il y a cinquante ans, trouver un groupe de Franco-Américains pour se réunir ainsi aurait été bien plus facile. Trente, ou peut-être quarante personnes se seraient montrées intéressées ; actuellement, nous sommes au nombre de dix environ. Même si nous sommes un petit groupe, je préfère que nous comptions dix membres motivés plutôt que nous formions un plus grand groupe qui n'aurait peut-être pas autant de détermination. Ensemble, nous sommes un catalyseur du changement à grande échelle.

Comment nous rassembler

Cette question m'a interpellé. En regardant à travers le paysage franco-américain, je constate que le défi le plus important est d'ensemencer notre avenir. Il nous faut trouver des moyens de capter l'attention des futures générations. Nous avons (beaucoup) tendance à nous réunir pour parler du passé. L'une des plaintes que j'entends le plus est qu'aucun jeune ne vient à ces événements pour discuter de ce qui commence à devenir un passé lointain.

Faire en sorte que les jeunes participent à ces événements n'est pas chose facile, mais nous manquons systématiquement de nous demander pourquoi. Le problème majeur est que nous n'avons pas préparé l'avenir en faisant germer un intérêt pour la culture franco-américaine. La seule manière de parvenir à orienter la prochaine génération dans ce sens est d'aller à sa rencontre. Il est temps de se détacher du passé et de se concentrer sur aujourd'hui et demain !

Des idées pour préparer l'avenir

Pour répondre à ce défi, voici quelques idées à mettre en œuvre :

–   Récompenser les élèves

Ces jours-ci, les élèves qui choisissent d'étudier le français reçoivent de nombreux bâtons dans les roues. Les districts scolaires cherchent à réduire les langues au profit du sport, sans parler de la concurrence amicale avec l'espagnol. Enfin, en matière de défense de la langue, nous n'avons pas fait du très bon travail. Il y a beaucoup à faire avec le français et le Québec, qui se trouve à seulement quelques heures d'une grande partie de la Nouvelle-Angleterre ; les possibilités sont infinies.

Nous devons récompenser les élèves qui prennent des cours de français, pour insister sur le fait qu'ils ont fait le bon choix en étudiant cette langue. Il existe plusieurs manières simples de le faire. La plus facile est d'organiser un grand concours linguistique avec des prix à gagner pour donner envie aux enfants de participer. Cela peut être de l'argent, des voyages ou des opportunités d'étudier à l'étranger. Il faudrait que les élèves entendent parler de ce concours avant de s'inscrire à une option. Imaginez des élèves dire : « Je prends l'option français parce que j'ai une chance de gagner l'opportunité d'aller étudier en France ».

Une autre idée est de planifier des forums de l'emploi et des rencontres pour les élèves francophones. Cela contribuerait à démentir certaines des idées reçues qu'ils peuvent entendre lorsqu'ils choisissent d'apprendre le français. Certains leur disent peut-être « tu n'utiliseras jamais cette langue ». Imaginez un jeune capable de répondre : « eh bien, il y a un forum de recrutement pour les élèves francophones chaque hiver, alors tu te trompes peut-être ». Ces forums aideraient les étudiants universitaires et les personnes qui parlent déjà la langue, et soutiendraient la décision des lycéens d'apprendre le français. De nombreuses entreprises françaises et canadiennes de la région pourraient apporter leur contribution ; il faut leur montrer qu'un mouvement est en marche.

Enfin, il faut que des rencontres d'élèves francophones aient lieu. Il est difficile de voir l'intérêt de faire quelque chose quand seule une poignée d'enfants de votre école le font. Pourquoi ne pas s'ouvrir et rapprocher une multitude de jeunes ? C'est une autre manière de renforcer leur décision d'étudier le français, et de construire une communauté.

– Récompenser les enseignants

Il est tout aussi important de soutenir nos pédagogues. Il faut accorder plus de reconnaissance à nos enseignants de français. Un bon nombre d'entre eux sont tombés amoureux de la langue de nos ancêtres et y ont dédié leur carrière. Si vous prenez un instant pour y réfléchir, vous verrez qu'il s'agit d'un très gros pari et d'un engagement énorme.

Dans le climat actuel des réductions de budget, nous comptons bien moins d'enseignants du français qu'autrefois. Les institutions franco-américaines devraient se plier en quatre pour les aider. Financer le matériel scolaire, proposer de prendre en charge les cours de développement professionnel, organiser des conférences gratuites, lever des fonds pour des voyages au Québec et, enfin, distribuer le prix de l'« enseignant de l'année », voilà quelques actions positives et faciles à mettre en place. Certaines de ces idées ont été appliquées par le passé, mais nombre d'entre elles ont fini par être abandonnées, semble-t-il. Faire en sorte que les enseignants se sentent estimés et appréciés peut faire une grande différence ; nous avons besoin d'eux. Il est temps d'agir en tant que tel.

– Les événements familiaux régionaux

La culture doit être visible afin de toucher un plus large public. Avoir un groupe de discussion avec nos amis de longue date n'est pas suffisant. Il faut que nous sortions de notre bulle et interagissions avec la communauté dans son ensemble. Les parents adorent amener leurs enfants aux matchs de baseball des ligues mineures, aux tournois de foot et de hockey, faire du trampoline et manger une glace. C'est dans ces espaces que nous devons être visibles.

Qu'il soit question de financer une soirée en famille au stade de baseball ou d'organiser un tournoi de football pour que les parents et les enfants s'amusent ensemble, il s'agit de marchés potentiels. Les enfants viennent et passent un bon moment, et nos organisations expertes de la francophonie approchent leurs parents. Offrons-leur des réductions pour des cours, des cadeaux français gratuits, quelques nuits à Montréal… tout ce qui pourrait susciter de l'intérêt pour la culture. On ne sait jamais ce qui peut fonctionner.

– Les camps de vacances

Une autre possibilité est de mettre en place des camps de vacances à l'influence française. La réalité de la parentalité moderne est que la plupart des parents travaillent à temps plein, et dans cette période post-COVID-19, la majorité des employés de bureau doivent souvent se rendre sur site. Les bousculades pour inscrire les enfants dans les camps de jour débutent vers la fin de l'hiver et le début du printemps. En général, il n'y a pas assez de places pour tous les enfants.

J'ai vu quelques rares camps en français pour les enfants en Nouvelle-Angleterre ; de petites structures peu mises en avant. Peut-être n'existe-t-il pas de marché pour elles ? C'est difficile à dire à ce stade du développement de la francophonie. Sans doute est-il possible de mettre en commun des ressources pour créer quelques centres régionaux près de zones fortement peuplées. Ces camps de jour n'ont pas besoin d'être entièrement en français, mais ils pourraient exercer une influence française. Si les parents remarquent quelque chose qui est 1) sécurisé, 2) aide leurs enfants à apprendre et 3) est amusant, ils tenteront l'expérience. Cela pourrait constituer une manière efficace de faire découvrir la culture aux enfants dans un environnement interactif.

–   Documenter les accomplissements de votre famille

Ici, une action facile à mettre en œuvre est de changer le discours. J'ai grandi à distance de la culture. Dans l'ensemble des communautés francophones que j'ai pu visiter, soit nous sommes invisibles, soit le récit est sinistre. Soyons clairs : évoquer le négatif de temps en temps n'est pas à bannir, mais célébrons aussi quelques-unes de nos victoires ! Nous n'avons pas connu que des défaites.

Les Américains adorent les histoires où réussissent les personnes en qui l'on ne croyait pas. Au lieu de dire, « Nous avons été opprimés dans les usines et avons perdu notre langue, » contrôlons un peu plus le discours. Par exemple, « Nos ancêtres sont venus dans ce pays et ont eu un début difficile dans les usines, mais nous sommes toujours là et leur sacrifice nous a permis de réussir. » Des déclarations fortes comme celle-ci inspirent de la fierté chez les enfants.

J'ai évoqué notre histoire d'immigration à mes enfants, mais en évitant de tout peindre en noir. J'ai valorisé nos accomplissements et le PoutineFest. Être Canadien français est amusant et ils sont fiers de leur identité. En documentant et en partageant ces réussites, nous avons le pouvoir d'inspirer les autres et de cultiver une identité culturelle positive.

Brûlons nos vaisseaux

Pour conclure, prendre des risques peut faire peur, mais le fait de jouer la carte de la prudence nous a rattrapés. Il faut que nous cessions enfin de viser bas. Brûlons nos vaisseaux et misons tout.

Nous visons bien trop bas depuis bien trop longtemps. Il n'y a pas de bonne ou de mauvaise voie ici, mais agir vaut mieux que ne rien faire. Accueillons à bras ouverts les défis à venir, faisons preuve de courage et de détermination. En unissant nos efforts, en soutenant nos pédagogues et nos élèves, et en interagissant avec la communauté globale, nous pouvons assurer la survie et la pérennité de la culture franco-américaine pour les générations futures.

14. Explorer les complexités du talent artistique franco-américain
Melody Keilig

Quand vous pensez au talent artistique d'une culture, qu'est-ce qui vous vient à l'esprit ?

Les images qui me viennent immédiatement à l'esprit sont des objets de mon enfance, comme des torchons brodés de motifs floraux folkloriques, des chopes à bière que mon père a collectionnées lors de son service militaire en Allemagne, des vêtements traditionnels de ce pays et de tant d'autres, ou encore des objets représentés dans des livres, des séries et des films. Je pense toujours à ces éléments et aux formes variées de l'art visuel exprimé à travers la mode, l'écriture et les œuvres des cultures du monde entier.

En sixième, ma classe devait choisir deux options avant de passer à l'année suivante, dont un cours de culture. C'est rapidement devenu mon cours favori et j'avais hâte d'y assister à la fin de chaque journée d'école. J'adorais découvrir différentes cultures ; j'étais impressionnée de voir comment elles s'exprimaient visuellement et artistiquement.

À cette époque, je savais que mon côté maternel avait une origine française, mais j'étais incapable de la retracer précisément. Il me semblait étrange de dire que nous avions des racines en France. Je ne comprenais pas comment je pouvais avoir une mémère et un pépère nés et élevés aux États-Unis qui parlaient français.

Quand mon intérêt pour la généalogie s'est accru dans les mêmes années, j'ai enfin demandé à ma mère comment s'appelait le type de culture et d'héritage français auquel appartenait son côté de la famille : si nous ne pouvions pas nous considérer comme étant aussi français que les gens vivant en France, alors quelle sorte de français étions-nous ? C'est à ce moment-là que je l'ai enfin entendue dire « franco-américain » à propos de l'héritage franco-canadien issu du Québec.

Ce fut un déclic. Après cela, je me suis donné pour mission d'en apprendre autant que possible sur les Franco-Américains.

Je ne trouvais jamais grand-chose lorsque je cherchais des exemples d'expression visuelle franco-américaine ou franco-canadienne dans le manuel de mon cours de culture, contrairement à d'autres cultures. Mes recherches en ligne, menées au fil des ans dans le but de voir comment les autres Franco-Américains s'exprimaient sur le plan artistique, n'ont jamais rien donné, à part me faire découvrir quelques faits d'histoire franco-canadienne.

En 2020, environ au même moment où j'ai débuté mon blog *Moderne Francos*, j'ai de nouveau entrepris de rechercher les expressions culturelles des Franco-Américains, en particulier de ceux comme moi, ayant une ascendance franco-canadienne du Québec. Cependant, une fois encore, impossible de dénicher des vêtements culturels ou des œuvres d'art visuelles. Les seuls résultats qui apparaissaient étaient des uniformes d'officiers de la Gendarmerie royale du Canada ou des vêtements historiques de la Nouvelle-France.

Lorsque je cherchais des traces d'une culture visuelle dans des groupes franco-américains en ligne, je n'ai trouvé que des discussions autour de la langue, de la musique et de la nourriture. Ce sont des éléments importants de notre culture, mais je voulais voir davantage d'exemples d'expression visuelle à travers les vêtements, les œuvres d'art et les écrits culturels.

Toutefois, je n'avais pas d'image en tête de ce à quoi la culture franco-canadienne et franco-américaine ressemblait exactement, ni quels attributs permettaient de les reconnaître comme un groupe culturel, de la même façon que je pouvais reconnaître un Oktoberfest aux festivaliers qui boivent des chopes de bière, vêtus de dirndls et de lederhosen.

J'ai fini par trouver des représentations franco-canadiennes de capotes, de tuques et de ceintures fléchées portées par les « voyageurs » de la Nouvelle-France. Ces principaux vêtements sont aujourd'hui portés lors de festivals franco-canadiens et en hiver, notamment par la mascotte du Carnaval du Québec, Bonhomme, ainsi que par certains participants.

J'appelle ce concept « culture visuelle », lorsque nous reconnaissons les groupes culturels à travers leur art visuel et d'autres formes d'expression extérieure. Grâce à ces formes de talent artistique, je crois que les Franco-Américains peuvent devenir un groupe culturel mieux reconnu aux États-Unis et vaincre nos peurs d'oublier peu à peu le français et notre culture singulière.

Tournons-nous vers la culture et l'expression visuelles pour répondre à la question qui pourrait permettre à notre culture de se représenter.

Qu'est-ce que le talent artistique franco-américain ? Pour le découvrir, j'ai parlé à trois artistes franco-américains qui intègrent à leurs travaux créatifs des thèmes, des histoires et des expériences qui leur sont propres ou qui appartiennent à leur famille.

Tanja Kunz

Tanja Kunz est une artiste interdisciplinaire dont les travaux explorent les vertus curatives de l'art. Elle utilise de la peinture, des textiles, des métaux, du son, de la lumière, du spectacle et des médias numériques pour aborder la spiritualité, la médecine, l'héritage de nos ancêtres, le labeur et la justice.

Quand je lui ai demandé comment elle imaginait l'avenir du savoir-faire artistique franco-américain, elle a répondu : « La réponse courte est que nous devons écrire nos meilleures histoires avec le stylo de nos arrière-arrière-arrière-grand-mères. La réponse longue demande de comprendre que les arts sont une expression de la culture, puis, d'explorer la différence entre "culture" et "culture vivante". »

Kunz continua d'expliquer que la culture est définie par les coutumes, les arts, les institutions sociales, et les accomplissements d'une nation en particulier, d'un peuple ou autre groupe social. Elle ajouta que cela est souvent vu comme quelque chose de figé et d'immuable ; la manière dont les choses « étaient autrefois » détermine qui nous sommes, ce qui est nécessaire dans une certaine mesure, car cela caractérise le groupe culturel.

« Cela crée le "nous". C'est le cadre à travers lequel nous nous définissons. Mais pour entretenir les arts aujourd'hui, nous avons besoin d'une "culture vivante", ce qui nécessite que nous élargissions ce cadre, » dit-elle.

Pour approfondir le concept de "culture vivante" de Kunz, celle-ci dit que le terme sous-entend la transmission active de pratiques, de connaissances et de compétences ancestrales, de génération en génération. Cette "culture vivante" n'est pas une entité statique, mais une force dynamique et changeante qui maintient la culture vivante. Pour qu'elle demeure prospère, les "gardiens de la sagesse" doivent transmettre le savoir culturel. Qui sont ces leaders, exactement ?

« Il s'agit des dirigeants de nos communautés, de nos guides spirituels, de nos artistes et de nos historiens, de nos gardiens de la langue, de nos ouvriers, nos mémés et nos chercheurs. Tous ces transmetteurs de la culture nous lient aux habitudes d'autrefois, tout en nous fournissant également une carte pour revendiquer et développer notre culture aujourd'hui, » continue-t-elle.

Selon Kunz, tout cela s'inscrit dans la croissance continue de la culture et du talent artistique franco-américain.

« En d'autres termes, pour cultiver les techniques artistiques franco-américaines à l'avenir, il nous faut comprendre, respecter et honorer nos ancêtres. Nous devons apprendre de nos mémés et des autres gardiens du savoir. Enfin, en conservant tout cela à l'esprit, nous devons donner le meilleur de nous-mêmes, du point où nous sommes aujourd'hui. Pouvons-nous écrire nos meilleures histoires avec le stylo de nos arrière-arrière-arrière-grand-mères ? » dit-elle.

Pour présenter des exemples d'œuvres d'art franco-américaines, j'ai demandé à Kunz si elle pouvait partager une pièce spécifique de sa création, inspirée par son héritage.

Kunz explique que son œuvre, *Lucien's Cloth* (Le tissu de Lucien), se rapporte à son ascendance franco-américaine et aux autres Franco-Américains, dont les ancêtres travaillaient dans des villes industrielles. *Lucien's Cloth* est une création textile qui consiste en l'entrelac de fils phosphorescents. Au lieu de la réaliser avec un métier à tisser, Kunz a développé un processus qui maintient les fils en place pendant que sa machine à coudre les assemble en armure.

« Le résultat est un délicat filigrane d'interconnexions, tels que la famille, la communauté et la manière dont nous nous rassemblons, » dit-elle en ajoutant que l'œuvre traite de la présence de l'exploitation franco-américaine dans le Nord-Est.

« Une grande partie de l'exploitation, comme nous le savons, est invisibilisée par des systèmes d'oppression. C'était tout particulièrement vrai lors de l'apogée de l'industrie textile dans le Maine, en raison de ses pressions économiques constantes et de son classisme inhérent. Les récits des ouvriers ont rarement été retenus. Le tissu semble sur le point de se désagréger, pourtant, il aura fallu des centaines d'heures pour le produire, » explique-t-elle.

Accompagnant *Lucien's Cloth*, se trouve un poème de Kunz, qu'elle considère être à la fois personnel et social. En racontant de nouveau son histoire, elle rend honneur à son arrière-grand-père, Lucien, à qui cette œuvre est dédiée.

« Ses mains sont "dés-effacées" par les miennes. Son récit, raconté avec un fil photosensible, est manifeste et liminaire, » dit Kunz.

Ci-dessous, l'écrit de Kunz faisant partie de *Lucien's Cloth* :

Lucien, my great-grandfather,
whose name means 'light,'
Never told me his stories.
It is thought he worked his whole life as a
textile laborer in Lewiston, Maine.
I imagine his hands, expertly working
through mine,
weaving this changing cloth,
without a loom.
Cloth,
made of only warp and weft.
Over and under, through and through.
Built from hundreds of points of connection.
The way we speak our stories,
has the power to transform them.
Past is changed by the words we speak today.
Light changes the darkness.
The changing cloth.

[Lucien, mon arrière-grand-père,
dont le nom signifie « lumière »,
ne m'a jamais conté ses histoires.
On pense qu'il a travaillé toute sa vie comme
ouvrier textile à Lewiston, dans le Maine.
J'imagine ses mains, travaillant habilement
à travers les miennes,
tissant ce tissu changeant,
sans métier à tisser.
Tissu,
seulement fait de fil de trame et de fil de chaîne.
Par-dessus et par-dessous, d'un bord à l'autre.
Fabriqué à partir de centaines de points de connexion.
La manière dont nous racontons nos histoires,
a le pouvoir de les transformer.
Le passé est changé par les mots que nous prononçons aujourd'hui.
La lumière change les ténèbres.
Le tissu changeant.]

Steven Riel

En parlant de Franco-Américains qui rédigent de la poésie, je voulais m'entretenir avec Steven Riel à propos de mots écrits et d'identité. Riel est poète et éditeur en chef de *Résonance*, une publication en ligne franco-américaine.

Mon but, en parlant avec ces artistes franco-américains, était de découvrir à quel point leur héritage et leur culture inspirent leur travail (si tel est le cas). J'ai donc demandé à Riel quels aspects de son héritage ont marqué son expression artistique.

« Mon identité franco-américaine a très probablement une influence sur mon choix de sujet lorsque j'écris, car je pense assez souvent à des problématiques identitaires, surtout à présent que je suis éditeur en chef de *Résonance*, » dit Riel.

La perspective de Riel reflète une profonde connexion à l'identité franco-américaine, révélant comment celle-ci oriente, non seulement ses thèmes poétiques, mais aussi son approche de la langue. En priorisant dans sa poésie, les propos clairs auxquels on peut s'identifier, Riel s'efforce d'écrire au sujet de ses expériences personnelles afin que ses mots puissent résonner chez les lecteurs, de manière limpide et concise.

« L'une des façons dont mon identité franco-américaine affecte ma poésie réside dans le fait que je souhaite, en fin de compte, que mes poèmes soient accessibles et compréhensibles. Je ne suis pas intéressé par les propos inutilement confus ou par les jeux de mots intellectuels pour la forme. Peut-être que cette esthétique découle d'un utilitarisme ou d'un sens pratique sous-jacents, au cœur de quelqu'un dont les grands-parents étaient de la classe ouvrière. Mes grands-parents paternels se sont rencontrés alors qu'ils travaillaient dans une fabrique de corsets, après tout, » dit-il.

Bien que Riel n'ait pas été élevé dans un foyer francophone, ses grands-parents parlaient français à ses parents. Il a commencé à étudier le français au collège, en huitième année (équivalent de la quatrième en France), et il a continué de suivre des cours durant et après ses études supérieures.

Fort de son éducation en français, Riel incorpore parfois la langue à sa poésie. Il confie également que d'autres aspects de son histoire familiale, tels que ses ancêtres subissant la pauvreté en grande partie lors de la Grande Dépression, se sont frayés un chemin dans ses écrits.

« Le français est présent dans certains de mes poèmes ; quelques mots français (*piton, mémère*) y sont saupoudrés de manière isolée, car ce sont les mots qu'on utilise dans ma famille pour désigner ce que le narrateur décrit. Dans certains, j'introduis plus de français lorsque l'essence du poème porte sur l'expérience franco-américaine. J'ai également écrit un poème à propos de ma relation à la langue française (*Deux Langues*), » explique-t-il.

L'éducation franco-américaine de Riel a influencé une part de sa poésie, mais une autre influence a plus fortement agi sur sa créativité, son inspiration et son expression.

« L'aspect de mon héritage qui m'a le plus marqué est le catholicisme romain, » dit Riel, en ajoutant qu'il a quitté l'Église catholique lorsqu'il était étudiant à l'université jésuite de Georgetown. Cependant, le catholicisme n'a pas quitté Riel, ni son expression artistique, même après son départ de la religion.

« La puissante langue des hymnes et de la liturgie m'a fait forte impression, enfant. Je crois que cela a influencé ma plus profonde relation à la langue ; comment et pourquoi j'aime la langue. La strophe dans mon poème *Monson, Mass* qui mentionne les mots « redemption, manna, myrrh », se rapporte en partie à cela, » évoque-t-il.

Parler de l'Église m'a ramené à un ancien Le Rassemblement auquel j'ai participé virtuellement ; la première fois que Riel et moi nous sommes adressés la parole. Les programmes franco-américains à Orono, dans le Maine, organisent ce rassemblement de Franco-Américains pour partager des œuvres d'art, des écrits, des travaux de recherche ou d'autres projets et nous retrouver en communauté.

Après avoir donné ma présentation sur la « culture visuelle » des Franco-Américains, Riel a répondu en partageant les visuels catholiques de son éducation franco-américaine. Il a partagé ses souvenirs du crucifix qu'il y avait chez lui et des prières du chapelet. Outre la religion, la poésie de Riel aborde également des sujets plus introspectifs.

« L'imagerie, les situations et la psychologie catholiques apparaissent dans plusieurs de mes poèmes, mais ce qui pourrait revêtir une importance bien plus grande est l'absence d'une croyance en l'au-delà, dans des poèmes qui tentent d'aborder le sujet de la mort de mon petit frère, qui a succombé au sida à l'âge de 28 ans, » confie-t-il.

Interrogé à propos des manières dont son identité franco-américaine a influencé son processus créatif et sa vision artistique, Riel a répondu qu'il compare cela à l'influence de son identité homosexuelle sur ses écrits.

« Mon identité homosexuelle a un effet bien plus notable sur mes productions en tant que poète, de manière générale. C'est parce que la honte, la stigmatisation, le harcèlement et la condamnation que j'ai subis en tant que garçon et jeune homme gay étaient profonds. Lorsque je me suis lancé dans la poésie, j'ai d'abord travaillé à surmonter ce fardeau, » dit-il.

Trois ans après l'obtention de mon diplôme universitaire, Riel s'est inscrit à un cours de français qui l'a fait prendre conscience de son identité franco-américaine. Il en a tiré plus de bénéfices que ce à quoi il s'attendait, remarquant le parallèle entre la manière dont les homosexuels et les Franco-Américains ont été critiqués en Nouvelle-Angleterre.

« Toutefois, il existe des différences dans la sévérité et la manifestation des deux oppressions. Au moins, dans le sud de la Nouvelle-Angleterre, où, à l'époque de mon enfance, les Franco-Américains vivaient souvent dans des communautés relativement assimilées, les homosexuels subissaient une oppression bien plus destructive que les Franco-Américains, » dit-il.

À travers ce thème d'assimilation, Riel a exprimé cette oppression avec plus de détails, dans un poème inspiré par son héritage franco-américain intitulé *Dandelions That Sprout in My Yard Know I'm Franco-American* (Les pissenlits qui poussent dans mon jardin savent que je suis franco-américain). Il a dit que son inspiration était tirée de deux expériences différentes liées par une métaphore.

« D'un côté, je savais à quel point ma famille élargie était propre et organisée. Dans nos esprits, la propreté se rapportait sans nul doute à la piété. Il fallait que les jardins soient bien entretenus, eux aussi ; c'était le visage public de la famille. La manière dont les pissenlits qui poussent dans des jardins si soigneusement entretenus tentent d'éviter de se faire arracher comme de mauvaises herbes est devenu le véhicule de la métaphore, parce que la stratégie des plantes de s'adapter à leur micro-environnement m'a semblée similaire à la façon dont les Franco-Américains ont essayé de se fondre dans la culture américaine en Nouvelle-Angleterre pour prospérer, » explique-t-il.

À travers sa poésie, Riel illustre le fait que sa démarche d'incorporer des récits culturels à ses travaux est à la fois intentionnelle et spontanée. Chaque poème témoigne des points communs entre l'histoire familiale, les identités personnelles et l'expression artistique, enrichissant sa compréhension de ce que cela signifie d'être franco-américain.

Abby Paige

Je me suis entretenue avec une autre artiste issue de la communauté franco-américaine de Nouvelle-Angleterre afin d'explorer d'autres formes de talents artistiques de notre culture. Abby Paige est une écrivaine et comédienne dont les travaux portent sur les cultures du nord de la Nouvelle-Angleterre, du Québec et du Canada du Nord. À travers ses spectacles solos, elle aborde l'influence de la culture franco-canadienne et franco-américaine sur la vie et l'identité en Nouvelle-Angleterre. Son dernier projet, un *one-woman show* intitulé « *Les Filles du QUOI?* » raconte son vécu en tant qu'immigrée américaine au Canada, le pays de ses ancêtres. Paige a joué ce spectacle bilingue en 2022 au Lost Nation Theater au Montpelier City Hall Arts Center à Montpelier, dans le Vermont.

Par rapport à la manière dont son héritage franco-américain influence ses travaux créatifs, Paige a répondu que tout est question de connexion culturelle et de découverte de nos origines.

« L'ascendance est fondamentale à la façon dont je réfléchis à mes projets créatifs. Par-là, je n'entends pas seulement l'ascendance en termes de généalogie, même si ça joue. Je veux dire, être connecté à une lignée de personnes qui sont des créateurs ou des penseurs, faire partie d'une conversation intergénérationnelle et humaine. Pour moi, l'art repose sur la communication et les relations, » dit-elle.

Paige déclare apprendre de l'auteur dès qu'elle lit quelque chose et permettre à la pensée de cette personne de s'entrelacer à la sienne. Elle fait cela pour révéler, comprendre et honorer les connexions d'où elle et ses idées viennent ; qui était avant elle, de qui a-t-elle appris, et comment honorer ce qu'ils lui ont enseigné.

« Cela m'intéresse de savoir comment nous sommes devenus qui nous sommes. Mon travail tente de démêler tout cela, » dit-elle. En s'exprimant davantage à ce sujet, elle a partagé le fait de croire en l'importance d'une culture orale pour les Franco-Américains, plus que d'une culture littéraire.

« En fait, quand je pense à mes ancêtres, je pense à des agriculteurs, des bûcherons et des ouvriers d'usine. Les femmes de famille, en particulier, ont travaillé dans des manufactures textiles, à tisser et à coudre. Je pense à la façon dont mon travail est en conversation avec le leur, dont leur créativité vit en moi. Quand vous utilisez le terme « talent artistique », je pense à elles, à comment elles ont apporté de la créativité dans leur labeur et leur vie, puisqu'elles n'avaient pas la liberté de se lancer dans l'art comme je l'ai fait, » dit-elle.

En racontant ces histoires, notamment en ayant « *Les Filles du QUOI?* » en tête, il fallait que je demande à Paige comment elle incorpore les thèmes et les récits franco-américains dans ses travaux.

« Vivre au Canada est l'une des choses qui m'ont poussée à écrire à propos de mon histoire familiale. En grandissant, dans le Vermont, ma famille se définissait toujours comme franco-canadienne, alors quand j'ai déménagé au Québec en 2008, j'avais cette vague idée que j'y retournais. Mais en vivant dans cet environnement, tout d'un coup, j'ai dû déterminer ma relation à la culture québécoise, » confie-t-elle.

Paige s'est demandé ce que signifiait le fait que sa famille soit « issue du » Québec. Elle dit que la plupart de ses écrits de l'époque constituaient donc des tentatives de trouver le sens de sa relation aux lieux, à l'Histoire, à la langue et à tout ce qui s'était passé entre le départ de ses ancêtres pour le Sud des États-Unis et son propre retour au nord. Ces thèmes font surface dans son travail, notamment dans ses spectacles solos, où elle essaye de mettre de l'ordre dans ces idées de différentes manières.

Cependant, elle ne s'est jamais auto-proclamée « artiste franco-américaine ». Au lieu de cela, l'opinion de Paige à propos de cette étiquette est qu'il en revient au public « de reconnaître ses artistes ». Dans son cas, d'autres Franco-Américains ont apprécié son travail et l'ont reconnue.

« Ce n'est pas mon rôle, en tant qu'artiste, de promouvoir ou même de représenter la culture, sauf dans la mesure où mon travail représente ma propre expérience humaine, ce qui inclut mon héritage et mon identité. Je n'essaie pas d'attirer des gens vers la culture franco-américaine. J'essaie de laisser l'empreinte de mon existence et de celle de mes ancêtres, et lorsque je joue un spectacle, je veux créer une expérience qui lie les gens à leur humanité, » dit-elle.

De plus, Paige est extrêmement reconnaissante vis-à-vis du fait que son travail a résonné avec la communauté franco-américaine et ressent un sentiment d'appartenance. Outre ce sentiment communautaire, le talent artistique franco-américain peut également préserver l'héritage culturel et entretenir l'engagement communautaire.

« Parfois, nous parlons de la culture comme si c'était quelque chose d'extérieur à nous, quand, en réalité, il s'agit de nous et de tout ce que nous faisons. C'est comme parler des embouteillages quand on en est au milieu, dans une voiture. Les embouteillages, c'est nous. La culture, c'est comment nous sommes ensemble, les choses que nous réalisons, celles dont on discute et la manière dont nous en discutons. Nous le faisons en ce moment même ! Je pense qu'il est utile de prendre en considération notre projet culturel vivant lorsque nous réfléchissons à la « préservation culturelle », » dit-elle en ajoutant que ce point sera peut-être plus clair pour les autres personnes étant parents, car elle sait ce qu'elle souhaite transmettre à son enfant.

« La transmission se déroule principalement à travers mon comportement ; les manières de cuisiner et de manger ensemble, la façon dont nous célébrons les étapes de vie et les festivités, la langue utilisée à la maison et comment nous exprimons l'affection ou agissons selon nos valeurs. Tout cela est culturel, » explique-t-elle.

Lorsque je lui ai demandé de donner un conseil aux artistes en herbe qui souhaiteraient explorer les thèmes franco-américains dans leur parcours artistique, Paige a répondu qu'il leur fallait rechercher des réponses auprès de leurs ancêtres, leurs anciens, leurs mentors et leurs pairs créatifs.

Que vous ayez la possibilité d'apprendre d'eux en personne ou en étudiant les travaux qu'ils ont laissés derrière eux, réfléchissez à qui réalise, ou a réalisé, ces choses que vous admirez ; ces choses qui piquent votre curiosité et vous inspirent.

« Entamez une conversation avec ces personnes, littéralement ou figurativement. Les artistes en devenir pensent souvent qu'ils doivent absolument détenir une idée originale, une approche à laquelle personne n'a jamais pensé auparavant. Mais les nouvelles idées ne peuvent naître qu'en s'imprégnant réellement de ce qui a déjà été fait. Aucune de nos idées ou de nos œuvres n'appartiennent qu'à nous seuls. Nous produisons de meilleurs travaux lorsque nous cultivons et honorons ces connexions, » dit-elle.

Conclusion

Chacun de ces trois artistes m'a poussée à réfléchir davantage à mon rôle dans la transmission des récits franco-américains à travers mon art : écrire pour mon blog, *Moderne Francos*.

La question posée par Kunz plus tôt, « Peut-on rédiger nos meilleures histoires avec le style de nos arrière-arrière-grand-mères ? », m'a tout de suite donné l'idée d'utiliser le nom de jeune fille de ma mémère pour signer mes articles de blog. Je trouvais cela amusant, à l'époque où m'est venue l'idée de partager mes pensées et mes réflexions sur l'avenir de la culture franco-américaine.

Je m'identifiais à ce personnage ; je me laissais aller à imaginer ce « et si », un scénario dans lequel j'étais née avec ce nom franco-canadien auquel j'avais songé lorsque je passais en revue des documents où apparaissaient, du côté maternel, d'autres noms de famille aux sonorités similaires. Je me souviens avoir créé des cartes de visite sur Microsoft Word pour ma future entreprise de photographie dont je rêvais au début de mon adolescence.

Même à l'époque, j'incarnais un autre personnage en tapant à l'ordinateur, un nom créé à partir de « Mel Deschenes » et « Melody Desjardins ». Je ne suis pas certaine de savoir si j'essayais d'échapper à qui j'étais vraiment, d'exprimer ma passion pour la culture, ou les deux. Mais adopter ces noms de plume était ma manière de me rapprocher de mes origines franco-américaines, et c'est ce que j'ai fait pour *Moderne Francos*.

Je suis fière de porter le nom Desjardins pour partager mon talent artistique franco-américain à travers l'écriture, en transmettant des histoires personnelles de ma mémère, que je n'ai pas eu l'occasion de mieux connaître, et de mon pépère, que je n'ai pas connu du tout. Toutefois, la documentation de mon expérience franco-américaine contribuera à notre culture en constituant une archive permettant aux futurs Franco-Américains d'approfondir leur compréhension de celle-ci et de son avenir. Que pouvons-nous faire de plus, et que pouvons-nous créer pour la représenter et nous exprimer ?

En juin 2024, j'ai publié un article de blog sur *Moderne Francos* et *Le Forum* (une revue franco-américaine éditée par les *Franco-American*

Programs de l'Université du Maine à Orono) à propos de l'événement *Le Rassemblement 2024*. Dans ce billet, j'ai exposé la manière dont la culture franco-américaine et mes expériences personnelles en tant que Franco-Américaine ont inspiré mes écrits et ma créativité. Cela montre que notre culture peut être notre muse et que, peu importe si l'on se considère artiste ou non, nous pouvons exprimer la culture franco-américaine de manière créative. Nous avons le pouvoir de toucher des personnes grâce à nos visuels et à nos mots ; alors, si vous vous sentez inspirés, créez et partagez votre art avec nous.

15. Documenter la contribution francophone à la musique américaine

Scott Tilton

Nouvelle-Orléans, 1910. Basin Street : une rixe éclate au saloon de Madame Lulu White, dans le quartier chaud que l'on surnomme Storyville, du nom d'un conseiller municipal francophone, au grand dam de celui-ci. Alors que les coups de poing et les verres à moitié vides volent, et que l'agitation attire l'attention des touristes ébahis dehors, un son rauque et chaloupé s'échappe du bâtiment jusque dans la rue, plus enivrant que les sazeracs servis au bar. Ce son nouveau, le jazz, dont on suppose que le nom est dérivé du mot français « jaser », fait son entrée fracassante dans les rues tapageuses de la Nouvelle-Orléans et s'apprête à enflammer le monde par son rythme syncopé. Le plus surprenant pour un observateur aujourd'hui, même pour ces millions de touristes qui voyagent à la Nouvelle-Orléans chaque année en pèlerinage à la recherche du « jazz authentique », serait les langues que parlaient un grand nombre de musiciens, principalement d'ascendance africaine, au saloon de Lulu White : le français et le créole louisianais.

On parle le français depuis bien plus longtemps que l'anglais dans certaines parties des États-Unis modernes, dans des endroits aussi variés que le Maine, le Missouri et la Louisiane. À l'instar de l'anglais et de l'espagnol, le français est apparu en Amérique du Nord sous l'influence de la colonisation européenne et de la compétition entre les empires, qui ont dépossédé les peuples autochtones de leurs terres et amené de force des personnes d'origine africaine en Amérique pour y travailler comme esclaves. Mais à l'inverse de l'anglais, devenu la langue prédominante, et de l'espagnol, qui s'est répandu grâce à l'immigration, le français a décliné ; c'est pourquoi on le néglige fréquemment. Les locuteurs du français sont souvent inclus dans les récits anglocentrés portant sur les États-Unis, car un grand nombre d'entre eux sont devenus anglophones au XXe siècle. En effaçant les identités linguistiques distinctes des locuteurs du français, on a aussi effacé leur contribution à la culture américaine, comme en témoignent les racines du jazz, ancrées dans la langue française.

Ce chapitre met en évidence une idée centrale : les Américains francophones ont contribué de manière incommensurable au patrimoine immatériel des États-Unis, de la cuisine à la musique en passant par les arts. En dépit de cela, ce patrimoine lié à la langue française est trop souvent relégué à une note de bas de page, cantonné à certaines régions géographiques, comme la Louisiane, ou tout bonnement oublié.

Lorsque nous pensons aux formes de musique typiquement « américaines », le son de la country de Dolly Parton nous vient à l'esprit, tout comme la mélancolie de l'Americana, du folk ou du blues, dont les paroles sont souvent en anglais. Pourtant, le public sait rarement que les premières chansons de jazz de Sidney Bechet comportaient des paroles en français, ou que celles écrites par des musiciens tels que Fats Domino, qui s'est fait connaître au début du rock'n'roll, étaient en créole.

Ce chapitre se divise en deux parties : nous examinerons d'abord la riche tradition musicale américaine façonnée par les francophones dans son ensemble, puis nous nous pencherons sur la nécessité de promouvoir une meilleure compréhension de la manière dont les communautés linguistiques minoritaires, et pas seulement les francophones, sont trop souvent exclues des récits portant sur la culture américaine, au profit de narrations principalement anglophones.

Dans cette section, je présenterai un aperçu d'un projet multimédia intitulé *Musique(s)!*, auquel ces communautés contribuent par l'intermédiaire de leur association à but non lucratif, la New Orleans Foundation for Francophone Cultures (la Nous Foundation), en collaboration avec la Library of Congress, afin de documenter et de valoriser cette part essentielle de l'héritage musical des États-Unis.

Veuillez noter que je ne suis pas musicologue, malgré mon profond attachement à la musique. Mes observations ne visent pas à suggérer que les contributions des musiciens francophones sont méconnues aux États-Unis. Elles découlent plutôt de perceptions erronées ancrées dans notre mémoire collective, où les contributions des communautés linguistiques minoritaires sont trop souvent éclipsées.

Je reconnais que les origines de toute forme musicale résultent d'une collaboration entre des musiciens issus de milieux variés et parlant diverses langues. Il serait impossible d'attribuer à une seule personne ou à une seule communauté la naissance d'un genre musical dans un pays aussi vaste que les États-Unis. Je m'attache donc à mettre en lumière les contributions de nombreux acteurs, sans exclure aucune communauté, quelle que soit son origine ou sa langue.

La thèse centrale de ce chapitre est que la musique américaine est trop vaste et trop importante pour exclure les langues autres que l'anglais des sons qui façonnent un pays. Il se concentre également sur la Louisiane, l'auteur étant fier d'appeler la Nouvelle-Orléans sa maison. Ce choix se justifie par le fait que la Louisiane est particulièrement identifiable en raison de l'influence de la langue française sur la musique américaine.

Toutefois, cette attention particulière n'a pas pour objectif d'éclipser le rôle crucial qu'ont joué les Canadiens français dans la musique américaine du Nord, ni celui des peuples francophones du Pays des Illinois dans le Midwest. L'auteur a fait le choix pragmatique de s'appuyer sur ses connaissances locales, mais la réflexion menée dans ce chapitre dépasse largement Crescent City.

Alors, prêt pour un peu de *Iko Iko* ?

Orphée aux États-Unis :
Les francophones à l'origine de la musique américaine

Le dieu grec Orphée considérait peut-être le mont Olympe comme sa demeure, mais il semble bien avoir traversé l'Atlantique pour visiter les États-Unis. La fusion des styles musicaux issus des traditions écossaises et irlandaises, mais aussi françaises, allemandes, afro-américaines, autochtones et de nombreuses autres communautés, a donné naissance à des genres aujourd'hui emblématiques du pays : le blues, le rock'n'roll, le jazz, l'Americana et le folk, puis, plus récemment, le punk rock et le rap.

Chaque communauté, souvent marquée par des épreuves, mais aussi par la résilience et l'espoir, a apporté ses propres expressions lyriques et ses instruments. Le résultat de ce mélange fut parfois si puissant que l'on en a oublié les origines multiples de la musique américaine. Pensons par exemple au banjo, aujourd'hui étroitement associé au folk et à l'Americana, mais dont les racines remontent à l'esclavage, lorsque des populations d'Afrique de l'Ouest introduisirent cet instrument dans le Sud des États-Unis.

Si ces genres et instruments ont émergé dans différentes régions du pays, souvent de manière simultanée, leur foyer spirituel se situe largement dans le sud, notamment pour le blues, le jazz et le rock'n'roll.

Les musiciens francophones et créolophones, principalement d'ascendance africaine et dispersés le long de la côte du Golfe, ont joué un rôle central dans cette émergence musicale. Ils vivaient dans une région située au carrefour des Amériques, s'étendant du Texas à l'ouest jusqu'à l'Alabama à l'est, en passant par la Louisiane. Leur musique puisait dans des influences venues d'Europe, d'Afrique, des Caraïbes, des communautés autochtones et du reste des États-Unis.

Au XIXe siècle, la ville portuaire de la Nouvelle-Orléans constituait un centre culturel dynamique, où théâtres et opéras francophones prospéraient. Leurs orchestres, souvent composés de musiciens afro-créoles, interprétaient les œuvres les plus récentes venues d'Europe, qui transitaient fréquemment par La Havane avant d'atteindre la Crescent City.

Chaque année, les habitants les plus aisés quittaient la ville pour échapper aux épidémies de fièvre jaune, laissant derrière eux les classes ouvrières et les esclaves. Ils revenaient ensuite dans leurs résidences du quartier français, le Vieux Carré, lorsque la saison lyrique reprenait à l'automne. L'opéra occupait alors une place si centrale que la ville entière sortait de sa torpeur estivale pour accueillir de nombreuses premières américaines d'œuvres en langue française.

Parmi les musiciens de ces orchestres figuraient de nombreux Afro-Créoles issus d'un groupe social particulier, les « gens de couleur libres », descendants d'esclaves affranchis sous le régime espagnol en Louisiane. Bien qu'ils bénéficient de certains droits économiques, ils restaient largement exclus de la vie politique. En raison des restrictions professionnelles qui leur étaient imposées, beaucoup devinrent artisans ou musiciens. Cette tradition musicale francophone et créolophone de formation classique donna naissance à certains des premiers musiciens américains de renommée internationale, tels qu'Edmond Dédé et Louis Moreau Gottschalk.

Ces artistes furent eux-mêmes influencés par les rythmes africains de la Place Congo, située aux abords du Vieux Carré, dans le faubourg Tremé. Cet espace constituait un lieu de rassemblement où esclaves, gens de couleur libres et communautés autochtones se retrouvaient le samedi pour commercer, socialiser et danser. Sous le Code noir, les personnes esclavisées bénéficiaient exceptionnellement d'un jour de repos, qu'elles utilisaient souvent pour vendre des marchandises et retrouver leurs proches.

La Place Congo joua un rôle déterminant dans le développement culturel de la ville, en tant que carrefour des traditions musicales et chorégraphiques africaines. Des danses telles que le calinda y étaient pratiquées, accompagnées de multiples langues africaines et autochtones qui se mêlaient progressivement au créole louisianais d'origine française. Dans une ville déjà en dialogue constant avec les Caraïbes, chaque bateau remontant le Mississippi apportait de nouveaux sons, souvent réinterprétés dans cet espace.

Pour des musiciens comme Edmond Dédé ou Louis Moreau Gottschalk, ces influences furent déterminantes. Elles permirent de jeter les bases d'un dialogue entre les normes eurocentrées de la musique classique et les rythmes complexes des traditions africaines et autochtones.

Après la guerre de Sécession et la brève période de reconstruction, l'espoir d'une égalité raciale fut rapidement anéanti par l'instauration des lois Jim Crow. En quelques années, les Afro-Créoles furent exclus des institutions culturelles réservées aux Blancs. Parallèlement, d'anciens esclaves anglophones migrèrent vers des villes comme la Nouvelle-Orléans, contribuant à transformer profondément le paysage social.

C'est dans ce contexte que la ville tenta de réguler les activités liées au vice en créant le quartier de Storyville, situé aux abords du Vieux Carré, à proximité des communautés afro-descendantes. Moins strictement soumis à la ségrégation que les espaces plus élitistes, ce quartier devint un lieu d'expérimentation musicale. Musiciens afro-créoles et afro-américains y mêlèrent blues, ragtime et musique classique, donnant naissance au jazz.

Aux débuts du jazz, la présence de nombreux musiciens afro-créoles, de Lizzie Miles à Sidney Bechet en passant par Jelly Roll Morton, est particulièrement frappante. Ils contribuèrent à former des figures majeures comme Louis Armstrong. De nombreux ensembles de jazz adoptèrent des noms tels que « *Original Creole Dixieland* », affirmant ainsi leur identité culturelle auprès d'un public fasciné par cette musique nouvelle et transgressive.

Alors que le jazz gagne en popularité et que les musiciens anglophones occupent le devant de la scène, les origines de cette musique, ancrées dans les quartiers francophones et créolophones, tombent souvent dans l'oubli. Ce phénomène touche également d'autres genres musicaux. Antoine « Fats » Domino, par exemple, qui a grandi dans une famille créolophone à la Nouvelle-Orléans et a vendu plus de 65 millions de disques, a joué un rôle déterminant dans l'émergence du rock'n'roll.

Des musiciens comme Domino et Allen Toussaint reprenaient fréquemment des chansons créoles dans des genres en plein essor, tels que le rock'n'roll et le funk. Toutefois, ces chansons étaient souvent interprétées en anglais. Il s'agissait parfois d'un choix imposé par les maisons de disques, et d'autres fois d'une décision pragmatique dans le contexte américain des années 1950 à aujourd'hui, où le public est majoritairement habitué à des chansons en anglais.

Durant cette période, certaines chansons en français et en créole, comme *Iko Iko*, se sont néanmoins intégrées à la culture populaire américaine. Elvis lui-même, né dans le Mississippi et connu pour son rôle principal dans *Bagarres au King Créole*, s'inspirait de sonorités issues de chansons françaises et créoles répandues dans toute la région.

Cette tradition musicale francophone et créolophone perdure aujourd'hui. Comme toujours, la musique continue d'évoluer, les sociétés n'étant jamais figées. Des artistes récompensés aux Grammy Awards, tels que les Lost Bayou Ramblers, Leyla McCalla ou encore le groupe de rock indépendant Sweet Crude, poursuivent cette dynamique en expérimentant de nouvelles textures sonores tout en s'inspirant de formes musicales « françaises » plus reconnaissables, comme le zydeco et le swamp pop.

Alors que la création musicale en français et en créole se poursuit au XXIe siècle, les artistes font face à des pressions les incitant à adapter leur production à des publics qui ne comprennent pas nécessairement leurs paroles, ce qui pose des défis particuliers. En Louisiane, le nombre de locuteurs du français est passé d'environ 1,5 million en 1970 à près de 100 000 aujourd'hui, soit une baisse de plus de 90 %, due aux politiques discriminatoires, à la pression d'« américanisation » et à l'absence de mesures favorisant réellement le bilinguisme.

Alors que le nombre de francophones diminue du Maine à la Louisiane, un phénomène accentué par la perte de locuteurs natifs et par le recul de l'enseignement du français dans les écoles et les universités, il devient urgent de reconnaître l'influence des francophones sur la musique américaine. À défaut, cet héritage immatériel risque de disparaître pour les générations futures, quelle que soit la langue qu'elles parleront.

Won't Bow Down, Don't Know How :
Documenter l'avenir de la musique française et créole aux États-Unis

Dans le cadre de leur engagement en faveur de la documentation de ce patrimoine culturel essentiel, les auteurs, à la tête de la New Orleans Foundation for Francophone Cultures, ont lancé un projet sélectionné pour recevoir une bourse du American Folklife Center de la Bibliothèque du Congrès. Intitulé « La Musique nous réunit », ou *Musique(s)!*, ce projet vise à documenter la manière dont une nouvelle génération de musiciens francophones et créolophones en Louisiane transmet ses traditions musicales dans un pays où l'anglais domine largement l'espace public.

Pour comprendre les enjeux de ce projet, il convient d'examiner la mission de la fondation. L'auteur, Scott Tilton, a rencontré Rudy Bazenet à Paris, où ils ont collaboré à une initiative ayant permis à la Louisiane de rejoindre l'Organisation internationale de la Francophonie en 2018, faisant de cet État le premier des États-Unis à y être associé. Cette reconnaissance a marqué une étape importante pour les communautés francophones et créolophones minoritaires de Louisiane.

Dans le cadre de cette initiative, les auteurs ont reçu de nombreux témoignages de jeunes souhaitant vivre leur culture, tout en constatant un manque de ressources et d'espaces pour pratiquer le français.

Face à ces enjeux de visibilité et de transmission culturelle, ils ont fondé la Nous Foundation en 2020, avec pour objectif de créer une institution culturelle de référence dans le Vieux Carré, dédiée à la valorisation du français et du créole, ainsi qu'au soutien des communautés locales.

En seulement trois ans et demi, la fondation a franchi plusieurs étapes importantes, notamment l'ouverture d'un centre culturel au Historic BK House & Gardens, la production de six films et documentaires présentés dans des festivals tels que le New Orleans Film Festival et le Festival de Cannes, ainsi que la création de l'exposition *Haiti-Louisiana: Tides of Freedom*, co-dirigée par Max Jean-Louis et consacrée aux conséquences de la Révolution haïtienne, ensuite présentée à l'ONU.

Je dis souvent sur le ton de l'humour que les deux choses sur lesquelles tous les Louisianais peuvent se mettre d'accord sont la musique et la cuisine. Ainsi, la musique est depuis toujours un élément central à la mission de la Nous Foundation, que ce soit à travers l'organisation régulière de concerts, de conférences et de collectes de fonds, ou par son soutien à la musique roots de Louisiane. La Nous Foundation a eu l'incroyable opportunité de travailler en partenariat avec l'Orchestre philharmonique de Louisiane (LPO) à trois occasions pour créer des cartes postales (glissées dans le programme des spectateurs) qui font le lien entre la musique en langue française jouée par le LPO et l'importance de l'héritage francophone en Louisiane. Ce travail en collaboration avec le LPO et de nombreux musiciens talentueux souligne la profonde appréciation envers la manière dont la musique transcende les limites quotidiennes et transmet le goût de la culture. Dans une époque où le français et le créole sont de moins en moins employés dans les conversations de tous les jours, la musique roots en Louisiane est un genre qui va notoirement à contre-courant de cette tendance, car les musiciens continuent habilement à chanter dans ces langues et leur musique fait fureur. L'idée derrière Musique(s)! a émergé début 2021 avec le succès phénoménal de l'album live du LPO avec les Lost Bayou Ramblers, un groupe chantant en français louisianais qui a par deux fois gagné un Grammy Award. Le fait de voir le succès immense et la vision qui alimentent ce projet nous a donné envie de poursuivre nos efforts pour promouvoir la musique roots de Louisiane chantée en français et en créole, auprès d'un plus large projet de documentation musicale qui finirait par devenir *Musique(s)!*.

En août 2024, tandis que les ouragans sévissaient, nous avons enregistré un album avec six groupes de musique aux Esplanade Studios, une magnifique ancienne église convertie en studio d'enregistrement à la Nouvelle-Orléans. Les groupes participant comptaient des musiciens récompensés par le Grammy Award, tels que Louis Michot et Leyla McCalla, Sweet Crude, Sunpie and the Sunspots, les Baby Dolls, et Les Cenelles.

Chaque groupe a enregistré deux chansons de son choix en français et en créole. Le résultat de ces sessions est un aperçu de la musique louisianaise (traditionnelle comme avant-garde), telle qu'elle est jouée en 2024. Les sons de chaque groupe sont délibérément différents les uns des autres. Par exemple, nous collaborons avec les Baby Dolls, un groupe mené par des femmes dont les belles robes représentent une partie importante de la tradition afro-américaine « *Black masking* » de la Nouvelle-Orléans ; une tradition que de nombreuses personnes en dehors de la ville connaissent grâce au Mardi gras indien. L'histoire des Baby Dolls remonte au début des années 1900, et beaucoup des chansons qu'elles interprètent encore sont en lien direct avec les chansons créoles qui ont contribué à l'émergence du jazz. À notre connaissance et à celle des participants, c'est dans cet album que les Baby Dolls ont été enregistrées de manière officielle pour la première fois, et nous leur rendons les droits afin qu'elles puissent rester propriétaires de leur musique. En plus des Baby Dolls, nous avons aussi des musiciens récompensés aux Grammy Awards tels que Louis Michot, qui a joué de la musique traditionnelle « cadienne » comme le fait sa propre famille. Il a même retrouvé un morceau datant de 1934 qui avait été égaré et l'a réenregistré pour la première fois depuis des décennies.

L'album et les interviews qui l'accompagnent ont été gravés sur vinyle et conservés dans les archives permanentes de la Bibliothèque du Congrès, permettant ainsi de documenter, pour les générations à venir, la contribution des musiciens francophones et créolophones à la musique américaine. Outre ce projet, grâce au soutien de la bourse Create Louisiana, nous avons également réalisé un documentaire sur la genèse de l'album ; celui-ci a été présenté en avant-première lors du New Orleans French Film Festival avant d'être diffusé à l'international sur TV5Monde. Enfin, afin de partager la beauté de cette musique avec notre communauté, nous avons inauguré une exposition intitulée *Musique(s)!*, qui a ouvert en février 2025, juste avant le Super Bowl, au musée Historic BK House & Gardens.

Ce projet repose sur les travaux fondamentaux des docteurs Barry Ancelet et Carl Brasseaux visant à enregistrer et documenter la musique populaire francophone de Louisiane. En nous appuyant sur des efforts d'une importance capitale, nous mettons en valeur la diversité de la musique francophone d'aujourd'hui. Les ensembles comme Les Cenelles, un orchestre de chambre, créent une nouvelle musique basée sur le calinda que l'on chantait sur la place Congo. Leur objectif est de mettre en avant les racines africaines et autochtones de la Nouvelle-Orléans, qu'ils appellent Bulbancha, un nom dérivé du terme employé par les Chactas pour désigner la région, qui signifie « terre aux nombreuses langues ». L'art des Cenelles rend hommage aux racines diverses de la musique louisianaise, tout en revisitant les sons traditionnels avec des styles contemporains ; une idée au cœur du projet *Musique(s)!*. La musique n'est pas statique. Grâce à leurs chansons innovantes, ces musiciens sont parvenus à créer de la musique en français et en créole qui résonne auprès de la nouvelle génération. En revanche, le dialogue intergénérationnel qu'ils entretiennent touche aux identités complexes de leur public qui sont profondément enracinées dans les cultures d'héritage de la Louisiane. Par le passé, la musique louisianaise était dépeinte comme une musique monolithique. En réalité, elle présente une incroyable diversité. Si l'on considère les différents sons et parcours des musiciens actuels dans leur globalité, on constate qu'ils trouvent écho dans des communautés à travers toute la Louisiane comme dans l'ensemble du pays. C'est peut-être pour cette raison qu'une catégorie à part entière des Grammy Awards est dédiée à la musique roots de cette région. Croisons les doigts, avec un peu de chance, notre album pourrait en remporter un.

Les projets tels que *Musique(s)!* sont essentiels pour documenter les contributions des musiciens francophones et créolophones à la musique américaine. En dehors de ce projet, des musiciens légendaires tels que Josee Vachon mènent des efforts similaires dans le Maine pour conserver une trace du riche héritage musical francophone de la région issu de la migration acadienne et canadienne française qui remonte à plusieurs siècles. Le magnifique travail du cinéaste et conteur d'histoires Brian Hawkins, qui réalise des courts métrages d'animation incorporant la musique traditionnelle des Créoles francophones du Missouri, préserve également la musique d'une nouvelle génération. Mais la mission est loin d'être terminée.

Les États-Unis regroupent des centaines de langues, du français louisianais au cherokee, en passant par le gullah. Le pays compte également des centaines de communautés parlant des langues d'héritage, telles que l'allemand, dont la transmission aux nouvelles générations est faible. L'une des seules exceptions est l'espagnol, car les plus de 40 millions d'hispanophones de la nation ont créé toute une industrie d'enregistrement de la musique dont les centres, situés à Miami, New York et Los Angeles, ont conquis le monde entier. Aucune langue ne détient le monopole de la bonne musique. La musique est un véhicule essentiel pour répandre un intérêt pour la culture et la communauté, comme le montre la forte présence de la musique en espagnol parmi les jeunes, même parmi les anglophones. Pour notre pays, elle représente une partie intégrante de notre tissu social et de notre histoire, visant à préserver notre diversité linguistique. Imaginez que nous souhaitions conserver les sons musicaux du français et du créole, du navajo et du gullah. Dans ce cas, il nous faut fournir davantage de ressources pour soutenir les carrières des musiciens quand ils décident de s'investir dans la transmission de leur langue et de leur culture à travers leur art.

Un des programmes que nous avons à la Nous Foundation et qui produit déjà des résultats est le programme d'accélération « le Lab », qui a permis de récolter 250 000 $ pour financer des projets entrepreneuriaux issus de communautés linguistiques minoritaires. Dès novembre, nous avons ouvert un espace dédié à l'enregistrement musical, qui soutient les artistes. Pour l'instant, nous travaillons sur une comédie musicale intitulée *Swell*, en collaboration avec Chasah & Charliese West, rendue possible grâce au soutien de la We Are Family Foundation.

Mais au-delà de cette initiative privée lancée par la société civile, à l'échelle nationale, il faudra davantage de financement public pour les musiciens de communautés linguistiques minoritaires. À la Nouvelle-Orléans, les artistes peinent à joindre les deux bouts à cause de l'absence d'assurance, de l'augmentation du coût de la vie et de la précarité de l'emploi, comme l'a souligné la pandémie de COVID-19 qui a stoppé l'économie touristique de la ville. Même dans les meilleures conditions, il est difficile pour les musiciens de mener une carrière stable. Leur demander d'apprendre le répertoire musical français et créole représente un fardeau supplémentaire ; le préserver est extrêmement important, mais il peut être moins identifiable pour les touristes venus du reste du pays. Des programmes ou des services de subventions publiques pourraient être utiles pour aider ces musiciens. Par exemple, lors de notre collaboration avec les Baby Dolls, nous avons reçu de nombreuses bourses de la Nouvelle-Orléans, cela nous a permis de rémunérer les membres du groupe, qui ont des emplois à plein temps, afin qu'elles puissent participer et réapprendre la prononciation du créole louisianais pour leur musique.

Par ailleurs, il serait utile de créer des prix et des récompenses spécifiques pour les langues minoritaires, comme les Grammy Awards pour la musique roots de Louisiane, car cela inciterait les musiciens à s'investir dans les langues d'héritage. Pour finir, l'ère de Netflix et l'essor de la musique en espagnol met en évidence le fait que les Américains de tous horizons sont ouverts à d'autres langues. Les grands studios musicaux et multimédias devraient en inclure dans leur musique. Cela serait d'autant plus intéressant si elles provenaient à 100 % des États-Unis, ce qui pourrait attiser l'intérêt d'un public américain.

Des allées de Storyville jusqu'au majestueux musée BK House & Gardens, où notre exposition ouvrira ses portes dans quelques semaines à peine, la musique que nous célébrons à travers la Nous Foundation s'inscrit dans une longue histoire. Pour aller de la maison Beauregard-Keyes au vieux Théâtre de l'Opéra francophone, qui se situait autrefois sur Bourbon Street, jusqu'à la Place Congo et l'ancien site de Storyville, il faudrait marcher environ 20 minutes. Malheureusement, un incendie a ravagé le Théâtre de l'Opéra en 1918 et Storyville a connu une fin ignominieuse en 1917 lorsque la marine américaine a fermé le quartier durant la Première Guerre mondiale, car les marins y venaient souvent dans ce quartier lors de leur regroupement dans la ville, avant leur départ pour le front occidental. Mais un bâtiment d'époque s'y trouve encore aujourd'hui, il appartenait à Madame Lulu White et témoigne de la résilience de la musique. Maintenant, plus que jamais, pour comprendre l'Amérique, il faut comprendre sa musique. Celle-ci est chantée en bien d'autres langues que l'anglais. Les sons persistent encore dans l'air, murmurant doucement « *Iko Iko !* ».

16. Une victoire de haute lutte : Le cadeau durable des églises franco-américaines au milieu bâti de la Nouvelle-Angleterre

Eileen M. Angelini et Rebecca P. Sewall

Parcourez les villes industrielles... et vous les verrez apparaître. De grandes églises aux allures de cathédrales se dressent au-dessus du paysage urbain, faisant paraître minuscules les bâtiments qui étaient autrefois des usines et des logements ouvriers. Ces lieux de culte élaborés sont les vestiges de la lutte menée par les Canadiens français pour préserver leur langue et leur culture, au moment où ils quittaient leurs terres agricoles du Québec pour venir travailler dans les usines de la Nouvelle-Angleterre protestante après la guerre de Sécession.

À leur arrivée, les Canadiens français se mettent à fréquenter les églises catholiques construites par les immigrants irlandais plusieurs décennies auparavant. Mais, imprégnés de la philosophie de la Survivance (selon laquelle le maintien de la langue française, la pérennité d'une Église franco-canadienne distincte et de leurs coutumes étaient essentiels à la survie culturelle), ils cherchent rapidement à établir leurs propres paroisses francophones, malgré la forte opposition de l'épiscopat dominé par les Irlandais. Les Canadiens français bâtissent d'abord de modestes églises, jusqu'à ce que suffisamment de fonds soient réunis pour en construire de plus élaborées et permanentes. Jusqu'à la fin des années 1880, ces « églises temporaires » sont progressivement remplacées par des lieux de culte plus grands et plus imposants, dont beaucoup peuvent accueillir plus de 1 500 personnes et dont la construction coûte plus de 500 000 dollars. Aujourd'hui, ces églises constituent une preuve visuelle de la détermination ardente des Canadiens français à préserver la langue française. Cette détermination a exercé une influence durable sur le milieu bâti des villes industrielles de la Nouvelle-Angleterre et perdure encore aujourd'hui.

La Survivance

La nécessité fondamentale de préserver l'usage de la langue française comme clé de la survie culturelle est déjà bien établie lorsque les Canadiens français entreprennent leur migration vers le sud, jusqu'à la Nouvelle-Angleterre, alors que les moteurs de la deuxième révolution industrielle redémarrent après la guerre de Sécession. Le concept de *La Survivance* naît lorsque les Français du Canada subissent une défaite cuisante face aux Britanniques lors de la guerre de Sept Ans (1756-1763). Bien qu'il constitue déjà un principe directeur dans le Canada français, confronté aux forces anglicisantes après la guerre, ce concept prend un sens nouveau lorsque les Canadiens français quittent leurs terres agricoles en déclin au Québec pour aller travailler dans les usines de la Nouvelle-Angleterre protestante[167].

La Grande Saignée

Quand les fabriques de la Nouvelle-Angleterre reprennent leur activité après la guerre de Sécession, la région a désespérément besoin d'ouvriers. Cette demande de main d'œuvre coïncide avec la forte baisse de la production agricole dans les régions rurales du Québec et d'après un historien, « le Québec est prêt à répondre à l'appel[168] ». Malgré les défis, les familles québécoises, réputées pour leur résilience, n'hésitent pas à s'adapter. Entre 1784 et 1844, la population du Québec augmente de 400 %. Les terres disponibles pour l'agriculture se raréfient[169]. Dans les années 1840, la pauvreté des sols, les pratiques agricoles ruineuses et un système successoral qui impose le fractionnement continu des terres endette fortement les exploitations familiales[170]. Dans un effet boule de neige, à la fin du siècle, l'endettement contraint des familles entières à chercher d'autres types d'emploi pour gagner de l'argent afin de sauver

---

[167] Potvin, 2023.
[168] Vermette, 2019.
[169] Bélanger, French Canadian Emigration.
[170] Podea, 1950.

leur ferme[171]. Confrontées au manque d'opportunités économiques au Québec, elles partent pour la Nouvelle-Angleterre. Là-bas, la proximité des emplois d'usine et de leur ferme, ainsi que les améliorations du réseau ferroviaire, participe à ce qui sera connu sous le nom de La Grande Saignée des Canadiens français quittant le Québec[172].

Dans les années 1880, le réseau ferroviaire a révolutionné le voyage entre Montréal et le Vermont, réduisant la distance et le coût à quelques heures et dollars. Ce progrès charnière joue un rôle déterminant dans la migration massive des Canadiens francophones vers la Nouvelle-Angleterre, en améliorant considérablement l'accessibilité et le coût du trajet[173]. Unis par leurs expériences communes et leur détermination inébranlable, les familles immigrent, les femmes et les enfants s'intégrant sans difficulté dans l'économie des usines. Comme le remarque un spécialiste, « des trains entiers » de Canadiens français commencent à s'installer en Nouvelle-Angleterre, la preuve solide de leur unité et de leur détermination commune[174]. En 1860, 18 000 Canadiens français travaillent dans les villes industrielles du textile, à Lewiston dans le Maine ; Manchester dans le New Hampshire ; Lowell, Worcester, Holyoke, New Bedford, et Fall River dans le Massachusetts. Entre 1865 et 1873, l'émigration en provenance du Québec est au plus haut ; les Canadiens français s'installent dans les enclaves francophones bondées que l'on connaît aujourd'hui sous le nom de « Petits Canadas »[175].

La quête des paroisses francophones

Lorsque les Canadiens français s'installent, ils s'intègrent aux églises catholiques déjà établies, construites par les Irlandais arrivés deux décennies plus tôt. Ne parlant pas la même langue que le reste de la paroisse et imprégnés depuis longtemps du principe de *La Survivance*, les Canadiens francophones cherchent rapidement à établir leurs propres

---

[171] Brault, 1986.
[172] Lacroix, 2018.
[173] Bélanger, French Canadian Emigration.
[174] Vermette, 2019.
[175] Bélanger, French Canadian Emigration.

paroisses francophones, organisées comme celles qu'ils ont laissées derrière eux au Québec et suivant les mêmes rituels religieux. Cela témoigne de leur persévérance à préserver leur identité culturelle ; un combat auquel de nombreuses personnes sont sensibles aujourd'hui.

Malheureusement, les Canadiens français sont vite confrontés à l'opposition de l'épiscopat catholique dominé par les Irlandais, qui souhaitent les assimiler afin de réprimer le sentiment anticatholique du mouvement nativiste émergeant. Ce sentiment s'affirme peu à peu jusque dans les années 1850 où les Irlandais, qui en font les frais, cherchent à dissiper les craintes des protestants en promouvant l'assimilation rapide des catholiques immigrés dans la société américaine[176]. Selon un historien, « les Irlandais pensent alors que la prompte américanisation des catholiques nés à l'étranger apaiserait le sentiment anticatholique[177].

Malgré le nombre grandissant de Canadiens français en Nouvelle-Angleterre, les diocèses catholiques, principalement dirigés par les Irlandais, se montrent d'abord hésitants à approuver la formation des paroisses francophones. Leur réticence découle de la crainte que le rejet de telles demandes puisse conduire les Canadiens français à quitter l'Église plutôt que de pratiquer leur culte dans une langue autre que la leur[178]. Même lorsque l'autorisation est finalement accordée, le diocèse considère ces nouvelles paroisses comme une étape intermédiaire à l'assimilation des Canadiens français à la culture américaine et à leur intégration dans les églises catholiques « territoriales » existantes[179].

La première vague d'églises temporaires

Malgré les réserves du diocèse catholique concernant la création de paroisses canadiennes françaises, la période de 1860 à 1900 est marquée par une explosion de leur nombre. En 1891, on en compte 86 en Nouvelle-Angleterre et en 1900, plus de 100[180]. Les grands centres

---

[176] Wade, 1950.
[177] Wade, 1950, 178.
[178] Brault, 1986.
[179] Brault, 1986.
[180] Wade, 1950.

canadiens sont fiers de compter plusieurs églises francophones. Par exemple, Fall River abrite alors six paroisses canadiennes et New Bedford, sept[181]. Alors que l'immigration commence à ralentir vers 1900, car la situation économique du Canada s'améliore, le taux de natalité élevé parmi les familles canadiennes arrivées plus tôt rend nécessaire la création de nouvelles paroisses canadiennes francophones[182]. De 1900 à 1930, soixante sont fondées.

La formation de ces paroisses suit un schéma régulier. Les membres se détachent d'une église irlandaise et construisent leur modeste lieu de culte jusqu'à ce qu'ils réunissent les fonds nécessaires pour construire une église plus permanente. Un spécialiste fait remarquer que c'est « l'époque des églises en bois, elles sont aussi simples que nombreuses »[183]. Puisque la préservation de la langue française est essentielle à leur survie culturelle, les paroisses canadiennes francophones ne tardent pas à fonder des écoles paroissiales où l'enseignement est dispensé en français. Après cela, elles construisent un couvent ou bien un presbytère pour héberger les nonnes et les enseignants masculins que l'on fait souvent venir du Canada. Dans les grands centres canadiens français tels que Fall River, New Bedford, Lowell et Worcester, il n'est pas rare de voir des orphelinats, des hospices et d'autres bâtiments annexes faire partie du complexe paroissial.

Le grand remplacement des églises

Au tournant du siècle, on continue de créer de nouvelles paroisses « nationalistes » canadiennes françaises, tandis que les paroisses existantes entrent dans une nouvelle phase[184]. L'historien Armand Cartier fait remarquer que « après 1900, une fois que les immigrants sont mieux intégrés dans leur nouvel environnement, un grand nombre d'églises en bois sont remplacées par des structures plus impressionnantes[185] ». Il ajoute que « dans bien des cas, la modeste église en bois datant des

---

[181] Cartier, 1999.
[182] Cartier, 1999.
[183] Ibid. p.17.
[184] Ibid.
[185] Ibid.

débuts de la colonie est remplacée par un imposant temple en pierre. C'est le début de ce qu'on pourrait appeler "l'ère des églises cathédrales", compte tenu de la taille et de la majesté de certains de ces édifices[186] ». Ces églises de « remplacement » se caractérisent par leur taille, le coût de leur construction (entre un quart de million de dollars et un million de dollars pour beaucoup d'entre elles), un style élaboré néo-gothique, roman ou de la Renaissance française, et le fait qu'elles sont majoritairement pensées par des architectes canadiens français [187]. Parmi les grandes églises qui remplacent les petites en bois, on compte le nouvel édifice Sainte-Anne à Fall River, construit en 1906 et conçu par l'un des architectes les plus connus du Québec, Napoléon Bourassa[188]. Toujours à Fall River, on trouve également la nouvelle Notre-Dame-de-Lourdes, construite en 1906. Un autre architecte québécois, Louis-G. a conçu cette grande église romane aux allures de cathédrale. Destremps, qui a émigré à Fall River, supervise la construction de l'église Saint-Antoine-de-Padoue à New Bedford. La construction s'achève en 1912, la flèche fait près de 91 mètres de haut et « est visible à des kilomètres à la ronde »[189]. C'est Joseph Venne, un architecte de Montréal, qui conçoit l'édifice dans le style de la Renaissance française[190]. En 1916, Venne construit également la grande église Notre-Dame à Southbridge, avec sa façade en brique et en marbre. À Rhode Island, Walter Fontaine bâtit Saint Anne à Woonsocket en 1918 [191]. Dans le New Hampshire, l'imposante église Sainte-Marie a été construite à Manchester en 1880, et la grande église Sainte-Anne a été fondée à Berlin en 1900.

La montée des tensions

Les tensions entre Irlandais et Canadiens français s'intensifient pendant les troubles sociaux des années 1870. Lorsque les Irlandais se mettent en

---

[186] Ibid.
[187] Cartier, 1999.
[188] Ibid.
[189] Ibid. p.102.
[190] Ibid.
[191] Ibid.

grève pour protester contre les salaires bas et les conditions de travail pénibles, les prêtres canadiens francophones découragent activement les membres de leur congrégation de se joindre à la cause. En 1870, alors que les ouvriers irlandais et anglais font grève dans le quartier Flint de Fall River, le prêtre de Notre-Dame-de-Lourdes appelle ses fidèles à reprendre le travail[192]. Les Canadiens français obéissent au souhait de leur pasteur. Ils servent de briseurs de grève (« knobsticks » en anglais)[193], provoquant une telle fureur parmi la poignée de catholiques irlandais de la congrégation qu'ils se détachent de la paroisse canadienne française pour fonder leur propre paroisse irlandaise[194]. L'idée que des briseurs de grève canadiens soient prêts à nuire à leurs frères catholiques provoque une vague de discorde parmi des groupes déjà en conflit[195].

Peu de temps après, les tensions entre le diocèse majoritairement irlandais et les nationalistes canadiens français s'exacerbent à nouveau. En 1874, dix ans après la création de la paroisse canadienne française, l'évêque de Springfield nomme un pasteur irlandais à la tête de Notre-Dame-de-Lourdes à Fall River. Les Canadiens français de la congrégation protestent contre ce qu'ils considèrent comme une tentative du diocèse d'imposer un prêtre irlandais à leur paroisse dans le but, à terme, de les forcer à s'assimiler.[196]

Lorsque le premier prêtre irlandais à être nommé quitte ses fonctions de sa propre initiative, l'évêque réagit en en nommant un autre. Les protestations des membres de la congrégation, qui se limitaient auparavant au boycott des baptêmes et des mariages (une source de revenus régulière pour les prêtres) s'intensifient. Le nouveau prêtre irlandais subit des menaces et n'a d'autre choix que de quitter le presbytère lorsque des bouteilles sont jetées contre la fenêtre de sa nouvelle résidence[197]. Le 13 février 1885, la situation atteint un tel degré d'extrémité que l'évêque de Springfield impose un interdit à la paroisse.

---

[192] Ibid.
[193] Lacroix, 2018.
[194] Silvia, 1979.
[195] Ibid.
[196] Cartier, 1999.
[197] Silvia, 1979.

Peu après, les deux parties font appel au Vatican à Rome[198]. En mars 1886, l'évêque nomme un prêtre canadien français qui a déjà été curé au sein de la paroisse.

Malgré la victoire de l'Église canadienne française, le conflit entre les Églises nationalistes et assimilationnistes est loin d'être résolu. En 1887, les tensions entre les deux groupes menacent d'éclater à nouveau à North Brookfield, dans le Massachusetts. Selon un spécialiste, « les querelles sont les mêmes que dans l'affaire Flint de Fall River, "la survivance" contre "l'assimilation" ![199] » Les Canadiens français demandent au nouvel évêque de Springfield de leur créer leur propre paroisse. Lorsque celui-ci refuse, ils défient son autorité, bâtissent une église et recrutent leur propre prêtre canadien français. En 1900, après trois ans de violent conflit, l'évêque excommunie la paroisse rebelle[200].

C'est pendant cette période houleuse qu'un groupe de paroissiens canadiens français de l'église Saint Leo's à Leominster, dans le Massachusetts, demande pour la première fois à l'évêque de Springfield (le même qui venait d'excommunier les paroissiens de North Brookfield) l'autorisation de fonder leur propre paroisse française. Après un premier refus, ils renouvellent la demande en 1899 et sont priés d'attendre la décision de l'évêque. Pour patienter, le groupe organise un boycott des messes de noël de Saint Leo's pour faire comprendre au pasteur qu'il « était vain de résister à leurs tentatives de diviser la congrégation de l'église[201] ». Un journal cite un paroissien canadien français « séparatiste » qui explique que « … en agissant ainsi, nous pensons que le prêtre réalisera peut-être l'absurdité de vouloir nous maintenir ensemble et sera plus enclin à accepter de nous accorder ce que nous voulons[202]. »

Le 7 janvier 1900, seulement quelques semaines après leur manifestation de Noël, les Canadiens français « séparatistes » de Saint Leo's apprennent que l'évêque a approuvé leur requête. Après avoir loué

---

[198] Cartier, 1999.
[199] Potvin, 2013, p. 59.
[200] Potvin, 2013, p. 59.
[201] « Climax in Leominster: French Catholics Omit Offerings: Their First Open Act of Rebellion » *The Telegram* Leominster, 25 décembre 1899.
[202] Ibid.

une salle de concert en ville pour se réunir, les paroissiens décident très vite de construire leur modeste église en bois, Sainte-Cécile, en attendant de récolter les fonds nécessaires « pour ériger l'édifice qu'ils espèrent avoir dans quelques années[203] ». Peu de temps après, les habitations abritant la communauté canadienne francophone se multiplient autour de l'église et le quartier est bientôt connu sous le nom de French Hill. En plus d'un presbytère, la paroisse s'agrandit et achète une propriété en 1901 pour en faire une école, ainsi qu'une autre qui sera transformée en couvent pour héberger les nonnes francophones que l'on fait venir du Canada, puis de France, pour enseigner aux élèves. Un nouveau bâtiment scolaire est érigé en 1907.

En 1925, alors que la paroisse est sur le point de commencer les travaux de construction de la grande église qui doit remplacer l'église « temporaire » en bois, un incendie ravage l'école paroissiale Sainte-Cécile. L'incident cause plus de 150 000 dollars de dégâts et est qualifié de « suspect » par les enquêteurs[204]. Dans les années 1920, le Ku Klux Klan étend son influence en Nouvelle-Angleterre, où il s'en prend principalement aux catholiques, qui représentent alors une portion considérable de la population. La haine du Ku Klux Klan vise les catholiques de manière générale, mais les catholiques irlandais et italiens sont en voie d'assimilation. Ce n'est pas le cas des Canadiens français. Le lendemain de l'incendie à Leominster, l'école paroissiale Saint Anthony de Shirley brûle[205] et « deux jours plus tard, une autre école paroissiale prend flamme[206]. »

L'affaire Sentinelle

Alors que les paroissiens de Sainte-Cécile sont contraints de repousser la construction de la nouvelle église pendant la rénovation de l'école paroissiale, un autre conflit entre l'épiscopat irlandais et les églises « nationalistes » canadiennes françaises se prépare. Les sentiments

---

[203] Cormier, 2000, p. 24.
[204] Goldberg, 1983.
[205] Bodanza, 2019.
[206] Bélanger, Franco-Americans.

nativistes s'intensifient après la Première Guerre mondiale et l'épiscopat catholique, par son appel d'enseigner le catéchisme en 1922, cherche à unir l'Église catholique « grâce à un programme d'assimilation pour tous les catholiques non anglophones[207] ». Pour mener à bien la nouvelle directive, l'évêque de Providence, à Rhode Island, lance une campagne de financement afin de construire plusieurs lycées anglophones. Toutes les paroisses sont invitées à verser une cotisation et celles qui y dérogeraient seraient soumises à un impôt spécial. Certains Canadiens français protestent aussitôt, soutenant que les paroisses canadiennes françaises ne devraient pas avoir à utiliser leurs fonds pour ce qu'ils considèrent être une tentative de les assimiler[208], surtout quand la construction de nouvelles écoles canadiennes françaises est nécessaire[209]. Les tensions à Saint Anne's, à Woonsocket (Rhode Island), se répandent à toute vitesse dans l'ensemble de la Nouvelle-Angleterre et du Canada.

Une grande partie du conflit se joue entre les pages du journal *La Sentinelle*, dans lequel le dirigeant de l'Association Canado-Américaine commence à protester contre l'ultimatum de l'évêque. Il est également alimenté par les discours et les rassemblements organisés par l'Association à travers la Nouvelle-Angleterre[210]. En 1927, un rassemblement attire environ 10 000 Canadiens français à Woonsocket qui s'opposent aux exigences de l'épiscopat catholique[211]. Les Sentinellistes, comme on les appelle alors, finissent par poursuivre en justice les douze paroisses de Rhode Island, les accusant de détournement de fonds[212]. En 1928, les Sentinellistes ayant intenté le procès sont excommuniés par le Saint-Siège et *La Sentinelle* est interdite par l'Église, rendant sa lecture un péché[213]. En 1929, l'excommunication est levée et tous les concernés sont réintégrés, mais l'incident exerce un effet dissuasif sur la communauté canadienne français[214]. À la suite de

---

[207] Ibid.

[208] Cartier, 1999.

[209] Bélanger, Franco-Americans.

[210] Ibid.

[211] Ibid.

[212] Potvin, 2023.

[213] Ibid.

[214] Cartier, 1999.

cette affaire, un grand nombre de personnes dans le diocèse catholique de Nouvelle-Angleterre sont réticents à recruter des prêtres canadiens[215]. Si le concept de « *La Survivance* » est peut-être encore vivant dans le cœur et l'esprit de multiples Canadiens français à l'époque, son expression, caractérisée par une volonté de défier l'autorité catholique de la région, s'est estompée. Après 1930, plus aucune nouvelle paroisse « nationaliste » n'est fondée en Nouvelle-Angleterre[216].

La nouvelle église Saint Cecilia

En septembre 1931, durant la Grande Dépression, les travaux d'excavation commencent sur les fondations de la nouvelle église tant attendue qui remplacera l'église temporaire que la paroisse avait érigé trente ans plus tôt. Le nouveau lieu de culte est imaginé par l'architecte canadien français Donat Baribault, spécialiste en construction d'édifices ecclésiastiques canadiens français dont la carrière s'étend de 1870 à 1943.

À la fin des travaux en 1933, Saint Cecilia rejoint le panthéon des autres grandes églises canadiennes françaises « de remplacement » dans la région. Au moment de sa construction, c'est l'une des plus grandes églises du diocèse de Springfield, après celles de Springfield et Worcester[217]. On estime son coût entre 400 000 et 450 000 dollars[218]. L'église est construite dans le style néogothique, qui est né en Angleterre dans la seconde moitié du XVIIIe siècle et s'est déjà répandu dans la Nouvelle-Angleterre rurale dans les années 1770. Alors qu'aux États-Unis et dans certaines régions du Canada, le style néogothique est populaire pour les églises de différentes confessions, au Québec, le lien entre le style néogothique et l'Église catholique francophone s'établit avec la construction de Notre-Dame de Montréal en 1823-1829 et reste forte tout au long du siècle[219].

---

[215] Potvin, 2023.
[216] Cartier, 1999.
[217] "Bishop O'Leary to Officiate at Leominster Dedication," *Sunday Telegram* Worcester. 9 septembre 1934.
[218] Cormier, 2000.
[219] Clerk and Bergeron, 2024.

Les derniers jours de la survivance

La loi sur l'immigration de 1930 met fin à ce qui était un flux continu de Canadiens français vers le Massachusetts. Au cours de cette décennie, la plupart de ces immigrants vivent encore dans les « Petits Canadas ». L'église et l'école demeurent au cœur de la vie canadienne française, mais certains signes révèlent que leur influence commence à s'affaiblir. Dans les années 1920, alors que les premiers Canadiens français se considèrent comme des citoyens québécois résidant temporairement aux États-Unis, le terme « Franco-Américain » fait son apparition, suggérant que les descendants d'immigrants de deuxième et troisième génération embrassent davantage leur identité américaine et comptent rester aux États-Unis[220].

La production industrielle pendant et après la Seconde Guerre mondiale dynamise les industries de la Nouvelle-Angleterre, mais l'organisation économique et sociale du travail change drastiquement. À la fin de la guerre, des vagues de nouveaux immigrants en quête de travail affluent dans les villes industrielles situées le long des fleuves de la Nouvelle-Angleterre. Les Franco-Américains, comme on les appelle alors, sont propulsés en haut de l'échelle économique par l'arrivée de nouveaux immigrants. Ils se mettent à chercher des emplois dans le secteur des services où l'anglais est requis[221]. Les Canadiens français quittent peu à peu les Petits Canadas pour s'installer dans des endroits où ils ne sont pas certains d'avoir des voisins Canadiens français.

Alors qu'ils laissent derrière eux leurs grandes églises qui servaient de centre à leur enclave francophone, les nouvelles églises qu'on s'empresse de leur construire dans les banlieues anglophones ne sont pas des églises « nationalistes » canadiennes françaises. Pour ceux restés dans la paroisse franco-américaine, dès 1950, les jeunes Canadiens français demandent qu'on utilise l'anglais dans leur paroisse[222]. D'après un commentateur, « Les historiens décrivent les années 1960 et 1970 comme une période où, dans les villes industrielles de la Nouvelle-

---

[220] Cartier, 1999.
[221] Potvin, 2023.
[222] Cartier, 1999.

Angleterre, bien souvent "seules les personnes d'âge moyen et avancé" sont capables de parler français[223] ». Les bases de la survivance s'effritent.

De nos jours, un bon nombre des grandes églises de remplacement ont été démolies (ex : Notre-Dame-des-Canadiens à Worcester et Immaculate Conception à Holyoke, dans le Massachusetts), perdues dans un incendie (Notre-Dame-de-Lourdes à Fall River et Our Lady of Perpetual Help à Holyoke, dans le Massachusetts) ou délaissées. Nombre d'entre elles, comme l'église Immaculate Conception à Lowell, dans le Massachusetts, que fréquentait autrefois l'auteur Jack Kerouac, sont aujourd'hui à l'abandon, tandis que les urbanistes débattent de leur sort. À l'inverse, d'autres, telles que l'église Sacred Heart à Concord, dans le New Hampshire ont été transformées pour un usage résidentiel. Celles qui restent (ex : Saint-Antoine-de-Padoue à New Bedford, Massachusetts ; la basilique de Saint-Pierre-et-Saint-Paul à Lewiston, Maine ; Notre-Dame à Southbridge, Massachusetts ; Saint Cecilia à Leominster, Massachusetts ; et Sainte-Marie à Manchester, New Hampshire) témoignent de la force de la survivance et des efforts des Canadiens francophones pour préserver leur identité distincte tandis qu'ils s'adaptaient à la Nouvelle-Angleterre protestante. Ces églises demeurent une énorme source de fierté pour les Franco-Américains et, comme peut en attester chacun d'entre nous qui a roulé en direction de l'ouest sur la Route 2 à la sortie de Boston et a vu la magnifique église gothique en pierre Saint Cecilia émerger du paysage forestier, elles continuent d'émerveiller et d'inspirer tous ceux qui les contemplent. Elles sont l'héritage durable d'un peuple profondément fier de son indépendance et qui plaçait de grands espoirs dans le milieu bâti de la Nouvelle-Angleterre. Un héritage pour lequel nous sommes éternellement reconnaissants.

---

[223] French-Canadians in Holyoke 1900-1940 (*Moving Up*).

17. Le tissu de notre héritage franco-canadien
Joseph Bolton

Je suis né en 1964 à Pawtucket, dans le Rhode Island, au crépuscule de l'âge d'or de la culture canadienne-française de la Nouvelle-Angleterre. Ma mère, Carol Bolton (née Savoie), qui avait alors 21 ans, était l'aînée des onze enfants de Roland et Claire Savoie (née St. Goddard). À l'époque, de nombreux Canadiens français âgés du Rhode Island ne parlaient que français. Nous avions même des églises et des écoles francophones à Pawtucket.

J'étais le premier petit-fils, et mes oncles et mes tantes me couvraient d'amour et d'attention ; la plupart d'entre eux étaient eux-mêmes encore des enfants. L'un de mes premiers souvenirs est d'avoir assisté à la messe de minuit à l'église francophone Saint Cecilia de Pawtucket, avant d'aller à l'appartement de ma grand-tante pour partager un grand repas de Noël en famille. À ce jour, j'associe toujours l'odeur épicée de la tourtière chaude à mes grand-tantes et, en particulier, à Noël.

Les pièces de la maison de mes grands-parents étaient décorées de crucifix, de statues et d'œuvres religieuses. Ma grand-mère Claire faisait venir toute la famille pour prier le rosaire. À de rares occasions, je surprenais les piques espiègles que se lançaient mon grand-père Roland et ses sœurs, Jeannette, Rita et Florence. À de nombreux égards, je soupçonne que mon éducation, dans mes premières années de vie, mis à part l'usage majoritaire de l'anglais, ressemblait beaucoup à celle des autres enfants canadiens-français qui vivaient au Québec au début et au milieu des années 1960.

Dès mon plus jeune âge, je savais que nous venions du Québec. Cependant, en grandissant, ma vision du Québec a changé et évolué. Au début, le Québec était le lieu des légendes et des contes familiaux.

Mes grand-tantes me parlaient de leur frère Georges Savoie, qui, en tant que Frère Donald de l'église Sacred Heart, enseignait les mathématiques à Sherbrooke et à Drummondville au Québec, ainsi qu'à

Central Falls, dans le Rhode Island. Ma grand-mère Claire me racontait comment ses parents, Adélard et Eva St. Goddard (née Marion), qui n'avaient pas encore d'enfants, s'étaient rendus au sanctuaire de Sainte-Anne-de-Beaupré et avaient prié pour avoir un enfant. Mon grand-père Roland évoquait ses visites chez ses cousins, dans la vieille ferme familiale des Meunier au Québec. Ils parlaient aussi des fois où mes arrière-arrière-grands-parents, Elphage et Delia Meunier, invitaient Frère André Bessette (aujourd'hui canonisé) à dîner chez eux.

Un peu plus tard, le Québec devint un endroit d'aventure à explorer. Mon premier voyage au Québec fut un séjour en camping en famille à Gatineau, sur la rive opposée d'Ottawa. Nous avons visité l'hôtel du Parlement, et c'est ce jour-là que j'ai appris qu'il y avait deux Canadas : l'anglais et le français. Nous avons également fait des voyages en famille à Montréal ; nous avons assisté aux matchs des Expos de Montréal, c'était fantastique !

Lorsque mes frères et sœurs et moi étions au début de la vingtaine, mes frères, David, Peter et Patrick, qui parlaient couramment le français, faisaient des marathons de bars à Montréal. Leur français n'était pas parfait, c'est vrai. Patrick rit encore quand il se souvient s'être fait crier dessus par un barman pour avoir mal conjugué le verbe « boire ». Autant dire qu'à cette période de notre vie, le Québec était l'endroit rêvé pour vivre de folles aventures.

Chose émouvante, jusqu'en 2022, mon dernier voyage au Québec remontait à 1987 ; j'étais en compagnie de mon grand-père Roland et de mon frère David. Nous étions allés à Notre-Dame et au Musée des beaux-arts, sommes passés en voiture devant la vieille ferme Meunier, avant de prendre la longue et ennuyeuse route en direction des rives plates du fleuve Saint-Laurent pour une petite promenade dans les plaines d'Abraham ; puis nous étions allés à Sainte-Anne-de-Beaupré. Le voyage était épuisant et, même s'il m'intéressait beaucoup, j'avais l'impression d'être un touriste à l'emploi du temps surchargé. Cela me rend triste aujourd'hui, en partie parce que mon grand-père me manque.

Bien des années plus tard, avec l'avènement des tests ADN et le perfectionnement des outils généalogiques, j'ai entamé des recherches sur l'histoire de notre famille au Québec. La première grande surprise est survenue lorsque j'ai fait passer un test ADN à ma mère et à cinq de ses frères et sœurs. Lorsque je n'étais qu'un garçon, j'étais fasciné par les histoires de « l'ancien temps » que mes grands-parents et mes tantes et oncles franco-canadiens me racontaient. À l'origine de toutes mes questions à mes aînés se trouvait le simple désir de savoir d'où je venais. Adulte, grâce aux outils modernes d'internet et aux tests ADN, j'ai découvert les racines de notre famille au Québec. Découvrir les noms, les lieux et les dates n'était pas l'apogée de ma quête, mais seulement son début. Je voulais apprendre à connaître mes ancêtres en tant qu'êtres humains.

En grandissant, on m'a dit que la famille de ma mère était « 100 % » française. Eh bien, nous sommes principalement français, mais les tests ADN montrent un mélange d'autres origines, dont espagnole, anglaise et autochtone américaine. Parmi ces ancêtres autochtones américains, j'en ai pour l'instant retrouvé trois. L'un était un guerrier pentagouet, Madockawando, dont la fille a épousé l'irascible baron Jean-Vincent d'Abbadie de Saint-Castin. La seconde était une femme micmaque sur qui, malheureusement, on sait très peu de choses.

Mais c'est la vie du troisième ancêtre autochtone, mon aïeule à la neuvième génération, une Algonquine née Miteouamigoukoue avant d'être baptisée Marie Madeleine, qui a touché mon cœur. Grâce à la bonne tenue des registres des jésuites et aux recherches du défunt généalogiste et pédagogue franco-canadien Normand Léveillée, qui descendait également de Miteouamigoukoue, nous avons beaucoup d'informations sur elle.

En 1652, Miteouamigoukoue était une jeune femme du peuple Weskarini, qui vivait près de Trois-Rivières avec son époux Assababich et ses deux jeunes enfants, Pierre et Catherine. Sa vie fut à jamais bouleversée lorsque des pillards mohawks venus du Sud attaquèrent le camp, massacrant et capturant un grand nombre d'Algonquins et de Français. Son mari, Assababich, fut tué dans l'assaut et ses deux jeunes enfants, ainsi qu'une jeune Algonquine nommée Kahenta, mère du futur saint Kateri Tekakwitha, furent emmenés de force au village mohawk d'Ossernenon. Elle ne revit jamais ses enfants. Cinq ans plus tard, elle épousa le soldat et interprète français Pierre Couc et devint mon aïeule. Les événements tragiques qu'elle a vécus si jeune m'ont profondément ému, mais surtout, j'admire sa force, sa persévérance et son courage de vivre et d'aimer à nouveau.

Aucun de mes ancêtres québécois et autochtones ne m'a autant ému que Miteouamigoukoue, aussi connue sous le nom de Marie Madeleine Couc, la femme algonquine de Pierre Couc. Alors qu'elle n'était qu'une jeune femme dans la vingtaine, elle a perdu son mari et ses deux enfants. Une tragédie aussi dévastatrice aurait pu plonger n'importe qui dans le désespoir. Pourtant, des années plus tard, seulement quelques jours avant sa mort, le père Crey, à Trois-Rivières, écrit à propos d'elle : « Miteouamigoukoue a pleinement vécu, dans la dignité, le respect et l'amour. Une Algonquine courageuse et aimante » (janvier 1699).

Une phrase courte qui en dit long : pleinement vécu, dignité, respect, courage, amour. Toute personne dont la vie peut être décrite par ces mots, surtout après avoir commencé son existence par une perte aussi douloureuse, doit être vraiment remarquable. Elle est devenue le point central des récits qui composent la série de livres *L'Arbre de l'ancienne grand-mère*. À travers ces livres, je souhaitais rendre hommage et témoigner mon respect à cette femme et à sa culture d'origine, ainsi que mettre en lumière le lien qui nous lie, nous, ses descendants, à elle, notre ancienne grand-mère.

Inspiré par son histoire, j'ai commencé à écrire une collection d'histoires originales à propos de sa vie. Mon but n'était pas de raconter sa véritable histoire à la lettre, mais de conter une histoire authentique et profonde à travers des contes populaires. Les contes populaires existent dans toutes les cultures du monde entier. Ces histoires d'une simplicité trompeuse mettent souvent en scène des créatures fabuleuses, et des animaux farceurs divertissent et transmettent d'importantes leçons de morale pour mener une vie vertueuse. Les contes de chaque culture ont une couleur particulière qui découle de leurs origines. Pourtant, parce qu'elles traitent de thèmes universels de la vie humaine, elles sont appréciées bien au-delà de leur pays d'origine. Le fruit de mon travail est une série en deux volumes intitulée *L'Arbre de l'ancienne grand-mère : un recueil de contes canadiens-français*.

Cette duologie de contes canadiens-français originaux tire son inspiration de trois sources principales. Pour la première, j'ai immergé mes propres ancêtres canadiens-français et autochtones américains dans un monde folklorique de magie, d'animaux rusés et de créatures, se situant dans le Québec du XVIIe siècle et du début du XXe siècle. La seconde est la mythologie algonquine, abénaquise et micmaque. La troisième est mon enfance vécue au sein de l'importante diaspora québécoise en Nouvelle-Angleterre.

En août 2022, j'avais déjà bien avancé l'écriture de ces contes quand j'ai eu l'envie de retourner au Québec. En ouvrant une carte, j'ai repéré un village juste après la frontière du Vermont, portant le nom intrigant de Magog. Après seulement quatre heures de route, je me retrouvais à loger chez Nicole et Michel, dans le charmant gîte Au Cœur de Magog.

Pour être honnête, je ne savais pas à quoi m'attendre, car c'était mon premier voyage au Québec depuis la mort de mon grand-père en 1987. Serais-je le bienvenu ? Est-ce que l'on se fâcherait à cause de mon français imparfait ? Est-ce que quelqu'un voudrait bien me parler, à moi, un étranger du Sud de la frontière ? Il s'est avéré que je n'avais aucune raison de m'inquiéter. Les gens de Magog étaient amicaux et accueillants, et intéressés par l'histoire d'un Canadien français de la Nouvelle-Angleterre retournant dans son pays d'origine. Même mes tentatives de parler français suscitaient un amusement bienveillant et des encouragements. Merci, habitants de Magog, de m'avoir aidé à réaliser que le village de Saint-Honoré dans les contes de *L'Arbre de l'ancienne grand-mère* est aussi proche de Magog que possible, sans être le village de Magog.

Lors de ce voyage, je me souviens d'un début de soirée au bord du lac Memphrémagog, à regarder le soleil chaud se coucher au-dessus du mont Orford ; c'était comme si je voyais le Québec pour la première fois. Je n'avais pas l'impression d'être un touriste ou un étranger et, lorsque je marchais sur le sol que foulaient mes ancêtres, contemplais les montagnes qu'ils voyaient et regardais les gens qui étaient mes cousins, je ressentais un amour profond envers la terre et les habitants du Québec.

Apprendre le français n'a pas été facile, en partie parce que j'ai commencé tard dans ma vie. L'autre raison est qu'en dehors de mon tuteur, je n'ai personne avec qui pratiquer. Parfois, je suis tenté d'abandonner. Cependant, je m'accroche, car j'adore voyager au Québec, surtout pour skier. Baisser les bras consoliderait ma peur que l'ancienne terre de mes ancêtres, autochtones comme québécois, me soit inaccessible. En apprenant le français, je me sens lié à eux et ai l'impression de perpétuer leur héritage.

L'une des découvertes les plus fascinantes que j'ai faites grâce à des sites web de généalogie comme Ancestry et Geni est que les Québécois et les Acadiens sont tous apparentés. J'ai effectué des recherches sur les Canadiens français pour d'autres personnes, et j'ai toujours réussi à nous trouver au moins un ancêtre commun. Est-ce vrai pour tous ? Je pense que oui, étant donné que les populations françaises qui ont fondé l'Acadie et le Québec comptaient très peu de personnes. La statue du docteur Louis Hébert et de sa femme Marie Rollet, à la ville de Québec, se tient et veille sur la myriade de passants dont ils sont les ancêtres. En vérité, l'histoire canadienne-française est une histoire de famille.

On estime qu'au moins deux millions de Canadiens français vivent aujourd'hui en Nouvelle-Angleterre. Si vous regardez une carte recensant les populations aux États-Unis, vous verrez que les Canadiens français constituent la majorité de la population dans les régions nordiques de la Nouvelle-Angleterre. Si l'on enlève la frontière officielle qui sépare les États-Unis et le Canada, on pourrait conclure que la véritable frontière du Québec et du Nouveau-Brunswick s'étend assez loin dans le Maine, le New Hampshire et le Vermont.

En Nouvelle-Angleterre, nous adorons célébrer notre diversité grâce à des festivals ethniques au cours de l'année, de la Saint-Patrick au Cinco de Mayo. Longtemps ignorées, les célébrations franco-canadiennes gagnent également en importance. Dans ma ville natale de Leominster, l'église Saint Cecilia, dont de nombreux paroissiens sont originaires du Nouveau-Brunswick, célèbre Noël en Acadie.

Dans le New Hampshire, pendant le mois d'octobre, on organise le Poutine Festival, qui vend l'intégralité de ses billets et attire des festivaliers venus de toute la Nouvelle-Angleterre et même du Canada. L'année prochaine, en juin 2025, Leominster accueillera son premier festival dédié à la culture canadienne-française.

L'avenir des Canadiens français est radieux. Grâce à une meilleure connaissance de notre héritage et de nos liens transfrontaliers, nous assistons aujourd'hui à une renaissance de la fierté et de la culture franco-canadiennes.

18. La réappropriation d'un héritage
John Tousignant

Elle est jolie ! Elle sort avec quelqu'un ?

Ainsi, ma relation personnelle à la langue française débuta lorsque j'étais adolescent ! La langue est, in fine, un moyen de communication, et les adolescents trouveront n'importe quel moyen d'exprimer leurs pensées à leurs camarades, tout en cachant à leurs parents leurs réelles motivations. Dans de nombreux foyers franco-américains de Nouvelle-Angleterre, les parents parlaient français entre eux afin que leurs enfants ne les comprennent pas. Chez moi, je parlais français (ou une version approximative) avec mes amis du cours de français afin que mes parents ne me comprennent pas ! L'apprentissage du français chez moi, tout comme dans nos communautés, continue d'évoluer en étant tourné vers l'avenir. Tel un jeune élève apprenant une nouvelle compétence, nous devons explorer les moyens de l'appliquer dans différents contextes, tout en faisant vivre la langue.

Faire le choix de se réapproprier la langue

J'ai toujours su que je descendais des Canadiens français. La famille de mon père avait quitté Trois-Rivières, au Québec, pour travailler sur le réseau ferroviaire du New Hampshire. Mon arrière-grand-mère maternelle est partie de Stanstead, au Québec, et a traversé la frontière pour donner naissance à son fils (mon grand-père maternel) dans le Vermont afin qu'il obtienne la nationalité américaine. Les deux familles voyaient les États-Unis comme une opportunité de réussite personnelle et professionnelle et y ont émigré avec des espoirs, des rêves et la volonté de travailler dur.

Comme dans beaucoup de familles d'immigrants, les francophones de la génération de mes grands-parents exhortaient leurs enfants à apprendre l'anglais, clé indispensable de l'ascension sociale dans leur nouveau pays. Par conséquent, mes parents parlaient très peu le français et m'ont élevé dans un foyer anglophone. Malgré les différences linguistiques, les bases profondes de la culture, des traditions et des valeurs canadiennes-françaises faisaient partie intégrante du monde dans lequel j'ai été élevé.

Avant que je n'aie l'occasion d'exprimer mon opinion, mes parents ont choisi mon prénom, un prénom qui soulignerait vraiment mon identité franco-américaine : John (anglais) Tousignant (québécois). Mon père voulait un prénom composé : Jean-Paul. Ma mère a répondu que « Jean » serait toujours prononcé « Djine » par les anglophones et que Tousignant était déjà trop long. C'est Maman qui a gagné.

Mon grand-père paternel étant décédé alors que je savais à peine marcher, nous rendions souvent visite à ma grand-mère (ma Memère), qui était devenue la gouvernante du pasteur de la seule paroisse catholique francophone de la ville. Les samedis soir, nous allions la voir pendant qu'elle et ses amis jouaient bruyamment aux cartes. Tandis qu'ils riaient et se charriaient en français, je me rendis compte que je ne les comprenais pas. Cependant, ne pas comprendre les conversations des adultes était chose courante pour un garçon de quatre ans, alors je ne prêtais pas trop attention à la différence linguistique. Au fil de mes visites, j'appris que si je disais « Bonjour » plutôt que « Hello » à ma grand-mère et à ses amis, ils m'accordaient de grands sourires et me donnaient discrètement des bonbons lorsque mes parents avaient le dos tourné. Pour le jeune John, la leçon était claire : l'usage du français permettait d'obtenir un excellent résultat, contrairement à l'anglais !

Un large choix de nourriture accompagnait toujours les parties de cartes de Memère : des noix, des chips, des cookies et du « touchay », une tourte à la viande qui, comme je ne l'ai appris que des années plus tard, était une « tourtière ». La nourriture était au centre de toutes les célébrations. Bien des années plus tard, mon père m'expliquait que sa famille avait été relativement pauvre quand il était jeune et que la créativité de sa mère avait toujours permis de remplir les assiettes. Malgré le manque de ressources, il arrivait parfois que des inconnus frappent à la porte. Parce qu'il travaillait à la cour de triage, le père de mon père rencontrait des gens qui voyageaient (des vagabonds, comme on les appelait à l'époque) qui « suivaient les rails » à la recherche de meilleures opportunités. Souvent, ils étaient affamés. Il les orientait vers sa maison et leur disait qu'un repas chaud les y attendrait. Papa disait que sa mère n'était pas toujours ravie de les voir arriver, mais qu'ils ne repartaient jamais le ventre vide.

Mes deux grands-mères sont décédées avant mes six ans, ce qui a poussé mon grand-père maternel à emménager chez nous. J'ai eu la chance de vivre avec lui jusqu'à mes 13 ans. J'adorais mon grand-père et je passais de bons moments, les soirs où il gardait mes frères et sœurs pendant que mes parents sortaient. Il m'a appris à jouer au poker, à encourager l'équipe des Bruins de Boston et à exprimer ma profonde déception avec des mots qui feraient rougir un charretier. Les histoires de sa jeunesse et son soutien inconditionnel à mesure que je grandissais résonnent encore en moi aujourd'hui.

Mon grand-père s'est installé à Manchester, dans le New Hampshire, alors qu'il était encore jeune, au début des années 1900, pour travailler comme responsable des expéditions dans une usine de chaussures. Il était petit, trapu et intelligent, doté d'un esprit vif et d'un tempérament fougueux qui inspirait sans doute une certaine crainte chez ses subordonnés, ainsi que la colère du propriétaire de l'entreprise. Cependant, son apparence rude et tenace était équilibrée par son côté charitable. Tandis qu'il n'hésitait pas à nous raconter certaines disputes avec son patron, son regard s'adoucissait lorsqu'il évoquait la façon dont il traitait ses employés, les remplaçant parfois s'ils devaient rentrer plus tôt à la maison pour s'occuper d'un proche malade. Quelques jours avant qu'ils ne reçoivent leur paie, il apportait des provisions à certains hommes qui avaient du mal à joindre les deux bouts. « Faites du bon travail et n'hésitez pas à vous en attribuer le mérite, leur disait-il, mais faites ce qui est juste parce que c'est juste. Comme ça, vous pourrez vous regarder dans le miroir et être fier de ce que vous voyez. »

Alors que la famille de mon père était restée très attachée à ses racines françaises, celle de ma mère les avait pratiquement enterrées. Mon grand-père parlait couramment français, mais il s'était assimilé à la culture américaine et s'était reconverti en anglophone. Quand je lui demandais la signification d'un mot français, il me donnait souvent des traductions fantaisistes que le dictionnaire Collins-Robert n'aurait jamais acceptées. Pendant longtemps, j'ai cru que Tousignant voulait dire « trou dans le sol ».

Mes parents savaient tous les deux mettre les gens à l'aise, chacun à sa façon : ma mère, grâce à son attitude chaleureuse et à son intérêt sincère pour autrui ; et mon père, grâce à son large sourire et à son humour autodérisoire. Bien que ces traits ne soient pas propres au monde francophone, ils apparaissent très fréquemment dans mes interactions avec des francophones, et j'entends souvent ceux qui visitent des régions francophones remarquer cette manière d'être différente. Il est difficile de définir cette « joie de vivre » qui semble imprégner la culture française. Je crois dur comme fer que c'est un morceau de notre identité et que nous devons la cultiver.

À 14 ans, j'ai dû choisir une langue étrangère à l'école. Il était temps pour moi de progresser dans mon parcours linguistique. Connaissant mes racines ancestrales, je n'ai eu aucune hésitation. Comme la génération de mes grands-parents, je me réapproprierais le français d'héritage et serais francophone.

Avec du recul, « langue étrangère » donne immédiatement l'impression que la langue est lointaine, plutôt que parlée localement. C'est une bonne chose de voir que de nombreuses écoles ont changé et utilisent maintenant le terme « langues du monde » pour montrer leur valeur égale et promouvoir les connexions interculturelles. Mais quand j'étais au collège, j'apprenais le français comme s'il provenait d'un pays très éloigné. De plus, les standards appliqués à la production orale étaient très différents. Le but ultime était de parler comme si l'on sortait d'un café à Paris. Même si je savais que les anglophones avaient différents accents, que ce soit d'Angleterre, d'Australie ou d'un endroit aussi proche que la ville de New York, je n'avais jamais eu le sentiment qu'il existait une hiérarchie des dialectes en anglais. La seule exception s'est présentée lorsque mon cousin du Texas a commenté, en nous rendant visite : « vous parlez bizarrement ». En français, en revanche, il était clair qu'être pris pour un Parisien serait le plus grand des compliments et que ne pas y parvenir compromettrait la véritable maîtrise du français.

Malgré l'attention particulière accordée à la France, je me suis passionné pour l'utilisation de la langue au sein de ma communauté. Après m'être fait plusieurs amis qui souhaitaient également améliorer leurs compétences orales, nous nous efforcions de communiquer en mélangeant le français et l'anglais, reproduisant ainsi, sans le savoir, l'expérience linguistique de mes ancêtres franco-américains.

Étant issu d'une famille très croyante, j'ai rapidement commencé à assister à la messe en français dans la paroisse catholique romaine que fréquentait notre famille. L'un des avantages du culte catholique est que la structure des offices religieux reste la même, quelle que soit la langue utilisée. Ayant manqué de peu la transition post-Vatican II du latin vers les langues locales, j'ai grandi et servi comme enfant de chœur en entendant parler anglais durant la messe. La transition vers le français fut facile. Bien sûr, au début, j'étais un peu perdu. Je savais que chaque fois que j'entendais « Pour les siècles des siècles », je devais dire « Amen ! ». Je savais que si j'entendais n'importe quel nombre plus grand que 12, cela annonçait probablement un chant. Mais surtout, quand le prêtre disait « Prions le Seigneur ! », cela voulait dire « Arrête de rêvasser et lève-toi ! ».

En poursuivant mes études au lycée et à l'université, j'ai pu apprécier les nombreuses facettes de la langue et de la culture françaises. Bien que mes premiers contacts aient été avec la culture de France, je me suis rapidement familiarisé avec mes racines québécoises et acadiennes, ainsi que d'autres branches de l'arbre de la francophonie. En voyageant au Québec et en voyant la langue être utilisée dans la vie quotidienne, j'ai réalisé que le français était parlé ailleurs qu'en France et dans d'autres communautés que la mienne. La première étape de réappropriation de mon héritage était terminée : j'avais pris la décision d'apprendre le français et d'en apprendre davantage sur ses origines culturelles, et je m'étais tenu à cette résolution.

Se réapproprier les anciennes traditions

Il existe un moment où le passé, fort de sa clarté historique, rejoint le présent, empreint de ses incertitudes inhérentes. Pour chacun d'entre nous, ce phénomène se produit quotidiennement au cours de notre vie.

Tels le Canadien errant, bon nombre d'entre nous sont contraints ou choisissent de se réinventer sur le plan professionnel et personnel à plusieurs reprises au fil des ans. J'ai fait ce choix en conservant le français comme un élément clé dans chaque nouvelle situation. Chaque poste m'a offert de nouvelles occasions de mettre en pratique mon héritage culturel et mes compétences linguistiques, tout en contribuant à la croissance générale de la communauté francophone. Ces opportunités existent pour chacun d'entre nous, selon l'énergie que nous y dédions, notre motivation et notre ténacité.

Enseigner le français est une vocation pour beaucoup de personnes cherchant à partager leur amour de la langue. À mi-chemin entre le travail d'un missionnaire et le stand-up, la bonne pédagogie prend le contenu de la langue et en transmet le sens profond aux élèves. Les professeurs de langue d'aujourd'hui doivent également être des professionnels du marketing afin de défendre l'intérêt de leur matière. Là où l'éducation classique d'autrefois devait inclure l'étude des langues vivantes, de nos jours, de nombreuses communautés relèguent les langues au rang d'options facultatives, laissant aux enseignants le soin de faire valoir sans relâche l'importance de leurs matières. Heureusement, des organisations professionnelles telles que l'Association américaine des professeurs de français (AATF) et la New Hampshire Association of World Language Teachers (NHAWLT) contribuent à assurer le développement professionnel et à soutenir cet effort de promotion. Au-delà de l'importance de la langue elle-même, le sentiment d'appartenance qu'apportent une langue, une culture ou un héritage commun est bénéfique pour les individus. De nombreuses organisations, dont certaines avec lesquelles j'ai eu la chance de travailler, contribuent à souligner ce point au sein de notre communauté francophone. L'Association canado-américaine (ACA) est l'une des organisations qui a réuni des personnes d'ascendance ou d'affiliation franco-canadienne venant du Canada et des États-Unis. De 1896 à 2008, l'ACA était une organisation majeure qui proposait diverses formes d'assurance à ses membres et utilisait les bénéfices pour promouvoir la culture canadienne-française. Bien que l'organisation fraternelle ait fusionné avec une autre entité, le Fonds d'éducation ACA continue de soutenir les étudiants américains et canadiens qui poursuivent des études supérieures. Le Club Richelieu, que l'on trouve dans de nombreuses villes internationales, rapproche les personnes désireuses de promouvoir la langue française tout en soutenant les jeunes dans le besoin. Le Centre franco-américain à Manchester, dans le New Hampshire, célèbre la langue, la culture et l'héritage français dans l'État et au-delà. Le réseau mondial des Alliances françaises mérite également d'être salué pour sa promotion acharnée de la langue et de la culture françaises dans ses nombreuses communautés locales. Bien sûr, la liste ne s'arrête pas là et compte de nombreuses autres organisations régionales, nationales et communautaires de grande importance. Cependant, le fait de m'être investi dans chacune des organisations que j'ai mentionnées a renforcé mon sentiment d'appartenance à la communauté francophone globale.

Mais avant de penser à la culture, nous examinons de près la sécurité économique de notre vie. Tant que nous ne pouvons pas subvenir à nos besoins, nous sommes peu susceptibles d'accorder une grande attention à la valeur des langues vivantes ou à notre sentiment d'appartenance à un groupe. Pourtant, ici encore, le français ouvre la porte à de nombreuses opportunités commerciales. La Nouvelle-Angleterre, en particulier les États du Nord (le Vermont, le New Hampshire et le Maine), est directement limitrophe des marchés francophones du Québec et du Nouveau-Brunswick. Dans tous les cas, la maîtrise du français constitue une compétence précieuse pour ceux qui travaillent dans les secteurs du tourisme, de l'industrie manufacturière et des services. En tant que consultant, j'ai collaboré avec de nombreuses entreprises canadiennes qui cherchaient à étendre leur activité au marché américain. On m'a souvent rappelé que, quelles que soient leurs compétences en anglais, les contacts francophones apportaient une compréhension linguistique et culturelle très appréciée.

Même si l'idée reçue selon laquelle ceux qui étudient une langue ne pourront jamais s'en servir qu'en l'enseignant n'a jamais été tout à fait vraie, elle l'est encore moins aujourd'hui. À mesure que la population vieillit, notamment ceux qui ont grandi avec le français comme première langue, de nouvelles opportunités se présentent pour ceux qui maîtrisent parfaitement ou suffisamment bien cette langue. Les services de covoiturage, de livraison de repas et de courses, ainsi que les prestataires de soins à domicile, les professionnels des loisirs et des métiers spécialisés peuvent tous tirer profit de la présence de membres francophones dans leur équipe.

Se réapproprier et construire l'avenir

Que veux-tu faire quand tu seras grand ?

C'est une question que l'on pose très fréquemment aux jeunes enfants. Alors que notre identité culturelle franco-américaine est en plein changement, il est tout aussi important que nous nous la posions. De la même manière que j'ai évolué dans différentes sphères au fil des ans, la langue et la culture françaises continuent de se transformer au XXIe siècle. Tout comme les Franco-Américains n'ont cessé de se réinventer de génération en génération, la culture franco-américaine doit elle aussi se renouveler, à mesure que les jeunes d'héritage français cherchent à concilier les profondes valeurs traditionnelles de leurs ancêtres avec les réalités changeantes de la vie moderne.

Quels facteurs clés influencent cette évolution ?

– L'immigration

Le visage du français est en train de changer. Grâce aux nombreux francophones d'origine africaine, l'expérience franco-américaine connaîtra une diversité culturelle croissante. Bien que certains puissent trouver cette réalité difficile à accepter, nous devons prendre conscience du fait que l'afflux massif de Canadiens français à la fin du XIXe siècle et au début du XXe siècle a entraîné un changement qui différait de la culture française alors orientée vers l'Europe. Les futurs Franco-Américains s'adapteront et adopteront certaines caractéristiques franco-africaines, tandis que les nouveaux résidents s'approprieront certaines traditions de la culture française nord-américaine. De nos jours, l'immigration est un sujet très controversé dans la politique américaine. Souvent, la question de l'immigration illégale est réduite à une vision simpliste de l'immigration en général. Il nous faut réaliser qu'en tant que culture franco-américaine, nous avons été la cible de sentiments antiimmigrés et de discrimination dans un passé pas si lointain. Si nous acceptons passivement ces injustices aujourd'hui, nous bafouons l'expérience de nos ancêtres.

– La technologie

À mesure que la technologie progresse, notre monde continuera de rétrécir et notre interconnectivité grandira. Grâce à Internet, nous sommes exposés à bien plus de francophones, d'artistes et de programmes issus des multiples cultures francophones du monde entier. Il en résulte une meilleure acceptation des différents dialectes et normes culturelles. Cela a permis d'estomper l'idée selon laquelle « seul le français parisien est le bon français » chez les jeunes apprenants du français, les encourageant à parler davantage sans avoir honte. À l'avenir, nous devons nous pencher sur la sophistication croissante des logiciels de traduction et sur l'avenir incertain que nous réserve l'intelligence artificielle. Si ces outils peuvent effectivement faciliter la communication avec les francophones, allons-nous cependant moins nous concentrer sur l'apprentissage du français (et d'autres langues) ? Si l'internalisation d'une langue apporte une meilleure compréhension de la culture, j'espère que nous continuerons à encourager la maîtrise des langues.

– Un sentiment identitaire changeant

Chaque jour, nous sommes tous confrontés à des normes de genre, des valeurs religieuses et des lignes de conduite publiques (et privées) changeantes. La plupart de ces règles établies par d'anciennes conventions ne s'appliquent plus à la lettre, et de nouvelles règles, inexistantes il y a quelques années, sont apparues. Alors que nous continuons à explorer notre identité (en tant que francophones, Franco-Américains et Français d'Amérique), nous devons réévaluer le sens de ces identités. Ces termes ont-ils la même signification qu'au XXe siècle ? Le devraient-ils ? Est-ce important ?

– Une attitude neuve et accueillante envers les nouvelles expressions de la langue française

Il est essentiel de saisir l'importance d'adopter une attitude chaleureuse et accueillante lorsque l'on partage une langue. Lorsque vous demandez « Qui sait chanter ? » à un groupe d'élèves en première année d'école élémentaire, ils répondront tous « Moi ! ». « Qui sait danser ? » donne la même réponse. « Qui sait dessiner, jouer au foot ou construire un robot ? » : toutes ces questions auront des réponses positives. Dans ma jeunesse, nous pensions que tout était possible. Malheureusement, cette attitude optimiste a tendance à s'effacer à mesure que nous grandissons. Les personnes qui ont étudié la langue plus jeunes passent de « Je n'ai pas parlé français depuis longtemps » à « Je ne parle pas français ». De la même manière, ceux à qui l'on a dit que leur français n'était « pas assez bon » peuvent l'avoir pris à cœur et décidé de rester muets. Il faut que ces francophones réévaluent ce qui est le plus important : la perfection ou la communication. Y a-t-il des personnes dans nos vies qui ont été séparées du français et qui ont besoin de nos encouragements pour se reconnecter à la langue et à la culture ? Être un coureur de bois ou un ouvrier d'usine textile au XXe siècle est sans avenir. Toutefois, nous pouvons mobiliser la ténacité, la résilience et la détermination qui caractérisaient ces ancêtres lorsque nous relevons les défis liés à la création d'une nouvelle identité franco-américaine et à sa reconstruction pour les générations à venir.

La réappropriation : une conclusion

Nous réapproprier notre héritage va bien au-delà d'étudier notre histoire et d'apprendre le français. Il s'agit de s'engager à participer activement à cette expérience historique franco-américaine à long terme. Nous ne pouvons pas nous contenter de rester les bras croisés et de regarder les choses se faire. Nous devons faire appel à l'énergie, à la vitalité et à la détermination de nos parents, de nos grands-parents et des générations précédentes, et décider de notre destination et de la manière d'y parvenir. *Let's go!* Allons-y !

19.   Trouver la Franco-Amérique dans les anniversaires historiques
Patrick Lacroix

Ne serait-il pas temps d'inventorier, en quelque sorte, la situation et de se dire ensuite : nous voulons, ou nous ne voulons pas rester ce que nous sommes, et voilà ce qui, en conséquence, il nous conviendrait de faire[?][224]

En 2026, la Franco-Amérique fêtera deux grands anniversaires. Tout d'abord, les États-Unis célébreront le 250ᵉ anniversaire de leur Déclaration d'indépendance. Cela a son importance, car à nos yeux, la Franco-Amérique est née de la rencontre entre l'héritage français et les institutions et la culture américaines. De plus, quelques semaines avant que les représentants à Philadelphie ne proclament l'indépendance, en 1776, l'armée continentale abandonne l'occupation de la province de Québec. Dans sa retraite, elle emporte quelques centaines de Canadiens français qui s'étaient ralliés aux insurgés. Après la guerre, certains de ces Canadiens exilés s'installent avec leurs familles dans le nord de l'État de New York. Ils forment le premier Petit Canada sur le sol américain[225].

Concernant le second anniversaire, en 2026, deux siècles se seront écoulés depuis le premier rapport décrivant une vague d'émigration en provenance du Bas-Canada, plutôt que de cas isolés. En 1826, Romuald Trudeau, écrivant de Montréal, déplore la tendance croissante de la jeunesse canadienne française à fuir aux États-Unis pour échapper à des parents stricts ou rechercher une vie facile[226]. Même si dans les années 1820, le flux d'émigration relève du goutte à goutte comparé au torrent qui allait suivre, on ne peut plus se contenter de situer les débuts de l'important mouvement démographique du Québec, la grande saignée, à l'époque de la guerre de Sécession.

---

[224] Morfit, 1949.
[225] Lacroix, 2019.
[226] Trudeau, 1826.

Notre manière de célébrer les anniversaires historiques en dit bien plus long sur le présent que sur les événements que nous commémorons. À travers un acte conscient de commémoration, les anniversaires nous aident à contextualiser nos expériences présentes et à trouver un passé qui donne un sens à notre vie. Ils nous permettent d'exprimer explicitement quelque chose à propos de nous-mêmes. Tout cela repose sur la mémoire, *une* mémoire du passé. Dans le monde franco-américain, cette mémoire s'appauvrit. Cet oubli reflète les craintes d'une identité qui s'affaiblit : chaque année, l'on déplore publiquement la perte de la culture. Les anniversaires de 2026 offrent une opportunité d'ancrer *ce qui est* dans *ce qui était ;* le but n'est pas simplement de comparer ou d'estimer les pertes, mais d'affirmer la pertinence du passé pour le présent et de réfléchir de manière créative et délibérée à l'avenir.

Le dernier anniversaire à grande échelle qui a été célébré dans toute la région en 1949 marquait le « centenaire franco-américain ». C'était le fruit de son époque : une expression de la survivance traditionnelle canadienne française. Cet événement et d'autres anniversaires ont contribué à consolider l'identité des Franco-Américains à travers leurs récits. Malgré les profonds changements des soixante-quinze dernières années et l'érosion des mythes par la recherche historique, certaines de ces histoires subsistent aujourd'hui. Cependant, elles ne reflètent pas toujours les réalités actuelles des Franco-Américains. Les prochains anniversaires sont l'occasion de sauver un passé qui trouve écho au début du XXIe siècle. Ce travail pourrait nous aider à mieux comprendre et à nourrir une identité franco-américaine en 2026 et au-delà. Dans l'ensemble, les Franco-Américains n'ont que peu de piédestaux, réels ou métaphoriques. La statue rendant hommage à l'éminent journaliste Ferdinand Gagnon (1849-1886) dans le quartier ouest de Manchester fait exception. Dans le Nord-Est des États-Unis, les quelques autres monuments dédiés aux Franco-Américains restent confinés dans les Little Canadas historiques des villes industrielles. Une représentation *physique* si limitée reflète une conscience historique plus générale. On peut légitimement se demander combien d'Américains d'origine canadienne française ou acadienne seraient aujourd'hui capables de choisir quatre personnages de leur histoire à immortaliser sur un mont Rushmore imaginaire. Après Jack Kerouac, on retient très peu de noms. Pourtant, les Franco-Américains ont accompli de grandes choses dans tous les domaines imaginables et même gagné une notoriété. En bref, on constate une asymétrie entre l'histoire et la conscience historique.

La même « lacune de mémoire » transparaît dans l'absence presque totale d'anniversaires historiques. Certes, les organisations communautaires continuent de célébrer la Saint-Jean-Baptiste (et, dans le Maine, la fête nationale de l'Acadie) en juin. Les Franco-Américains participent aux festivités du mois de la francophonie chaque année en mars. Pourtant, ces rendez-vous annuels (parfois superficiels) sont quelque peu différents des anniversaires historiques. Les organisateurs peuvent se permettre de copier-coller le programme d'une année à l'autre : repas traditionnel, lever du drapeau, activités culturelles familiales, de brefs discours et une éventuelle cérémonie pour honorer telle ou telle personne. Cette affirmation ritualisée d'une identité distincte est profondément louable ; le fait de se lever pour dire, en seulement quelques mots, « Nous sommes toujours là ». D'un autre côté, le caractère routinier de ces célébrations annuelles ne nous encourage pas à réellement nous plonger dans le passé. Ils ne mettent pas en lumière de véritables personnes ayant accompli des actions dans un contexte passé ; ce sont ces personnes qui constituent le cœur de l'histoire. Les célébrations actuelles ne nous aident pas à combler « les lacunes de mémoire ».

Les anniversaires d'événements historiques emblématiques (un centenaire, par exemple) nous obligent à rendre compte des paroles et des actes de ceux qui nous ont précédés et qui ont guidé le monde dans lequel nous vivons. Qu'ont-ils accompli ? Quelles valeurs prônaient-ils ? Qu'ont-ils laissé derrière eux ? En quoi ces personnages historiques continuent-ils de nous influencer ? Ces questions doivent être posées en pleine conscience ; elles appellent une réponse plus profonde que « Nous sommes toujours là ». L'idée de base n'est pas d'ériger de nouveaux piédestaux, ni de vénérer des héros qui incarnent une parfaite essence franco-américaine, comme certains ont cherché à le faire avec Ferdinand Gagnon, mais d'ouvrir une conversation à propos d'une identité ancrée dans l'histoire. Un tel travail est essentiel dans les communautés qui manquent de « complétude institutionnelle », c'est-à-dire, « la mesure dans laquelle un groupe minoritaire peut établir un réseau d'institutions sociales (garderies, écoles, universités, églises, lieux de travail, entreprises, etc.) qui préservent la langue et la culture minoritaires[227]. » En l'absence d'un tel système, qui existait encore longtemps dans de nombreux Petits Canadas après la Seconde Guerre mondiale, il devient nécessaire d'organiser des forums pour discuter de la notion d'identité. C'est à cela que servent les anniversaires emblématiques.

Les organisations et communautés spécifiques commémorent leurs propres anniversaires depuis toujours, mais les Franco-Américains du Nord-Est des États-Unis n'ont célébré aucun événement collectif depuis 1949. Le « centenaire franco-américain » de 1949 a été imaginé dans le but de fêter cent ans de vie franco-américaine organisée. Même si les Petits Canadas de la région ont des histoires très différentes, les efforts déployés avant la guerre de Sécession ont finalement profité au grand nombre de Canadiens français expatriés et à leurs descendants dispersés dans d'autres régions. Un grand nombre d'hommes et de femmes ont participé à la reconnaissance de ce centenaire. Dans un article publié dans *L'Étoile*, début 1948, la chroniqueuse Yvonne Le Maître attire l'attention sur l'arrivée des premières familles canadiennes françaises à Lowell un siècle plus tôt. Quelques mois plus tard, Antoine Clément, rédacteur en chef de *L'Étoile*, popularise l'idée d'un centenaire, mais éprouve néanmoins le besoin d'en défendre « l'authenticité ». Au-delà de Lowell, Clément affirme que les efforts pour fonder une paroisse nationale à Burlington remontent à 1849 (ce fait n'est pas certain) et que la Société historique franco-américaine va bientôt célébrer ses cinquante ans d'existence. « Les Suédois viennent de célébrer avec éclat leur centenaire au pays, pourquoi pas nous ?[228] » Le père Adrien Verrette, un membre éminent de la Société historique participe à la promotion de l'événement au Québec et le Comité d'orientation franco-américain, un groupe relativement récent, accepte de l'organiser[229]. Plus tard, dans un article repris dans *Le Travailleur*, Adolphe Robert, président de l'Association Canado-Américaine et membre du Comité d'orientation,

---

[227] Larocque, 2024.
[228] Clément, 1948.
[229] Désilets, 1949 ; *Centenaire franco-américain*, 1949.

admet que « le Comité d'Orientation a choisi l'année 1949 pour la célébration du centenaire franco-américain, non pas tant à cause d'un anniversaire particulier, que pour marquer un siècle de participation des nôtres à la vie américaine[230]. »

La plupart des textes publiés dans *Le Travailleur* au printemps 1949 en rapport avec l'anniversaire se concentrent sur le centenaire de la création de la paroisse nationale de Burlington, plaçant ainsi les institutions catholiques au cœur de l'histoire franco-américaine. Pourtant, les activités du centenaire ne se déroulent pas à Burlington (ni même à Lowell), mais à Worcester, renforçant l'idée que les organisateurs cherchaient un anniversaire comme prétexte pour se réunir et célébrer ensemble. Au long de l'événement qui dure deux jours, on ne semble pas s'intéresser au passé comme objet d'étude et de réflexion. Les festivités reprennent en juin dans le New Hampshire pour commémorer le centenaire de la naissance de Ferdinand Gagnon avec l'inauguration de sa statue. C'est un autre paradoxe de l'époque que de rendre hommage à Gagnon non pas à Worcester, où il s'est fait un nom, mais à Manchester. Par moments, cet hommage est moins axé sur le contexte de sa vie et les idées qu'il représentait que sur des vertus personnelles que l'on pourrait attribuer à n'importe quelle personne ou groupe ethnique[231]. D'un autre côté, la cérémonie tenue au parc Lafayette marque le début de la Semaine de la presse franco-américaine, qui salue le rôle historique des journaux en tant que pilier de « l'Œuvre de Préservation Nationale et Religieuse[232] ». Au nom de la Société historique franco-américaine, l'avocat Eugène L. Jalbert explique, sans doute plus clairement que quiconque, combien Gagnon résonne avec le présent. Jalbert affirme que la statue symbolise la gratitude et l'admiration d'un peuple envers son personnage le plus illustre du XIXe siècle et un hommage au « fondateur » (ceci est contestable) de la presse franco-américaine. Le journal diffusait un programme axé sur la naturalisation et la fondation de paroisses, d'écoles et d'associations nationales distinctes. Gagnon prônait l'unité et la poursuite d'un objectif

---

[230] Robert, 1949.
[231] Verrette, 1949 ; Dion-Lévesque, 1949 ; Nolin, 1949.
[232] "Début […]", 1949 ; Lacasse, 1949.

commun : la préservation de « l'identité nationale » des Canadiens français. Jalbert ajoute ce qu'il estime être la leçon à retenir du programme de Gagnon : il incombe aux parents de rappeler à la génération suivante que « notre nationalité comme notre nature elle-même, est un don de Dieu et que d'y être fidèle c'est rester fidèle à Dieu même[233]. »

Cela correspond parfaitement au programme du congrès qui s'est déroulé à Worcester en mai. Le Comité d'orientation a rédigé et adopté un manifeste avant l'événement ; celui-ci est soumis aux délégués comme sujet de discussion lors de l'unique « session d'étude ». Le Comité fait l'éloge de ce document, le décrivant comme une idée neuve, affirmant qu'il « consiste en une nouvelle doctrine de vie pour les nôtres; ou, si vous aimez mieux, une nouvelle ligne de conduite à suivre si nous voulons demeurer ce que nous sommes[234] ». En réalité, il consacre les principes orthodoxes de la survivance traditionnelle. Les membres du Comité sont les dirigeants et les organisateurs d'institutions qui, pendant plus de cinquante ans, ont structuré la vie franco-américaine dans les villes industrielles. De nombreux aspects du manifeste auraient pu être adoptés deux générations plus tôt, y compris la dimension identitaire. Il déclare : « sur le plan spirituel, les Franco-Américains sont des catholiques romains ; sur le plan temporel, ils sont des citoyens américains.[235] ». Ce document insiste sur la nécessité de maintenir des institutions distinctes (des paroisses, des écoles, des foyers, des organisations sociales, etc.) et de faire vivre l'identité catholique et francophone dans chaque sphère. Il apporte peu de solutions aux nouveaux défis culturels qui font surface à la fin de la Seconde Guerre mondiale. Les dirigeants communautaires n'envisageaient pas que l'avenir puisse être radicalement différent du passé, même si le congrès marque en effet une étape cruciale vers la création de la Fédération féminine franco-américaine[236].

L'injonction fondamentale à poursuivre dans cette voie reflète en partie les rapports de force au sein de la communauté franco-américaine.

---

[233] Jalbert, 1949.

[234] *La vie franco-américaine*, 1950, 24.

[235] Comité d'orientation franco-américain, 1949.

[236] Quintal, 1997, 179.

Les dirigeants des « anciennes » institutions exercent une influence démesurée ; les familles franco-américaines se désolidarisent de plus en plus de la « communauté imaginaire » de ces dirigeants, car la notion de survivance traditionnelle ne résonne pas avec leur vécu. Les célébrations à Worcester nécessitent une petite armée de bénévoles ; beaucoup de monde se rend au banquet et à la messe, tout comme à certaines des sessions. En outre, les organisateurs se basent sur un modèle élitaire pour planifier ce qu'ils estiment être la première convention franco-américaine depuis 1901[237]. À noter que la session d'étude, animée par Robert, est axée sur un long échange entre Wilfrid Dufault, Lucien Dufault et Thomas M. Landry, tous trois des hommes d'Église, à propos du français comme langue d'enseignement[238]. La plupart des délégués semblent n'avoir guère l'occasion d'exprimer leurs préoccupations ou de participer à autre chose que le manifeste, qui vient d'en haut.

L'intégration des Franco-Américains dans la société et la culture américaines s'est faite progressivement, au fil des générations. Cependant, on observe une transition symbolique, précisément à l'ère du « centenaire franco-américain », quand des pertes institutionnelles notables ont lieu. La mobilité géographique des Franco-Américains, l'anglicisation, l'incapacité à répondre aux préoccupations des lecteurs et la concurrence économique ont raison de la presse francophone. *L'Avenir National* de Manchester et *La Justice* de Biddeford mettent fin à leurs activités en 1949. Les journaux de Lowell, Fall River et Holyoke ferment entre la fin des années 1950 et le début des années 1960. *Le Messager* à Lewiston devient une publication hebdomadaire en 1957 et meurt une décennie plus tard[239]. Au cours de ces mêmes années, les institutions catholiques commencent à décliner ; bon nombre d'entre elles ont perdu leur vocation ethnique. Les pressions financières qui causent ces changements n'annoncent pas la fin d'une culture ou des efforts de celle-ci pour rester organisée : les années 1970 et 1980 connaissent un militantisme sans précédent sur les campus universitaires ; des initiatives culturelles financées par le gouvernement

---

[237] La vie franco-américaine, 1950, 18.
[238] Désormeaux, 1949.
[239] Paré, 1979, 257-260 ; Perreault, 1996, 334-335.

fédéral ; l'émergence de nouvelles sociétés généalogiques et historiques ; des conférences universitaires axées sur la culture francophone ; des efforts pour promouvoir le bilinguisme ; la popularité du néonationalisme québécois ; et bien plus encore[240]. Pourtant, l'idée qu'un monde a disparu dans les années 1950 et 1960 n'est pas totalement infondée. Le système institutionnel de la survivance traditionnelle, où la foi catholique et la langue française se nourrissent mutuellement, a disparu, tout comme la conception canadienne française de la culture, c'est-à-dire, la notion selon laquelle l'identité des migrants québécois était capable de survivre aux États-Unis sans jamais se détériorer.

Le processus de décentralisation de la culture se poursuit au XXIe siècle avec la même intensité. Bien que de nombreux Franco-Américains restent profondément croyants, les institutions culturelles sont désormais indépendantes de l'Église catholique. Les événements organisés se déroulent en français et en anglais. Les conférences, les représentations musicales et théâtrales, les animations gastronomiques, les tables rondes, les programmes d'enseignement des langues, les visites historiques et les expositions ont lieu, pour la plupart, de manière indépendante, organisés par des groupes de toutes sortes, certains nouvellement formés, d'autres bien établis. La décentralisation s'est accélérée en raison des nouvelles technologies, permettant une représentation des opinions qui était impossible dans les années 1940. Les blogs de Juliana L'Heureux, David Vermette, James Myall, et Melody Desjardins et la plateforme *Query the Past* ont alimenté les conversations en ligne. Il en va de même pour les podcasts *Maple Stars and Stripes*, le *French-Canadian Legacy Podcast*, *Franco-American Pathways*, et le *North American Francophone Podcast*. Cela s'ajoute aux multiples pages Facebook et au nombre croissant d'événements hybrides et virtuels. Vivant avec son temps, la culture franco-américaine perdure désormais moins au sein d'institutions qu'à travers des réseaux de personnes qui se sont elles-mêmes choisies et partagent une motivation commune. Plus que jamais, les Franco-Américains qui s'identifient comme tels sont encouragés à interagir de manière créative et délibérée avec leur culture, sans passer par une « autorité supérieure ».

---

[240] voir, ex : Gosnell, 2018, 61-66, 95-105, 216-231.

Tout cela accompagne la transformation de l'héritage lui-même. À l'époque des Petits Canadas, l'héritage se transmet par la famille, les institutions locales et l'environnement social d'une communauté ethnique géographiquement identifiable. Les enfants baignent dans cet environnement et absorbent la culture de leurs aînés dès la naissance. Aujourd'hui, la plupart des Franco-Américains ne reçoivent pas la culture de leurs ancêtres comme un *héritage*. Ils n'en héritent pas à proprement parler, car bien souvent, le lien de leurs propres parents à la culture franco-américaine est fragile et, en général, ce lien tient d'une mémoire historique plutôt que d'une réalité vécue[241]. Les jeunes sont donc contraints de rechercher le passé pour déterrer *l'héritage des générations précédentes* dans l'espoir de restaurer une relation avec une communauté plus large. Il ne s'agit pas tout à fait d'un héritage, si les frères et sœurs des individus qui ont choisi cette voie peuvent mener leur vie sans être aucunement influencés par un passé canadien français ou acadien.

Cette réflexion ne doit pas être interprétée comme une lamentation ; elle n'amoindrit en rien la légitimité de la culture franco-américaine au XXIe siècle. Le fait que les gens *choisissent* d'interagir avec elle veut dire bien plus de choses. Lorsque la mémoire stimule la création et que ces piliers s'intègrent à la langue commune d'une communauté, petite ou grande, alors nous pouvons parler d'une culture réellement vivante. Les outils numériques ont considérablement contribué à relier ces éléments et ont inspiré des gens de tous âges à rejoindre la communauté. À présent, cette inspiration repose souvent sur un lien ancestral plutôt que sur des marqueurs culturels des générations précédentes, en particulier le français[242]. Certains spécialistes franco-américains et québécois voient en l'érosion de ces marqueurs la fin de la culture[243]. En vérité, la mémoire d'une chose perdue peut être un élément fédérateur aussi puissant que la langue elle-même et une véritable lingua franca[244]. Nous assistons sans doute plutôt à un

---

[241] Pinette, 2017, 183-184.
[242] Salmon, 2019, 401-402.
[243] Ex : Wong, 2021.
[244] Lacroix, 2022.

changement générationnel dans lequel les Franco-Américains adaptent cette culture à leur réalité quotidienne pour qu'elle conserve son intérêt. Une culture qui ne change pas se fossilise et meurt.

À mesure que les cultures évoluent, la mémoire historique de leurs membres évolue également. Consciemment ou non, nous puisons tous dans le passé, en quête de personnages et d'événements historiques qui résonnent en nous. Nous pouvons donc nous demander à quels aspects de l'histoire nous rendrons hommage en célébrant des anniversaires. Quels personnages, lieux et événements feront écho à l'identité « franco » ? Est-ce que les Franco-Américains qui vivent aujourd'hui dans le Nord-Est des États-Unis mettraient un personnage historique en particulier sur un piédestal et si oui, lequel et pourquoi ? Chercheraient-ils à rendre hommage à la première famille à s'être installée dans un Petit Canada, ou à la fondation d'une paroisse nationale ? Ces questions en soulèvent d'autres, plus profondes, sur la manière dont se forme la mémoire franco-américaine et l'influence des historiens universitaires, des récits familiaux, de la littérature, des médias populaires et de l'imagination sur le processus.

Un historien universitaire s'est penché là-dessus. Il y a moins de vingt ans, Yves Roby espérait que les chercheurs, et peut-être même les personnes se considérant comme franco-américaines, continueraient de regarder au-delà des espoirs déçus de ceux qui militaient corps et âme pour la survivance. De son point de vue, l'histoire au cœur de l'identité franco-américaine réside dans le vécu des gens « ordinaires » qui ont pris racine et se sont intégrés en quête d'une vie meilleure pour les générations à venir[245]. Il ne fait aucun doute que l'attention portée à la survivance a souvent éclipsé la manière dont l'identité franco-américaine pouvait être vécue (sur le plan culturel, matériel, géographique, etc.) et a invisibilisé les personnes marginalisées, celles qui ne répondaient pas ou ne répondent pas aux stricts standards de l'orthodoxie culturelle. La recherche d'une communauté inclusive et revitalisée n'implique plus la survivance, que ce soit en tant qu'identité prescriptive, ciment d'une communauté ou système institutionnel. Comprendre l'histoire est important, mais nous ne pouvons pas

---

[245] Roby, 2007, 7-12, 140-143.

abandonner le présent au profit du passé. C'est un problème fréquent des anniversaires historiques : nous passons en général plus de temps à nous inquiéter de ce que les morts penseraient de nous qu'à réfléchir à ce qu'ils nous inspirent.

Comblons la lacune de mémoire et entamons une discussion à propos de ceux qui nous ont précédés, non pas pour *les* juger, mais pour nous comprendre *nous-mêmes*. Les anniversaires historiques qui auront lieu en 2026 peuvent aider ce projet. Que nous célébrions les 250 ans de participation des Canadiens français à l'expérience américaine ou les 200 ans depuis le début de l'immigration de masse (en estimant la date la plus proche), beaucoup d'éléments peuvent trouver écho aujourd'hui. En repoussant l'histoire franco-américaine jusqu'en 1826 ou 1776, plutôt que de prendre la survivance comme un point de départ et d'arrivée, nous élargissons notre vision historique, géographique et sociale. La survivance devient soudainement une *phase* plutôt que l'essence même de la Franco-Amérique. Cette vision élargie inclut les migrants qui se sont installés dans les régions limitrophes et reculées et qui ne pouvaient pas compter sur un système robuste d'institutions ethniques. Elle englobe les familles qui ne sont ni venues ni restées pour travailler dans les usines, y compris la vaste majorité des Franco-Américains nés au cours des soixante-dix dernières années, dont la vie professionnelle n'avait pas de rapport avec le textile. Inspirés par les réfugiés de 1776, les anniversaires devraient mettre en lumière les nombreuses façons dont les personnes d'origine canadienne française ont façonné (ou ont été façonnées par) la société qui les a accueillis. Inspirés par les migrants de 1826, les anniversaires devraient, comme l'a suggéré Roby, mettre en lumière les efforts et les exploits réalisés pour le bien-être des générations futures. Les anniversaires devraient souligner l'étendue des expériences qui forment l'identité franco-américaine. Il faut les célébrer partout où les Franco-Américains vivent et prospèrent : à Worcester et Manchester, bien sûr, sans oublier Lowell et Burlington, mais aussi dans tout le Nord-Est des États-Unis et au-delà.

Au final, du fait de leur nature même, les anniversaires qui approchent s'adresseront probablement à une culture qui a assisté au déclin de l'endogamie ethnique et de l'appartenance au catholicisme, et qui trouve la vision américanisatrice des évêques irlandais beaucoup moins intéressante. Les générations récentes ne connaissent pas ce qu'était la vie dans les Petits Canadas ; l'intérêt pour le Québec est beaucoup moins émotionnel et lié à la langue qu'auparavant. Ces dernières générations ont peut-être vu des personnes qui ne sont pas franco-américaines se moquer à la mention du Québec ou de l'héritage français, mais elles n'ont probablement jamais connu l'exclusion basée sur l'ascendance. Un récit axé sur la persévérance et l'adaptation peut aujourd'hui parler davantage à son public qu'un récit de marginalisation. Bien entendu, le but n'est pas de rejeter une partie du passé, mais plutôt de trouver dans celui-ci des échos du présent, des éléments qui puissent aider les jeunes à se sentir à l'aise dans leur propre culture et les encourager à affirmer leur identité, partout où une graine franco-américaine est plantée. « Les Franco-Américains ne cessent de se construire » affirme Jonathan Gosnell[246]. Redonnons à l'histoire et à la mémoire la place qui leur revient dans ce processus.

---

[246] Gosnell, 2018, 289.

20. Relier l'archipel francophone : le passé et le présent[247]
Camden Martin

J'ai moi-même dû franchir une première étape avant de pouvoir comprendre l'importance d'établir des passerelles entre les communautés francophones présentes à travers l'Amérique du Nord. Ayant grandi dans un foyer anglophone à Auburn, dans le Maine (une région qui, avec Lewiston, constitue un ancrage important pour le français dans le centre du Maine), j'ignorais presque tout de la richesse de mon héritage culturel. Bien que mes seize arrière-arrière-grands-parents et deux de mes arrière-grands-parents soient nés au Québec ou en Acadie, je n'ai jamais appris à apprécier ni à comprendre l'importance de cet héritage. Vivant à Lewiston-Auburn, j'allais forcément prendre conscience de mon héritage franco-américain un jour ou l'autre, au moins en partie. Comme beaucoup de Franco-Américains en Nouvelle-Angleterre, j'appelais mes grands-parents « mémère » et « pépère », et on m'avait dit que j'avais des origines françaises du Canada. Même si j'entendais rarement ma famille parler français, quelques mots tels que « arrête », « crotte de nez » et « bibitte » étaient parfois prononcés. Enfant, je ne me rendais pas compte que c'était du français ; je pensais que c'était l'argot de ma famille. Ce n'est qu'au collège que j'ai appris leurs véritables origines. La famille de mon père se réunissait parfois autour de la table pour jouer aux cartes et, quand quelqu'un perdait, les autres chantaient : « Tu t'en vas, pis tu nous laisses, tu t'en vas, quel bon débarras ! » À l'époque, je ne comprenais pas les paroles et je n'aurais pas pu les orthographier, même si j'avais essayé.

---

[247] Le titre de ce chapitre est inspiré du livre *Du continent perdu à l'archipel retrouvé. Le Québec et l'Amérique française* de Dean Louder et Éric Waddell. J'ai eu le plaisir de lire cet ouvrage lorsque j'allais à l'université au Canada et il m'a aidé à mieux comprendre la réalité francophone de ce continent.

Outre la langue, certains aspects de la culture canadienne-française ont baigné mon enfance, notamment la cuisine. Mon père faisait des merveilles en cuisine les dimanches matin. Il préparait des crêpes et des ploges, bien souvent accompagnées de cretons à étaler sur nos tartines. J'aimais beaucoup cette tradition, même si j'ignorais que des millions de descendants de Canadiens français à travers l'Amérique du Nord partageaient ces coutumes culinaires. Je pensais, à tort, que ces repas étaient propres à ma famille, ou peut-être à certaines familles du nord du Maine. Mon ignorance au sujet de mon identité ethnique ne m'a pas empêché de profiter de mon enfance ou de partager des centres d'intérêt avec mes camarades. À cette époque, mon identité reposait sur mon amour des animaux sauvages et de l'histoire, ainsi que sur le fait de vivre dans la région de Lewiston-Auburn. Pourtant, je me sentais souvent à l'écart et j'étais désireux de trouver ma place. Je rêvais de voyager et j'étais curieux de découvrir d'autres cultures ; je mettais donc un point d'honneur à interagir avec des personnes d'horizons différents. Jusqu'alors, je pensais n'avoir qu'une seule culture, celle à laquelle on m'avait exposé : la culture anglo-saxonne nord-américaine. En y réfléchissant, je me rends compte que je n'ai jamais pleinement adhéré à la culture américaine dominante qui m'entourait ; consciemment ou non, je ressentais un manque. Cette réalité a changé lorsque j'ai choisi le français comme option de langue étrangère au collège. Je reconnais l'avoir choisi en partie parce que ma grande sœur, Hannah, faisait déjà français. Je pensais que ce serait pratique si j'avais besoin de son aide. J'aimais bien le cours, mais je me sentais déconnecté de la langue ; elle me paraissait étrangère, comme annoncé par le nom de l'option. Nous étudiions principalement la France et la culture française métropolitaine, et l'idée que mes grands-parents parlaient cette langue et qu'elle faisait partie de mes origines me semblait floue.

Cependant, cette année-là, j'ai pris une décision qui a exercé une profonde influence sur mon avenir. On nous a proposé un programme accéléré qui permettait aux élèves de passer directement au second niveau de français au lycée s'ils obtenaient une bonne note. Je m'y suis inscrit, surtout pour prendre de l'avance dans ma scolarité, sans me rendre compte à quel point apprendre le français compterait pour moi. En entrant au lycée, je me sentais privilégié d'être l'un des deux seuls élèves de première année dans une classe habituellement réservée aux élèves de deuxième année. C'est à l'âge de quatorze ans que j'ai entamé un parcours qui allait nourrir ma fierté d'être d'origine canadienne-française et me permettre de parler la langue de mes ancêtres, dont la lignée vivait en Amérique depuis plus de 400 ans. J'ai décidé de prendre le français plus au sérieux et ai ainsi commencé à exceller dans cette matière. Mon professeur, qui était également franco-canadien, intégrait de nombreux aspects de l'histoire et de la culture franco-canadiennes au programme. Tout à coup, on me montrait une autre dimension de mon héritage. J'ai alors réalisé que l'histoire de la révolution américaine et des Pères fondateurs n'était pas la mienne ; mes ancêtres étaient toujours au Canada. Mon histoire nord-américaine a commencé avec la formation de la Nouvelle-France. J'étais captivé par cette découverte et j'ai entrepris des recherches sur mon temps libre. J'empruntais des livres à la bibliothèque, regardais des documentaires et parcourais Internet à la recherche d'informations qui pourraient m'éclairer sur le sujet. Ma soif de connaissances pour le Canada français était insatiable. J'étais fasciné par les explorateurs français et leurs exploits, passionné par la vie des coureurs des bois et choqué d'apprendre la stigmatisation et la discrimination qu'ont subies les Franco-Américains, notamment de la part de groupes tels que le Ku Klux Klan.

En approfondissant mes recherches, je me suis senti privé de mon histoire. Pourquoi personne ne m'avait expliqué d'où venaient mes ancêtres ? Pourquoi personne ne m'avait dit que j'appartenais à une culture unique ? Pour véritablement me comprendre et donner un sens à ma vie, je savais que je devais apprendre à parler couramment français. En parallèle de mon intérêt naissant pour l'histoire de la présence française en Amérique du Nord, j'ai saisi toutes les occasions d'apprendre le français en dehors des cours. J'écoutais la radio française, regardais des films français sous-titrés et m'entraînais à parler avec mémère Martin, mettant en application les nouveaux concepts grammaticaux et le vocabulaire que j'étudiais en classe. En parlant français avec ma grand-mère, j'ai découvert de nouvelles facettes de sa personnalité et de son humour que je n'avais jamais connues auparavant. Mes efforts étaient sur le point de porter leurs fruits. Au printemps 2011, j'ai découvert une bourse qui permettait d'étudier en

France pendant deux mois. Il s'agissait d'un concours national où les participants devaient rédiger un texte en français et en anglais expliquant pourquoi ils méritaient cette bourse. Pensant n'avoir rien à perdre, je me suis dépêché de préparer ma candidature, détaillant à quel point apprendre le français était vital pour raviver une part de mon identité. À ma grande surprise, quelques mois plus tard, on m'a informé que j'avais remporté le concours et que j'irais dans une école à Nîmes, en France. Ce qui devait durer deux mois s'est transformé en deux ans, pendant lesquels j'ai obtenu mon baccalauréat littéraire.

Le fait de vivre en France m'a ouvert de nombreuses portes et a permis au garçon que j'étais de grandir. Jusqu'à mon départ à l'âge de seize ans, je n'avais jamais pris l'avion, et voilà que je devais à présent m'intégrer dans le système scolaire public français. Sortir de ma zone de confort s'est avéré être la meilleure décision que j'ai prise. En France, j'ai appris à apprécier la gastronomie, les loisirs, la rigueur académique et, surtout, j'ai noué d'innombrables relations avec les gens du coin. Dans le sud de la France, il faisait beau et chaud presque toute l'année et des activités culturelles et des festivals étaient constamment organisés. À l'école, on nous traitait comme des étudiants d'université et on nous demandait d'être indépendants. Pour un jeune homme qui rêvait de voyages et de nouveaux défis, j'étais dans mon élément. Ma vie en France se déroulait entièrement en français, à l'exception des cours d'anglais. Je racontais souvent aux autres élèves que j'étais d'origine canadienne-française et que je travaillais dur pour maîtriser le français, car c'est une langue qui m'appartenait. Je suis devenu si à l'aise en français qu'à mon retour dans le Maine, certaines personnes que je rencontrais remarquaient mon léger accent français. Je prenais cela comme un compliment.

Après deux ans passés en France, je suis retourné dans le Maine, sans savoir si j'allais repartir en France ou entrer à l'université aux États-Unis. Mes études supérieures ont pris un tournant inattendu. Après avoir commencé un semestre à l'Unity College dans le Maine pour étudier la biologie de la faune sauvage, une autre opportunité inédite d'étudier au Québec, au Cégep de Saint-Félicien, s'est présentée à moi. Je me suis rendu compte qu'il serait préférable de continuer à étudier le français à moindre coût. Le ministère de l'Éducation du Québec a tenu compte de mon expérience scolaire en France, ce qui m'a permis d'étudier toute une année académique pour seulement 280 dollars canadiens. J'ai passé les trois années et demie suivantes à étudier la protection de l'environnement à Saint-Félicien, dans la région du Lac-Saint-Jean, au Québec. J'y ai découvert un dialecte français similaire à celui que l'on parle à Lewiston-Auburn. Il était souvent amusant d'expliquer qui j'étais à mes camarades de classe, car mon prénom, Camden, était difficile à prononcer. Je parlais avec un accent du sud de la France, mais j'étais pourtant un citoyen américain d'ascendance canadienne-française. Vous pouvez imaginer les regards perplexes que je recevais lorsque je racontais mon histoire.

Au printemps 2018, je suis retourné dans le Maine dans l'espoir de travailler dans le secteur environnemental. Malgré mes difficultés à trouver un emploi et à me réadapter à un environnement majoritairement anglophone après avoir passé six des sept dernières années à parler français, je voulais continuer à parler français à Lewiston-Auburn. Entre-temps, un grand nombre de nouveaux francophones d'Afrique subsaharienne, notamment du Rwanda, du Burundi, de Djibouti et de la République démocratique du Congo, s'étaient installés dans les deux villes. Au cours d'une année sabbatique entre la fin de mes études en France et mon arrivée au Québec, j'ai travaillé dans un centre d'appels dans le centre-ville de Lewiston comme conseiller pour les clients franco-canadiens. Beaucoup de mes collègues étaient des réfugiés politiques nouvellement arrivés des pays mentionnés plus haut. Ayant entretenu ces amitiés pendant mes études universitaires, continuer à parler français avec mes amis, qui étaient devenus aussi proches que ma famille, me semblait naturel.

Je me suis également engagé dans diverses organisations dédiées au français et à la culture franco-américaine, telles que l'Alliance française du Maine et la *Franco-American Collection* de l'Université du Sud du Maine. Quand j'allais rendre visite à mon frère à Fort Kent, dans le Maine, près de la frontière du Nouveau-Brunswick, je discutais souvent avec des locuteurs natifs de la vallée du Haut-Saint-Jean. À l'été 2019, lors d'une de mes visites, mon frère, Taylor, m'a donné un vieux roman français qui avait appartenu à mémère Martin, décédée en 2015. J'ai été profondément ému, car cet ouvrage représentait un lien avec ma grand-mère. En ouvrant le livre, j'ai découvert une feuille de papier collée à l'intérieur de la couverture, sur laquelle était inscrite : « L'École Saint-Pierre, Lewiston, Maine, prix d'excellence en lecture anglaise et française, accordé à Mlle Muriel Marois, 1941. » J'étais abasourdi ; jusqu'alors, je n'avais jamais réalisé que ma grand-mère, une Américaine de deuxième génération, avait fréquenté une école catholique francophone. Je pensais que, dans ma famille, le français était simplement une langue que l'on parlait en famille sans cadre structuré tel que l'école. En continuant de feuilleter les pages de *La Vengeance de Renaud*, je remarquai que le texte était écrit dans un temps littéraire formel : le passé simple. Maîtriser la lecture au passé simple nécessite une compréhension approfondie de la grammaire française. De nouveau, j'étais confronté à des informations qui allaient bouleverser ma compréhension de mon histoire. Les Franco-Américains de Lewiston-Auburn avaient-ils accès à l'éducation et aux services en français alors qu'ils vivaient dans le Maine anglophone ? Recevaient-ils une éducation similaire à celle de leurs homologues francophones vivant au Canada et en France ? Une fois de plus, je me suis demandé pourquoi on ne m'avait jamais expliqué cette histoire. Il fallait que je réponde à ces questions ; ma soif était redevenue insatiable. Je me suis mis à collectionner tout livre en rapport avec les Franco-Américains de Lewiston-Auburn et de la Nouvelle-Angleterre. Plus je faisais de recherches, plus je me rendais compte que les Canadiens français et les futurs Franco-Américains avaient créé des structures telles que des écoles, des églises, des journaux, des hôpitaux, des sociétés mutuelles et des organisations culturelles qui leur avaient permis de maintenir un environnement francophone pendant près d'un siècle. J'ai appris qu'on jouait les pièces de Molière, un auteur que nous étudiions souvent en France, dans le centre-ville de Lewiston. En fait, il y avait tellement d'organisations et de clubs culturels français que l'historien québécois Robert Rumilly a surnommé Lewiston « l'Athènes de l'Amérique française ». J'ai ainsi développé une nouvelle fierté et un nouveau respect pour mes ancêtres qui sont venus s'installer dans le Maine, ainsi que pour l'histoire des populations francophones qui en ont fait autant à travers l'Amérique du Nord à différents moments au cours des 400 dernières années. Maintenant que j'avais réussi à franchir l'étape de l'appropriation de mon propre héritage culturel et linguistique, je ressentais le besoin d'entrer en contact avec d'autres groupes francophones minoritaires à travers le continent. Depuis, j'ai pour mission de comprendre non seulement les communautés francophones de la Nouvelle-Angleterre, mais aussi celles du Midwest, le long du Mississippi jusqu'en Louisiane et ailleurs. Je me demandais souvent comment ces communautés avaient évolué et comment elles se portaient aujourd'hui. Pour un groupe linguistique et culturel, rechercher ses pairs est tout naturel. Après tout, il est essentiel de stimuler la préservation des différentes cultures francophones afin qu'elles se réunissent, échangent et créent ensemble. L'Organisation internationale de la Francophonie, qui regroupe 88 États membres à travers le monde, illustre à merveille cette volonté de se retrouver autour d'une langue commune. En Amérique du Nord, le Centre de la Francophonie des Amériques (CFA), dans la ville de Québec, est un acteur majeur et un catalyseur dans la promotion de la francophonie à travers l'hémisphère Ouest. J'ai eu la chance inouïe de participer à deux événements organisés par le CFA, notamment à la Mobilisation Jeunesse, réunissant de jeunes professionnels qui font la promotion de la langue française à travers les Amériques et qui ont participé au Congrès mondial acadien 2019 à Moncton, au Nouveau-Brunswick. Cet événement m'a permis de mieux me rapprocher des militants francophones de Louisiane, de l'Ontario, du Yukon, du Mexique et d'ailleurs. Cela a élargi mon monde et m'a fait réaliser que beaucoup de personnes partagent mon histoire. J'ai trouvé cette idée rassurante et cela m'a motivé à poursuivre mon travail.

Pourtant, si je devais faire un sondage informel auprès des Franco-Américains du Maine, peu d'entre eux seraient au courant, par exemple, de l'existence de sphères francophones historiques et actuelles dans le Michigan, le Missouri, l'Illinois, le Minnesota et même dans certaines communautés de l'Ouest du Canada. Certains Franco-Américains seraient grandement étonnés d'apprendre à quel point certaines villes de la Nouvelle-Angleterre sont restées francophones tout ce temps. Le simple fait de savoir que notre expérience n'est pas une histoire isolée contribue à nous insuffler de la vitalité. À première vue, il semble que les populations dispersées de francophones interagissent ensemble pour la première fois grâce aux technologies modernes et aux moyens de transport. Cependant, malgré le regain d'intérêt récent pour la langue française aux États-Unis et au-delà, la volonté de tisser des liens solides dans le tissu francophone n'est pas nouvelle.

De multiples vagues d'immigration canadienne-française vers les États-Unis ont lieu au XIXe siècle. Au début, de nombreuses personnes s'installent dans des régions qui étaient autrefois sous l'influence de la France, comme la région des Grands Lacs, l'Illinois et le Missouri. Elles suivent les traces des coureurs des bois et de ceux qui sont venus faire fortune dans le commerce des fourrures. Plus tard, lorsque le Midwest commence à s'ouvrir à l'agriculture, les Canadiens français cherchent naturellement de nouvelles terres arables. C'est ainsi que des communautés telles que Bourbonnais, dans l'Illinois, sont nées. Au milieu du XIXe siècle, Bourbonnais possède sa propre université privée, le Collège Saint-Viateur, qui offre un enseignement bilingue jusqu'à la fin du XIXe siècle. En parallèle, la vallée de Champlain, dans les États de New York et du Vermont, ainsi que les camps forestiers et les usines de briques du Maine, voient leur population canadienne-française augmenter tout autant. De plus, il subsiste parmi cette diaspora en pleine expansion le désir de s'accrocher fermement à la foi catholique et à la langue française, tout comme le faisaient leurs compatriotes dans la vallée du Saint-Laurent depuis la fin du régime français. Le concept de « *La survivance* » est le moteur de l'entretien des liens solides entre les groupes de populations francophones très mobiles dispersées sous les 48e et 49e parallèles nord. Les élites francophones de la Nouvelle-Angleterre sont alors bien au fait des développements dans les autres communautés et restent en contact régulier par correspondance. Ces échanges épistolaires sont souvent rapportés dans la presse locale francophone. Il n'était pas rare que le journal *L'Abeille de La Nouvelle-Orléans* surveille les développements qui ont lieu plus au nord ou partage un message adressé par un journaliste canadien-français à la revue de presse. Le lien est aussi facilité grâce à l'existence de sociétés mutuelles imitant celles qui existent déjà au Canada français. L'Union Saint-Jean-Baptiste d'Amérique (USBJA), basée à Woonsocket, dans le Rhode Island, et l'Association canado-américaine (ACA), basée à Manchester, dans le New Hampshire, jouent un rôle essentiel dans la revitalisation de la vie culturelle francophone. À son apogée, l'USBJA regroupe plus de 50 000 membres, hommes comme femmes, issus de la Nouvelle-Angleterre, du

Michigan, de l'Illinois et de l'Indiana, et possède même des comités en Californie. Les critères pour devenir membre se résument alors à être catholique pratiquant et d'ascendance française.

Le français reste la langue des réunions et des conventions jusqu'à la seconde moitié du XXe siècle. L'USBJA et son homologue, l'ACA, encouragent leurs membres à s'abonner aux journaux franco-américains locaux et soutiennent les jeunes générations en leur accordant des bourses pour entrer dans des établissements d'enseignement supérieur bilingues, comme le Collège de l'Assomption à Worcester, dans le Massachusetts. Les associations reçoivent des dignitaires francophones étrangers et agissent en qualité de représentants officiels des communautés franco-américaines. En 1930, l'ambassadeur de France, Paul Claudel, est invité à découvrir Woonsocket, dans le Rhode Island, Worcester et Lowell, dans le Massachusetts, Manchester, dans le New Hampshire, et Lewiston, dans le Maine. Au cours de son séjour, il visite des écoles, des hôpitaux, rencontre différents dirigeants franco-américains, des communautés religieuses et des membres de la presse, toujours accompagné de représentants de l'USBJA et de l'ACA. Cette tradition se poursuit jusqu'au XXe siècle. La Société historique franco-américaine contribue de manière significative à tisser des liens entre les populations francophones dispersées en Amérique du Nord en organisant des réunions et des conférences annuelles, où des intervenants issus de divers milieux intellectuels sont invités à prendre la parole à Boston, dans le Massachusetts. Parmi eux, on peut notamment citer Alcée Fortier, de la société littéraire L'Athénée louisianais, et Télesphore Saint-Pierre, un journaliste du Michigan. L'Alliance française de Lowell, dans le Massachusetts, contribue également en organisant des conférences afin d'offrir l'opportunité d'entendre d'autres homologues francophones. André Lafargue, avocat à La Nouvelle-Orléans et membre de l'Athénée louisianais, a l'habitude de présenter aux francophones de la Nouvelle-Angleterre l'histoire et l'évolution des communautés francophones en Louisiane. À la fin de l'hiver 1940, l'USBJA et l'ACA organisent un voyage pour faire visiter la Louisiane à leurs membres. Dans la publication mensuelle de l'USBJA, *L'Union*, on peut suivre l'évolution du voyage, du moment où l'idée germe jusqu'au compte rendu au retour. On promeut d'abord le projet auprès des membres en l'appelant « La Mission des Franco-Américains auprès des Acadiens de la Louisiane ». Le voyage comprend quatre jours de trajet et cinq jours de visites à La Nouvelle-Orléans et à Lafayette. Plus de trente personnes, dont des prêtres, des journalistes, des représentants d'associations d'entraide, des médecins et des avocats, participent afin de mieux comprendre la situation des francophones en Louisiane. Ayant appris ces informations au cours des dernières années, je me suis senti d'autant plus enclin à participer à l'Université d'été 2023 à Lafayette, en Louisiane, lorsqu'on me l'a proposé. Quelle meilleure façon de perpétuer la tradition de tisser des liens avec les francophones d'autres États ? Cet événement unique, qui offre des conférences et des cours sur une semaine et qui a réuni plusieurs dizaines de participants venus de tout l'hémisphère Ouest, a été organisé par le Centre de la Francophonie des Amériques. Comme lors de mon expérience à Moncton, au Nouveau-Brunswick, en 2019, j'étais à nouveau plongé dans un environnement francophone, entouré de personnes partageant les mêmes valeurs. Cet événement était unique en son genre, car c'était la première fois que l'Université d'été avait lieu en dehors du Canada. Cette expérience m'a inspiré de nouvelles idées et aspirations pour les populations francophones du Maine et de la Nouvelle-Angleterre. Nous pourrions, par exemple, explorer les médias et les festivals francophones.

Depuis que je suis retourné dans le Maine après avoir vécu en France en 2013, je suis fier de dire que de nombreux nouveaux développements, événements, connexions et initiatives ont contribué à la prospérité de la langue française à travers la Nouvelle-Angleterre et au-delà. Au passage, je me suis fait des amis et j'ai rencontré des membres de ma famille. Si je n'avais pas eu la chance de franchir la première étape qui m'a permis de comprendre mon héritage canadien-français, je n'aurais jamais eu l'occasion de me rapprocher des différentes communautés francophones d'Amérique du Nord. Ce parcours enrichit ma vie au quotidien. Il est rare qu'une journée se passe sans que je parle français, que ce soit avec un nouveau résident du Maine originaire du Rwanda ou lors d'une conversation avec des amis de Louisiane. En étant conscient de l'archipel francophone nord-américain, en établissant des connexions et en collaborant, nous ferons vivre le français autour de nous pour les générations à venir.

21. Le rêve
Jesse Martineau et Monique Martineau Cairns

Je m'appelle Jesse Martineau et j'ai eu l'immense honneur de participer au premier volume du Français autour de nous. Je viens de Manchester, dans le New Hampshire, et j'écris ce chapitre au début d'un séjour de six mois à la ville de Québec, où je me suis rendu dans l'espoir d'apprendre autant de français que possible. Les quelques années qui ont suivi l'écriture de ce chapitre initial ont été mouvementées, et j'écris ce nouveau chapitre à Montréal. Je suis en ville car une équipe de tournage m'a interviewé dans le cadre d'un documentaire intitulé *Notre Rêve Américain*, et une projection a été organisée pour les personnes impliquées dans la réalisation du film, avant qu'il ne soit diffusé sur Télé-Québec dans quelques semaines. Comme pour mon chapitre initial, la façon dont je me suis retrouvé dans cette situation est assez intéressante, à mon sens.

Ceux qui me connaissent bien en ont probablement ras le bol de m'entendre dire que les six mois que j'ai passés à Québec étaient les six meilleurs mois de ma vie. Néanmoins, c'étaient les six meilleurs mois de ma vie, et on m'a souvent demandé de décrire une journée type. Chaque jour de la semaine suivait un emploi du temps similaire. Le matin, je me levais et me rendais à l'école en marchant. Mon Airbnb se situait dans l'enceinte du Vieux-Québec, en diagonale de la porte Kent. J'en avais pour environ quarante-cinq minutes de marche, tout droit le long de la Grande Allée. J'aimais me lever tôt et, s'il faisait beau, je faisais un détour pour me promener à travers les plaines d'Abraham. J'étais pleinement conscient du fait que le sol que je foulais était parfois considéré comme le site d'une des batailles les plus importantes de l'histoire du monde, même si je sais que les historiens ont des avis très divergents sur le sujet. J'ai un lien très personnel à ce lieu. Albert Riezbos, que j'ai rencontré car il a écouté mon podcast French Canadian Legacy, m'a contacté pour m'apprendre que j'étais un descendant direct d'Abraham Martin, après qui ont été nommées ces plaines. Depuis, je blague en disant que je me promène sur des terres qui appartenaient à Pépère Abraham et que le lien de filiation direct devrait sans doute me donner droit au terrain, ne serait-ce que pour y monter une tente.

Je me rendais toujours très tôt à l'école, ce qui me permettait d'aller presque tous les jours dans un petit café près de l'établissement. Je prenais un café et une pâtisserie et relisais certains des textes que nous avions travaillés la veille afin d'être prêt pour le cours suivant. À la fin de mon séjour au Québec, les gens du café étaient devenus comme des amis. Lorsque je passais le pas de la porte, le caissier me saluait d'un « Bonjour, Monsieur Martineau ! ». Un jour, il m'a expliqué à quel point le nom Martineau était courant au Québec. Il semblait très amusé d'avoir un client américain portant ce nom de famille. Ce café me manque.

En général, environ quinze à vingt minutes après être arrivé au café, j'étais rejoint par mon amie Claudia Föllmi. Claudia venait de Suisse, mais de la partie allemande du pays, alors elle ne parlait pas français. Elle travaille dans le secteur de l'hôtellerie et a passé plusieurs années à apprendre le français et l'anglais au Canada. Lorsqu'elle est arrivée au Québec, elle avait déjà vécu plus d'un an dans l'Ouest canadien. Ma toute première conversation avec Claudia a eu lieu sur la pause de midi d'un de mes premiers jours de classe. Durant notre échange, Claudia m'a dit, dans sa franchise caractéristique, que mon accent était « vraiment mauvais ». Elle n'avait pas tort. Il est toujours vraiment mauvais. Mais cette première conversation m'a fait rire et a aidé à dissiper le stress de rencontrer autant de nouvelles personnes dans cet environnement inconnu. Nous sommes amis depuis ce moment-là.

Mon école où j'allais était la BLI/Edu Inter. Honnêtement, je ne sais pas comment je suis censé l'appeler. BLI et Edu Inter sont deux écoles de langue distinctes pour les apprenants adultes. Au cours de la pandémie, elles ont temporairement fusionné. J'ai travaillé avec trois enseignants au Québec, deux venant d'Edu-Inter et un venant de BLI. Quand j'ai commencé, l'école était dans un bâtiment qui abritait un cabinet d'avocats. Cependant, à la fin de mon séjour au Québec, elle était retournée dans les locaux habituels qu'utilisait Edu-Inter. Les effectifs de classe étaient toujours petits. De mémoire, nous étions douze élèves dans la plus grande classe ; entre cinq et six dans la plus petite.

La répartition des classes changeait tout le temps. Les élèves changeaient de groupe quand ils atteignaient un certain niveau à différents moments de l'année. De plus, nous voyions constamment des élèves arriver et partir de l'école. Certains élèves ne venaient que pour une semaine ou deux. D'autres étaient là avant mon arrivée et étaient toujours là quand je suis parti. Le fait d'avoir constamment de nouveaux élèves en classe rendait les choses amusantes, en grande partie parce que j'étudiais avec des élèves du monde entier. Outre mes camarades originaires d'autres États américains et de quelques provinces canadiennes, j'étais assis à côté d'élèves venant de Suisse, de Belgique, de Chine, d'Australie, des Bahamas, d'Angleterre, du Mexique, d'Équateur et, pour beaucoup, de Colombie. J'étais très surpris par le nombre de Colombiens. Dans certaines classes, il y avait autant d'élèves originaires de Colombie que de tous les autres pays réunis. De plus, contrairement à la majorité des autres élèves que j'ai rencontrés dans cette école, tous les Colombiens espéraient immigrer au Québec de façon permanente. La plupart des autres élèves, comme moi, avaient l'intention de retourner dans leur pays lorsqu'ils quitteraient l'école.

Chaque journée scolaire suivait le même emploi du temps. Le matin, de 9 heures à midi environ, était consacré à la grammaire. Nous travaillions les quatre compétences linguistiques : écouter, parler, lire et écrire. Ensuite, nous faisions une pause pour aller déjeuner. L'après-midi, nous avions un cours basé sur la communication qui durait jusqu'à environ 14 heures. Nous abordions différents sujets de conversation et des projets. Par exemple, une semaine, nous avons appris que les jeux de société étaient très populaires à la ville de Québec ; ensuite, nous nous sommes répartis en groupes et avons dû créer un jeu de société à jouer avec la classe. Une autre semaine, nous avons abordé les médias et il a fallu que nous créions une version en direct d'un journal télévisé.

J'avais l'intention d'aller au Québec en 2020, mais j'ai dû annuler mes plans lorsque les frontières ont fermé à cause de la COVID-19. Toutefois, j'avais entièrement payé pour participer au programme Super Intensif avant le début de la pandémie. Lorsque j'ai pu retourner à l'école en 2021, elle ne proposait toujours pas le programme Super Intensif par manque de participants. Par conséquent, l'école a organisé des cours particuliers plusieurs fois par semaine, après les journées de classe. Mon tuteur et moi avons passé la majeure partie de ce temps à corriger cet accent vraiment mauvais. Je crois avoir découvert que mon principal problème est mon audition. Je n'arrivais pas à entendre la différence entre ce que je disais et ce que mon instructeur tentait de me faire dire. Fréquemment, il essayait de me le faire remarquer en répétant ce que je disais avant de comparer avec la bonne prononciation. Souvent, je n'entendais aucune différence entre les deux.

L'école proposait une activité chaque jour après les cours. En général, on s'amusait énormément. En plus de nous faire pratiquer davantage la langue (elles se déroulaient uniquement en français), elles nous faisaient vivre des expériences enrichissantes. Nous avons réalisé plusieurs visites de sites historiques et de musées. Nous avons même visité une brasserie. La meilleure sortie a été le voyage spécial d'un week-end à Tadoussac pour observer les baleines. Sans rire : je crois que nous avons vu au moins vingt baleines. Il se peut même que mes estimations soient bien en deçà de la réalité.

Je n'ai pas participé aux activités facultatives quotidiennes, car elles étaient payantes. Cependant, même les jours où je n'avais pas de cours particuliers optionnels, je passais quand même de super moments, en général, à profiter de la vie dans l'une des villes les plus cool de la planète. J'avais l'habitude de sortir avec un groupe d'élèves ; nous nous rendions dans des endroits sympas de la ville. Vu que mon séjour était particulièrement long, le groupe avec lequel je traînais changeait souvent, à mesure que des gens entraient dans le programme et que d'autres en sortaient. Notre groupe basculait généralement en anglais après l'école, surtout dans les premiers jours. Je me souviens distinctement de la fois où nous sommes allés faire un *escape game* en ville. Nous avions tous convenu de ne parler entre nous qu'en français. Cependant, nous avons fini par craquer après une demi-heure à tourner en rond. Nous sommes passés à l'anglais, réalisant que nous n'arriverions jamais à sortir de cette pièce à moins de pouvoir communiquer plus facilement. Plus tard dans le programme, lorsque mes compétences linguistiques se sont améliorées, je passais plus de temps à traîner avec les élèves de pays hispanophones, car plus notre niveau de français s'améliorait, plus nous parvenions à communiquer sans frustration.

L'un des avantages majeurs de ce séjour au Québec a été de me lier d'amitié avec des personnes vivant en ville. À travers ces interactions, j'ai commencé à réfléchir à la façon dont les États-Unis et le Québec perçoivent différemment l'identité culturelle. Aux États-Unis, l'identité culturelle d'un individu se réfère au résultat d'un test ADN. Je dis que je suis « français » car tous mes arrière-arrière-grands-parents vivaient au Québec et que le test que j'ai réalisé sur le site web *AncestryDNA* montre que ma région d'origine correspond à presque toute la France. Néanmoins, de nombreux Québécois que j'ai rencontrés ne voyaient pas les choses de cette manière. Pour eux, tout dépendait de la langue parlée. La situation semblait toujours noire ou blanche ; chacun était soit anglophone, soit francophone. J'entendais les gens parler d'une troisième catégorie pour « tous les autres », même si, en général, on catégorisait les gens soit comme francophones, soit comme anglophones. Il semblait qu'on attribuait une étiquette aux gens en fonction de leur langue maternelle. En somme, j'avais l'impression que, pour une grande partie des Québécois que je rencontrais au Québec, cela n'aurait aucune importance si je parvenais à une parfaite maîtrise du français. Parce que ma langue maternelle était l'anglais, je serais toujours rangé dans la case « anglophone ».

J'en ai également rencontré plusieurs qui semblaient déroutés par la notion de « Franco-Américain ». La plupart ne comprenaient pas du tout comment quelqu'un pouvait se considérer comme « franco-américain » sans parler français. Quelqu'un m'a carrément demandé, en me regardant droit dans les yeux, comment je pouvais dire être franco-américain si j'étais anglophone. Cette personne n'avait pas de mauvaises intentions ; elle était réellement perplexe. Lorsque j'ai évoqué le fait que la culture ne se réduisait pas à la langue, mon interlocuteur m'a regardé et m'a demandé en toute sincérité : « Que comprend-elle d'autre ? ». Pour cette personne, l'identité culturelle et la langue désignaient la même chose. Impossible d'avoir une identité sans la langue qui va avec. Lorsque j'ai commencé à parler de cuisine et de traditions, je pense qu'elle a mieux compris. Toutefois, je suis ressorti de cette conversation avec le sentiment que mon interlocuteur ne serait jamais à l'aise avec le fait que je me décrive comme « franco-américain ».

Le Québec me manque vraiment. J'aimerais y retourner, passer six autres mois dans la ville. L'idéal serait de trouver un moyen de m'y installer de manière définitive. J'ai entamé les démarches pour obtenir le statut de résident permanent, mais déménager serait difficile, car mon travail et ma famille sont aux États-Unis. Bien sûr, dans mes rêves, je parviens à convaincre tout le monde de venir vivre au Québec avec moi ; nous trouvons tous du travail et la vie est parfaite. Je sais bien que ce scénario est peu probable.

De temps en temps, on me demande si je ne pourrais pas obtenir la citoyenneté. Je ne peux pas. Je suis né une génération trop tard. Mon père a récemment obtenu sa preuve de citoyenneté canadienne ; un processus qui a pris plusieurs années. J'ai passé beaucoup de temps à rassembler tous les documents nécessaires. Impossible de mettre la main sur l'acte de naissance de mon grand-père. Mon père et moi sommes allés à Saint-Apollinaire, l'endroit où mon grand-père est né, mais l'employé de mairie nous a dit que tous les registres de la période qui nous intéressait avaient été envoyés à la ville de Québec. Nous avons alors tenté de les retrouver là-bas, sans succès. Heureusement, nous avons une formidable société généalogique canadienne-française ici à Manchester ; elle conserve des tonnes d'actes de baptême provenant de toute la province. Grâce à ces ressources, j'ai réussi à retrouver celui de mon grand-père, ce qui était suffisant. J'ai compilé tous ces documents, les ai envoyés à l'administration et ai attendu qu'elle les traite. Environ neuf mois plus tard, on nous a tout renvoyé par la poste, nous faisant comprendre que notre demande était incomplète. En vérifiant ce que j'avais pu oublier, je me suis rendu compte que j'avais simplement omis de cocher la case pour confirmer que mon père ressemblait bien à la photo de lui que j'avais fournie. Malgré trente pages de documents et neuf mois d'attente, il nous fallait tout recommencer parce que j'avais oublié de cocher une case. J'ai donc rassemblé tous les papiers à nouveau, coché la case et redéposé ma demande. Au bout de six ou sept mois, mon père a reçu une lettre attestant qu'il était désormais un citoyen canadien. Il était amusant de voir que le verso de ce certificat comportait un serment au roi Charles III du Canada. Je ne suis pas certain que mon père ait prêté ce serment. J'en doute.

J'ai eu beaucoup de chance que les expériences et les opportunités fantastiques que j'ai vécues aient continué d'affluer à mon retour du Québec. D'ailleurs, l'une des meilleures soirées de ma vie a eu lieu grâce au premier volume de cette série. Nous étions invités au lancement du livre, dans les locaux de l'Organisation internationale de la Francophonie à New York. Je me sentais un peu intimidé d'être dans ce bureau et de participer à une discussion avec d'autres contributeurs exceptionnels. En toute honnêteté, le véritable clou de la soirée est survenu après la clôture de l'événement officiel. Parmi les auteurs des chapitres, plusieurs d'entre nous avaient fait le voyage jusqu'à New York par avion pour l'occasion et, pour beaucoup, nous nous rencontrions enfin en personne pour la première fois. La date coïncidait avec le Cinco de Mayo. Nous avons erré dans Manhattan à la recherche d'un endroit suffisamment spacieux pour accueillir l'ensemble du groupe. Nous nous sommes finalement réunis autour d'une immense table dans un restaurant chaleureux, où nous avons pris des verres, savouré un excellent repas et échangé des anecdotes à se plier de rire. J'étais émerveillé de voir que nous étions tous rassemblés, unis par notre passion commune pour notre identité française (et, bien sûr, une bonne rasade d'alcool était la bienvenue). Les soirées comme celles-ci sont vraiment rares.

J'ai également eu l'opportunité incroyable de prendre part à de fantastiques projets. Pour moi, l'un des moments phares a été d'être interviewé en français sur Radio-Canada. Je me souviens de la discussion préliminaire que j'ai eue avec le présentateur de l'émission. Il voulait s'assurer que je puisse tenir une conversation en français. J'ai déclaré être capable de discuter en français, mais j'ai demandé à recevoir les questions à l'avance. J'étais stressé à l'idée qu'on me pose une question et de ne pas comprendre ce qu'on me demandait. Je me rappelle que je me préparais pour aller travailler le matin où l'interview a été diffusée lorsque j'ai reçu un appel de mon ami Jean-Philippe L'Étoile. Il était à Drummondville, sur le chemin de l'école où il enseignait, quand il a entendu ma voix à la radio. Je peine encore à y croire. Il y a cinq ans, quand Mike Campbell et moi avons lancé le French Canadian Legacy Podcast, je ne parlais pas un mot de français, je connaissais très mal le Québec, je n'avais aucun ami de là-bas et, d'ailleurs, personne à Radio-Canada n'avait entendu parler de moi. C'est fou de penser à quel point ma vie a changé en l'espace d'une demi-décennie.

En 2023, j'ai eu l'honneur d'être nommé Franco-Américain de l'année. Quand je regarde la liste des personnes qui ont reçu ce titre avant moi, je n'arrive pas à croire que mon nom s'ajoute au leur. Ce que je trouve particulièrement surprenant, c'est que mon nom figurera à jamais sur la liste des lauréats, entre deux de mes amis. Tim Beaulieu, l'homme brillant qui a créé le *PoutineFest* du New Hampshire et du Maine, a remporté le prix en 2022. En 2024, le lauréat est l'incroyable créateur du podcast *French Canadian Legacy*, Mike Campbell. Sans lui, le podcast n'existerait pas, le GéoTour « New England Franco Route » n'existerait pas et ce chapitre n'existerait pas. Je me sentirai toujours privilégié de voir mon nom apparaître sur n'importe quelle liste de Franco-Américains entre Tim Beaulieu et Mike Campbell.

Depuis l'écriture de mon chapitre dans Le Français autour de nous, j'ai aussi eu des interactions amusantes avec des auditeurs du podcast. L'une d'eux nous a abordés, Mike et moi, à l'occasion du *PoutineFest* du New Hampshire et nous a raconté qu'elle travaillait dans le monde des affaires lorsqu'elle a découvert notre podcast par hasard. Cela a ravivé sa passion pour l'héritage français, si bien qu'elle a quitté son travail pour enseigner la langue. Mike et moi avons rencontré une autre fan du podcast lors du tout premier *PoutineFest* du Maine. Une femme s'est approchée de la table *French Canadian Legacy* avec son bébé dans une poussette. Elle venait de Montréal et avait écouté l'intégralité des épisodes. Elle avait récemment participé à une tournée avec un ancien invité du podcast et avait abordé cette personne car elle avait reconnu sa voix dans l'émission. Pour moi, le moment marquant de la conversation a été quand cette femme nous a dit, à Mike et moi, qu'elle faisait jouer le podcast pour endormir son bébé, ce qui semblait fonctionner à chaque fois. Peu importe que le bébé ne parle même pas anglais. Même si je trouve cela hilarant, j'espère ne pas avoir le même effet sur la plupart des auditeurs.

Depuis la sortie du premier livre, Mike et moi avons également décidé d'entreprendre de nouveaux projets. Nous avons lancé une série de vidéos YouTube intitulée « *Franco American Voyages* ». Notre objectif est de faire découvrir aux gens certains des lieux importants liés à l'histoire de l'expérience franco-américaine en Nouvelle-Angleterre. Chaque épisode est tourné deux fois, une fois en anglais et une fois en français. Nous avons eu la chance d'avoir Camden Martin comme présentateur. Camden est la personne idéale pour ce poste. Il est originaire de Lewiston, dans le Maine, et est considérablement plus jeune que moi. En plus de passer facilement du français à l'anglais, très peu de gens connaissent l'histoire franco-américaine en Nouvelle-Angleterre aussi bien que lui. D'ailleurs, il connaît l'histoire de ma ville natale encore mieux que moi, c'est une certitude. Les jours de tournage, il arrivait sans aucune note. Sa mémoire lui suffisait. Mike et moi avons aussi eu la chance inouïe que ma petite amie Heather Howell soit derrière la caméra, que l'ami de Mike, Mike Johnson, s'occupe du montage et que mon ami de lycée, Mike Liberty, fasse un don très généreux pour couvrir les coûts initiaux du projet. Nous sommes très fiers de ce que nous avons réalisé jusqu'à présent.

Bien sûr, j'ai commencé ce chapitre en évoquant le documentaire *Notre Rêve Américain*, qui constituait l'occasion parfaite de partager de nouveau l'histoire franco-américaine de Manchester. J'ai trouvé particulièrement motivant le fait que l'un des principaux messages de ce documentaire soit que la culture ne se limite pas à la langue, une idée que j'essaie de promouvoir depuis un certain temps. Lorsque mon père et moi avons rencontré les membres de l'équipe de production, ceux-ci n'ont cessé de nous répéter qu'un grand nombre d'entre eux trouvaient que la réplique du film la plus marquante était celle où je racontais que ma famille mangeait de la tourtière pendant les fêtes, que je me souvenais avoir réveillonné après une messe de minuit et que la veille même, mes parents m'avaient battu à plate couture à un jeu de pichenotte. J'ai ajouté que j'allais régulièrement à l'école avec des sandwichs au gorton et j'ai même précisé que, pour nous, lorsque nous étions plus jeunes, cela s'écrivait « gorton », et non « creton », comme on le voit habituellement au Québec. Pour ceux qui n'en sont pas originaires, le gorton (ou cretons) est une tartinade à base de viande généralement servie sur du pain blanc ordinaire ou du pain grillé, qu'on agrémente de moutarde jaune classique. Une des membres de l'équipe m'a avoué que ce passage lui donnait des frissons à chaque fois qu'elle l'écoutait, car cela lui rappelait des souvenirs de son enfance. Elle n'aurait jamais pensé qu'il existe aux États-Unis des anglophones partageant les mêmes expériences.

Je pourrais en écrire bien plus sur ma vie au Québec. Je me rappelle distinctement qu'au cours du trajet pour rentrer à Manchester à la fin de mon séjour, j'ai songé à quel point j'aurais aimé que d'autres personnes puissent vivre ce que j'avais vécu. Je suis convaincu que quiconque aurait la possibilité d'étudier le français au Québec pendant six mois reviendrait animé d'un puissant désir de continuer à participer aux activités franco-américaines. Partant de cette conviction, j'ai créé une organisation à but non lucratif nommée Héritage Corp.

Héritage Corp existe pour offrir à d'autres la même opportunité que j'ai eue d'étudier au Québec pendant six mois. Nous collectons actuellement des fonds pour concrétiser ce projet. Le conseil d'administration de cette organisation à but non lucratif officielle compte Mike, Tim Beaulieu, Melody Dejardin et Mark Belluardo ; toutes ces personnes fantastiques dont j'ai parlé dans le premier livre ont donné de leur temps pour contribuer à notre histoire. J'attends avec grande impatience le jour à partir duquel, chaque année, je serai certain qu'il y aura au Québec des Franco-Américains motivés à apprendre la langue et la culture de leurs ancêtres.

Je travaille actuellement comme procureur à la Cour supérieure de Manchester et j'adore mon travail. À chaque fois, c'est un immense honneur pour moi de me tenir derrière le banc du tribunal et de prononcer les mots suivants : « Jesse Martineau, pour l'État, votre honneur. » Cependant, travailler à temps plein sur Héritage me passionnerait. *C'est mon rêve*[248].

Comme je l'ai fait dans le premier livre, j'aimerais à présent laisser la parole à ma sœur, Monique Cairns.

Comme le temps passe vite ! Depuis le dernier livre, j'ai « grandi » de bien des façons. En 2021, puis à nouveau en 2024, j'ai donné naissance à deux autres bébés. Au cours de cette année, j'ai animé un

---

[248] Ndt : en français dans le texte.

atelier à l'Université du Sud du New Hampshire (mon lieu de travail) sur l'importance de la culture française et son influence sur les pratiques relatives à la diversité, à l'équité et à l'inclusion à l'école. J'ai également offert aux élèves de mon cours de danse la possibilité de se produire au PoutineFest du New Hampshire et du Maine, et j'ai organisé un voyage pour visiter la ville de Québec et monter un spectacle.

Comme mentionné dans mon précédent chapitre, ayant grandi en portant le nom Monique Martineau, il était évident que je venais d'une famille française. Lorsque j'ai épousé mon mari, j'ai eu le sentiment qu'une partie de cette identité ne serait pas transmise à mes enfants. Il était essentiel pour moi de faire en sorte qu'ils partagent toujours la même identité que la mienne, qui me suit depuis si longtemps. Il nous a été difficile de choisir le prénom de notre première fille. C'est tellement dur de nommer un enfant ! Quelle pression ! Nous nous sommes mis d'accord sur le prénom Aimée. La tante de mon mari s'appelle Amy ; c'était donc une belle manière de rendre hommage à leur relation et d'honorer mon souhait de donner un prénom français. C'est un prénom unique, mais je n'oublierai jamais le premier jour où je l'ai amenée à la crèche. J'avais emporté son sac, sur lequel son prénom était brodé. Une des mères qui déposait son enfant à l'école m'a interpellée. Elle était toute contente. Elle s'appelait Aimée et fut encore plus enthousiaste quand elle vit que nous avions gardé l'accent ! Cela a réaffirmé l'importance de conserver cette identité française et le fait que, grâce à ces expériences, notre petite fille n'oubliera jamais à quel point elle est spéciale.

Notre dernier bébé a rejoint la famille en 2024. Nous étions surexcités en découvrant que nous allions avoir une autre petite fille. Puis, la pression est revenue. LES PRÉNOMS ! Mon mari et moi avons longuement débattu. Il soutient pleinement mon souhait de transmettre des prénoms français. Il sait que cela compte beaucoup pour moi. Nous avons décidé d'appeler notre bébé Éloïse. Nous avons aussi choisi Irène comme deuxième prénom. Irène était le nom de ma Mémère ; j'en ai parlé dans le livre précédent. Elle a joué un rôle si essentiel dans mon éducation que j'ai voulu lui rendre hommage. Nous adorons le prénom Éloïse, et j'étais ravie d'avoir choisi un autre prénom français unique, du moins c'est ce que je croyais. La deuxième semaine, j'ai emmené Éloïse à la crèche et une autre famille déposait leur fille pour la première fois. Comment s'appelait-elle, me demanderez-vous ? ÉLOÏSE ! Quelles étaient les probabilités ?!?! Deux bébés s'appelant Éloïse, nés à presque un mois d'écart, étaient dans la même classe ! J'ai trouvé cela super ; cela montre que nous sommes fortement attachés à la culture et aux noms français. Depuis ce jour, notre bébé est Éloïse C. Il y a aussi une Éloïse L. dans sa classe !

Même si ma famille est ma priorité numéro une, ainsi que mon intérêt pour la culture et l'héritage français, depuis le dernier livre, j'ai eu plusieurs autres opportunités de partager mes expériences avec autrui. L'Université du Sud du New Hampshire est engagée en faveur de la diversité, de l'équité et de l'inclusion (DEI) dans l'éducation et la formation. On m'a demandé d'animer un atelier pour un groupe de directeurs sur ce que signifie être franco-américain. J'ai rencontré un groupe d'une dizaine de participants pour discuter de mon parcours et de l'influence que mon identité franco-américaine pourrait avoir sur nos apprenants. Cela a permis d'ouvrir de nombreuses discussions constructives sur les expériences linguistiques et de nous motiver à acquérir une meilleure conscience culturelle dans l'intérêt de tous les étudiants. Le moment le plus mémorable de l'atelier fut le témoignage d'un des directeurs. Il racontait avoir grandi sans vraiment connaître sa culture ni son identité. Puis, il a mentionné le fait que quelqu'un lui avait recommandé le podcast de mon frère Jesse (*The French Canadian Legacy*) comme quelque chose qui pourrait l'intéresser. Il a dit qu'écouter ce podcast lui avait procuré un sentiment d'affirmation identitaire incroyablement puissant. Cela lui avait montré qu'il venait d'une culture forte et lui avait donné envie d'en apprendre davantage. L'héritage perdure !

En dehors du travail et de ma famille, mon autre passion est mon studio de danse. Je suis l'heureuse propriétaire du Northern Explosion Dance Studio à Sanford, dans le Maine. Nous proposons tous types de cours de danse, mais nous nous concentrons principalement sur le clogging. Le clogging est surtout associé à la danse folklorique des Appalaches, mais il intègre également des pas de danse irlandaise et canadienne. Cela fait maintenant plusieurs années que j'ai l'occasion de faire participer mes élèves au *PoutineFest* du New Hampshire et, depuis l'année dernière, du Maine. Cela permet à mes élèves de montrer leurs compétences et d'en apprendre davantage sur la culture et l'héritage français. Je suis aussi très emballée, car j'emmène un groupe d'élèves faire un spectacle à Québec en juin ! Quelle expérience ! Ils pourront dévoiler leur talent aux Canadiens tout en s'imprégnant des paysages et de l'histoire de la ville. Nous avons programmé nos spectacles et nos excursions de façon à faire découvrir le Québec à mes élèves de danse. Je suis très heureuse de pouvoir partager cela avec eux.

Les trois dernières années sont passées à toute vitesse. Voir mes enfants grandir et devenir de petites personnes a été une bénédiction et la plus grande joie de ma vie. Je suis heureuse de continuer à partager avec eux l'importance de notre histoire et la beauté de la culture. Nous avons emmené les deux aînés à Québec et j'ai hâte d'emmener mes trois enfants au Canada l'année prochaine. Je pense qu'il est essentiel pour eux de connaître leur histoire et de découvrir les origines de leur famille. Répandre la joie et partager le passé sont ma façon de faire perdurer cet héritage !

Je rends la parole à Jesse pour le dernier paragraphe.

Nos parents ont donné quelques interviews dans lesquelles ils avouent se sentir responsables du fait que nous ne parlons pas français. Mais si vous y réfléchissez, ma sœur et moi sommes les petits-enfants d'un immigrant qui a grandi dans une ferme du Québec rural. Nous sommes également les petits-enfants d'un couple qui s'est rencontré en travaillant dans une usine textile à Manchester. En deux générations, notre famille est passée du travail dans les fermes et les usines à la vie que ma sœur et moi menons. Je suis procureur et j'ai monté une organisation à but non lucratif. Monique a un master et sa propre entreprise. Elle a trois enfants géniaux et mes parents et moi leur rendons régulièrement visite dans le Maine. Son aîné, mon p'tit gars Ben, nommé après mon père, demande toujours à aller « dans le New Hampshire », chez mes parents. Le fort lien qu'il entretient avec notre famille et notre héritage est rendu possible grâce à nos formidables parents et grands-parents qui ont énormément sacrifié pour nous. Quand j'y pense, si je pouvais remonter le temps et faire voir à mes grands-parents, lorsqu'ils étaient jeunes adultes, la vie que mèneraient un jour leurs petits-enfants, ils auraient vu cela comme un rêve. *Un rêve*. C'est véritablement *Notre Rêve Américain*.

22. La valeur de la synergie interculturelle française
Franck Mounier

« *Pardon my French!*[249] », c'est l'une des premières expressions qui m'ont surpris lorsque je suis arrivé aux États-Unis en tant que francophone natif. Cette simple phrase m'a fait comprendre combien les perceptions culturelles pouvaient être déformées et a mis en évidence les défis de la communication interculturelle. C'était il y a vingt-deux ans, lorsque je suis arrivé pour la première fois en Amérique.

Le défi de la rencontre interculturelle

Quand quelqu'un a sans cesse fait et refait la même chose au cours de sa vie et a vu ses proches faire de même, non seulement cette chose devient naturelle quand on y pense, mais elle devient aussi la façon de faire, la norme, qui se transforme rapidement en « c'est la seule façon de faire », et toute déviation est perçue négativement, créant un sentiment de malaise.

Par exemple, si une personne venant d'un pays où les gens sont très tactiles initie spontanément un contact physique avec une personne venant d'un pays où cela est rare, elle sera considérée comme agressive, intrusive, voire violente, même en ayant les meilleures intentions. Une personne venant d'un pays où la population est peu tactile et qui éviterait tout contact physique avec autrui dans un pays « très tactile » s'isolerait et serait considérée comme froide, presque asociale ou misanthrope. Ces exemples sont courants et faciles à repérer. Cependant, d'innombrables autres différences culturelles subtiles créeront un décalage dont, la plupart du temps, un nouvel arrivant dans

---

[249] Ndt : Littéralement « Excusez mon français ! », cette expression est employée par les anglophones pour s'excuser de dire des grossièretés.

un pays étranger n'aura pas conscience, ce qui lui posera des difficultés lorsqu'il tentera de s'intégrer dans la communauté locale.

Dans la plupart des cas, il ne s'agit pas de savoir qui a raison et qui a tort ; nous faisons simplement les choses différemment, ce qui peut provoquer des réactions allant d'un sourire tolérant à une agression physique. En tant qu'étranger, il est très facile d'être rejeté et la responsabilité en est souvent partagée : le manque d'observation et d'ouverture d'esprit du nouvel arrivant à l'égard des différences culturelles, et le manque de tolérance et d'ouverture d'esprit de la population locale du pays d'accueil.

Comment surmonter ces défis :
La nécessité de l'échange et de l'ouverture

Alors, comment faire pour surmonter ces défis ? J'ai vécu dans cinq pays sur quatre continents et ai visité de nombreux autres pays, et j'ai réalisé que les gens voient les mêmes choses d'un œil très différent. Toutes ces approches ont leurs propres mérites et elles fonctionnent toutes bien, chacune à leur façon. Aucun pays ne pourrait échouer de manière systématique en quoi que ce soit ; c'est la preuve que chaque approche fonctionne bien !

Être exposé à ces approches m'a apporté à la fois enrichissement et épanouissement. Elles m'ont offert de multiples options pour atteindre les mêmes objectifs tout en stimulant ma créativité, en m'exposant à diverses façons de penser et en me poussant à aborder de nouvelles idées en gardant l'esprit ouvert. Cette diversité de perspectives est le type de richesse que les étrangers peuvent apporter à un pays : offrir un point de vue différent.

Mais cela nécessite une approche critique ; se dire « je fais le premier pas ». Lorsqu'on emménage dans un pays étranger, la première étape est de s'adapter, de comprendre les codes et les règles, et de s'ouvrir à un mode de vie différent. Mais alors, qu'est-ce qu'un Français peut apporter à un pays comme les États-Unis ? Deux mots résument bien les Français, leur comportement, leurs aspirations et la façon dont on les perçoit : « l'esprit français ».

L'esprit français : définition

On pourrait décrire l'esprit français comme un triangle dont chaque sommet semble tirer dans sa propre direction, ce qui déforme ce triangle et révèle ainsi quelques contradictions :

- L'esprit critique : c'est le pays de Descartes. Oui, les Français adorent débattre. À votre avis, quelle est l'activité préférée des Français ? C'est de discuter avec leurs amis et leur famille ! En conséquence (ou bien en est-ce la cause ?), la France compte de nombreux philosophes et les Français aiment organiser leurs pensées et explorer des concepts abstraits. De ce fait, ils excellent à élaborer des stratégies. Ils aiment aussi compter, mesurer et classifier : Binet fut le premier au monde à créer une mesure et à s'en servir pour évaluer le QI ; Escoffier fut le tout premier à définir la façon dont une cuisine professionnelle doit être organisée ; et Michelin fut le premier à évaluer la qualité des restaurants. Et comme ils aiment compter, ils sont heureux d'être à la première place et s'en vantent volontiers !
- L'hédonisme : les Français ont tendance à rechercher le plaisir, la jouissance et le raffinement ; ils sont très ouverts et ont soif de culture, d'art, de poésie et de gastronomie, et exigent à la fois une grande qualité, de la diversité et de l'originalité ; c'est ce qu'on appelle « l'art de vivre ». C'est comme s'ils étaient en compétition permanente pour savoir qui trouvera la nouveauté la plus surprenante et la plus élaborée à partager avec leurs amis.
- L'esprit rebelle : ce point est le plus difficile à comprendre, car il s'agit à la fois d'un processus de construction et de destruction. Les Français vivent entre l'ordre et le désordre, jouent avec des idées opposées, protestent rapidement et massivement lorsqu'ils ne sont pas d'accord, tout en recherchant l'unité. Personne ne comprend vraiment ce concept, pas même les Français, mais ils y adhèrent et lui ont donné un nom en référence à leurs ancêtres : l'esprit gaulois.

Bien sûr, on pourrait critiquer cette définition en disant qu'elle décrit mal l'esprit français, et cette critique fait partie intégrante de celui-ci !

Voici un exemple très parlant et relativement récent pour illustrer l'esprit français : la cérémonie d'ouverture des Jeux olympiques à Paris en juillet 2024. Leur esprit rebelle ne pouvait pas tolérer que les Français aient une cérémonie d'ouverture comme les autres ; elle devait être différente et meilleure. Et c'est là que l'hédonisme joue un rôle majeur. Le directeur artistique de la cérémonie a utilisé Paris, la ville de l'amour, comme scène. Au lieu de faire défiler les athlètes dans un stade comme cela se fait habituellement, on leur a demandé de monter sur des bateaux et ils ont navigué le long de la Seine, à travers le sublime décor de la Ville Lumière : la tour Eiffel, la place de la Concorde, de superbes ponts et de nombreux monuments historiques.

L'esprit critique refusait de faire les choses de manière simple ou linéaire ; il fallait mêler histoire et modernité, tradition et innovation, héros du passé et réalités sociétales d'aujourd'hui. Lors du magnifique acte final, les derniers porteurs de la flamme olympique ont embrasé une vasque qui fut lentement soulevée dans les airs par une montgolfière, une invention des frères Montgolfier, pionniers français de l'aviation, tandis que Céline Dion interprétait à merveille L'Hymne à l'amour d'Édith Piaf. C'était un moment inégalable, et les Français veulent croire qu'il restera inégalé !

Grâce à cette compréhension de la mentalité française et de ses nombreuses caractéristiques culturelles distinctives, il est facile d'imaginer les défis majeurs auxquels un Français doit faire face pour s'adapter à un pays aussi important que les États-Unis d'Amérique. Et puis, à part s'adapter, de quelle façon un Français pourrait-il donc apporter une valeur ajoutée ?

La valeur ajoutée française :
Comment j'ai tiré parti des forces en présence
selon une approche synergique

Examinons trois aspects différents à travers quelques exemples : l'histoire, l'étoffement des connaissances et la complémentarité.

   – L'histoire : quelques exemples de l'influence française

Le roi français Louis XVI a donné son nom, Bourbon, à un comté et finalement au whisky américain le plus célèbre, qui ne peut être produit qu'aux États-Unis. Le bourbon fait partie de la culture américaine. Ainsi, chaque fois que quelqu'un prononce le nom de cette boisson américaine iconique, il parle français ! Avez-vous déjà dégusté un cocktail Sazerac ? Il a été inventé par un pharmacien français à La Nouvelle-Orléans, en Louisiane, et, à l'origine, le spiritueux utilisé dans la recette était du cognac de la maison Sazerac en France. Le nom d'Émile Coué n'est plus connu de nos jours. Pourtant, il est certain que sa méthode de pensée positive, très populaire dans les années 1920 aux États-Unis, a grandement contribué à la fantastique mentalité positive américaine.

   – L'étoffement des connaissances : l'exemple de mon enseignement des spiritueux

Je mène une activité d'enseignement des spiritueux à travers les États-Unis. Bien entendu, j'enseigne et je fais découvrir aux palais américains les spiritueux français : le calvados, le cognac, l'armagnac, et même le rhum français (rhum agricole) ou le whisky français. Je prends un immense plaisir à transmettre ce savoir et à partager ma passion avec les milliers de participants qui assistent à mes cours. La plupart d'entre eux boivent déjà du bourbon, du whisky américain, du scotch ou du whisky irlandais, mais très peu connaissent les spiritueux français, malgré leur grande qualité.

Ma mission est d'éduquer leur nez et leur palais et de les aider à analyser leurs stimuli sensoriels pour mieux apprécier ce qui leur est proposé. Grâce à mon accompagnement et aux différentes expressions que nous découvrons ensemble, ils développent peu à peu leur sens gustatif et deviennent plus ouverts et plus réceptifs aux différents styles. Étant d'origine française, je suis très fier d'offrir la possibilité de déguster ces précieux liquides français, qui proviennent directement des terroirs locaux, et je suis comblé de joie lorsque je vois que les élèves les apprécient. Pour rendre l'expérience plus agréable, je fais en sorte que l'atmosphère soit très détendue et je tourne toujours mon accent en dérision ; c'est une bonne façon de les faire rire et de les faire voyager dans le style français !

- La complémentarité : l'exemple de mon leadership au sein de Mensa

Les deux cultures peuvent apprendre l'une de l'autre. La mentalité américaine est très orientée vers l'action ; c'est l'une des principales raisons pour lesquelles je suis venu ici. La première chose que m'a dite mon professeur américain en interculturalité avant mon arrivée était cet exemple : « Êtes-vous prêts ? 3, 2, 1, feu ! Oups, mauvaise cible ; tirez à nouveau ». C'est drôle et à des années-lumière de la mentalité française, mais suivre la méthode essai-erreur ne fonctionne pas trop mal. Les Français sont très doués en stratégie, privilégiant les actions les plus efficaces afin de concentrer les ressources et les efforts sur le retour sur investissement le plus rentable. On peut aussi rire de cet aspect : parfois, les gens veulent rendre la stratégie « si parfaite » qu'ils y consacrent tout leur temps et qu'il ne leur en reste plus pour passer à l'action. Imaginez un contexte dans lequel un Français fournit le cadre de travail stratégique pendant qu'un Américain se concentre sur la mise en exécution orientée vers l'action. Cette combinaison donnerait lieu à une collaboration très efficace, qui pourrait produire des résultats inouïs. Tel est le pouvoir de la complémentarité, dont l'impact est incroyable. J'aimerais illustrer cela par une autre expérience personnelle.

L'association Mensa Northern New Jersey :
L'exemple du leadership et de la complémentarité

Vous avez peut-être entendu parler de Mensa, l'association de personnes à haut QI. Il n'y a que deux conditions pour en faire partie : avoir un quotient intellectuel (QI) classé au minimum au 98e percentile (les 2 % les plus élevés de la population) et payer l'adhésion. J'ai été admis à Mensa il y a longtemps et je suis devenu membre, mais ce n'est qu'en 2017 que j'ai commencé à m'impliquer davantage dans mon groupe local au nord du New Jersey. Je suis devenu la personne qui faisait passer les tests d'admission dans un groupe qui était complètement inactif ; un jour, notre président décéda de manière inattendue. À cette époque, notre groupe, parmi les 130 que compte Mensa aux États-Unis, était au point mort depuis au moins dix ans. Il n'y avait aucun événement à part un pique-nique annuel au succès modeste, aucune activité et aucune énergie. Personne n'était nécessairement à blâmer ; c'était simplement l'évolution naturelle d'une entité qui était autrefois très dynamique dans les années 80 et qui s'était lentement essoufflée. À ma grande surprise, comme j'étais le membre le plus récent de l'équipe, les deux autres dirigeants m'ont désigné pour assurer la relève. Je n'avais pas prévu de diriger notre branche, mais comme il n'y avait personne d'autre pour le faire, j'ai accepté le défi. J'ai pris mes fonctions à la fin du mois de juin 2020. Cette date vous rappelle-t-elle quelque chose ? Oui, c'était à peine trois mois après le début du confinement dû à la pandémie. Qui plus est, l'un des deux autres dirigeants décida de démissionner et le dernier, le trésorier, accepta de rester, mais il était tellement investi dans son travail qu'il ne pouvait accomplir que la tâche administrative consistant à préparer les rapports trimestriels, ce qui n'était pas très compliqué puisque nous ne faisions rien. Disons que ce n'était pas exactement le meilleur commencement possible. Moins de quatre ans plus tard, ce groupe a été cité comme l'un des plus dynamiques des États-Unis ! Nous avons remporté trois Diamond Awards consécutifs, un prix national que Mensa attribue au meilleur groupe dans une catégorie d'effectifs donnée selon 30 paramètres ; le troisième trophée était encore plus gratifiant, car nous étions le meilleur groupe toutes catégories confondues, surpassant ceux qui comptaient jusqu'à trois fois plus de membres que nous.

Nous avons non seulement réussi à l'échelle locale, mais un grand nombre de nos accomplissements ont également eu un impact à l'échelle nationale : nous avons organisé, le temps d'un week-end, la toute première rencontre des jeunes Mensans de l'histoire de la Mensa américaine, accueillant près de 180 enfants surdoués et leurs parents venus des quatre coins des États-Unis ; réinstauré une rencontre régionale annuelle qui n'avait pas eu lieu dans le groupe depuis 30 ans ; redressé nos finances, passant de pertes annuelles à d'importants bénéfices ; organisé de nombreux événements ; nous avons travaillé en partenariat avec des villes locales sur quelques projets ; créé un programme d'admission en formant de nouveaux volontaires pour faire passer les tests d'admission, un coordinateur d'examen et des sessions mensuelles qui restent inégalées à ce jour ; et bien plus encore. Comment ce Français a-t-il pu initier un changement aussi radical en si peu de temps ?

La réponse réside dans les différences culturelles qui, lorsqu'elles sont utilisées de manière synergique, peuvent exercer une puissante influence. J'ai combiné toutes les différentes forces autour de moi de manière collaborative. Mes atouts ? Bien entendu, mon expérience professionnelle de la direction d'équipes a joué un rôle, mais l'aspect culturel a été le plus déterminant. J'avais en tête l'ébauche d'une vision, d'une stratégie, d'un plan, ainsi qu'une forte volonté de réussir. J'ai tiré parti de l'absence totale d'histoire récente dans notre groupe pour le reconstruire à partir de zéro en adoptant un état d'esprit entrepreneurial, limitant autant que possible les contraintes du cadre existant ; c'est ça, l'esprit français !

La première chose à faire était de conserver et de chérir mes atouts. Ils étaient faibles, mais sans eux, je me serais retrouvé dans une situation encore plus difficile : le trésorier était complètement submergé, mais sans lui, je n'aurais officiellement plus été capable de soutenir notre groupe ; la rédactrice en chef de notre newsletter avait déménagé en Floride et était très occupée par ses études : en l'absence de newsletter, la dissolution d'un groupe est envisagée. Voyant mon enthousiasme, mon énergie et ma détermination, ils ont tous deux accepté de faire le strict minimum, ce qui me suffisait, et je me suis montré très reconnaissant et patient à leur égard.

La deuxième chose était de trouver des personnes qui aideraient à gérer notre groupe. Je voulais trouver des personnes vraiment intéressées par la reconstruction de notre groupe. Où les trouver ? Eh bien, j'ai ciblé le seul groupe qui, selon moi, pouvait répondre à cette exigence : les parents d'enfants Mensans. Il n'est pas facile d'avoir des enfants surdoués à la maison ; ils sont exigeants et parfois frustrés par les lacunes qu'ils perçoivent chez les autres, y compris chez les enseignants, et leur frustration ne s'exprime parfois pas de la meilleure manière. Les parents doivent répondre à leurs besoins d'une façon ou d'une autre afin qu'ils puissent rencontrer d'autres enfants comme eux ou être exposés à des personnes partageant les mêmes idées. Trois parents figuraient sur la liste comme s'étant déjà impliqués dans notre groupe à un moment donné, alors je les ai contactés. Deux n'ont pas répondu, et un a accepté. Nous avons commencé tous les deux et, bien sûr, nous nous sommes en priorité concentrés sur les enfants en termes d'activités.

La troisième chose était de mobiliser les membres et de dynamiser notre groupe en envoyant des courriels à tous, ainsi que la newsletter. Cette dernière était initialement brève et ennuyeuse et ne comprenait aucune information pertinente. J'ai commencé à rédiger une rubrique pour montrer ce qui se passait et interpeller les membres, et j'ai fait la promotion de tout ce que nous faisions en long et en large. C'est ainsi que les gens ont commencé à s'intéresser à notre groupe, un par un.

Je voulais inaugurer la relance des activités de notre groupe et, en pleine pandémie, la seule option était de faire un rassemblement en ligne. Le samedi 22 août 2020, à peine deux mois après ma prise de fonctions, nous avons organisé une réunion régionale virtuelle avec un programme complet et trois ateliers ! Un atelier de quatre heures pour les enfants, commençant par un déjeuner ensemble et animé par un jeune membre de Mensa, puis par des intervenants (un professeur d'origami, un expert en sciences, un expert en technologie vidéo, etc.), suivi de l'atelier « pique-nique », ouvert à tous les enfants et les adultes, où j'ai présenté la vision de la branche, donné la parole à quelques volontaires et échangé avec tous les participants. Le reste était réservé aux adultes, avec des jeux, des apéritifs et d'autres sessions. Au fait, quelle était cette vision ? Eh bien, ce n'était pas une vision, mais plutôt une ligne directrice ou une inspiration ; elle devait être très simple, et je l'ai résumée en un seul mot : connexion. Établir des connexions, développer des connexions et créer des opportunités de nous connecter. C'était suffisant pour le moment et les gens l'ont compris.

L'événement fut un énorme succès et tout le monde en a profité. Six ou sept personnes y ont contribué, et elles étaient toutes fières de cette réussite. Elles s'étaient toutes investies pour y parvenir : trois parents, un adolescent et quelques adultes. Nous avons réfléchi ensemble au nom de notre réunion et nous nous sommes mis d'accord sur BLAST!, qui exprime l'idée d'un nouveau big bang pour notre groupe. Il était intéressant de constater qu'à partir du moment où le nom fut choisi, notre niveau d'énergie a augmenté et n'a jamais rediminué. Nous avions tous besoin d'un objectif commun et nous voulions que BLAST! connaisse un succès explosif ! L'une des mères a demandé à son mari graphiste de créer une affiche ; le résultat était génial et nous l'utilisons toujours ! Un autre bénévole a demandé à quelqu'un d'une autre branche d'être le maître des jeux, et ainsi de suite. Nous avons tous construit cette réunion ensemble et tout le monde y a pris plaisir.

Comment puis-je savoir si les gens étaient motivés ou non ? C'est très simple : il faut les inspirer sans les pousser. Ce sont eux qui décident ce qu'ils veulent faire et ce qu'ils ne veulent pas faire. Nous avons un projet spécifique, et nous en définissons la forme et le contenu ensemble. Comme il s'agit d'un effort collaboratif, le projet appartient à tout le monde. Et comme le projet appartient à tout le monde, tout le monde veut qu'il réussisse et n'hésitera pas à tout donner pour qu'il fonctionne.

Arrêtons-nous ici un instant : la synergie culturelle a fonctionné à merveille. Je n'aurais rien pu accomplir sans ces personnes qui agissaient à leur manière, d'une manière qui leur semblait évidente et efficace, mais que je ne pouvais pas comprendre. Elles n'auraient pas pu y arriver sans moi. J'étais comme le catalyseur ou l'enzyme qui rendait tout cela possible, dans la bonne humeur. Nous étions tous complémentaires et nous avions le sentiment d'être tous différents, comme les pièces d'un puzzle. Ok, c'était super ; tout le monde était heureux, mais quelle serait la suite ?

Mobiliser l'équipe sur un projet tel que ce rassemblement régional était un objectif à court terme et cela répondait aux attentes des membres. Mais sur le long terme, nous ne pouvions pas passer d'un projet à l'autre ; les gens se désintéresseraient rapidement. Nous avions donc besoin d'une motivation plus profonde, d'une vision collective qui pourrait nous pousser vers l'avenir. Quelles étaient les choses qui tenaient le plus à cœur à notre petite équipe de dirigeants ?

J'ai organisé un exercice de remue-méninges en équipe. Nous étions en septembre 2020 et je n'ai posé qu'une seule question : « Imaginez que nous sommes l'année prochaine, le 31 décembre 2021 ; décrivez ce qui s'est passé et ce dont vous êtes fiers. » J'ai appelé cet exercice « peindre le tableau idéal ». Tous ont librement écrit quelques courtes phrases sur les accomplissements qui les rendraient fiers. Il y en avait une quinzaine dispersées sur l'écran. Ensuite, chaque participant a reçu 10 jetons à attribuer aux accomplissements qu'il estimait être les plus importants à ses yeux ; chacun pouvait attribuer plusieurs jetons à la même idée. Nous avons sélectionné les thèmes ayant reçu le plus de votes et les avons regroupés par catégories. Nous en avons identifié quatre, qui sont devenus les quatre piliers stratégiques ou lignes directrices clés. Pour chaque pilier, nous avons mis au point un plan d'action simple afin de nous aider à atteindre les objectifs que nous avions définis. Au total, cela nous a pris moins de quatre heures ! Le temps des bénévoles est une ressource précieuse qui doit être utilisée judicieusement.

De tous les plans sur lesquels j'ai travaillé, ce premier plan était le plus sommaire. Pourtant, il s'est révélé très satisfaisant. Tout le monde savait quoi faire, comment contribuer, pourquoi nous travaillions dessus et quel était notre objectif. C'était le plan de tout le monde, alors tout le monde voulait qu'il réussisse. Depuis, nous avons amélioré la qualité de nos plans et, par conséquent, nos résultats se sont également améliorés.

Ce progrès a marqué une nouvelle étape dans notre synergie culturelle. Le succès de notre premier projet a instauré une confiance mutuelle et renforcé notre assurance. Les membres de mon équipe me considéraient comme un leader et appréciaient mes différences culturelles, qu'ils voyaient comme un atout pour la réussite de notre équipe. En parallèle, ils procédaient naturellement d'une manière que j'aurais moi-même eu du mal à reproduire. Grâce à cette dynamique, beaucoup de personnes ont eu envie de se joindre à nos efforts.

Nous avons décidé de faire une refonte de notre site web et 10 membres se sont portés volontaires, dont quatre jeunes Mensans. Nous avons revu l'organisation de notre pique-nique, auquel 90 personnes ont participé. Notre newsletter faisait souvent plus de 30 pages et nous avons ajouté du contenu tout en réduisant les coûts. Les gens me témoignent leur reconnaissance de différentes manières, mais ce qui me touche le plus, c'est quand nous nous rencontrons et qu'ils me disent quelques mots en français. Ils sont heureux de dire « bonjour », « au revoir » ou « merci », et certains vont même plus loin. Cette attention me touche, car elle semble dire : « J'apprécie votre différence de manière positive ».

La quête de l'héritage

Et si ce n'était qu'un minuscule contretemps dans l'histoire de Mensa ? Et si le cours naturel de la vie et le comportement de chacun revenaient comme avant et plongeaient peu à peu le groupe dans une nouvelle torpeur ? C'est précisément ce sur quoi je travaille : passer le flambeau, ne pas le garder. En décembre, j'ai déclaré à notre comité exécutif que je souhaitais me retirer de mon poste le 1er juillet 2024. J'ai expliqué que mon influence et mon travail ne représenteraient presque rien si la branche déclinait après mon départ et j'avais le sentiment que le groupe était prêt à prendre la relève. Entre-temps, j'ai annoncé ma candidature au poste de directeur au sein du conseil d'administration de la Mensa américaine, qui inclut également le poste de vice-président régional pour la région Nord-Est. Ces deux postes sont soumis à une élection et je me présentais contre le titulaire, qui bénéficie traditionnellement d'un avantage décisif et gagne presque toujours.

Ainsi, cela signifiait qu'au 1er juillet 2024, soit je ferais partie du conseil d'administration national, soit je serais un simple membre. J'ai formé un petit groupe de travail avec quelques dirigeants pour préparer ma succession. Nous avons mis environ six mois à élaborer un plan et à former mon successeur. Il est encore trop tôt pour se prononcer, mais ce que j'observe après trois mois semble prometteur. J'aurai le sentiment que ma mission est accomplie lorsque nous aurons vu que le groupe continue à prospérer. Je suis désormais membre du conseil d'administration de la Mensa américaine, à la tête de la région Nord-Est, et je découvre ses 12 groupes et ses 5 000 membres. Je vois un grand nombre d'opportunités et de personnes formidables. Outre la taille de cette région, l'une des principales différences est que les dirigeants sont déjà en place et suivent leur processus, ce qui est assez éloigné de la branche que j'ai reconstruite à partir de rien. Je mettrai plus de temps à apporter ma valeur ajoutée. Cela dit, je suis très enthousiaste à l'idée d'avoir une nouvelle opportunité de faire une différence plus grande encore grâce à mon approche synergique culturelle.

Conclusion : l'échange ; les liens

En conclusion, la diversité culturelle est une richesse que nous devons chérir et utiliser pour nous améliorer, nous montrer plus ouverts et plus performants. La culture française est singulière et sans pareille, et son utilisation appropriée et synergique peut faire une différence positive considérable. J'en ai fait l'expérience avec les personnes qui m'entourent, ce qui a créé une valeur ajoutée dont nous avons tous bénéficié.

Quand j'ai entendu l'expression « *pardon my French* », j'ai appris qu'elle signifiait être faussement désolé d'utiliser un mot pouvant être considéré comme offensant, ce qui n'est pas vraiment flatteur pour les Français. Mais j'ai choisi de l'employer à mon avantage. Chaque fois que je l'entendais, je prenais mon plus fort accent français et je disais : « Mais ce n'est pas du français ! ». Rires garantis à chaque fois ! On peut très bien montrer une différence si cela crée un meilleur environnement. Mais, connaissant toute l'influence positive que les Français ont eue sur les États-Unis, pourquoi ne pas créer une nouvelle expression qui mettrait en valeur ces bienfaits ? Ainsi, à partir de maintenant, lorsque quelqu'un mentionnera les connaissances culturelles françaises qui lui sont utiles, pourquoi ne pas ponctuer sa phrase par « *Bless my French!* » (« Béni soit mon français ! ») ?

23. Penser en termes de possibilités : le rôle du financement externe dans la création et la préservation des programmes d'enseignement du français dans les universités aux États-Unis

Steven J. Sacco et Megan Diercks

Les programmes d'enseignement des langues sont confrontés à des défis sans précédent alors que nous approchons la fin du premier quart du XXIe siècle. Des centaines de programmes de français, de la maternelle au lycée, ont été supprimés. L'Université de Virginie-Occidentale est peut-être l'exemple le plus notable. Pour compliquer les choses, le linguiste mondialement connu et ancien étudiant en filière de français, John McWhorter, a publié un article dans *The New Republic* dans lequel il suggérait sarcastiquement « d'arrêter de prétendre que le français est une langue importante[250]. »

Nous ne pouvons pas contrôler les circonstances ou les conditions dans lesquelles nous vivons, mais nous pouvons contrôler notre façon d'y répondre. Cela nous pousse davantage à penser en termes de possibilités. Cela nous donne une chance de sauver nos programmes de français et, lorsque nous pensons en termes de possibilités, nos options deviennent illimitées. Le financement externe est l'une de ces options illimitées. Le financement externe, tel que les subventions, les dons et les contrats, a permis de préserver de nombreux programmes ; il en a rendu d'autres intouchables. Notre solution ne garantit pas à 100 % que les programmes de français seront maintenus et sécurisés, mais il y a de fortes chances que ce soit le cas. Avant de partager notre stratégie pour obtenir un financement externe, penser en termes de possibilités est une condition préalable à l'exploration d'options illimitées. « Impossible

---

[250] McWhorter, 2014, para. 1

n'est pas français » doit devenir notre mantra, comme l'a répété l'Empereur lors du Premier Empire[251].

Les bailleurs de fonds externes n'hésitent pas à soutenir « l'innovation disruptive », un terme inventé par Clayton M. Christensen. Dans un contexte éducatif, l'innovation disruptive fait référence à :

> Une approche innovante de l'apprentissage qui remet en question les modèles éducatifs traditionnels et cherche à créer de nouvelles méthodes plus efficaces pour enseigner aux individus. Elle rompt avec les méthodes conventionnelles et adopte les nouvelles technologies et les expériences d'apprentissage personnalisées afin de promouvoir la participation des étudiants et d'améliorer les résultats d'apprentissage[252].

Malgré la connotation négative du terme « disruptif » chez les enseignants tels que nous, il s'agit d'une « force positive » dans ce contexte[253].

Pour nous, enseignants de français, un exemple pertinent d'« innovation disruptive » nous ramène à Bonaparte et à son armée d'Italie en 1797. L'ennemi de Bonaparte, la gigantesque armée autrichienne, employait des stratégies et des tactiques de combat traditionnelles et conservatrices. L'armée autrichienne progressait laborieusement et manquait d'imagination. À l'inverse, la toute petite armée d'Italie de Bonaparte remportait bataille après bataille grâce à sa rapidité, sa polyvalence et sa flexibilité.

L'historien militaire Hidayat Rizvi[254] résume le commandement « disruptif » de Napoléon en un paragraphe :

> L'agilité stratégique était l'une des pierres angulaires du style de commandement de Napoléon, lui permettant de s'adapter aux circonstances changeantes et de saisir les opportunités. Il battait sans cesse des armées plus grandes et mieux établies que la

---

[251] laculturegenerale.com/impossible-est-pas-francais-origin
[252] smowl.net/en/blog/disruptive-education para. 3,4.
[253] Ibid, p. 11.
[254] Rizvi, 2024.

sienne grâce à des déploiements rapides et à la surprise stratégique, à sa volonté de prendre des risques et à sa capacité à réfléchir en dehors des normes conventionnelles de la guerre. Sa clairvoyance, sa capacité à inspirer, son courage et sa détermination ont été les moteurs de sa réussite[255].

Il n'est pas nécessaire d'essayer d'imiter Napoléon, mais nous pouvons adopter certaines de ses stratégies et tactiques qui répondent à notre situation actuelle. L'introduction de l'apprentissage virtuel à travers les continents par Deb Reisinger en est un exemple[256] ; le programme interdisciplinaire d'ingénierie et de français de l'Université de Rhode Island (URI) en est un autre. Sous la direction de l'auteur principal, le programme interdisciplinaire de commerce international de l'Université d'État de San Diego (SDSU) comptait 745 étudiants, dont 209 ne se spécialisaient pas en français. Reisinger, l'URI, la SDSU et bien d'autres que nous ne mentionnons pas ici ont usé de surprise stratégique, de clairvoyance et d'une volonté de prendre des risques ; ils ont remis en question les normes conventionnelles et ont voulu inspirer. Ils continuent de faire preuve de courage et de détermination. Ils ont tous le même état d'esprit : penser en termes de possibilités.

Malgré les sévères réductions budgétaires subies par les programmes de français, les programmes de l'URI et de la SDSU ne se sont jamais inquiétés du taux d'inscription et n'auront probablement jamais à le faire. Leur renommée nationale les protège des politiciens et des administrateurs qui interfèrent avec nos activités. L'URI et la SDSU sont parvenues à assurer leur sécurité, en grande partie grâce à des financements externes ; les mêmes opportunités de financement que nous partagerons dans les pages suivantes. Aucune des deux n'est membre de l'Ivy League ni ne fait partie du panthéon des universités d'élite. Si l'URI et la SDSU peuvent acquérir une renommée grâce à leurs programmes disruptifs, votre programme le peut aussi.

---

[255] para. 13, 25.
[256] Reisinger, 2022.

À la recherche des sous cachés

- Entreprendre une évaluation des besoins à l'échelle du département

La première étape pour établir un système de financement externe consiste à entreprendre une évaluation des besoins. Il s'agit d'un processus systématique permettant d'identifier et de décrire les conditions actuelles au sein d'un programme de français ou d'un département de langues étrangères. Nous préférons mener une analyse SWOT, qui est la méthode d'évaluation des besoins utilisée dans le monde des affaires, car elle catégorise systématiquement quatre conditions clés : les FORCES, les FAIBLESSES, les OPPORTUNITÉS et les MENACES d'une entreprise. Comme toute entreprise ou organisation, un programme de français ou un département de langues étrangères est confronté aux quatre mêmes conditions, en particulier aux menaces dans cette ère de « *West Virginisation* » (« Virginie-Occidentalisation »). Mieux un programme se connaît, plus il sera efficace dans la conception d'activités « disruptives » ou d'un programme « disruptif ».

Dans un contexte éducatif, l'analyse SWOT identifie les points forts et les points faibles d'un programme d'enseignement du français, ainsi que ses opportunités et ses menaces :

- Les forces : les caractéristiques du programme qui lui donnent un avantage par rapport aux autres,
- Les faiblesses : les caractéristiques qui désavantagent le programme par rapport aux autres,
- Les opportunités : les éléments de l'environnement que le programme pourrait exploiter à son avantage,
- Les menaces : les éléments de l'environnement qui pourraient nuire au programme de français ou le détruire[257].

Le corps enseignant du programme ou du département peut mener une analyse SWOT à une date qui lui convient ou lors d'une retraite sur un week-end. Nous recommandons de faire appel à un consultant pour

---

[257] Wikipedia: SWOT analysis.

diriger l'analyse SWOT en personne ou via Zoom. L'auteur principal, par exemple, mène des évaluations des besoins depuis plusieurs décennies. Ses clients incluent 80 écoles de commerce, des départements de langues étrangères, ainsi que les SEAL. Il intervient bénévolement en tant que consultant pour les programmes de français.

Prenons l'exemple des OPPORTUNITÉS. Est-ce que le programme ou le département collabore avec le corps enseignant d'écoles professionnelles ou de filières de sciences humaines ? Un partenariat avec un collègue en affaires ouvert sur le monde, un collègue spécialisé dans les études consacrées aux femmes ou un collègue spécialisé dans les sciences environnementales pourrait permettre de développer une filière interdisciplinaire « disruptive » combinant le français, les études des femmes et l'environnement durable. D'ailleurs, ces trois disciplines sont indispensables et très demandées en Afrique francophone, le « continent de l'avenir » selon le président français Emmanuel Macron [258] . Comme mentionné précédemment, le taux d'inscription à l'URI et à la SDSU affiche trois chiffres en raison de la popularité de leurs spécialisations interdisciplinaires.

Deuxièmement, dans la catégorie des OPPORTUNITÉS, le programme de français a-t-il envisagé la mise en place de partenariats avec des acteurs externes tels que des petites entreprises, des sociétés ou des organisations professionnelles de l'État, comme une chambre de commerce locale, le département du commerce ou le World Trade Center ? La chambre de commerce franco-américaine locale ou l'Alliance française ? Existe-t-il de petites entreprises qui souhaitent étendre leur activité à l'international ? Y a-t-il des entreprises ou des sociétés qui aimeraient améliorer leur visibilité mondiale grâce à une formation linguistique ou interculturelle ? Cela pourrait inclure, par exemple, le fait de sponsoriser un atelier intitulé « Faire des affaires en Afrique francophone » ou d'enseigner des langues sur le lieu de travail.

Le programme de français a-t-il établi des partenariats avec des organisations professionnelles pour répondre aux critères de subvention ? Le programme de français a-t-il fait appel à leurs conseils pour élaborer

---

[258] O'Mahony, 2019, para. 1.

des spécialisations ou des options orientées vers l'international ? Le programme de français a-t-il envoyé des stagiaires dans des petites ou grandes entreprises ? Cette coopération pourrait faire de votre programme de français un « laboratoire d'idées mondial » pour les acteurs externes intéressés par le monde francophone. Les liens étroits et avantageux que l'Université d'État de Boise entretient avec ces acteurs externes en sont un exemple[259].

Troisièmement, le programme de français a-t-il pleinement tiré profit des services de l'Association américaine des professeurs de français (AATF) ? L'AATF et ses organisations partenaires soutiennent les programmes de français à tous les niveaux. La Commission du *French for Specific Purposes* (français sur objectifs spécifiques, FSP) peut contribuer au développement de cours innovants qui correspondent aux spécialités et aux domaines de prédilection d'une université. Le programme de subventions de l'ambassade de France pour promouvoir le français dans l'enseignement supérieur permet aux enseignants des universités et des grandes écoles de faire une demande de financement pour innover, qu'il s'agisse de créer une formation FSP ou un autre nouveau cours, des ressources éducatives libres, ou de revoir la conception de cours existants autour d'un thème (DEI, environnement durable). Ces initiatives peuvent être prises comme modèle dans d'autres institutions.

La commission de l'enseignement supérieur (College and Universities Commission) encourage activement les étudiants (de premier cycle et au-delà) à participer à l'AATF. Les étudiants encadrés sont encouragés à soumettre des articles en vue d'une publication dans le National Bulletin, une première étape qui leur permettra ensuite de publier dans *The French Review*. L'AATF organise également des sessions d'affichage pour les étudiants dans le cadre de futures conférences et leur offre des tarifs réduits à l'inscription.

L'établissement promeut-il ses formations ou ses collaborations interdisciplinaires ou innovantes ? Publier un article sur ces innovations dans un catalogue de cours, dans *The French Review* ou le *National Bulletin*, peut attirer davantage d'attention positive sur le programme et

---

[259] Loughrin-Sacco, 1996

servir d'exemple à d'autres établissements. Les cours collaboratifs interdépartementaux peuvent être présentés lors d'un webinaire de la commission FSP ou de la College and Universities Commission. Collaborer avec d'autres départements renforce non seulement l'importance du français dans d'autres disciplines, mais peut également contribuer à garantir la pérennité du département de français.

L'établissement a-t-il soumis une demande auprès de l'AATF pour obtenir le statut « *Exemplary Program* » (programme exemplaire) ? Cette désignation par un organisme national externe (l'AATF) rehausse le statut d'un programme et lui confère un certain prestige, ce qui permet de souligner et de célébrer les réussites de l'établissement. À la connaissance de l'AATF, aucun programme ayant obtenu le statut *Exemplary Program* n'a jamais été supprimé.

Il est essentiel d'interagir avec les étudiants. L'établissement exploite-t-il les possibilités d'alignement vertical ? La fraternité/sororité Pi Delta Phi de l'université a-t-elle invité les branches locales de la Société Honoraire de Français à un événement commun, ou vice versa ? L'AATF dispose de modèles de courriels qui peuvent faciliter la communication entre les écoles et encourager l'organisation d'événements collectifs. Organiser des événements de l'AATF sur un campus universitaire est un excellent moyen de faire découvrir les établissements d'enseignement supérieur aux collégiens et lycéens, de leur faire découvrir le campus et de faire connaître le programme de français.

Le programme de français a-t-il besoin d'une aide financière ? La subvention *Small Grant* de l'AATF est l'occasion idéale de donner vie à une idée créative ! Il est possible d'obtenir un financement allant jusqu'à 500 dollars et, puisque la *Small Grant* de l'AATF nécessite un apport équivalent de la part de la branche locale, le budget potentiel du projet peut être plus conséquent. En outre, les enseignants, notamment ceux qui n'ont encore jamais assisté à une convention de l'AATF, peuvent demander la bourse *AATF Convention Travel Award*. Celle-ci offre une somme d'argent pour compenser les frais de déplacement à la convention de l'AATF, ainsi que la gratuité de l'inscription.

L'établissement recherche-t-il des fonds supplémentaires pour financer des bourses d'études ? L'AATF et ses organisations partenaires, telles que l'American Society of French Academic Palms (ASFAP) et la

National Federation of Modern Language Teacher Associations (NFMLTA), proposent des bourses d'études et des subventions aux étudiants. Ces fonds peuvent être utilisés pour financer des études à l'étranger, la rédaction d'une thèse ou le travail de recherche associé, des interventions à des conférences, etc.

L'AATF a pour objectif de multiplier et de diversifier ses offres de bourses. L'augmentation du nombre de membres peut contribuer à faire de cet objectif une réalité.

- Répertorier et sélectionner de potentiels bailleurs de fonds externes

Il existe des dizaines de sources de financement soutenant l'éducation disruptive. Les principales catégories sont : le gouvernement fédéral, les États, les entreprises, les particuliers et les organisations. Le département de l'Éducation des États-Unis se place en tête de liste des sources de financement fédérales. Les deux meilleurs programmes, que nous appelons des « cibles faciles » en raison de leur disponibilité et de leur taux de réussite élevé, sont le Undergraduate International Studies and Foreign Language Program (UISFL) et le programme Fulbright-Hays Group Projects Abroad (GPA). Le programme UISFL est conçu pour soutenir des propositions interdisciplinaires telles que les doubles diplômes en français, études des femmes et sciences environnementales mentionnés précédemment. Le programme UISFL vous aidera à « planifier, développer et mener à bien des programmes visant à renforcer et améliorer l'enseignement de premier cycle dans les domaines des études internationales et des langues étrangères[260] ».

Le programme GPA finance des séminaires thématiques d'un mois dans des pays africains francophones tels que le Maroc, le Sénégal, la Côte d'Ivoire et le Cameroun. Le programme offre aux universitaires, aux enseignants, aux étudiants de premier cycle et de cycle supérieur la possibilité de mener des projets individuels et de groupe à l'étranger. Les projets peuvent inclure des séminaires de courte durée, l'élaboration de programmes d'études, des recherches ou des travaux d'étude en groupe, ou encore des programmes linguistiques intensifs avancés de

---

[260] U.S. Department of Education, 2024.

longue durée. C'est le programme idéal pour renforcer les liens avec les enseignants de français de la maternelle au secondaire, qui deviendront des recruteurs pour votre programme de français. L'auteur principal vous aidera à concevoir une proposition et vous accompagnera dans toutes les étapes jusqu'à sa soumission.

- Découvrir les stratégies d'une demande de subvention réussie

Peu importe la source de financement, le candidat doit répondre à ces quatre questions lorsqu'il rédige sa proposition :

1. Quel est le problème ?
2. Quelle est la solution ?
3. Comment allez-vous mettre en œuvre le projet ?
4. Pourquoi vous ? Pourquoi la source de financement devrait-elle vous financer ?

Le problème du candidat doit être convaincant. Il doit mettre en évidence les faiblesses du programme de français, que vous souhaitez transformer en atouts. Votre problème peut être le faible taux d'inscription, les menaces d'une administration ou la nécessité nouvelle d'un programme d'études pour mieux comprendre l'Afrique francophone. La solution proposée par le programme doit être « disruptive » et faire dire « Waouh ! » aux évaluateurs. La question trois peut faire pencher la balance en ce qui concerne l'acceptation ou le rejet de la proposition. Vous devez montrer aux évaluateurs que vous êtes en mesure de mener à bien le projet proposé. Pour ce faire, le candidat peut s'appuyer sur un calendrier, des arguments de rentabilité, la sélection du personnel clé du programme, un budget rigoureux ou une démonstration de l'adéquation des ressources.

Enfin, le programme de français doit convaincre les évaluateurs que le programme ou l'établissement mérite d'être financé. Par exemple, l'établissement est l'une des principales universités d'arts libéraux aux États-Unis, et ses professeurs sont des experts reconnus dans leur domaine. L'établissement est une université publique ou un établissement au service de la communauté hispanique. La Fondation Coca-Cola, par exemple, soutient activement les étudiants défavorisés. La Fondation Koch valorise l'enseignement centré sur les élèves, un programme adapté au rythme de chacun et basé sur l'acquisition de compétences.

Les enseignants de langues étrangères présentent un avantage de taille pour obtenir des subventions. Pourquoi ? Parce que toutes les sources de financement ont une culture, avec ses normes et ses tabous. Qui est mieux placé que nous pour analyser une culture inconnue ? Pour analyser le programme UISFL, par exemple, utilisons le modèle de collecte d'informations « Diamond Model » de l'auteur principal :

1. Étudier la demande de proposition (RFP ou *Request for Proposal*), regarder le webinaire de l'UISFL plusieurs fois et lire les résumés des projets retenus figurant sur le site web de l'UISFL ;
2. Contacter les anciens bénéficiaires et demander à lire leur proposition. Leurs noms figurent dans leur résumé ;
3. Contacter les anciens évaluateurs pour obtenir des informations sur le processus d'évaluation ;
4. Établir une relation avec le responsable du programme.

Là encore, un consultant peut accompagner le programme de français à chaque étape, de l'évaluation des besoins à la soumission de la proposition.

Aperçu du programme : les critères de sélection[261]

Critères	Points
Plan d'action	20
Qualité du personnel clé	10
Budget et rentabilité	10
Évaluation	20
Adéquation des ressources	5
Impact	15
Pertinence pour le développement institutionnel	10
Nécessité d'une expérience à l'étranger	10
TOTAL	100
Priorités à court terme du programme (points supplémentaires)	9

---

[261] Webinaire, 2024, 15:18.

Lorsque vous rédigez votre proposition, il est judicieux d'utiliser leur modèle structurel. Commencez votre proposition par un « plan d'action » et terminez-la par la « nécessité d'une expérience à l'étranger ». Les évaluateurs notent souvent les catégories au fur et à mesure, au lieu de lire d'abord l'ensemble de la proposition pour ensuite attribuer les notes. Encore une fois, cela fait partie de la culture de cette source de financement.

Conclusion

« Persévérance, motivation, détermination, dévouement et patience, patience, patience » sont les grandes qualités de ceux qui décrochent des subventions[262]. Nous répétons trois fois le mot « patience » car les bailleurs de fonds prennent souvent plusieurs mois pour examiner une proposition. Nous répétons trois fois le mot « patience » car, parfois, les commentaires des évaluateurs n'ont aucun sens. Nous répétons trois fois le mot « patience » car rédiger une demande de subvention ressemble davantage à essayer de frapper la balle au baseball qu'à tirer des lancers francs au basket. Le rejet fait partie du processus de demande de subvention, c'est normal. Vous échouerez plus souvent que vous ne réussirez, mais votre programme et vos étudiants en valent la peine. Au baseball, même les frappeurs du Temple de la renommée échouent environ 70 % du temps. Roger Federer, l'un des plus grands joueurs de tennis de tous les temps, a perdu 46 % des centaines de milliers de points qu'il a joués. Nous sommes découragés et frustrés par la rédaction de propositions et par des administrateurs et des politiciens qui manquent de vision à long terme. Il est frustrant et décourageant de rédiger une proposition et d'être confronté à des administrateurs et des politiciens sans vision.

Dans cette conclusion, nous aimerions vous recommander un excellent ouvrage qui guidera vos efforts, comme il a guidé les nôtres. Dans son livre intitulé *L'obstacle est le chemin : De l'art éternel de transformer les épreuves en victoires*, Ryan Holiday révèle une formule du succès en citant les stoïciens de la Grèce et de la Rome antiques. Les récits de

---

[262] Sacco, 2024.

Holiday dévoilent la façon dont les grands de l'histoire ont transformé les obstacles en opportunités et l'adversité en victoires[263], en s'inspirant de Marc Aurèle et d'autres stoïciens.

> Confrontés à des situations impossibles, ils ont remporté les victoires prodigieuses que nous recherchons tous. Ces hommes et ces femmes n'étaient pas exceptionnellement brillants, chanceux ou doués. Leur succès reposait sur des principes philosophiques éternels établis par un empereur romain qui s'efforçait d'articuler une méthode permettant d'atteindre l'excellence dans n'importe quelle situation[264].

Travaillons main dans la main pour protéger et faire progresser nos programmes en utilisant nos puissants outils : un état d'esprit ouvert aux opportunités, la recherche de financements externes, la création de programmes visionnaires et le recours à la sagesse des stoïciens[265].

---

[263] Holiday, 2014.

[264] Goodreads, 2024, para. 1,2.

[265] Pour ceux qui s'intéressent au paysage musical de la Louisiane, voici les travaux clés qui ont inspiré ce chapitre, ainsi que les titres à paraître sur le Théâtre de l'opéra français publiés par LSU Press et d'autres presses universitaires locales. *Louis Armstrong's New Orleans* ; *Creole New Orleans : Race and Americanization* ; *Africans in Colonial Louisiana : The Development of Afro-Creole Culture in the 18th century* ; *White by Definition : Social Classification in Creole Louisiana*. Voir la section Références.

Les collections numériques (Digital Collections) de l'American Folklife Center de la Bibliothèque du Congrès, où sont conservées des collections de recherches sur le terrain portant sur la musique de Louisiane depuis plusieurs décennies.

24. Une simple francophile du New Jersey
Jennifer Schwester

Écrire ce chapitre m'a amenée à réfléchir longuement à l'influence que la langue française, la France et d'autres régions francophones ont eue sur ma vie, ainsi qu'à la manière dont j'ai accueilli et intégré le français dans mon quotidien. Ayant grandi dans un État petit mais densément peuplé, j'ai toujours été animée par un désir insatiable d'être ailleurs et de découvrir la vie au-delà des frontières familières de ma ville natale. Même si je retourne souvent chez moi (après tout, je vis tout près de la plage et à mi-chemin entre les centres culturels dynamiques de New York et de Philadelphie), je rêve toujours de plus. Certaines personnes mangent pour vivre, d'autres travaillent pour vivre, mais moi, je travaille pour pouvoir voyager, explorer et, par-dessus tout, manger.

La nourriture est l'une de mes plus grandes passions. Je suis une véritable omnivore et une « *foodie* » autoproclamée, éternellement en quête de nouvelles saveurs et expériences culinaires. Si je n'ai jamais goûté un plat, c'est la première chose que je commanderai. Dans ma partie de la ville, qui s'étend sur un peu plus de trois kilomètres seulement, il y a sept pizzerias, trois restaurants italiens gastronomiques, divers endroits où prendre le petit-déjeuner, des épiceries fines américaines et européennes, deux restaurants mexicains, une chaîne de tacos au poisson, un restaurant japonais, deux fast-foods, un bar à salades, un restaurant diététique, deux bars sportifs et deux boulangeries, le tout accessible à pied. Bien que cela puisse donner l'impression d'un choix vaste et varié, bon nombre de ces établissements proposent des variations sur le même thème, où la « cuisine américaine » domine le menu, parfois ponctuée de pâtisseries maison, de charcuterie ou d'un soupçon d'umami.

Mais je rêve de repas où je pourrais m'asseoir, savourer chaque bouchée et profiter de l'instant présent sans me sentir pressée ni être interrompue. Malheureusement, ces moments sont rares, à cause du choix limité de restaurants, mais aussi du rythme infernal de mon emploi du temps quotidien. Ma vie est bien remplie et trouver le temps de me poser et d'apprécier un repas (de vraiment l'apprécier, sans distraction) est un véritable défi. Néanmoins, je fais tout mon possible pour créer ces moments : je réserve du temps pour profiter de la compagnie de ma famille et de mes amis, sans être stressée par les exigences du travail ou le bourdonnement constant des appareils électroniques.

Quand je voyage, je fais beaucoup plus attention à ce que je mange et à l'heure à laquelle je mange, même si c'est pendant un voyage scolaire où il faut se dépêcher. Un de mes collègues appelle nos déjeuners européens détendus « des repas civilisés ». Ce sont des repas où nous prenons notre temps, goûtons de nouveaux plats et savourons l'expérience : des plats fraîchement préparés, un service soigné et une appréciation palpable de notre environnement. L'eau est à volonté et un verre de vin ou une boisson alcoolisée vient enrichir l'expérience, pas seulement en nous aidant à affronter le chaos hormonal des élèves qui explorent un pays étranger pour la première fois.

À la maison, j'essaie d'entretenir cette même conscience alimentaire, même si mon emploi du temps mouvementé m'en empêche souvent. Certains soirs, je dîne tôt ; d'autres, je me mets à table plus proche de l'heure européenne, vers 19 ou 20 heures, même si cela reste un peu tôt par rapport à d'autres pays. Je mets toujours un point d'honneur à éteindre la télévision, à ranger mon téléphone et à me concentrer sur la nourriture devant moi. Je préfère prendre un déjeuner copieux et un dîner léger, en partie parce que ma journée d'école commence avant 7 heures du matin et que ma pause déjeuner est à 10 heures. Pour nous autres enseignants, l'emploi du temps scolaire bouleverse notre système digestif, sans parler de la contrainte bizarre et souvent frustrante d'avoir des pauses toilettes limitées à des moments prédéterminés. Ce concept est totalement étranger à nos élèves, qui doivent s'adapter à bien moins de contraintes physiques.

Je n'étais pas toujours ainsi. Comme beaucoup d'Américains, j'ai grandi en mangeant des repas rapides et faciles à préparer, comme la gelée aromatisée, les fast-foods, et à une époque où le concept d'« aliment bleu » n'existait pas. Ma première véritable rencontre avec la cuisine française a eu lieu à mes quinze ans, lors d'un voyage à Paris pendant les vacances de printemps avec ma professeure de français du lycée, une femme que je trouve encore aujourd'hui *incroyable*. Ce voyage était la première fois que je quittais le pays et j'ai été complètement bouleversée par la magie de Paris. Tout, des vues et des sons à la nourriture et aux gens, m'a profondément marquée. Je me souviens encore des cornets à deux boules conçus pour empêcher la crème glacée de se renverser : quelle bonne idée ! Ce voyage a été une révélation pour moi. À partir de ce moment, j'ai su que la culture française jouerait un rôle central dans ma vie.

À mon retour de Paris, j'ai essayé de convaincre ma famille de partir à Québec, ma prochaine destination francophone. C'était bien avant l'arrivée d'Internet, alors j'ai fait toutes mes recherches à la bibliothèque, écrit des lettres et téléphoné pour réserver nos chambres d'hôtel. Avec le recul, il me paraît absurde que ma famille ait cru que mes trois ans de français au lycée me permettraient de parler suffisamment couramment pour tout planifier sans difficulté, mais quelle aventure ! Je me souviens parfaitement de la joie que j'ai ressentie en goûtant pour la première fois des chips au ketchup, et de ma recherche frustrante d'un « Coke diète », car je ne savais pas comment cela se disait en français. Et puis, une fois, je me suis accidentellement enfermée dans les toilettes d'une station-service. Ces moments m'ont appris que voyager, avec ses hauts et ses bas, signifie accepter l'imprévu et apprendre à « prendre les choses comme elles viennent ». Malgré les éventuelles mésaventures, je suis toujours reconnaissante d'avoir eu l'occasion d'explorer de nouveaux endroits et de nouvelles cultures.

Juste avant d'entrer à l'université, je suis retournée au Québec pour une semaine dans le cadre d'un programme d'études à l'étranger organisé par une université locale. J'étais encore lycéenne à l'époque et pourtant, je côtoyais des étudiants, j'assistais à des cours à l'Université Laval et je m'imprégnais de tout ce qu'il y avait à apprendre sur la culture québécoise. J'ai adoré le fait de pouvoir explorer la ville de manière libre et indépendante, et cette expérience n'a fait que renforcer ma connexion aux communautés francophones. Le Québec m'était à la fois familier et étranger : la nature et la nourriture n'étaient pas très différentes de celles de chez moi, mais les accents et le vocabulaire me posaient des difficultés. Malgré le froid (que je n'aime toujours pas), le Québec reste l'un de mes endroits préférés, et je m'y sens chez moi chaque fois que j'y retourne.

Durant mes années universitaires, j'ai eu la chance de retourner à l'Université Laval pour un programme d'études d'été, qui a renforcé mon amour pour le Québec et ses habitants. Plus je visitais cette province, plus je me sentais à l'aise, que ce soit dans les villes, les villages ou à la campagne.

Après avoir obtenu mon diplôme, j'ai débuté ma carrière d'enseignante à tout juste vingt-deux ans. Je débordais d'énergie et d'enthousiasme, mais j'étais quelque peu perplexe face au manque d'intérêt de mes élèves pour mes voyages. Après tout, c'était avant l'ère d'Internet et des smartphones, quand voyager représentait encore un événement important. À l'époque, préparer un voyage demandait beaucoup de travail : des recherches à la bibliothèque, des coups de fil et une planification minutieuse. J'ai très vite réalisé qu'en tant qu'enseignante, il était de ma responsabilité de trouver des moyens de donner vie à la langue française pour mes élèves, même s'ils n'en voyaient pas la valeur immédiate.

À cette époque pré-numérique, je faisais tout mon possible pour rester connectée au monde francophone. J'ai rejoint des groupes francophones locaux, fouillé les médiathèques à la recherche de livres et de films, et je me rendais fréquemment dans les grandes villes pour visiter des musées, voir des pièces de théâtre et goûter de nouveaux plats. Les sorties scolaires avec les élèves étaient de superbes opportunités de les exposer à de nouvelles cultures, cuisines et perspectives, ne serait-ce que pour quelques heures.

J'ai recherché toutes les ressources et communautés possibles où le français était parlé. Dans le New Jersey, ce n'est pas un aussi grand défi qu'ailleurs, mais cela demande tout de même des efforts. J'ai trouvé des groupes linguistiques dans des bibliothèques locales, j'ai échangé avec des francophones dès que j'en avais l'occasion et j'ai même profité de la présence d'« interlocuteurs sympathiques » dans les pavillons français et marocain du parc Epcot lors de voyages en famille à Disney. Tout cela faisait partie de mes efforts pour garder la langue vivante et établir des passerelles entre mes expériences et mes élèves.

Aujourd'hui, le paysage de l'apprentissage des langues a radicalement changé. Internet a ouvert un monde de possibilités pour les enseignants et les élèves. Avec les services de streaming offrant des films et des séries de France et d'autres pays francophones, ainsi que l'accès à des communautés en ligne et à des échanges linguistiques, les ressources disponibles sont presque infinies. Les élèves peuvent désormais obtenir un aperçu en temps réel de la vie quotidienne dans les pays francophones, écouter de la musique, regarder des spectacles en direct et même « visiter » des musées grâce aux visites virtuelles. J'adore partager des outils comme Google Earth avec mes élèves ; cela leur permet d'explorer le monde sans quitter la salle de classe.

Mais même avec tous les outils modernes à ma disposition, les voyages réels ont quelque chose d'irremplaçable. Alors que j'évolue dans ma vie d'enseignante de français, il est clair que c'est à travers les séjours à l'étranger que la langue et la culture françaises m'ont le plus influencée. Chaque voyage, chaque repas et chaque conversation avec un locuteur d'héritage ont enrichi ma compréhension de la langue et du monde, et je cherche à transmettre cela à mes élèves.

Au fur et à mesure que ma carrière progressait et que je continuais à explorer différentes parties du monde francophone, je suis devenue de plus en plus passionnée par la promotion de l'apprentissage du français. Si je suis tombée amoureuse de la culture et de la langue françaises à travers mes expériences personnelles, j'ai également réalisé que mon intérêt ne résidait pas seulement dans la langue elle-même, mais aussi dans le fait d'ouvrir les étudiants à un monde plus vaste, regorgeant d'une diversité de personnes, de lieux et de points de vue.

La communication est essentielle pour tout le monde ; notre monde et notre avenir seront meilleurs si nous parvenons à établir des liens avec le plus de personnes possible. Je suis en permanence sur les réseaux sociaux pour diffuser des informations sur les activités, les groupes français et francophones, les événements communautaires, et pour partager mes connaissances et ma joie. Expliquer la pertinence du français aux États-Unis aujourd'hui est une bataille de longue haleine. J'ai tendance à évoquer les CONNEXIONS que nous entretenons tous grâce à une langue commune. Dans notre pays, un grand nombre d'enfants et d'adolescents sont déjà bilingues (langue maternelle et anglais). Même s'il faut les encourager à utiliser ces langues, il est encore plus essentiel de se concentrer sur l'acquisition d'une troisième langue, voire davantage. Les élèves peuvent renforcer et développer leurs compétences linguistiques actuelles et, en étant capables de communiquer et de nouer des liens avec davantage de personnes, ils assurent un avenir solide pour eux-mêmes et leurs familles et, espérons-le, contribueront à faciliter la paix et la compréhension mutuelle dans le monde entier.

Aux États-Unis, les programmes d'enseignement des langues étrangères, notamment ceux qui portent sur des langues autres que l'espagnol, sont souvent victimes de coupes budgétaires, d'une baisse des inscriptions ou d'un changement dans les priorités éducatives. On a tendance à considérer le français comme « une langue de privilège » et « une langue du passé », une relique archaïque qui, aux yeux de certains, n'a plus d'intérêt dans un monde de plus en plus globalisé et dominé par l'anglais. Toutefois, cela est loin de la vérité.

Le français reste une langue mondiale, parlée sur plusieurs continents, profondément liée à la diplomatie internationale, aux affaires, à la culture et à l'éducation. La France et le monde francophone en général contribuent énormément à la culture, à la littérature, à l'art et à la pensée du monde. Mais au-delà de la France elle-même, les pays d'Afrique, des Caraïbes et d'Amérique du Nord possèdent leurs propres riches traditions culturelles francophones qui sont souvent méconnues.

Le monde francophone est vaste et varié ; il rassemble plus de 300 millions de locuteurs à travers l'Afrique, l'Europe, l'Amérique du Nord, les Caraïbes et l'Asie. Le français n'est pas seulement la langue des cafés parisiens et de la haute couture ; c'est aussi la langue de nombreux pays africains où le multilinguisme prospère, des cultures créoles des Caraïbes, de l'héritage franco-canadien au Québec et même des communautés des îles du Pacifique Sud. Chacune de ces régions apporte quelque chose d'unique à la communauté francophone mondiale. Grâce au français, les élèves ont accès à une immense palette d'expériences humaines qui s'étend bien au-delà de ce qu'ils apprennent en classe.

C'est pourquoi je pense qu'il est capital de promouvoir l'apprentissage des langues, non seulement comme outil éducatif, mais aussi comme moyen de développer l'empathie, la compréhension culturelle et la conscience mondiale. Dans ma classe, j'essaie de montrer à mes élèves que l'apprentissage du français ne se résume pas à conjuguer des verbes ou à mémoriser du vocabulaire ; il s'agit d'ouvrir la porte à de nouvelles opportunités, personnelles comme professionnelles. Je veux qu'ils réalisent qu'apprendre le français leur donne accès à un monde riche et diversifié, qui dépasse leur environnement immédiat.

L'une des choses que je cherche à leur enseigner est l'idée que « francophone » ne veut pas seulement dire « originaire de France ». Beaucoup d'élèves arrivent en cours de français en ayant pour seules références l'image de la tour Eiffel, des croissants et des bérets. Si ces symboles de la culture française sont sans aucun doute iconiques, le monde francophone est beaucoup plus étendu, englobant des régions et des pays aux identités, aux histoires et aux façons distinctes de parler français.

Par le biais de discussions sur des sujets tels que « la négritude », la francophonie et le rôle historique du colonialisme français, je présente à mes élèves l'histoire complexe et souvent douloureuse de nombreuses régions francophones. Mais, en parallèle de ces récits, je souligne également la beauté et la résilience de ces cultures : leur musique, leur littérature, leur art et leur gastronomie. Ces cours vont au-delà de l'enseignement traditionnel de la grammaire et du vocabulaire ; ils élargissent la vision du monde des élèves et favorisent une meilleure appréciation de la diversité des expériences humaines.

Par exemple, lorsque nous étudions les pays francophones d'Afrique, nous découvrons non seulement les langues qui y sont parlées, mais nous abordons également des sujets contemporains tels que le rôle du français dans les sociétés postcoloniales, l'essor de la musique et du cinéma africains dans le monde francophone et les contributions d'écrivains tels que Léopold Sédar Senghor. De même, lorsque nous nous intéressons au Québec, nous parlons de sa dynamique politique et culturelle unique du fait qu'il s'agit d'une province francophone dans un pays majoritairement anglophone.

Chacune de ces régions apporte quelque chose d'unique à la communauté francophone mondiale, et mon objectif en tant qu'enseignante est d'aider les élèves à apprécier ces nuances. Je veux qu'ils comprennent que le français n'est pas une langue monolithique, mais une langue vivante et changeante qui existe sous de nombreuses formes à travers le monde. Quand ils apprennent le français, ils n'apprennent pas seulement à parler aux Français ; ils acquièrent la capacité de dialoguer avec des gens au Cameroun, en Belgique, en Suisse, en Martinique et bien au-delà.

L'un des moments dont je suis le plus fière en tant qu'enseignante a été de voir mes élèves mettre en pratique ce qu'ils avaient appris dans ma classe lors d'expériences de la vie réelle. Certains ont voyagé en France ou au Québec, tandis que d'autres ont suivi des programmes d'études à l'étranger dans des pays francophones. Quelques-uns se sont même lancés dans une carrière où ils utilisent le français au quotidien, dans les relations internationales, la traduction, l'hôtellerie ou le commerce international.

Je suis intimement convaincue que l'apprentissage d'une langue ouvre des portes vers la compréhension de peuples et de cultures qui, autrement, resteraient fermées. Que mes élèves utilisent plus tard le français dans leur vie professionnelle ou simplement pour leur enrichissement personnel, l'échange culturel qui accompagne l'apprentissage d'une langue est inestimable. Ils commencent peut-être à étudier le français pour remplir une obligation scolaire, mais au final, beaucoup d'entre eux se rendent compte qu'ils ont acquis quelque chose de bien plus profond : un sentiment d'appartenance à une communauté mondiale.

Promouvoir les langues, c'est faire en sorte que les élèves puissent accéder à cette communauté mondiale. C'est lutter pour la survie des programmes de français, insister sur l'importance du multilinguisme et montrer aux élèves qu'en apprenant une autre langue, ils élargissent leurs horizons et contribuent à établir des passerelles entre les cultures et les pays.

Je souhaite qu'au cours de l'année, mes élèves comprennent que le français est bien plus qu'une simple matière scolaire. C'est une clé qui ouvre les portes de différentes régions du monde, favorise l'empathie et la compréhension, et sert d'outil pour évoluer dans une société mondiale de plus en plus interconnectée. Grâce au français, ils peuvent accéder au monde francophone, un vaste tissu en constante évolution, formé de cultures diverses, qui s'étend bien au-delà des frontières de la France.

Ce travail est parfois difficile, mais palpitant, et je ne pourrais imaginer ma vie autrement, tout cela grâce à l'influence d'excellents enseignants, de professeurs et d'inconnus très patients. Ainsi donc, de quelle façon les langues et les cultures m'ont-elles influencée ? Elles m'ont donné la curiosité et l'ouverture d'esprit d'explorer, de parler à des inconnus et de continuer à apprendre. Elles ont influencé mes goûts, tant sur le plan nutritionnel que culturel, et m'ont aidée à apprécier d'autres traditions, à comprendre leur importance historique et culturelle, et à me sentir plus connectée au monde puisque je peux communiquer avec un plus grand nombre de personnes.

Je suis reconnaissante d'avoir eu ces opportunités et m'estime chanceuse, car je suis consciente que tout le monde n'est pas dans la même situation. Je pense que mon rôle, à ce stade de ma vie, est de promouvoir le français, de partager ma joie et d'aider les autres à créer des liens humains grâce à la langue, à la cuisine, aux coutumes, aux expériences communes, à la découverte de l'autre et, plus généralement, au fait d'être une bonne personne. Voilà ce que je souhaite à tout le monde : être une bonne personne, quelle que soit la langue que vous parlez ou ce en quoi vous croyez.

25. La francophonie des Amériques :
Conversation et communauté
Joëlle Vitiello et Sophie Kerman

Au printemps 2022, Joëlle Vitiello, professeure à Macalester College, et Sophie Kerman, professeure au lycée St. Paul Academy and Summit School, ont uni leurs forces pour cocréer un cours sur l'Amérique du Nord francophone sous un angle décolonial. Notre collaboration, tant entre nous qu'avec des membres de la communauté francophone locale ainsi qu'avec des lycéens et des étudiants en 2022 et en 2024, a été la source de nombreuses réflexions riches et fructueuses sur ce que cela signifie de parler français en Amérique du Nord aujourd'hui. Enrichie par nos liens respectifs au français, cette approche offre la possibilité d'établir des partenariats avec des dirigeants de communautés et des organisations tant à l'échelle locale que nationale et internationale, habilitant ainsi les jeunes générations à élargir leurs horizons, à devenir des citoyens conscients et à se convaincre de la pertinence actuelle des programmes de français face à la baisse des inscriptions. Étant donné que nos parcours et nos perspectives complémentaires ont enrichi notre processus d'élaboration de programmes pédagogiques, nous partageons ci-dessous nos expériences sous forme de dialogue.

Pourquoi et comment avez-vous décidé de devenir professeures de français ?

SK : En tant qu'Américaine ayant appris le français au collège et au lycée, j'ai grandi avec une vision très rose de la culture française, et j'utilise ici « culture française » au singulier, car la plupart de mes souvenirs du début de mon apprentissage du français sont liés aux indémodables classiques des cours de français au lycée : *Le Petit Prince*, apprendre par cœur *La Cigale et la Fourmi*, etc. J'appréciais la beauté de la langue et de la littérature, mais à l'université, j'étais en spécialisation sociologie et anthropologie. J'adorais mes cours de français dans le supérieur, mais je ne voyais pas le français comme une matière dans laquelle je pouvais m'investir à fond et qui pourrait être le moteur de toute une carrière. Je n'avais pas non plus l'impression que mon niveau de français oral était suffisamment bon pour enseigner la langue à d'autres personnes.

Cela a changé l'année suivant l'obtention de mon diplôme, lorsque j'ai travaillé comme assistante d'anglais dans le cadre du programme TAPIF. Il s'agissait à la fois de l'expérience immersive dont j'avais besoin pour gagner en confiance à l'oral et d'une expérience formatrice pour ma future carrière. C'était en 2008, durant l'élection du président Barack Obama ; j'ai donc été témoin de l'enthousiasme de mes élèves à l'idée de voir un président noir aux États-Unis, mais aussi de leur certitude démoralisante qu'un président noir ou arabe ne serait jamais élu en France de leur vivant. Le fait de voir la diversité des visages dans ma classe et la manière dont mes élèves me renvoyaient l'image de ma culture à travers leurs différences fut pour moi la preuve qu'il y avait bien plus à explorer au sujet des identités françaises et francophones (au pluriel, cette fois-ci). Cela a influencé ma carrière professionnelle, car ma première véritable expérience d'enseignement se concentrait davantage sur la culture que sur l'acquisition de la langue. L'adoption d'une approche plus socioculturelle a fait de l'enseignement des langues une expérience incroyablement enrichissante pour moi et mes élèves.

JV : C'était différent pour moi ; j'ai toujours eu envie d'enseigner d'aussi loin que je me souvienne. Lorsque j'étudiais la littérature à l'école, il était clair que je m'intéresserais à la littérature, à la lecture et à l'écriture. Pendant mes études en France, j'ai aussi appris différentes langues : le grec et le latin, l'anglais et l'allemand à l'école, et l'espagnol et l'espéranto au centre culturel. Quand j'étais enfant, mon premier correspondant venait des Pays-Bas ; j'essayais donc également d'apprendre le néerlandais. Les langues et la traduction ont toujours fait partie de mon histoire. J'ai suivi une formation pour devenir enseignante en France. En tant qu'étudiante, j'ai donné des cours particuliers et étudié différentes pédagogies.

Je suis ensuite venue aux États-Unis grâce à Amity Aid. Ce programme envoie dans des écoles américaines des auxiliaires pédagogiques spécialisés dans l'enseignement de différentes langues. J'ai d'abord été affectée dans la banlieue de Minneapolis, puis dans une petite ville du Wisconsin, dans un collège puis dans un lycée. J'ai adoré cette expérience. J'ai également vécu un an au Japon, où j'ai suivi une formation de traductrice technique anglais-français.

Lorsque je suis revenue aux États-Unis, j'ai donné quelques cours particuliers et enseigné en tant qu'instructrice, tout en faisant des traductions. Quand j'ai repris mes études, j'ai dû suivre des cours de didactique du français, observer des séances d'apprentissage et enseigner moi-même. C'était fascinant, car je continuais à apprendre davantage sur l'anglais et le français au travers de l'enseignement. J'aime sincèrement enseigner et partager mes connaissances à tous les niveaux, que le cours porte sur la langue, les histoires ou la recherche avancée. Quand j'étais en France, je voulais enseigner la linguistique et la littérature françaises et, aux États-Unis, c'est aussi ce que j'ai fait, même si l'enseignement du français comme langue étrangère nécessite des outils et des techniques différents. Après avoir terminé mon master en littérature française et comparée, il m'a semblé naturel de continuer à enseigner. J'enseigne en français et en anglais, et j'ai toujours pensé que la raison pour laquelle je peux enseigner le français n'est pas que je suis française ; cela découle à la fois du désir de comprendre la langue en profondeur et de la volonté de partager la richesse des différentes littératures et cultures dérivées du français à travers différents thèmes, qu'il s'agisse de l'immigration, des droits humains ou de l'environnement.

> Comment le rôle du français a-t-il changé votre vie professionnelle
> et personnelle depuis le début de votre carrière ?

SK : Lorsque j'étudiais le français au collège et au lycée, j'adorais le fait d'apprendre la langue, mais mes cours avancés se basaient principalement sur l'acquisition de compétences. Je me souviens avoir mémorisé les tableaux de conjugaison des verbes et complété des exercices à trous dans mon cahier. Nos découvertes de la culture francophone se faisaient majoritairement à travers ces deux pages insérées dans le manuel scolaire, qui portaient sur le Carnaval de Québec ou sur ce à quoi ressemble un pagne. Ce n'est qu'en licence et en master que l'on a intégré régulièrement la culture dans les cours de français (et même là, elle était davantage centrée sur la littérature que sur les coutumes).

JV : Cela correspond également à mon expérience. Lorsque j'ai débuté ma carrière de jeune professeure, la littérature écrite en français en dehors de la France était rarement enseignée, ou bien elle l'était dans un « cours sur les cultures », et les textes africains étaient abordés aux côtés de textes québécois ou suisses. Mon département s'appelait alors département de français. Aujourd'hui, son nom est « Études françaises et francophones », et nous envisageons un nom encore plus inclusif, tel que « Études françaises mondiales ». Nous proposons désormais des formations spécialisées et employons même des professeurs à temps plein qui enseignent la littérature et le cinéma africains. Nous offrons des cours spécialisés sur la littérature et les cultures caribéennes, la littérature et les films autochtones francophones, les îles francophones, l'environnement, ainsi que la gastronomie de France et celle du monde francophone. Ainsi, le rôle du français s'est considérablement étendu et, comme il existe des locuteurs d'héritage venant de diverses parties du globe, nous mettons l'accent sur la communication plutôt que sur le perfectionnement de la grammaire. Nous avons élargi la notion de français standard pour y inclure les variétés du français et nous sommes également confrontés à l'héritage colonial qui accompagne la richesse de la littérature, des cultures et de la musique exprimées en français ou en français créolisé.

SK : C'est de plus en plus vrai dans l'enseignement secondaire. La technologie a largement mis en évidence les limites de l'ancienne approche, car savoir parler français (ou même quitter son canapé) devient de moins en moins nécessaire si l'on souhaite simplement visiter le Louvre. Les élèves recherchent un sens à leur apprentissage que Google Traduction, les visites virtuelles et l'IA ne peuvent pas fournir. Il est donc de notre devoir, en tant qu'enseignants, de leur faire découvrir le type de connaissances approfondies qui deviennent accessibles grâce à une autre langue. C'est plus difficile, car nous ne pouvons pas enseigner en suivant simplement un manuel. Je connais d'innombrables enseignants (de multiples langues) qui créent pratiquement leurs propres manuels afin de mieux capter l'attention de leurs élèves et d'intégrer davantage la citoyenneté mondiale à leurs cours. Cependant, tout ce travail visant à motiver les élèves en vaut largement la peine lorsque ceux-ci perçoivent la valeur intrinsèque de leurs cours de langue.

JV : Oui. Ce changement m'a beaucoup enrichie sur les plans personnel, intellectuel et spirituel, mais il est également essentiel pour transmettre la grande diversité des cultures francophones aux jeunes générations. Bientôt, il y aura plus de personnes qui parleront français sur le continent africain qu'en France. Le niveau de créativité déployé dans l'utilisation de la langue française est remarquable.

Comment trouvez-vous le juste milieu pour enseigner la France des baguettes, des bérets et de la tour Eiffel, parallèlement à une approche décoloniale de la France et du monde francophone ?

SK : Nous compensons constamment les clichés auxquels s'attendent de nombreux élèves lorsqu'ils s'inscrivent en cours de français avec ce que je sais être la réalité du monde. Dans l'école privée où j'enseigne, les voyages à l'étranger sont accessibles à une grande partie des élèves et, pour bon nombre d'entre eux, le français ouvre les portes de vacances incroyables, permettant de faire du shopping dans les boutiques de luxe et de skier dans les Alpes. Cependant, même au sein d'une population relativement privilégiée, l'image de la France faite de « baguettes, bérets et Tour Eiffel » ne reflète pas la diversité des élèves de ma classe. Non seulement certains d'entre eux n'ont pas les moyens d'envisager la France comme destination de voyage, mais, à plusieurs moments politiques au cours de la dernière décennie, des élèves appartenant à différents groupes identitaires (musulmans, juifs, personnes de genre non conforme) m'ont demandé si la France était un pays sûr pour eux. Nous savons tous que, pour enseigner efficacement, les élèves doivent pouvoir s'identifier au programme scolaire. Une approche décoloniale du monde francophone permet à davantage d'élèves de se considérer comme de potentiels francophones et de voir certaines de leurs expériences personnelles et familiales reflétées à travers un autre prisme culturel.

JV : Je suis d'accord avec vous, Sophie. Nous mettons constamment en perspective les clichés romantiques de la France avec son histoire coloniale. J'enseigne également à des étudiants issus de milieux divers. Certains sont d'ascendance française ou ont étudié le français dans différents endroits du monde, et ils viennent à mes cours avec des expériences et des points de vue variés. Une approche décoloniale et inclusive permet aux étudiants de trouver leur place dans la langue, d'expérimenter, de changer de point de vue et d'approfondir les aspects du français qu'ils souhaitent explorer davantage. Certains craignent de subir du racisme en France ; d'autres partent étudier un semestre au Sénégal ou au Maroc, où ils sortent également de leur zone de confort. Offrir aux étudiants un cours qui les ouvre à de nouvelles perspectives et leur donne davantage confiance en leurs capacités à évoluer dans le monde francophone, que ce soit au niveau linguistique, social ou culturel, est un très beau cadeau. Pour être inclusifs et refléter la grande diversité des identités de nos étudiants, dans mon département, nous élaborons des cours pour tous les niveaux, sur des thèmes qui intéressent les étudiants. Nous essayons d'ouvrir une fenêtre sur les réalités des cultures francophones, sur la France ou sur le monde francophone en général.

SK : C'est exactement cela. Les élèves n'ont pas besoin de s'imaginer en touristes au pied de la tour Eiffel pour trouver une bonne raison d'apprendre le français ; développer notre offre de programmes de français permet à davantage d'élèves de trouver leur place. Si cette même approche peut également apprendre à nos élèves les plus privilégiés à interagir de manière respectueuse avec des identités autres que la leur, cela leur rendra aussi service.

En quoi le fait d'enseigner en français aide-t-il les élèves à aborder des problématiques mondiales plus larges telles que le changement climatique, la justice sociale ou d'autres sujets qui les intéressent ?

JV : Tout d'abord, apprendre une autre langue élargit radicalement les horizons et la place de chacun dans le monde. Les langues elles-mêmes reflètent les différences culturelles, petites et grandes. Par exemple, lire dans un article de journal français comment les Haïtiens sont affectés par des catastrophes environnementales d'origine humaine, comme les déchets plastiques s'échouant sur leurs côtes, puis en discuter en classe peut aider les élèves à développer leur empathie. Ils prennent personnellement conscience des conséquences de telles catastrophes, ce qui peut les amener à réfléchir à la manière dont les problématiques environnementales sont liées à l'échelle mondiale.

SK : Je dirais même plus : avoir accès à une autre langue permet aux élèves d'acquérir de multiples perspectives sur une même question. Ils peuvent aller au-delà des gros titres et se pencher sur les enjeux de justice sociale sous différents angles au sein de la culture cible. En ce qui concerne le changement climatique, par exemple, il arrive souvent que les intérêts environnementaux et économiques soient en opposition et que ces conflits entraînent des répercussions dans d'autres sphères, telles que les droits territoriaux des populations autochtones ou les stéréotypes de genre. Grâce à leur capacité à étudier un sujet en profondeur, les élèves ne quittent pas un cours en pensant que la culture française (ou canadienne, haïtienne, etc.) est monolithique ; ils perçoivent également les variations au sein d'une culture donnée.

JV : Absolument. Comprendre un enjeu sous différents angles, qu'il s'agisse d'un événement mondial, du changement climatique ou de toute autre question, donne aux élèves des outils de réflexion critique pour se forger leur propre opinion, s'informer et informer les autres, et réfléchir à leur propre culture. Cette compréhension les pousse à participer à la citoyenneté mondiale, faisant naître un sentiment d'engagement et de motivation.

SK : C'est pour cette raison que nous travaillons si bien ensemble ! C'est tellement stimulant pour moi et, je l'espère, pour mes élèves, d'avoir un même objectif qui a véritablement une portée mondiale. Enseigner une langue et une culture, c'est aussi enseigner une façon de penser. Pour de nombreux étudiants, il est plus facile d'analyser d'autres cultures d'un point de vue extérieur, car les enjeux émotionnels sont moins importants et ils sont moins susceptibles de se mettre sur la défensive ou d'avoir l'impression qu'on attaque leurs valeurs. Mais s'ils prennent l'habitude d'examiner les enjeux sous différents angles, de rechercher les points de vue locaux et de reconnaître les nuances et les zones d'ombre, ils seront alors prêts à faire de même lorsqu'ils réfléchiront à leurs propres communautés.

Comment établissez-vous des liens, de manière non extractive, avec les membres locaux et internationaux de la communauté francophone, et comment ces liens enrichissent-ils les points de vue des élèves ?

JV : C'est une question délicate quand on donne des cours en rotation sur plusieurs années. Je dirais que, depuis mon arrivée dans le Minnesota il y a de nombreuses années, j'ai pu développer des relations durables avec plusieurs organisations culturelles diverses, de l'Alliance française à la Twin Cities Film Society et à d'autres organisations. À l'international, j'ai également eu le privilège de nouer des relations étroites avec des personnes et des organisations en Haïti et dans la diaspora haïtienne. J'ai tendance à rester en contact régulier avec la plupart d'entre elles. Ainsi, lorsque j'ouvre ces relations professionnelles et personnelles à mes classes, j'estime qu'il doit y avoir une compréhension mutuelle et respectueuse de la part des étudiants et de mon établissement quant au caractère précieux de ces relations. Celles-ci enrichissent les points de vue des étudiants, favorisant l'ouverture d'esprit et l'appréciation. Chacun de ces échanges est une fabuleuse occasion pour les étudiants d'être confrontés au monde réel. En contrepartie, comme cela demande du travail, nous devons cultiver une éthique qui reconnaît ce travail en proposant une rémunération équitable, même si ces opportunités sont aussi de véritables cadeaux. J'ai été très reconnaissante d'avoir obtenu l'aide nationale Pericles la première fois que nous avons donné le cours et, la deuxième fois, nos établissements ont collaboré efficacement pour financer, au moins en partie, nos intervenants. Il faut également que chacun soit clair quant à sa position et capable d'entrer dans une relation réciproque. Dans tous les cas, nous devons être capables d'établir et d'entretenir des relations durables avec les communautés dont nous nous rapprochons. Une de nos idées pour contribuer à l'éducation de nos communautés enseignantes était de présenter la recherche en libre accès menée par les élèves de notre cours commun, de proposer des ressources pouvant aider à changer le discours ou à mettre en lumière l'héritage ou les enjeux du monde francophone dans les Amériques. Nous accordons une réelle importance au rapport entre le système éducatif primaire et secondaire et l'enseignement supérieur, afin que, lorsque nous travaillons en synergie, les élèves de tous niveaux puissent être au moins exposés à une introduction sur la façon de voir le monde sous l'angle de la décolonisation, trouver des ressources authentiques, reconnaître le pouvoir et les limites des interactions avec des cultures différentes de la leur, et créer des possibilités pour que d'autres puissent poursuivre leurs explorations.

SK : Sachant qu'un grand nombre des intervenants que vous avez invités à participer à notre cours sont vos amis personnels, je me sens chanceuse que mes étudiants et moi-même ayons bénéficié de ces relations et je ne tiens pas cela pour acquis. Pour revenir à la discussion sur les enjeux mondiaux évoquée plus haut, le fait de converser avec un être humain réel, que ce soit virtuellement ou en personne, confère une force incroyable. Ces personnes introduisent le monde dans la salle de classe, à la fois par le contenu qu'elles présentent, les cultures qu'elles représentent et la manière dont elles montrent les différentes façons de parler français. Mes élèves ont tellement appris de ces rencontres que cela m'a moi-même motivée à essayer d'établir davantage de liens avec la communauté. Mais, outre la question de la compensation, qui est très importante au niveau individuel, l'idée de connexions communautaires non extractives signifie également donner de nous-mêmes, ce à quoi vous excellez, Joëlle. Il faut apprendre à de nombreux élèves comment le faire et leur permettre de mettre cela en pratique de manière réfléchie et intentionnelle.

Comment l'enseignement du français restera-t-il pertinent face à la baisse des inscriptions ?

SK : J'ai la chance de faire partie de la minorité qui peut affirmer que les inscriptions aux cours de français dans mon école restent élevées. Cependant, le meilleur argument en faveur de la pertinence du français est la possibilité de trouver et de cultiver des liens locaux et internationaux. Selon la communauté, il faut creuser un peu.

Néanmoins, ici, dans le Minnesota, l'argument est assez simple à défendre : le français est pertinent localement en raison de notre histoire, de notre proximité avec le Canada et de la présence de communautés d'immigrants originaires de divers pays d'Afrique francophone et d'Asie du Sud-Est. Je me demande comment est la situation pour vous, Joëlle, car vos étudiants sont issus de contextes très variés. Trouvez-vous que le français soit plus difficile à promouvoir au niveau postsecondaire ?

JV : C'est certain. Au fil des ans, nous avons constaté une baisse des inscriptions, ce qui est assez étrange étant donné que, notamment dans le Minnesota, dans les Twin Cities et leurs banlieues, il y a eu une multiplication des programmes d'immersion en français, lesquels rencontraient un grand succès. Il y a quelques années, nous avons accueilli la première génération d'étudiants ayant fait toute leur scolarité dans des programmes d'immersion en français. L'un d'entre eux n'avait absolument aucun lien avec la France. Toutefois, ses parents savaient que l'apprentissage précoce d'une autre langue étrangère avait un effet positif sur le cerveau ; nous avons donc pu accueillir cet élève dans un groupe de niveau raisonnablement avancé.

SK : Maintenant qu'un de mes enfants fréquente l'une de nos écoles primaires locales d'immersion en français, je partage leur gratitude ! Outre les avantages de la langue, mon fils, qui est en première année, ne s'étonne pas d'avoir des enseignants originaires du Laos, du Cameroun et de la République démocratique du Congo, que son enseignant en maternelle était français, et qu'une troupe haïtienne apprenne la danse à sa classe quelques semaines par an. Les élèves de cette école ne s'inquiètent pas de savoir si le français est une langue pertinente et internationale.

JV : Oui ! Nous avons également la chance que plusieurs de nos étudiants viennent de pays francophones et travaillent dans notre département comme tuteurs. Ils représentent une diversité unique sur notre campus que nous nous efforçons de promouvoir, une diversité qui se reflète, comme vous le faites remarquer, dans le système éducatif lui-même. Nous avons également la chance d'accueillir chaque année quelques étudiants issus de votre école qui intègrent notre programme à un niveau avancé.

Au fil des ans, nous nous sommes adaptés aux intérêts des étudiants. Nous couvrons donc à présent l'ensemble du monde francophone, et ce cours sur la francophonie des Amériques, que nous coenseignons, est né de l'intérêt des étudiants pour la Louisiane et les liens entre le Québec, l'Acadie et les groupes de migrants locaux provenant de divers pays francophones. Nous avons également établi de fantastiques relations avec des membres des communautés autochtones francophones, dont une universitaire locale dont la famille avait des racines à la fois africaines francophones et autochtones, avec certaines communautés métisses qui utilisent encore leur langue, le métchif, ainsi qu'avec diverses communautés autochtones francophones au Canada.

Nous sommes également conscients de l'intérêt des étudiants pour l'environnement et l'économie, ce qui nous pousse à collaborer avec d'autres filières et à dispenser des cours sur l'alimentation, l'environnement, les animaux et les humains, l'humanitarisme et les droits de l'homme, l'immigration et la traduction. Un événement récent au sujet des femmes et du sport (suite aux Jeux olympiques) en France et dans le monde francophone m'a également donné envie de créer un cours avec le département des sports sur ce thème (je ne savais pas qu'à la fin du XIXe siècle, la France était le premier pays d'Europe à jouer au basket ! Je l'ai appris dans le livre *Basketball Empire: France and the Making of a Global NBA and WNBA!* de Lindsay Sarah Krasnoff, Bloomsbury Academic, 2023). Et le semestre prochain, je donnerai un cours axé sur le français pour les professions. Je ne dirais donc pas que c'est plus difficile à promouvoir ; plutôt que les étudiants sont conscients que le monde est plus vaste que la France et que, grâce à nos modules de langue, ils développent différents intérêts auxquels nous répondons. Je pense que le français continuera d'être pertinent. C'est une langue mondiale dans de nombreux domaines et une langue d'héritage américaine. Cependant, j'ajouterais qu'il est essentiel que les professeurs de l'enseignement supérieur créent des liens avec les enseignants de la maternelle au collège ; l'Association américaine des professeurs de français est l'un des liens indispensables à notre survie.

SK : Ces liens sont tout aussi importants pour nous qui travaillons dans les classes de la maternelle au collège ! Mes élèves retirent beaucoup de leur apprentissage aux côtés d'étudiants universitaires.

Notre cours collaboratif a démystifié l'idée de l'étude des langues à l'université, et le fait de savoir que nous allions couvrir le même contenu et le présenter ensemble à l'Alliance française avec vos étudiants a donné à mes élèves un regain de confiance en eux. Ils sont si nombreux à envisager de poursuivre leurs études de français en tant que spécialité, double spécialité ou en option, et beaucoup d'autres ont pour projet d'étudier à l'étranger.

JV : Quant à moi, j'ai hâte de coenseigner à nouveau à l'occasion de notre prochain cours.

SK : Moi aussi ! En attendant, les lecteurs peuvent découvrir les travaux de nos élèves au lien suivant : bit.ly/MacSPAFrancophonie. Ils ont créé des plans de cours et d'autres ressources sur le français en Amérique du Nord, que nous sommes tout aussi heureux qu'eux de partager avec la communauté enseignante ! La communauté est au cœur de cette initiative et de tout ce que nous faisons en tant qu'enseignants de langues, et nous espérons que ce travail enrichira l'enseignement des autres comme il a enrichi le nôtre.

26. L'éducation française d'une génération à l'autre
Rebecca Fortgang et Jasmine Grace St Pierre

L'influence personnelle

RF : Pendant les trois semaines où nous avons suivi des cours de français et d'espagnol au collège, nous avons étudié davantage de vocabulaire français ; c'est pourquoi j'ai choisi cette option au lycée. Je ne me doutais pas que cette décision allait influencer le reste de ma vie. Là où j'ai grandi, près du lac Winnipesaukee, de nombreuses entreprises locales, dont le glacier où je travaillais, faisaient venir des étrangers pour travailler durant l'été. J'adorais rencontrer des étudiants du monde entier et apprendre quelques mots de leur langue. Lorsque des étudiants venus de France se sont arrêtés pour acheter une glace, j'ai su qu'il fallait que je noue contact avec eux. Après les avoir rattrapés dans la rue pour leur donner mon numéro, mon ami et moi avons patiemment attendu le lendemain avant de recevoir un appel. Nous nous sommes liés d'amitié avec ces étudiants grâce à nos connaissances de français et étions ravis d'utiliser la langue pour former de nouvelles relations. Au début, nous ne faisions que traîner ensemble à la plage, puis nous avons commencé à échanger par courriels et sommes restés en contact pendant de nombreuses années après leur retour en France.

J'étais impressionnée de pouvoir avoir des conversations et établir des relations enrichissantes avec des locuteurs natifs français après avoir suivi des cours de français III (qui correspond environ au niveau B1). À l'époque, je ne réalisais pas tout ce que j'apprenais sur la culture grâce à mes nouveaux amis. Comme ils n'avaient pas de voiture, nous allions tous ensemble au centre commercial pour acheter des jeans, car ils étaient moins chers aux États-Unis. Les étudiants m'ont donné leur taille et, au début, j'étais perdue, ne réalisant pas qu'elles étaient basées sur le système métrique et qu'il fallait les convertir. Nous avons dû faire quelques essayages avant de trouver la bonne taille.

Du fait que mon école était petite, je ne pouvais pas suivre de cours de français au-delà du niveau IV (B2). Cependant, j'étais déterminée à poursuivre mon apprentissage du français après les expériences que j'avais vécues avec mes amis de l'été. Lorsque je suis entrée au Keene State College, je voulais devenir professeure de mathématiques, mais j'ai demandé à l'inscription s'il y avait des cours de français. Ayant suivi le cours de niveau IV au lycée, je me suis inscrite au cours de français 315, qui était un cours de conversation. J'ai pris deux autres options de français au deuxième semestre.

Après avoir été placée dans le mauvais groupe de niveau en mathématiques, j'ai réalisé que je ne voulais pas poursuivre dans cette voie et j'ai décidé de me spécialiser en français, où je me suis fait des amis à la fois en classe et au club de français. Il est plus facile de se faire des amis en cours de français quand on est étudiant, car on parle tout le temps et on apprend à partager sa vie, simplement dans une autre langue. Le club de français de l'université m'a amenée à faire plusieurs voyages au Québec, où je me suis rapprochée de mes compagnons d'aventure grâce à des expériences communes. J'ai appris à prendre les transports en commun, que tout le monde déménageait le 1er juillet, et à faire de la poutine.

Le club de français n'était pas ma seule opportunité d'aller au Québec. En 2009, j'ai choisi de passer un semestre à l'étranger à l'Université de Sherbrooke afin de vivre une expérience différente de celle de la plupart des autres enseignants de français qui ont étudié en France. Cela a compliqué certains aspects de mon parcours pour devenir enseignante, car les tests standardisés étaient conçus pour le français parisien et non pour mon dialecte québécois. Cependant, j'ai su que j'avais fait le bon choix quand j'ai décroché mon premier emploi. Mon expérience au Québec m'a permis d'aider à organiser la sortie scolaire qui était prévue.

Enseigner le français est différent des autres matières. Puisque, depuis toujours, je suis la seule enseignante de français dans la plupart des écoles où je travaille, je vois les élèves année après année. Grâce à cela, j'ai pu tisser des liens solides avec eux. Ces élèves ont également souhaité poursuivre leur étude du français et l'ont fait en devenant élèves-enseignants dans mon cours de français au lycée en tant qu'étudiants. L'autre avantage est le besoin de collaborer avec autrui. C'est ce que j'ai fait avec d'autres professeurs de français et avec la communauté francophone locale. Je travaille avec ces collègues pour contribuer à créer les meilleurs environnements d'apprentissage possible en classe.

Faire progresser la cause

RF : Je pense que les élèves apprenant le français comme langue seconde sont la clé de l'avenir du français dans le New Hampshire. J'ai travaillé dans des collèges et lycées publics de cet État, à la fois en milieu urbain et rural. J'ai également pu enseigner des cours universitaires à crédits à des lycéens, grâce au programme *Dual Enrollment*. J'ai travaillé dans une école privée du Massachusetts avec des élèves de la maternelle au collège, enseignant le français comme deuxième langue dans le style Montessori. En tant que pédagogue dans des environnements variés, j'ai enseigné le français à de nombreux élèves. La grande diversité de mon expérience montre bien qu'il existe un groupe diversifié d'élèves qui apprennent le français comme deuxième langue. Afin de répondre aux besoins de ce groupe d'apprenants, je m'efforce d'offrir à mes élèves différentes opportunités adaptées à leurs intérêts. Forte de cette expérience, j'ai créé un programme qui a fait naître de futurs enseignants de français et de nouveaux francophones.

Le programme de français du lycée Fall Mountain Regional High School a été qualifié de « programme exemplaire » par l'Association américaine des professeurs de français (AATF). Ses points forts incluent une série complète de cours de français (Français I à V, soit A1 à C2), des options de double inscription permettant d'obtenir des crédits universitaires tout en étant au lycée, un programme Extended Learning Opportunity grâce auquel les élèves acquièrent une expérience d'enseignement, un club de français actif pour l'enrichissement culturel, une société honorifique française pour les très bons élèves, et la possibilité d'obtenir le sceau de compétences bilingues, le *Seal of Biliteracy*, pour avoir démontré une maîtrise avancée de la langue.

Les élèves de la société honorifique française organisent et gèrent le club de français. Nous avons créé une liste des principales activités du club ; les élèves membres choisissent une activité dans cette liste, puis la planifient et la mettent en œuvre avec le club. Cela a rencontré un grand succès. Depuis, chaque année, les élèves créent un diaporama expliquant aux enseignants de français comment réaliser chaque activité, sous la forme d'un mini plan de cours. Les élèves sont allés présenter ce projet lors des conférences annuelles de l'AATF à deux reprises, ainsi qu'au Northeast Council for Teachers of Foreign Languages et lors de la conférence de la New Hampshire Association of World Language Teachers à trois reprises. Nous sommes convaincus de la nécessité pour les enseignants de demander aux élèves ce qu'ils aiment dans l'apprentissage du français et de partager avec d'autres comment ils peuvent offrir la même opportunité à leurs élèves. L'une des autres activités importantes du club français consiste à créer des systèmes permettant à une promotion de transmettre ses connaissances et ses compétences en matière de leadership à la suivante. Ce sont les élèves juniors (première) qui font des présentations lors de ces conférences, afin que les seniors (terminale) puissent les soutenir, et ils seront présents pour aider la prochaine promotion à leur tour.

Les membres du club de français et de la société honorifique organisent « l'invasion du collège » afin de recruter la prochaine génération d'élèves. Le temps d'un ou deux jours, ils prennent le contrôle du cours d'études culturelles et montrent aux élèves combien ils s'amusent au club de français et au cours de langue. Les membres font une démonstration de préparation de crêpes et jouent à Cognate Frenzy avec les élèves (un jeu similaire à Apples to Apples, mais il faut associer des mots !). Cela montre aux élèves qu'ils ont déjà beaucoup de connaissances françaises. Les élèves présentent également le programme de français, y compris les opportunités dont ils peuvent profiter s'ils travaillent dur.

En ce qui concerne les aspects plus traditionnels du programme, les élèves ont la possibilité d'obtenir le prestigieux sceau de compétences bilingues. Celle-ci est désormais disponible dans tous les États et possède également une version internationale. Pour l'obtenir, les élèves doivent passer un test standardisé et obtenir un score suffisamment élevé dans les quatre compétences linguistiques : lecture, écriture, expression orale et compréhension orale. Ce que nous apprécions dans le sceau, c'est qu'il profite à tous les élèves. Il indique aux universités que les élèves possèdent les compétences linguistiques nécessaires pour réussir et il informe les employeurs que les élèves entrant sur le marché du travail sont capables de communiquer avec les clients, leurs collègues, etc. Le sceau continue de se développer et recherche le soutien de la Chambre des représentants grâce à la proposition de loi *Biliteracy Education Seal and Teaching Act*, également connue sous le nom de *BEST Act*. Obtenir le sceau est un accomplissement remarquable dont les élèves peuvent être fiers et constitue une grande source de motivation dans leur parcours d'apprentissage de la langue.

Un autre moyen de soutenir les élèves dans leur scolarité est le programme *Dual Enrollment*. Il s'agit d'un partenariat entre les lycées et les universités publiques locales qui permet aux cours dispensés au lycée d'être comptabilisés en crédits universitaires. Les crédits obtenus peuvent être utilisés par les élèves qui s'inscrivent à l'université ou être facilement transférés, avec un taux de réussite d'environ 90 %. Les élèves qui étudient le français peuvent obtenir des crédits pour les cours de français élémentaire I et II (A1 et A2), ainsi qu'un crédit en sociologie pour le cours sur les enjeux sociaux contemporains. En outre, les élèves peuvent passer l'examen de français avancé et obtenir quatre crédits pour leurs études universitaires.

L'une des opportunités préférées des élèves est de participer à des événements culturels. Mes élèves de français sont bénévoles au New Hampshire PoutineFest depuis trois ans. Ils aident à enregistrer les festivaliers, à tamponner les cartes de passeport, à vendre des billets de tombola et même à cuisiner ! Le Centre franco-américain (CFA) de Manchester, dans le New Hampshire, gère tous les bénévoles, et mes élèves ont toujours le sentiment que leur contribution est appréciée. Vu le succès de cette initiative, nous nous sommes associés au CFA pour tenir un stand au Keene International Festival, à Keene, dans le New Hampshire. Les élèves de français choisissent un projet de travaux manuels que les festivaliers peuvent réaliser gratuitement afin d'aider à promouvoir la langue française. Par le passé, nous avons organisé une activité inspirée des œuvres de l'artiste Henri Matisse, pour laquelle les élèves ont découpé des formes colorées afin de créer un collage dans son style. Pour la prochaine foire, nous prévoyons d'essayer une nouvelle activité où les élèves construiront des tours Eiffel à partir de spaghettis secs et de guimauves. Ces événements culturels permettent non seulement de promouvoir la langue française, mais aussi de renforcer le sentiment communautaire et les liens entre les élèves, les faisant se sentir inclus et investis.

Nous voyageons également dans des pays francophones dans le cadre de notre programme scolaire et de nos activités extrascolaires. Les élèves ont profité d'un long séjour au Québec à l'occasion du Carnaval de Québec 2022, où ils ont pu visiter le carnaval, danser à la cabane à sucre et faire du traîneau à chiens. Ils ont exploré le Vieux-Québec, vu les anciens remparts de la ville, le Château Frontenac et se sont promenés sur la Grande Allée. Cet été-là, je me suis rendue à la Nouvelle-Orléans avec deux élèves pour faire une présentation à la conférence nationale de l'AATF, afin de partager le point de vue des élèves avec les enseignants. En dehors des sessions de la conférence, nous avons pu découvrir la ville et visiter le quartier historique du Vieux Carré. Nous avons même quitté la ville pour visiter les bayous et avons vu de nombreux alligators dans les marais. Mais l'aspect le plus précieux de ce voyage reste les liens que nous avons tissés grâce à notre pratique du français. Nous sommes allés voir des amis rencontrés lors d'une conversation virtuelle en français à laquelle j'avais participé avec des élèves, et nous nous sommes rendus à une fête organisée par une branche de l'Alliance française pour célébrer le 14 juillet. Même là où nous ne nous y attendions pas, les occasions de nouer des liens se présentaient : nous avons eu une charmante conversation en français avec une femme originaire du Sénégal qui vendait des robes et des jupes au marché du Vieux Carré. Ces expériences de voyage permettent aux élèves de mieux comprendre la culture française et éveillent en eux un sens de l'aventure et de la découverte, ce qui les enthousiasme et les inspire.

En 2024, les élèves ont visité Paris et la Provence, profitant de la cuisine locale, des paysages et des trajets en train. Comme il s'agissait d'un voyage commun avec les élèves du cours d'espagnol, les élèves de français ont dû assister leurs camarades hispanophones dans tous les aspects du séjour. Ils les ont encouragés et aidés à commander au restaurant, à se repérer dans le métro et à s'assurer que personne ne reste coincé dans les toilettes automatiques ! Même si les élèves ont adoré les sites touristiques de Paris, ils ont été nombreux à dire combien ils avaient apprécié le sud de la France, car le mode de vie leur rappelait leur pays. Poussés par ce sentiment, beaucoup ont également mentionné leur envie d'étudier à l'étranger à l'université.

Les élèves ont également l'occasion de participer à des sorties francophones locales, telles que la *Franco Route Tour*, afin d'en apprendre davantage sur les travailleurs franco-canadiens qui ont immigré en Nouvelle-Angleterre pour travailler dans les usines. Nous avons également visité le Clark Art Museum dans le Massachusetts, qui possède une magnifique collection d'œuvres impressionnistes. Des visites guidées en français sont également possibles sur demande préalable. J'ai participé à l'une de ces visites avec un groupe d'élèves et le guide était ravi de nous parler en détail des tableaux et de leurs artistes, nous faisant ainsi découvrir du nouveau vocabulaire relatif à l'art et à l'histoire.

Un autre aspect particulièrement réussi de notre programme est l'initiative *Extended Learning Opportunity* destinée aux élèves-enseignants, développée pour ceux qui ont déjà terminé le programme de français et souhaitent poursuivre leur apprentissage. En tant qu'élèves-enseignants, ils peuvent s'essayer à l'enseignement avant de s'engager dans une carrière dans l'éducation. Pour cela, ils donnent des cours de français aux débutants. Ils peuvent planifier des leçons et des modules pour les élèves et les mettre en application, et reçoivent des retours de la part des élèves et de l'enseignant (moi-même). Jusqu'à présent, 100 % des étudiants ayant suivi ce programme avec moi poursuivent leurs études pour devenir professeurs de français, comme Jasmine Grace St. Pierre.

Perspectives

JSP : La pandémie de COVID-19 a frappé lors de ma première année de lycée et, à cette époque, le cours de français était mon seul moyen de sociabilisation. Le français était l'un des rares cours qui restaient intéressants, en partie parce que nous apprenions une langue, mais aussi parce qu'il y avait dans ce cours un aspect social que l'on ne retrouve pas dans les cours de mathématiques ou de sciences. Les apprenants de la langue doivent s'entraîner à parler, et c'est ce que nous faisions. Au début, nos conversations étaient limitées par notre vocabulaire restreint, qui s'est ensuite enrichi.

Presque à la moitié de ma première année de français, notre enseignante nous a invités à rejoindre une conversation virtuelle en français organisée par le CFA afin de mettre en pratique nos nouvelles compétences linguistiques. J'y ai participé avec une amie proche, alors que nous n'étudiions le français que depuis un mois. La conversation était animée par des locuteurs natifs et des personnes parlant couramment la langue ; nous ne comprenions donc pratiquement aucun des mots qui étaient prononcés. Mais nous comprenions les rires et les sourires que nous voyions à l'écran et nous avons compris qu'il s'agissait d'un groupe de personnes sympathiques. Nous sommes revenues le mois suivant pour la prochaine réunion, cette fois-ci avec un petit script pour nous présenter. Nous avons continué à participer, même pendant l'été, et à l'automne, nous comprenions de mieux en mieux chaque conversation.

En deuxième année de lycée, vers la fin du cursus de français II, on nous a proposé de faire un stage au sein de cette organisation, car les directeurs avaient remarqué notre persévérance et notre passion pour le français. Nous avons accepté avec grand plaisir et avons rapidement reçu pour mission de redonner vie au blog. Nous avons aussitôt mis en place un tout nouveau calendrier, publiant chaque semaine des articles sur une variété de sujets sélectionnés de manière rotative, de l'actualité aux personnalités historiques francophones. Nous avons écrit sur la contribution de Lafayette à la guerre d'indépendance américaine et sur la façon dont cela a façonné le monde moderne. Un autre article portait sur des expressions idiomatiques françaises telles que « haut comme trois pommes » et « tomber dans les pommes » et sur leurs origines. Le point commun à tous ces sujets est la promotion de la langue française et de la culture francophone à travers le monde. Oui, tout le monde sait que le français est parlé en France, et beaucoup savent qu'on le parle aussi au Québec, mais un grand nombre de personnes ignorent que diverses régions du monde parlent français. C'est une véritable langue mondiale, apprise et parlée par des personnes sur chacun des continents. Dès le début, nous avons voulu mettre en valeur le caractère mondial de cette langue.

Au fil du temps, un autre objectif commun nous est apparu : toucher un public avec lequel partager nos articles. Nous avons commencé à suivre le nombre de lectures de chaque article et avons essayé d'analyser ces informations pour améliorer les suivants. Pendant les premiers mois, c'était notre seule tâche : rédiger les articles et surveiller leur popularité afin de choisir les thèmes à venir. Au fur et à mesure, nous avons endossé de plus en plus de responsabilités. Aujourd'hui, quatre ans plus tard, nous rédigeons, gérons et éditons le projet. Nous continuons à créer le calendrier, à publier des articles et à éditer ceux qui ont été rédigés par d'autres stagiaires.

Cette expérience au sein du Centre franco-américain m'a montré toute la valeur de cette langue en tant que lien entre les personnes. Même si les articles que nous rédigeons sont en anglais et que la grande majorité des personnes avec lesquelles j'interagis parlent anglais, notre passion pour la promotion du français nous rassemble.

Même au début du lycée, je savais que je voulais continuer à étudier les langues. J'adorais le cours de français. J'aimais les liens que cette langue me permettait de créer avec tant d'autres personnes, même si c'était une langue que j'apprenais et non celle avec laquelle j'avais grandi. J'ai rapidement décidé que je voulais devenir professeure de langues. Mon enseignante de français a exercé une influence considérable sur mon expérience au lycée et sur la suite de ma vie, et je voulais pouvoir partager ce type d'opportunités avec la prochaine génération. Cependant, l'enseignement de l'anglais comme langue étrangère (ALE) me passionnait également.

Ces enseignants sont indispensables à nos écoles. J'ai travaillé dans une école d'été avec une élève qui ne parlait que l'espagnol. Comme j'étais l'un des rares membres du personnel à parler un peu espagnol, j'ai été chargée d'utiliser mes connaissances limitées de cette langue pour lui enseigner les mathématiques et un peu d'anglais. Le fait de travailler avec cette élève et de voir les difficultés supplémentaires auxquelles elle était confrontée, mais aussi son intelligence lorsqu'on lui donnait les outils nécessaires et l'opportunité de s'exprimer, m'a fait comprendre l'importance des enseignants ALE.

J'étais tiraillée entre mon amour pour le français et ma nouvelle passion pour l'ALE. J'ai fini par trouver un programme qui me permettait d'étudier l'ALE et la didactique du français. Je suis actuellement en deuxième année d'université, où j'étudie ces deux domaines. Quelle que soit la matière que j'enseignerai, je souhaite rapprocher les gens grâce à la langue.

L'avenir du français repose autant entre les mains des locuteurs natifs que des apprenants. En tant qu'étudiante en français, j'ai établi de nombreuses connexions grâce à cette langue et j'ai rencontré un grand nombre de personnes formidables que je n'aurais jamais connues autrement. J'espère donner la même chance à mes futurs élèves et les préparer à mieux évoluer dans un monde multilingue et multiculturel.

Afin de mieux me préparer à accompagner les élèves dans ce monde multiculturel, j'ai l'intention d'étudier à l'étranger lors des prochains semestres afin de mieux comprendre les cultures francophones. Comme beaucoup d'autres étudiants, mes choix sont limités. Je peux aller en France ou, plus difficilement, au Québec. Cependant, l'avenir du français ne réside pas seulement en France et au Québec ; plusieurs pays africains abritent à eux seuls plus de la moitié de tous les francophones. Pourtant, moi-même et beaucoup d'autres qui partageons cette langue n'avons pas la possibilité d'étudier là-bas. Nous n'avons pas la possibilité de mieux comprendre les cultures de nombreux francophones avec lesquels nous partageons cette langue.

La langue appartient à tous ceux qui la parlent, apprenants comme locuteurs natifs. De nos jours, dans le New Hampshire, le français est parlé par davantage de personnes qui l'apprennent à l'école que par des locuteurs natifs. L'avenir de notre langue repose sur l'importance accordée à l'éducation et à l'apprentissage d'une deuxième langue, ainsi que sur la possibilité offerte aux francophones de cultiver leur langue.

Conclusion :
L'histoire du français en Amérique se prolonge
Kathleen Stein-Smith et Fabrice Jaumont

Après ce voyage inspirant à travers les récits de nos auteurs, ce parcours nous invite à réfléchir à l'avenir du français et à notre rôle dans cette histoire en constante évolution. Même à notre échelle individuelle, chacun de nous peut agir pour que la langue française demeure pleinement présente dans la vie quotidienne, en lisant, en écoutant, en parlant ou en cherchant des occasions de l'utiliser avec notre famille, nos amis et notre communauté. Dans notre société de plus en plus multilingue, il n'y a jamais eu autant de façons d'intégrer le français dans notre quotidien, que ce soit à travers les réseaux sociaux, les services de streaming ou les événements culturels locaux.

Deux concepts étroitement liés, la franco-responsabilité et le franco-activisme, sont essentiels à la vitalité et à la croissance continues de la langue française et de la culture francophone aux États-Unis. La franco-responsabilité appelle ceux qui croient au rôle et à la valeur de la langue à utiliser le français autant que possible et à encourager son usage dans la vie quotidienne. S'appuyant sur cette responsabilité individuelle, le franco-activisme étend l'engagement à plus grand échelle en soutenant l'apprentissage du français et les médias francophones et en promouvant des initiatives culturelles dans les communautés locales et dans l'ensemble de la société. Pris ensemble, ces principes soulignent la nécessité d'un engagement large, voire universel, afin de préserver et de faire rayonner le français comme une langue véritablement américaine.

Sur la base de ces deux concepts, il est utile de réexaminer la franco-responsabilité et le franco-activisme en tant que principes directeurs pour quiconque attache de l'importance au dynamisme continu de la langue. À un niveau très personnel, la franco-responsabilité encourage chaque locuteur, apprenant ou amoureux de la langue à prendre grand soin du français, que ce soit en le lisant, en l'écrivant, en le parlant ou en l'employant dans des situations quotidiennes telles que des réunions de famille, des discussions en ligne ou des événements culturels. Au-delà du simple usage, ce principe implique également un dévouement à la préservation et à la célébration de la culture française. En explorant la littérature, la musique et les récits historiques en français, et en les transmettant aux nouvelles générations, nous approfondissons notre compréhension collective d'un héritage qui s'est enraciné en Amérique il y a plusieurs siècles.

Tandis que la franco-responsabilité débute à un niveau individuel, le franco-activisme étend cet engagement aux espaces communautaires. Il exhorte à mener des efforts proactifs pour organiser des événements culturels, défendre les politiques linguistiques, soutenir l'éducation bilingue et créer des environnements qui célèbrent le français. Cet activisme peut prendre de multiples formes : organisation de festivals, soutien à des groupes de conversation dans les bibliothèques locales, établissement de partenariats avec des centres communautaires ou utilisation des réseaux sociaux pour entrer en contact avec des francophones du monde entier. En participant à ces initiatives ou en les promouvant, les membres de la communauté veillent à ce que le français soit non seulement préservé, mais aussi activement partagé, forgeant ainsi de plus forts liens culturels entre les régions et les générations.

De plus, il est essentiel de réfléchir à la place du français dans un monde de plus en plus multilingue. Ceux d'entre nous qui jouent un rôle au sein de communautés et d'institutions ont à la fois l'opportunité et la responsabilité de promouvoir un environnement où l'héritage et les langues supplémentaires (y compris le français) sont accessibles dès l'enfance. Le fait de voir ces langues employées dans des contextes éducatifs, médicaux, professionnels et publics démontre qu'elles sont toujours pertinentes. Lorsque l'on enseigne aux enfants, dès leur plus jeune âge, la valeur des différentes langues et cultures, les fondements de la diversité linguistique et culturelle se renforcent, ce qui profite à la société dans son ensemble.

Apprendre les langues et préserver les langues d'héritage sont des responsabilités que nous partageons tous. Nous pouvons réaliser cet effort collectif en assurant la disponibilité de l'enseignement du français dès les premières années de l'école publique, que ce soit grâce à des programmes d'immersion ou des cours traditionnels. Les partenariats entre les établissements de la maternelle au secondaire peuvent intégrer le français dans l'ensemble du programme, permettant ainsi aux élèves d'en percevoir les applications concrètes dans des disciplines telles que l'ingénierie, le développement durable et les arts. Au-delà de l'éducation formelle, l'apprentissage communautaire des langues grâce aux bibliothèques publiques et aux organisations culturelles peut toucher les apprenants adultes, non traditionnels et intergénérationnels, à la fois en présentiel et virtuellement. Plus ces opportunités seront inclusives et accessibles, plus le français sera susceptible de prospérer.

Défendre les langues est un engagement à la fois motivé par des valeurs et des données, ancré dans la conviction que les langues ont une valeur intrinsèque et qu'elles présentent, comme le montrent de nombreuses études, de nombreux avantages, allant de l'enrichissement culturel aux opportunités économiques. La clé est une volonté d'agir : que ce soit en participant à des conversations directes, en utilisant les réseaux sociaux pour promouvoir le bilinguisme, en s'engageant bénévolement pour des programmes linguistiques communautaires ou même en militant pour une réforme politique. De cette manière, nous pouvons tous devenir des défenseurs des langues, en défendant le multilinguisme et l'usage d'autres langues aux États-Unis et au-delà. Les enseignants, en particulier, jouent un rôle crucial en promouvant leurs programmes dans les écoles, les campus et les communautés plus larges afin de maintenir et d'accroître la présence du français.

L'essentiel à retenir est que chacun de nous peut agir pour que la langue française demeure pleinement présente au quotidien. Les enseignants la promeuvent en guidant et en inspirant les apprenants dans les salles de classe ; les parents et les membres de la communauté peuvent promouvoir le français lorsqu'ils s'adressent aux conseils scolaires locaux ou aux institutions culturelles ; et les universitaires et les écrivains mettent en lumière l'histoire et la pertinence continue de la langue. Cet engagement partagé reconnaît que l'avenir du français, et de toutes les langues, repose sur chacun d'entre nous pour maintenir la langue en vie à travers nos paroles, nos actions et notre engagement.

Pour en revenir au vaste tissu de la francophonie américaine, les lecteurs ont voyagé à travers diverses régions, des enclaves franco-américaines de la Nouvelle-Angleterre et du Midwest aux communautés émergentes de la Rust Belt et du Sud. Ces témoignages révèlent la façon dont la langue et la culture s'adaptent, formant une mosaïque complexe de la vie américaine. À travers les héritages historiques et les réponses innovantes, nous voyons que le français (et ses variantes) continue d'influencer de nombreux aspects de la vie américaine, des coutumes locales et des modèles éducatifs à l'expression artistique, faisant preuve d'une résilience remarquable face à des paysages sociaux changeants.

Tous ces points de vue convergent vers une même idée : la francophonie est un phénomène dynamique formé d'innombrables voix. Elle n'est pas simplement l'écho d'ambitions coloniales, mais une ressource vivante et flexible qui résonne auprès de locuteurs issus de différents milieux. Qu'il s'agisse des Franco-Américains redécouvrant leur héritage ou des communautés haïtiennes et sénégalaises rapprochant leurs expériences transatlantiques, chaque récit réaffirme l'idée que la langue demeure une force transformatrice capable de forger de nouvelles identités et de nouveaux liens aux États-Unis.

L'un des points les plus intéressants qui se dégage de ces réflexions est la nécessité de remettre en question les définitions restrictives de la francophonie. La langue française en Amérique ne se limite pas à une tradition ou une région unique, se révélant au contraire comme une mosaïque qui associe des fondations historiques à des réalités contemporaines. Par exemple, des enclaves durables en Nouvelle-Angleterre et dans le Midwest préservent la langue à travers les traditions familiales, l'architecture et les pratiques communautaires. Cependant, loin d'être statiques, ces communautés réinterprètent et revitalisent continuellement leur héritage culturel, mêlant le français ancestral à de nouvelles expériences linguistiques pour former des identités hybrides reflétant à la fois le passé et l'avenir.

On observe cette même capacité d'adaptation dans les communautés diasporiques, dont les membres ont apporté le français (et souvent le créole) à de nouveaux endroits. Les enclaves haïtiennes et sénégalaises sont des exemples de résilience et d'ingéniosité, utilisant le français comme un moyen essentiel de communication, d'expression culturelle et de construction identitaire. Dans ces contextes, le français et ses variantes ne servent pas seulement d'outils linguistiques, mais aident aussi à conserver la mémoire historique et à ancrer un sentiment d'appartenance. En illustrant le lien entre la mémoire et l'innovation visionnaire, ces récits montrent que la francophonie est bien vivante, sans cesse redéfinie par chaque nouvelle génération.

Au fil de ces témoignages, l'éducation ressort comme un axe clé du renouveau. Des programmes bilingues et d'immersion innovants, allant du cadre de la petite enfance aux cursus universitaires, offrent aux apprenants l'opportunité de s'initier au français en lien avec d'autres disciplines, telles que l'ingénierie, le développement durable et les arts. En mettant l'accent sur les applications pratiques dans le monde réel, ces initiatives veillent à ce que le français reste pertinent et intéressant pour les nouvelles générations. Elles soulignent également la possibilité d'établir une passerelle entre héritage et modernité, mêlant les pratiques culturelles locales à des méthodologies prospectives.

Pourtant, comme nous le rappellent de nombreux contributeurs, l'éducation ne s'arrête pas à la porte des salles de classe. Les centres culturels, les festivals et les rassemblements communautaires jouent également un rôle essentiel pour faire vivre la francophonie. Ils soulignent l'importance de la créativité dans la préservation d'une langue, en faisant découvrir des traditions telles que la musique cadienne et créole à un public international. Ces expressions culturelles relient des héritages ancestraux à des moments contemporains, préservant le passé tout en encourageant de nouvelles formes d'expérimentation artistique.

Bien sûr, toute discussion sincère au sujet de la francophonie aborde nécessairement les défis : l'assimilation linguistique, la baisse des inscriptions dans les programmes d'héritage, et la marginalisation sociopolitique sont des obstacles de taille. Pourtant, l'optimisme qui imprègne ces récits est puissant. Grâce à leur résilience, à leurs traditions culturelles inventives, à leur activisme local et à de nouveaux modèles éducatifs, les communautés ouvrent des voies qui permettent non seulement la survie du français, mais aussi son évolution. Malgré les pressions, la francophonie continue d'inspirer et d'unir à travers les générations et les régions.

Le pouvoir de l'engagement communautaire est un autre thème majeur. Les dirigeants et les praticiens de la culture de tous les quartiers (des quartiers historiques de la Nouvelle-Angleterre aux villes post-industrielles de la Rust Belt) forment des alliances qui transcendent les fossés linguistiques et culturels. Les centres communautaires organisent des groupes de discussion, des lectures bilingues et des soirées à micro ouvert (open mic), combinant tradition et enjeux contemporains. Ces projets locaux montrent que la langue prospère là où il existe une énergie créative, un soutien mutuel et un désir collectif de créer des espaces inclusifs.

Plusieurs questions clés se posent en ce qui concerne l'avenir : que signifie être francophone dans une société majoritairement anglophone ? Comment les programmes de langue d'héritage peuvent-ils rester pertinents et accessibles à des populations de plus en plus diversifiées ? Et quelles stratégies à long terme permettront de protéger le patrimoine culturel lié au français pour les générations futures ? Bien qu'il n'y ait pas de réponse facile, on entend clairement un appel à élargir la définition de la francophonie. Une telle approche inclusive permet, plutôt que de déplorer l'assimilation comme quelque chose d'inévitable, de saisir les possibilités infinies qui émergent lorsque le français aux États-Unis est reconnu comme une langue vivante et en constante évolution.

L'éducation, l'expression artistique et l'engagement communautaire forment un système de renouvellement, capable d'inverser la marginalisation linguistique grâce à la pollinisation croisée des idées et des ressources. L'intégration des pratiques culturelles locales dans les modèles éducatifs stimule l'apprentissage des langues, rendant ce dernier plus concret et intéressant pour les élèves. En parallèle, les festivals et les événements culturels qui juxtaposent les récits historiques à de nouvelles formes d'expression artistique créent une continuité entre tradition et innovation, garantissant ainsi que la culture française reste à la fois pertinente et bien enracinée.

Un soutien externe apporté par des politiques publiques, des financements et des partenariats internationaux peut également renforcer la présence de la francophonie aux États-Unis. De nombreux contributeurs appellent à des investissements stratégiques dans les programmes de langues d'héritage, soulignant les avantages sociaux, économiques et diplomatiques d'une population francophone dynamique. Considérer le français comme une ressource culturelle et économique majeure change son image, passant d'une relique du passé à un catalyseur d'engagement mondial, d'initiatives entrepreneuriales et de collaborations interculturelles.

Des universitaires, des pédagogues, des artistes et des acteurs communautaires s'unissent dans ces pages pour offrir leurs perspectives personnelles, souvent ancrées dans les histoires familiales, les expériences diasporiques et les pratiques pédagogiques innovantes. Leurs voix montrent comment chaque génération redéfinit la francophonie, ajoutant de nouveaux chapitres à une histoire vieille de plusieurs siècles. Loin d'être statique, le français reste en dialogue avec les réalités contemporaines, les contextes mondiaux et les esprits créatifs qui s'en emparent.

Si les héritages historiques ont une grande importance, le message pour demain est tout aussi crucial : préserver et étendre la francophonie est à la fois un impératif culturel et une stratégie prospective. Les changements démographiques, les nouvelles vagues migratoires et les contextes sociaux changeants requièrent une approche flexible et inclusive. En célébrant tout le spectre de l'expression française, des chorales paroissiales traditionnelles des petites villes au kaléidoscope linguistique des salles de classe urbaines, nous voyons que la langue ne cesse de s'adapter, demeurant une source de renouveau et d'inspiration.

En fin de compte, l'avenir du français aux États-Unis repose sur les décisions conscientes prises par les communautés, les institutions et les individus. Nos efforts communs pour parler, enseigner et innover en français permettent de maintenir et de redéfinir son importance culturelle. Ici, la notion de « conversation en cours » est centrale : en choisissant activement le français dans nos foyers, nos écoles, nos lieux de travail et nos espaces sociaux, nous confirmons sa pertinence durable et son pouvoir fédérateur.

Les récits présentés dans ces pages sont un appel à l'action, soulignant la nécessité de combiner la collaboration, la créativité et le dévouement pour revitaliser la francophonie. Les pédagogues peuvent concevoir des programmes d'études davantage inclusifs et tournés vers l'avenir ; les organisateurs communautaires peuvent préserver les traditions culturelles tout en adoptant de nouvelles influences ; les décideurs politiques peuvent mettre en place des mesures facilitant l'accès à la langue ; et les artistes peuvent imaginer de nouvelles expressions de la culture française. Chaque effort contribue à faire en sorte que le français demeure une force vivante, façonnant notre avenir collectif.

Ce voyage à travers la francophonie est à la fois source de défis et d'inspiration. Il révèle la façon dont les communautés s'adaptent, affrontent des obstacles et puisent dans leurs ressources culturelles pour rester dynamiques. En écoutant un large panel de voix (des enclaves franco-américaines historiques aux diasporas nouvellement arrivées), nous constatons que la langue n'est pas qu'un moyen de communication : elle incarne l'identité, la mémoire et les aspirations. Aujourd'hui, alors que nous nous trouvons au carrefour de l'héritage du passé et des possibilités futures, les fils divers de la francophonie s'entremêlent pour tisser la résilience, l'imagination et la solidarité.

Puissent ces réflexions servir à la fois de catalyseur et d'invitation pour tous ceux qui reconnaissent le pouvoir fédérateur de la diversité linguistique et culturelle. L'histoire de la francophonie en Amérique n'est pas terminée : elle se renouvelle chaque fois que nous choisissons de parler, de créer et d'interagir en français. En la faisant progresser ensemble, nous célébrons un héritage vivant, porteur d'un immense potentiel pour façonner et enrichir notre avenir commun. En somme, l'avenir du français autour de nous dépend de chacun de nous, de notre engagement et de notre capacité à faire vivre cet héritage riche de promesses infinies.

Postface

Son Excellence Ifigeneia Kontoleontos, Directrice générale des organisations internationales, de la sécurité internationale et de la coopération au ministère des Affaires étrangères de la République hellénique, ancien observateur permanent de l'Organisation internationale de la Francophonie (OIF) auprès des Nations Unies

La francophonie aux États-Unis est une mosaïque dynamique, où se mêlent un riche héritage historique et d'audacieuses aspirations futures. Nous contemplons ce paysage d'un œil optimiste. Dans ce deuxième volume, *Le français autour de nous : La francophonie aux États-Unis, héritage et perspectives d'avenir*, l'exploration qui avait été débutée dans le premier volume se poursuit et s'approfondit, mettant en lumière la manière dont la francophonie sur le sol américain a évolué et s'est diversifiée.

Ce livre souligne une caractéristique essentielle de la francophonie : sa diversité. Aux États-Unis, cette diversité a de multiples origines : du Québec, de la Louisiane et de l'Acadie aux Caraïbes, à l'Afrique et ailleurs. Une telle richesse linguistique et culturelle est un véritable atout, que l'Organisation internationale de la Francophonie est déterminée à promouvoir et à préserver. Depuis sa création à New York en 1995, la Représentation de l'OIF auprès des Nations Unies a grandement contribué à mettre en valeur la diversité et la solidarité des communautés francophones. Elle est très active au sein des Nations Unies et son travail considérable est encore amplifié par les partenariats établis dans le monde de la culture et de l'éducation. En 2023, sous la direction de la secrétaire générale de la Francophonie, Louise Mushikiwabo, une autre étape importante a été franchie avec la création d'une Représentation de l'OIF pour les Amériques, basée au Québec. Cette nouvelle présence renforce l'ancrage de l'Organisation dans les Amériques et consolide les liens entre les régions francophones, du Canada à l'Amérique du Sud.

Les contributions rassemblées dans ce volume sont d'une qualité remarquable. Elles portent un regard neuf sur des aspects essentiels de l'usage de la langue française aux États-Unis, dans les domaines de l'éducation (de l'école élémentaire aux programmes universitaires), de la culture et des arts, du rôle indispensable des communautés et de la société civile, ainsi que de l'importance de la transmission intergénérationnelle de la langue. J'adresse mes sincères remerciements à tous les coauteurs pour avoir partagé leurs expériences et leurs points de vue. Ils nous rappellent que le français reste une langue vivante aux États-Unis, une langue qui unit et inspire. Même si cet héritage est précieux, il est aussi fragile. Son avenir dépend de notre dévouement collectif, y compris celui des institutions politiques, de la société civile et de tous les autres acteurs de la francophonie. Grâce à une collaboration étroite entre ces différents acteurs, nous pouvons assurer une francophonie dynamique et durable aux États-Unis. Nous sommes pleinement investis dans cette mission et nous y œuvrons chaque jour.

Annexe

Tableau 1 : Nombre de personnes parlant français à la maison, classement par État de 2015 à 2023

Les États sont classés par ordre décroissant selon le nombre de personnes parlant français à la maison en 2023.

États	2015	2016	2017	2018	2019	2020	2021	2022	2023
New York	134 768	143 251	126 476	145 979	112 415	129 735 *	132 797	142 480	134 108
Californie	130 605	131 901	132 930	123 226	123 607	129 503 *	126 371	129 585	127 674
Floride	121 635	105 816	110 117	102 143	101 296	105 110 *	103 125	104 481	106 907
Texas	72 224	74 430	63 666	77 739	76 884	74 893 *	71 795	92 675	75 976
Maryland	52 702	51 994	57 705	60 237	56 182	69 974 *	57 606	52 848	69 974
Louisiane	98 270	87 771	87 004	77 066	72 567	58 157 *	60 593	64 302	58 157
Massachusetts	58 206	50 585	56 693	52 086	49 442	76 909 *	42 251	44 129	41 957
Géorgie	46 974	40 635	35 488	36 825	37 861	36 777 *	33 248	45 029	36 777
New Jersey	37 179	33 001	34 879	42 857	36 615	35 687 *	32 944	29 201	35 741
Illinois	39 313	36 612	34 441	32 783	34 281	35 390 *	38 133	34 573	34 463
Virginie	28 867	34 265	35 823	35 316	33 050	34 352 *	35 106	30 101	34 079
Pennsylvanie	39 239	40 993	37 441	35 229	35 769	36 571 *	35 008	34 984	33 349
Caroline du Nord	25 287	28 212	30 182	27 652	30 004	29 939 *	35 604	32 522	32 501
Maine	41 664	38 695	37 126	35 752	34 473	31 675 *	33 580	32 665	31 675
Ohio	24 900	24 012	24 785	27 702	27 884	26 457 *	27 200	30 013	27 390
Connecticut	24 269	24 959	19 420	26 330	21 757	23 056 *	18 990	20 545	24 269
Arizona	18 818	16 405	15 109	17 414	15 432	16 567 *	16 691	18 573	22 884
Washington	22 700	20 083	24 532	23 834	24 466	24 141 *	27 556	27 400	20 845
Michigan	19 343	21 895	22 397	21 009	20 066	21 522 *	17 894	24 852	19 053
Colorado	16 507	19 423	16 844	19 690	18 294	18 965 *	17 409	24 969	18 818
Indiana	8 171	10 728	10 970	12 801	14 199	18 120 *	19 989	19 818	18 120
New Hampshire	20 070	17 985	17 658	17 102	18 153	17 619 *	16 958	15 231	14 250
Minnesota	16 108	14 075	14 665	16 672	14 760	16 288 *	17 960	16 229	13 702
Caroline du Sud	11 484	11 482	10 609	10 772	10 946	10 970 *	10 948	10 143	12 007
Missouri	10 932	11 814	10 008	12 330	10 474	11 836 *	14 217	10 769	11 690
Tennessee	14 280	10 870	8 331	9 806	11 182	10 625 *	10 258	12 798	11 629
Kentucky	6 027	6 065	9 921	6 627	9 855	9 006 *	9 790	8 158	11 182

Suite page suivante

État	2015	2016	2017	2018	2019	2020	2021	2022	2023
District de Columbia	9 527	8 841	7 273	9 079	8 516	8 372 *	7 779	8 505*	11 081
Wisconsin	9 562	11 566	7 260	8 974	7 730	8 926 *	7 297	8 546	9 165
Utah	8 684	6 228	6 980	7 827	9 323	7 380 *	7 790	7 570	9 088
Nevada	9 117	7 934	7 897	9 726	8 713	8 661 *	7 205	7 769	8 727
Oregon	10 941	8 263	12 399	10 656	11 924	12 250 *	10 471	12 163	8 568
Iowa	6 182	4 976	6 908	9 773	9 157	8 256 *	7 025	7 263	8 567
Rhode Island	9 818	8 530	9 325	10 732	9 406*	9 545 *	7 244	6 896	8 352*
Vermont	8 855	8 508	8 558	8 371	8 385	8 338 *	8 356	8 196	8 124
Nebraska	3 704	4 145	4 147	3 623	3 673	4 660 *	5 668	3 663	6 086
Alabama	6 307	6 110	7 873	8 255	5 805	6 543 *	5 673	5 203	5 569
Oklahoma	4 098	4 244	5 970	4 886	5 846	5 467 *	4 879	3 867	4 635
Kansas	4 971	4 487	3 695	3 961	4 716	3 976 *	3 254	4 884	4 576
Nouveau-Mexique	5 427	5 118 *	5 041 *	4 580	4 030	4 040 *	4 014 *	2 066	4 212
Mississippi	3 889 *	3 983	3 758 *	3 452 *	3 876 *	3 969 *	3 771 *	3 585 *	3 842 *
Delaware	3 625	1 655	2 591	2 529 *	4 463	3 257 *	2 471	4 560	3 344
Hawaï	2 048	3 377 *	3 434 *	3 285 *	3 307 *	3 827 *	3 944 *	3 774 *	3 279 *
Arkansas	2 999	2 308	2 890 *	4 260	3 438 *	3 127 *	3 603 *	3 170 *	3 011
Idaho	3249 *	3 111 *	3 054 *	2 972 *	2 675 *	3 135 *	3 057 *	2 755	2 986
Alaska	1 402	2 365 *	2 034 *	1 969 *	1 664 *	2 100 *	2 115 *	2 114 *	2 109 *
Dakota du Nord	1 165	1 471 *	1 709 *	2 122 *	2 012 *	2 087 *	2 039 *	2 248 *	1 940 *
Montana	1 764	1 770 *	1 797 *	1 983 *	1 955 *	1 763 *	1 880 *	1 920 *	1 905 *
Virginie-Occidentale	2 768 *	2 389 *	2 300 *	2 194 *	2 538 *	2 367 *	2 225 *	2 032 *	1 873 *
Porto Rico	1 320 *	1 186 *	1 178 *	1 224 *	1 131 *	1 067 *	1 193 *	1 509 *	1 291 *
Wyoming	1 007 *	1 159 *	1 292 *	1 328 *	1 131 *	1 072 *	1 155 *	976 *	1 171 *
Dakota du Sud	928 *	846 *	906 *	900 *	1 140 *	1 174 *	955 *	904 *	1 020 *
Total États-Unis	1 263 899	1 222 527	1 205 489	1 235 640	1 178 468	1 235 203	1 179 084	1 225 211	1 203 705

Tableau 1. Nombre de personnes parlant français à la maison, par État et par année, de 2015 à 2023. Number of French speakers at home, by state and year, 2015–2023. Source : American Community Survey, *Languages Spoken at Home for the Population 5 Years and Over* (Langues parlées à la maison par la population âgée de 5 ans et plus), 2015–2023. Jaumont, F. et Tabusse, M., « La francophonie aux États-Unis : les origines historiques, la diversité culturelle et les perspectives. » Les estimations marquées d'un astérisque correspondent à des estimations sur cinq ans. Les autres correspondent à des estimations sur un an. Les estimations sur cinq ans sont présentées dans ce tableau lorsque celles sur un an ne sont pas disponibles pour l'État et l'année concernés dans l'enquête de l'American Community Survey.

Tableau 2 : Nombre de personnes parlant français à la maison dans les grandes villes américaines en 2015, 2019 et 2023

Ville	2015	2019	2023
New York (État de New York)	84 762	71 783	88 631
Los Angeles (Californie)	25 378	20 969	21 845
Houston (Texas)	13 722	13 581	14 360
Washington (district de Columbia)	9 527	9 079	11 081
San Francisco (Californie)	10 555	7 608	10 460
Chicago (Illinois)	13 188	12 530	10 179
Philadelphie (Pennsylvanie)	8 008	8 449	8 342
Dallas (Texas)	3 633	5 952	5 602
Phoenix (Arizona)	4 193	2 195	5 369
Austin (Texas)	4 070	5 195	5 203
Seattle (État de Washington)	3 498	4 370	4 195
Baltimore (Maryland)	4 163 *		
La Nouvelle-Orléans (Louisiane)	3 963 *		
Jacksonville (Floride)	2 916 *		

Tableau 2. Nombre de personnes parlant français à la maison dans les grandes villes américaines en 2015, 2019 et 2023. Source : American Community Survey, *Languages Spoken at Home for the Population 5 Years and Over* (Langues parlées à la maison par la population âgée de 5 ans et plus), estimations annuelles pour les années 2015, 2019 et 2023. Jaumont, F. et Tabusse, M., « La francophonie aux États-Unis : les origines historiques, la diversité culturelle et les perspectives. » Les estimations pour Baltimore, New Orleans et Jacksonville ne sont disponibles dans l'enquête de l'American Community Survey que pour les années antérieures à 2015, sous forme d'estimations sur cinq ans.

Tableau 3 : Les 10 États comptant le plus de personnes d'ascendance française ou franco-canadienne en 2023

État	Ascendance française	Ascendance franco-canadienne
Californie	492 485	68 468
Massachusetts	309 937	197 187
Floride	397 759	104 173
Louisiane	423 868	71 889
Texas	417 355	57 557
Michigan	295 679	116 743
New York	313 257	87 242
New Hampshire	132 567	100 347
Maine	143 318	81 764
Connecticut	133 400	82 162

Tableau 3. Les 10 États comptant le plus de personnes d'ascendance française ou franco-canadienne en 2023. Source : American Community Survey, *People Reporting Ancestry* (Personnes déclarant une ascendance), estimations sur cinq ans, données de 2023. Jaumont, F. et Tabusse, M., « La francophonie aux États-Unis : les origines historiques, la diversité culturelle et les perspectives. »

Tableau 4 : Personnes déclarant une ascendance française ou franco-canadienne par État américain en 2023.

État	Ascendance française	Ascendance franco-canadienne
Alabama	55 143	7 408
Alaska	13 371	4 842
Arizona	132 793	28 067
Arkansas	35 844	4 267
Californie	492 485	68 468
Colorado	131 984	23 463
Connecticut	133 400	82 162
Delaware	12 220	3 034
District de Columbia	12 502	2 779
Floride	397 759	104 173
Géorgie	112 967	21 532
Hawaï	18 510	2 441
Idaho	37 084	8 985
Illinois	170 052	27 065
Indiana	109 820	14 186
Iowa	48 140	6 125
Kansas	55 034	6 885
Kentucky	59 238	7 855
Louisiane	423 868	71 889
Maine	143 318	81 764
Maryland	73 144	14 788
Massachusetts	309 937	197 187
Michigan	295 679	116 743
Minnesota	142 443	42 491
Mississippi	48 504	5 847
Missouri	137 016	12 774
Montana	29 438	6 659
Nebraska	33 618	4 407

Suite page suivante

État	Ascendance française	Ascendance franco-canadienne
Nevada	49 207	10 917
New Hampshire	132 567	100 347
New Jersey	81 319	16 937
Nouveau-Mexique	27 259	4 842
New York	313 257	87 242
Caroline du Nord	142 501	30 185
Dakota du Nord	19 069	5 375
Ohio	186 357	20 482
Oklahoma	51 113	5 766
Oregon	93 856	21 625
Pennsylvanie	157 163	25 048
Porto Rico	2 077	193
Rhode Island	76 199	37 400
Caroline du Sud	82 685	16 350
Dakota du Sud	16 378	3 074
Tennessee	92 841	14 380
Texas	417 355	57 557
Utah	46 429	7 060
Vermont	58 487	46 459
Virginie	118 898	28 529
Washington	170 907	32 049
Virginie-Occidentale	20 461	2 257
Wisconsin	144 991	38 810
Wyoming	13 859	2 348
Total États-Unis	**6 180 546**	**1 593 548**

Tableau 4. Personnes déclarant une ascendance française ou franco-canadienne, par État américain, en 2023. Source : American Community Survey, *People Reporting Ancestry* (Personnes déclarant une ascendance), estimations sur cinq ans, données de 2023.Jaumont, F. et Tabusse, M., « La francophonie aux États-Unis : les origines historiques, la diversité culturelle et les perspectives ».

Tableau 5 : Nombre de résidents des États-Unis nés dans un pays francophone, données de 2023

Pays	Résidant aux États-Unis[1]	% de L.F.[2]	L.F. au États-Unis[3]
Bénin		34%	
Burkina Faso		24%	
Burundi		9%	
Cap-Vert	31 441	11%	3 459
Cameroun	90 749	41%	37 207
République centrafricaine		29%	
Comores		26%	
République du Congo	43 066	61%	26 270
Côte d'Ivoire	25 426	34%	8 644
Djibouti		50%	
RDC	62 547	50%	31 274
Gabon		65%	
Gambie		20%	
Ghana	241 477	1%	2 415
Guinée		27%	
Guinée-Bissau		15%	
Guinée équatoriale		29%	
Madagascar		26%	
Mali		17%	
Maurice		73%	
Mauritanie		13%	
Mozambique		0,3%	
Niger		13%	
Rwanda		6%	
Sao Tomé-et-Principe		20%	
Sénégal	28 581	26%	7 431
Togo	36 951	41%	15 149
Tchad		13%	

Suite page suivante

Pays	Résidant aux États-Unis[1]	% de L.F.[2]	L.F. au États-Unis[3]
Andorre		70%	
Albanie	106 957	1%	1 070
Arménie	104 153	0,3%	312
Autriche	37 929	13%	4 931
Belgique	32 883	76%	24 991
Bosnie-Herzégovine	104 381	1%	1 044
Bulgarie	70 801	2%	1 416
Chypre		7%	
Croatie	36 087	2%	722
Estonie		1%	
France	187 003	97%	181 392
Géorgie	32 353	0,4%	129
Grèce	113 433	7%	7 940
Hongrie	62 703	1%	627
Irlande	117 219	13%	15 238
Kosovo		1%	
Lettonie	20 081	1%	201
Luxembourg		92%	
Macédoine du Nord	29 314	2%	586
Moldavie	47 498	1%	475
Monténégro		2%	
Pologne	382 844	3%	11 485
République tchèque		2%	
Roumanie	152 470	12%	18 296
Serbie	39 571	4%	1 582
Slovaquie		2%	
Slovénie		2%	
Suisse	40 589	67%	27 194
Ukraine	468 780	0,1%	469

Suite page suivante

1. La seconde colonne indique le nombre de résidents des États-Unis nés dans le pays correspondant indiqué dans la colonne 1. Source : American Community Survey, *Place of Birth of the Foreign-Born Population in the USA in 2023* (Lieu de naissance des personnes nées à l'étranger vivant aux États-Unis en 2023), estimations sur un an, données de 2023.

Pays	Résidant aux États-Unis[1]	% de L.F.[2]	L.F. au États-Unis[3]
Égypte	225 665	3%	6 770
Émirats arabes unis	26 444	3%	793
Liban	146 143	38%	55 534
Maroc	109 370	36%	39 373
Tunisie		52%	
Haïti	777 845	42%	326 695
Canada	828 396	29%	240 235
Cambodge	151 167	3%	4 535
Laos	161 116	3%	4 833
Thaïlande	252 628	1%	2 526
Vietnam	1 365 841	1%	1 366
Algérie	42 129	33%	13 903
Allemagne	520 418	15%	78 063
Colombie	1 049 821	0,01%	105
Danemark	25 005	8%	2 000
Espagne	126 067	12%	15 128
Finlande		8%	
Israël	133 393	6%	8 004
Italie	295 000	20%	59 000
Norvège	21 321	3%	640
Pays-Bas	82 469	19%	15 669
Portugal	160 729	25%	40 182
Royaume-Uni	693 465	16%	110 954
Russie	415 809	0,4%	1 663
Suède	43 413	8%	3 473

Tableau 5. Nombre de résidents des États-Unis nés dans un pays francophone, données de 2023.Jaumont, F. et Tabusse, M., « La francophonie aux États-Unis : les origines historiques, la diversité culturelle et les perspectives. »

2. Pourcentage de personnes parlant français dans un pays donné. Source : Marcoux, R. ; Richard, L. ; et Wolff, A., *Estimation des populations francophones dans le monde en 2022. Sources et démarches méthodologiques*, Québec, 2022, Observatoire démographique et statistique de l'espace francophone, Université Laval.

3. Les calculs des auteurs reposent sur un postulat à considérer avec prudence, selon lequel le pourcentage de locuteurs du français parmi les résidents américains nés dans un pays donné est sensiblement équivalent à celui observé dans ce même pays.

Tableau 6 : Classement par ordre alphabétique des Alliances Françaises aux États-Unis

Alliance Française d'Aiken	*Caroline du Sud*
Alliance Française d'Albuquerque	*Nouveau-Mexique*
Alliance Française d'Annapolis	*Maryland*
Alliance Française d'Atlanta	*Géorgie*
Alliance Française d'Austin	*Texas*
Alliance Française de Baltimore	*Maryland*
Alliance Française de Berkeley	*Californie*
Alliance Française de Birmingham	*Alabama*
Alliance Française de Boise	*Idaho*
Alliance Française de Bonita Springs	*Floride*
French Library : Alliance Française de Boston & Cambridge	*Massachusetts*
Alliance Française de Buffalo	*New York*
Alliance Française de Central Iowa	*Iowa*
Alliance Française de Charleston	*Caroline du Sud*
Alliance Française de Charlotte	*Caroline du Nord*
Alliance Française de Charlottesville	*Virginie*
Alliance Française de Chicago	*Illinois*
Alliance Française de Cincinnati	*Ohio*
Alliance Française de Columbia	*Caroline du Sud*
Alliance Française de Columbus	*Ohio*
Alliance Française de Dallas	*Texas*
Alliance Française de Denver	*Colorado*

Alliance Française de Détroit (French Institute of Michigan)	*Michigan*
Alliance Française de Doylestown & Bucks County	*Pennsylvanie*
Alliance Française de DuPage	*Illinois*
Alliance Française d'El Paso	*Texas*
Alliance Française de Frederick	*Maryland*
Alliance Française de Fresno	*Californie*
Alliance Française de Gainesville	*Floride*
Alliance Française de Grand Rapids	*Michigan*
Alliance Française de Greater Orlando	*Floride*
Alliance Française de Grand Phoenix	*Arizona*
Alliance Française de Greenwich	*Connecticut*
Alliance Française de Grosse Pointe	*Michigan*
Alliance Française de Hartford	*Connecticut*
Alliance Française de Hawaii	*Hawaï*
Alliance Française de Houston	*Texas*
Alliance Française d'Indianapolis	*Indiana*
Alliance Française de Jackson	*Mississippi*
Alliance Française de Jacksonville	*Floride*
Alliance Française de Kalamazoo	*Michigan*
Alliance Française de Kansas City	*Kansas*
Alliance Française de Knoxville	*Tennessee*
Alliance Française de Lafayette	*Louisiane*
Alliance Française de la région du lac Champlain	*Vermont*
Alliance Française de Las Vegas	*Nevada*
Alliance Française de Lansing (Michigan Capital Area)	*Michigan*
Alliance Française de Los Angeles	*Californie*
Alliance Française de Louisville	*Kentucky*

Alliance Française de Lynchburg	*Virginie*
Alliance Française du Maine	*Maine*
Alliance Française de Manchester (Centre Franco-American)	*New Hampshire*
Alliance Française de Memphis	*Tennessee*
Alliance Française de Miami Metro	*Floride*
Alliance Française de Milwaukee	*Wisconsin*
Alliance Française de Minneapolis	*Minnesota*
Alliance Française de Mobile	*Alabama*
Alliance Française de Montclair	*New Jersey*
Alliance Française de Monterey	*Californie*
Alliance Française de Napa Valley	*Californie*
Alliance Française de Naples	*Floride*
Alliance Française de Nashville	*Tennessee*
Alliance Française de New Haven	*Connecticut*
Alliance Française de New Orleans	*Louisiane*
Alliance Française de New York (L'Alliance New York)	*New York*
Alliance Française de Newport	*Rhode Island*
Alliance Française de Norfolk (Hampton Roads)	*Virginie*
Alliance Française de North Shore	*Illinois*
Alliance Française de Northwestern Connecticut	*Connecticut*
Alliance Française d'Oklahoma City	*Oklahoma*
Alliance Française d'Omaha	*Nebraska*
Alliance Française de Pasadena	*Californie*
Alliance Française de Philadelphie	*Pennsylvanie*
Alliance Française de Piedmont	*Caroline du Sud*
Alliance Française de Pittsburgh	*Pennsylvanie*
Alliance Française de Portland	*Oregon*

Alliance Française de Princeton	*New Jersey*
Alliance Française de Providence	*Rhode Island*
Alliance Française de Raleigh-Durham-Chapel Hill	*Caroline du Nord*
Alliance Française de Reno	*Nevada*
Alliance Française de Richmond	*Virginie*
Alliance Française de la Riviera Californienne	*Californie*
Alliance Française de Rochester	*New York*
Alliance Française de Sacramento	*Californie*
Alliance Française de Saint Joseph (Missouri Western State College)	*Missouri*
Alliance Française de Saint Louis	*Missouri*
Alliance Française de Salt Lake City	*Utah*
Alliance Française de San Antonio	*Texas*
Alliance Française de San Diego	*Californie*
Alliance Française de San Francisco	*Californie*
Alliance Française de San Juan	*Porto Rico*
Alliance Française de Santa Rosa	*Californie*
Alliance Française de Sarasota	*Floride*
Alliance Française de Seattle	*Washington*
Alliance Française de Silicon Valley	*Californie*
Alliance Française de Tallahassee	*Floride*
Alliance Française de Toledo	*Ohio*
Alliance Française de Topeka	*Kansas*
Alliance Française de Tucson	*Arizona*
Alliance Française de Tulsa	*Oklahoma*
Alliance Française de Washington DC	*DC*
Alliance Française de Westchester	*New York*

Total : 102 à la date du 11/03/2025

Références

Adichie, C. N. (2009). *The danger of a single story* [Vidéo]. TED Conferences.

Adichie, C. N. (2016). *Le danger d'une histoire unique*. Facing History & Ourselves.

American Community Survey (ACS). (2010). *Language use in the United States: American Community Survey reports*. Bureau du recensement des États-Unis.

American Community Survey (ACS). (2012). *Statistical abstract of the United States: Higher education enrollment in languages other than English (1970 to 2009)*. Bureau du recensement des États-Unis.

American Community Survey (ACS). (2015). *1-Year Estimates: People Reporting Ancestry*. Bureau du recensement des États-Unis.

American Community Survey (ACS). (2019). *Demographic data on ancestry origins and languages spoken at home*. Bureau du recensement des États-Unis.

American Community Survey (ACS). (2023a). *1-year estimates: Detailed languages spoken at home by English-speaking ability for the population 5 years and over*. Bureau du recensement des États-Unis.

American Community Survey (ACS). (2023b). *People reporting ancestry*. Bureau du recensement des États-Unis.

American Community Survey (ACS). (2023c). *Place of birth of the foreign-born population in the United States: France*. Bureau du recensement des États-Unis.

American Community Survey (ACS). (2023d). *1-year estimates: People reporting ancestry*. Bureau du recensement des États-Unis.

American Community Survey (ACS). (2023e). *2023 American Community Survey, 1-year estimates, people reporting ancestry*. Bureau du recensement des États-Unis.

Ancelet, B. (1988). A perspective on teaching the « problem language » in Louisiana. *The French Review, 61*(3), 345–356.

Ancelet, B. J. (2007). Negotiating the mainstream: The Creoles and Cajuns in Louisiana. *The French Review, 80*(6), 1235–1255.

AXIS International Academy. (2024). *History of AXIS – About – AXIS International Academy*. [Site web : axiscolorado.org]

Bâ, M. (1981). *So long a letter*. Heinemann.

Baudry, R. (1998). *Graal et littérature d'aujourd'hui*. Terre de Brume.

Baudry, R. (2008). *Le mythe de Merlin*. Terre de Brume.

Bélanger, D. C. *Franco-Americans, the Sentinelle Affair and Quebec*. Quebec History, Marianopolis College.

Bélanger, D. C. *French Canadian emigration to the United States 1840–1930*. Quebec History, Marianopolis College.

Bishop O'Leary to officiate at Leominster dedication, Sunday Telegram (Worcester), 9 septembre, 1934. (n.d.). [Article de journal, auteur non référencé]

Blanquer, J.-M. (n.d.). *Recommandations pédagogiques*. Ministère de l'Éducation Nationale, de l'Enseignement supérieur et de la Recherche.

Blyth, C. (1998). The sociolinguistic situation of Cajun French: The effects of language shift and language loss. In A. Valdman (Ed.), *French and Creole in Louisiana* (pp. 25–46). Plenum Press.

Bodanza, M. C. (2019). *Risk takers & history makers: The story of Leominster*. North Hill Press.

Bosman, J. (2007, 22 août). French gains foothold on New York City's dual-language map. *The New York Times*.

Bourdieu, P. (1984). *Distinction: A social critique of the judgment of taste* (R. Nice, Trans.). Harvard University Press. (Œuvre originale publiée en 1979)

Bourdieu, P., & Passeron, J.-C. (1964). *Les héritiers : Les étudiants et la culture*. Les Éditions de Minuit.

Boxberger, A. M., & Brasseaux, E. (2023). Overview of the FY 24 executive budget. Louisiana Legislative Fiscal Office.

Brasseaux, C. (2005). *French, Cajun, Creole, Houma: A primer on Francophone Louisiana*. Louisiana State University Press.

Brault, G. (1986). *The French-Canadian heritage in New England*. University Press of New England.

Brothers, T. (2006). *Louis Armstrong's New Orleans*. Norton.

Brunot, F. (1936). *La pensée et la langue : Méthode, principes et plan d'une théorie nouvelle du langage appliquée au français*. Masson et Cie.

Caldwell, W. (2007). Taking Spanish outside the box: A model for integrating service learning into foreign language study. *Foreign Language Annals, 40*(3), 463–471.

Camus, A. (1972). *La chute.* Gallimard. (Œuvre originale publiée en 1956)

Candelier, M. (n.d.). « La didactique intégrée des langues – apprendre une langue avec d'autres langues ? ». Association pour le Développement de l'Enseignement Bi/plurilingue.

Cartier, A. (1999). *The Franco-American of New England: A history.* Assurance and Institut Français of Assumption College.

Centenaire franco-américain, le 28 et 29 mai, 1949 à Worcester : Programme-souvenir. (1949). Imprimerie du « Travailleur. »

Cerquiglini, Bernard. *« La langue anglaise n'existe pas » : c'est du français mal prononcé.* Collection Folio essais 704. Paris : Gallimard, 2024.

Cissé, M. 2005. Langues, état et société au Sénégal. *Revue électronique internationale de sciences du langage sudlangues* 5 (décembre 2005): 99–133.

Clément, A. (1948, 4 septembre). Un centenaire franco-américain. *Le Devoir*, p. 14.

Clerk, N., & Bergeron, C. (n.d.). Church architecture. *The Canadian Encyclopedia.* [Pas d'autres détails fournis]

Clifford, J., & Reisinger, D. (2019). *Community-based language learning: A framework for educators.* Georgetown University Press.

Climax in Leominster: French Catholics omit offerings: Their first open act of rebellion, The Telegram (Leominster), Décembre 25, 1899. (n.d.). [Article de journal, auteur non référencé]

Colorado QuickFacts du Bureau du recensement des États-Unis. (2023). *Quickfacts.census.gov.*

Comité d'orientation franco-américain. (1949). Notre vie franco-américaine. *Le Travailleur*, 2 juin, p. 1 ; 9 juin, pp. 1, 4 ; 16 juin, pp. 1, 3.

Conseil de l'Europe. (2021). *Cadre européen commun de référence pour les langues : Apprendre, enseigner, évaluer : Volume complémentaire.* Conseil de l'Europe.

Coppel, A. (2007). Les Français et la norme linguistique : une passion singulière. *Cosmopolitiques, 16*, 157–168.

Cormier, R. (2000). *Portrait of a parish: Saint Cecilia's Church of Leominster, MA.* [Article de blog].

Coucou. A Long-Lasting French Heritage. https://coucoufrenchclasses.com/littleparisnyc/

Début de la semaine de la presse. (1949, 28 juin). *L'Impartial*, pp. 1, 6.

Dei, G. J. S. (2002). Learning culture, spirituality and local knowledge: Implications for African schooling. *International Review of Education, 48*(5), 335–360.

Désilets, A. (1949, 26 mai). Le fossé de ligne... *Le Travailleur*, pp. 1, 6.

Désormeaux. (1949, 2 juin). Echos de notre centenaire. *Le Travailleur*, pp. 1–2.

Dietrich, S., & Hernandez, E. (2022). *Language use in the United States: 2019. American Community Survey Reports* (pp. 1–37). Bureau du recensement des États-Unis.

Digital Collections, American Folklife Center, Library of Congress. (n.d.). [Site web ou ressource]

Dion-Lévesque, R. (1949, 28 juin). A Ferdinand Gagnon. *L'Impartial*, p. 2.

Diop, C. A. (2000). *Les fondements économiques et culturels d'un État fédéral d'Afrique noire*. Présence Africaine. (Œuvre originale publiée en 1974)

Dominguez, V. R. (1993). *White by definition: Social classification in Creole Louisiana*. Rutgers University Press.

Dunn, J. (2023). Job creation is essential to Louisiana francophone movement. *Le Louisianais*.

Désormeaux. (1949, 2 juin). Echos de notre centenaire. *Le Travailleur*, pp. 1–2.

Freeman, S. L., & Pelletier, R. J. (n.d.). *Manuel du professeur pour introduire les études franco-américaines. Initiating Franco-American studies: A handbook for teachers*. University of Maine.

French Culture. (2022). *French for all initiative, French for all – French Culture*. [Site web]

French Heritage Language Program. Villa Albertine. (n.d.). [Site web]

García, O. (2009). *Bilingual education in the 21st century: A global perspective*. Wiley-Blackwell.

Garza, R. T., & Herringer, L. G. (1987). Social identity: A multidimensional approach. *The Journal of Social Psychology, 127*(3), 299–308.

Gascoigne Lally, C. (2001). Service/community learning and foreign language teaching methods: An application. *Active Learning in Higher Education, 2*(1), 53–63.

Gide, A. (1967). *Les nourritures terrestres*. Le Livre de Poche.

Gide, A. (1972). *La symphonie pastorale*. Folio.

Ginn, V., & Tairov, J. (2024). *Louisiana's comeback: A tax plan for our brighter future*. Pelican Institute for Public Policy.

Goldberg, D. (1983). Ku Klux Klan in the Montachusett Area. [Pamphlet de la Leominster Library Special Collections]

Goodreads. (2024). *The obstacle is the way: The timeless art of turning trials into triumphs*.

Gosnell, J. K. (2018). *Franco-America in the making: The Creole nation within*. University of Nebraska Press.

Grim, F. (2010). Giving authentic opportunities to second language learners: A look at a French service-learning project. *Foreign Language Annals, 43*(4), 605–623.

Grim, F. (2011a). J'apprends et j'enseigne le français : Étudiants de français dans leur communauté. *French Review, 85*(2), 1132–1140.

Grim, F. (2011b). Socio-cultural sensitivities and service-learning. *Modern Journal of Language Teaching Methods, 1*(1), 15–19.

Grim, F. (2017). Experiential learning for L2 students: Steps for a service-learning program in a local community. In M. Bloom & C. Gascoigne (Eds.), *Creating experiential learning opportunities for language learners: Acting locally while thinking globally*. Multilingual Matters.

Grim, F. (2022). Teaching pronunciation through community outreach. *Journal of Linguistics and Language Teaching (JLLT), 13*(1).

Grosjean, F. (n.d.). What is translanguaging? *Psychology Today*. [Article de blog]

Hagège, C. (1996). *Le français : Histoire d'un combat*. Éditions Michel Hagège.

Hamayan, E., Genesee, F., & Cloud, N. (2013). *Dual language instruction from A to Z: Practical guidance for teachers and administrators*. Heinemann.

Hirsch, A. R., & Logsdon, J. (Eds.). (1992). *Creole New Orleans: Race and Americanization*. LSU Press.

Holiday, R. (2014). *The obstacle is the way: The timeless art of turning trials into triumphs*. Penguin Random House.

Hurt, E. (2023, 19 juin). Why Louisiana's economy keeps ranking so poorly. *Axios New Orleans*.

Intercultural Development Research Association. (2000, janvier). Why is it important to maintain the native language? *IDRA Newsletter*.

Irving, D. (2023). The economic returns of foreign language learning. RAND.

Iser, W. (1985). *L'acte de lecture : Théorie de l'effet esthétique* (2nd ed.). Mardaga.

Jalbert, E. L. (1949, 1 juillet). A Ferdinand Gagnon. *L'Impartial*, p. 2.

Jaumont, F. (2017). *The bilingual revolution: The future of education is in two languages*. TBR Books.

Jaumont, F., & Ross, J. (2014). French heritage language communities in the United States. In T. Wiley, J. K. Peyton, D. Christian, S. C. Moore, & N. Liu (Eds.), *Handbook of heritage and community languages in the United States* (pp. 101–110). Routledge.

Jaumont, F., Ross, J., & Le Dévédec, B. (2017). Institutionalization of French heritage language education in U.S. school systems. In O. E. Kagan, M. M. Carreira, & C. H. Chik (Eds.), *The Routledge handbook of heritage language education*. Routledge.

Jaumont, F., Ross, J., Schulz, J., Dunn, J., & Ducrey, L. (2016). Sustainability of French heritage language education in the United States. In *Handbook of research and practice in heritage language education* (pp. 1–18). Springer International Handbooks of Education.

Kamkwamba, W., & Mealer, B. (2009). *The boy who harnessed the wind: Creating currents of electricity and hope*. HarperCollins.

Klinger, T. A. (2003). Language labels and language use among Cajuns and Creoles in Louisiana. *University of Pennsylvania Working Papers in Linguistics, 9*(2), 77–90.

Koch, C., & Hooks, B. (2020). *Believe in people: Bottom-up solutions for a top-down world*. St. Martin's Press.

Kramsch, C., & Whiteside, A. (2008). Language ecology in multilingual settings: Toward a theory of symbolic competence. *Applied Linguistics, 29*(4), 645–671.

La vie franco-américaine : Centenaire franco-américain 1849–1949. (1950). Manchester : Comité de la survivance française en Amérique.

Labrosse, C. (2021). *Pour une langue sans sexisme*. Fides.

Lacasse, A. (1949, 1 juillet). Importance de la presse franco-américaine. *L'Impartial*, p. 2.

Lacroix, P. (2018) Franco-American Religious Controversies: The Flint Affair. Retrieved 4 septembre, 2024, from querythepast.com

Lacroix, P. (2019). Promises to keep: French Canadians as revolutionaries and refugees, 1775–1800. *Journal of Early American History, 9*(1), 59–82.

Lacroix, P. (2022). The lost wor(l)ds of Franco-American. *Le Forum, 44*(2), 8–10.

Ladson-Billings, G. (1995). Toward a theory of culturally relevant pedagogy. *American Educational Research Journal, 32,* 465–491.

Lafayette Convention & Visitors Commission. (2012). *Essentials* [Brochure].

Lagrée, M.-C. (2016). Montaigne on self. In P. Desan (Ed.), *The Oxford handbook of Montaigne* (Oxford Handbooks). Oxford University Press.

Larocque, F. (2024, 13 juillet). The grind: A Franco-Ontarian's perspective on minority language rights. *The Rover.*

Latour, Bruno, et al. Bruno Latour : How to Inhabit the Earth. Polity Press, 2024.

Lave, J., & Wenger, E. (1991). *Situated learning: Legitimate peripheral participation.* Cambridge University Press.

Laye, C. (1954). *L'enfant noir.* Heinemann.

Levine, B. (Director). (2003). *Waking up French (Réveil) : The repression and renaissance of the French of New England* [Film documentaire].

Lindner, T. (2008). *Attitudes toward Cajun French and international French in South Louisiana: A study of high school students* [Thèse de doctorat, Université d'État de Louisiane]. ProQuest Dissertations & Theses.

Lindner, T. (2013). Access to French education and attitudes toward international French and Cajun French among South Louisiana high school students. *French Review, 86*(3), 458–472.

Lo Bianco, J., & Aliani, R. (2010). *Language learning from the inside: Learners' voices and public policy ambitions.* Multilingual Matters.

Loebe, A. Y. (2004). *Educational leadership for change—stories by six Latina elementary school principals* [Thèse de doctorat, Université de l'Arizona]. ProQuest Dissertations & Theses.

Loughrin-Sacco, S. J. (1996). Redefining the role of the foreign language department chair: The chair as fundraiser, program developer, and entrepreneur. *ADFL Bulletin, 27*(2), 39–43.

Louisiana Budget Project. (2023). *The 2023 legislature: Missed opportunities.*

McLeod, W., & O'Rourke, B. (2015). 'New speakers' of Gaelic: Perceptions of linguistic authenticity and appropriateness. *Applied Linguistics Review, 6*(2), 151–172.

Maurer, Bruno, et Christian Puren. « Cinquième partie : Vers une méthodologie plurilingue intégrée (MPI) ». In CECR : Par ici la sortie ! Paris : Édition des archives contemporaines, 2019.

Meester, P. (de). (1982). *Notes inchoatives pour une didactique du latin.* Presses Universitaires de Lubumbashi.

Midlo Hall, G. (1992). *Africans in colonial Louisiana: The development of Afro-Creole culture in the eighteenth century.* LSU Press.

Monénembo, T. (2008). *Le roi de Kahel (The king of Kahel).* Éditions du Seuil.

Morfit, R. (1949, 26 mai). Fin ou commencement ? *Le Travailleur,* p. 1.

Mudimbe, V. Y. (1988). *The invention of Africa.* Indiana University Press.

Mukasonga, S. (2012). *Notre-Dame du Nil (Our Lady of the Nile).* Éditions du Seuil.

Nickerson, K. (1970). *150 years of education in Maine: Sesqui-centennial (1820–1970) history of Maine's educational system and the growth and development of the Maine State Department of Education.* State of Maine Department of Education.

Nolin, L. A. (1949, 1 juillet). Hommage à Ferdinand Gagnon. *L'Impartial,* p. 2.

Nsafou, L. (2017). *Comme un million de papillons.* Éditions Cambourakis.

ODSEF (Observatoire démographique et statistique de l'espace francophone de l'Université Laval). Laval, Québec. Organisation internationale de la Francophonie. https://www.outils-odsef-fss.ulaval.ca/francoscope/

O'Rourke, B., & Pujolar, J. (2013). From native speakers to « new speakers » : Problematizing nativeness in language revitalization contexts. *Histoire Épistémologie Langage, 35*(2), 47–67.

O'Rourke, B., & Pujolar, J. (2015). New speakers and processes of new speakerness across time and space. *Applied Linguistics Review, 6*(2), 145–150.

O'Rourke, B., & Walsh, J. (2015). New speakers of Irish: Shifting boundaries across time and space. *International Journal of the Sociology of Language, 231,* 63–83.

O'Rourke, B., Pujolar, J., & Ramallo, F. (2015). New speakers of minority languages: The challenging opportunity—Foreword. *Applied Linguistics Review, 6*(2), 1–20.

Oyono, F. (1956). *Le vieux nègre et la médaille*. Julliard.

Paré, P. (1979). A history of Franco-American journalism. In R. S. Albert (Ed.), *A Franco-American overview* (Vol. I). National Assessment and Dissemination Center for Bilingual/Bicultural Education.

Pelican Institute for Public Policy. (2023). *Citizen's guide to the Louisiana budget*.

Pérochon, E. (1930). *Contes des cent un matins*. Delagrave.

Perreault, R. B. (1996). The Franco-American press: An historical overview. In C. Quintal (Ed.), *Steeples and smokestacks: A collection of essays on the Franco-American experience in New England*. Éditions de l'Institut français – Assumption College.

Pinar, W. F. (1991). Understanding curriculum as a racial text. *Scholars and Educator, 15*(1), 9–21.

Pinette, S. (2017). Un « étonnant mutisme » : L'invisibilité des Franco-Américains aux Etats-Unis. In J. E. Price (Ed.), *La jeune francophonie américaine : Langue et culture chez les jeunes d'héritage francophone aux Etats-Unis d'Amérique*. L'Harmattan.

Poarch, G. J., & Bialystok, E. (2015). Bilingualism as a model for multitasking. *Developmental Review, 35*, 113–124.

Podea, I. (1950). Quebec to « Little Canada » : The coming of the French Canadians to New England in the nineteenth century. *The New England Quarterly*.

Posner, R. 1997. *Linguistic Change in French*. Oxford: Clarendon Press.

Pottie-Sherman, Y. (2018). Rust Belt placemaking: Migrants and the transformation of declining towns. *Journal of Urban Affairs, 40*(4), 442–455.

Potvin, R. (2023). The Franco-American parishes of New England: Past, present and future. *American Catholic Studies*.

Public Affairs Research Council of Louisiana. (2017a). *New patterns on the spending side: As the state budget takes shape, a new look is needed for TOPS, the Medicaid expansion and appropriations policy*.

Public Affairs Research Council of Louisiana. (2017b). *The future is now: Improved tax policies, a better business climate and an answer to the fiscal cliff are still possible this session*.

Pujolar, J., & Puigdevall, M. (2015). Linguistic mudes : How to become a new speaker in Catalonia. *Applied Linguistics Review, 6*(2), 167–187.

Quintal, C. (1997). La Fédération féminine franco-américaine ou Comment les Franco-Américaines sont entrées de plain-pied dans le mouvement de la survivance. *Francophonies d'Amérique, 7,* 177–191.

Reed Marshall, T., & Rodick, W. H. (2023). The search for more complex racial and ethnic representation in grade school books. *EdTrust.*

Reisinger, D. (2022). Online intercultural exchanges in a French for the professions course. *Global Advances in Business Communication, 10*(1), Article 3.

Rhodes, N. C., & Pufahl, I. (2010). *Foreign language teaching in U.S. schools: Results of a national survey.* Center for Applied Linguistics.

Richard, Z. (n.d.). *Réveille* [Chanson/album].

Robert, A. (1949, 23 juin). La pénétration canadienne-française aux Etats-Unis. *Le Travailleur,* p. 4.

Roby, Y. (2007). *Histoire d'un rêve brisé ? Les Canadiens français aux États-Unis.* Éditions du Septentrion.

Romaine, S. (2006). Planning for the survival of linguistic diversity. *Language Policy, 5,* 441–473.

Ross, J., & Jaumont, F. (2012). Building bilingual communities: New York's French bilingual revolution. In O. García, Z. Zakharia, & G. Bahar Otcu (Eds.), *Bilingual community education and multilingualism* (pp. 232–246). Multilingual Matters.

Ross, J., & Jaumont, F. (2013). French language vitality in the US. *Heritage Language Journal, 10*(3), 316–317.

Ross, J., & Jaumont, F. (2015). Maintien et transmission de l'héritage linguistique chez les francophones des États-Unis. *Québec français, 174,* 43–44.

Sacco, S. J. (2024, 29 juillet). *Grant-getting: A strategy for world language departments to survive and thrive in the post-pandemic era of university program elimination* [Conférence]. Congrès annuel de, San Diego, CA, États-Unis.

Sacco, S. J., & Diercks, M. (2024). *Creating an interdisciplinary Francophone African curriculum for K–16 educators and students.* U.S. Department of Education's Fulbright-Hays Group Projects Abroad Program.

Salmon, C. (2019). Immigrations francophones d'hier et d'aujourd'hui en Franco-Américanie. *Revue de l'Université de Moncton, 50*(1–2), 379–412.

Sanchez, J., Thornton, B., & Usinger, J. (2009). Increasing the ranks of minority principals. *Educational Leadership, 67*(2).

Schecter, S. R. (2015). Identity and multilingualism. In J. Cenoz & D. Gorter (Eds.), *The Routledge handbook of bilingualism and multilingualism* (pp. 203–215). Routledge.

Schmidt, S. R. (2011). Theorizing place: Students' navigation of place outside the classroom. *The Journal of Curriculum Theorizing, 27*(1), 20–35.

Schulz, J. (2012). Innovative approaches for preventing and reversing heritage language decline and loss. In *Handbook of research and practice in heritage language education* (pp. 1–18). Springer International Handbooks of Education.

Semple, K. (2013, 8 juin). City's newest immigrant enclaves, from Little Guyana to Meokjagolmok. *The New York Times.*

Seneca. (2018). *Tragedies* (J. G. Fitch, Ed. & Trans.). Harvard University Press. (Original work written ca. 1st century CE)

Senghor, L. S. (1962). Le français, langue de culture. *Esprit, Novembre,* 837–844.

Silvia, P., Jr. (1979). The "Flint Affair": French-Canadian struggle for survivance. *The Catholic Historical Review.*

Smith, M. A. (2015). Who is a legitimate French speaker? The Senegalese in Paris and the crossing of linguistic and social borders. *French Cultural Studies, 26*(3).

Smith, M. A. (2017). French heritage language learning: A site of multilingual identity formation, cultural exploration, and creative expression in New York City. *Critical Multilingualism Studies, 5*(2), 10–38.

Smith, M. A. (2019). *Senegal abroad: Linguistic borders, racial formations, and diasporic imaginaries.* University of Wisconsin Press.

Smith, M. A. (2021). Enunciating power: Amanda Gorman and my battle to claim my voice. *Yes! Magazine.*

Smith, M. A. (2022). *Sénégalais de l'étranger : Frontières linguistiques, représentations raciales et imaginaires diasporiques.* Traduit par Raphaëlle Etoundi. TBR Books.

Smowl Tech. (2023, 22 juin). Disruptive education: Definition, features, benefits and disadvantages. [Article de blog]

Soroosh, M., Chik, C. H., & Jaumont, F. (2022). French in Greater Los Angeles: Challenges and opportunities. In C. H. Chik & M. Carreira (Eds.), *Multilingual La La Land: Language use in sixteen Greater Los Angeles communities*. Routledge.

Stein-Smith, K., & Jaumont, F. (2023). *French all around us. French language and Francophone culture in the United States*. CALEC – TBR Books.

Tchoumi, B. (2020a). The leadership of the marginalized: A literature review. *Journal of Educational Leadership in Action, 7*(3).

Tchoumi, B. (2020b). *Why do you « talk » like that? The accented voices of Black African immigrants in school leadership* [Thèse de doctorat, Université d'État Morgan]. ProQuest Dissertations & Theses.

Tchoumi, B. (2024a). Enseigner sous des angles multiples : Modèles d'adaptation et d'appropriation pédagogiques [Exposé]. Congrès annuel de l'AATF Annual Conference, San Diego, CA, États-Unis.

Tchoumi, B. (2024b). *Regards sans complexe : Vingt-six mots pour célébrer l'enfant africain. Uniquely you: A celebration of the African child*. TBR Books.

Tétu, J.-F. (1997). *Qu'est-ce que la Francophonie ?* Hachette.

The Public Affairs Research Council of Louisiana. (2017a). *New patterns on the spending side: As the state budget takes shape, a new look is needed for TOPS, the Medicaid expansion and appropriations policy*.

The Public Affairs Research Council of Louisiana. (2017b). *The future is now: Improved tax policies, a better business climate and an answer to the fiscal cliff are still possible this session*.

The task force on structural changes in budget and tax policy. (2017, 27 janvier). *Louisiana's opportunity: Comprehensive solutions for a sustainable tax and spending structure*.

Thiong'o, N. (1986). *Decolonising the mind: The politics of language in African literature*. Heinemann.

Tilton, S., & Bazenet, R. (n.d.). Documenting the Francophone contribution to American music. [Non publié].

Trudeau, R. (1826). Expatriation. In *Mes tablettes : Mémoires de ce que je croirai assez intéressant pour en conserver le souvenir (1820–1848)* (Vol. II, pp. 223–224). Bibliothèque et Archives nationales du Québec.

Valdman, A. (2000). Standardization or laissez-faire in linguistic revitalization: The case of Cajun French. *Indiana University Working Papers in Linguistics, 2*, 127–138.

Valdman, A. (2010). French in the USA. In K. Potowski (Ed.), *Language diversity in the USA* (pp. 110–127). Cambridge University Press.

Vermette, D. (2019). When the influx of French-Canadian immigrants struck fear into Americans. *Smithsonian.*

Verrette, A. (1949, 28 juin). Pour honorer un précurseur. *L'Impartial*, pp. 1–2.

Vitiello, J., & Kerman, S. (2022/2024). *La Francophonie des Amériques : Conversation and community* [Chapitre dialogue ; détails de publication non fournis].

Vogel, S., & García, O. (2017). Translanguaging and the bilingual brain: Implications for educational research. *Journal of Multilingual Education Research, 8*(1), 1–10.

Wade, M. (1950). The French parish and survivance in nineteenth-century New England. *The Catholic Historical Review.*

Walker, W. E. (2000). Policy analysis: A systematic approach to supporting policymaking in the public sector. *Journal of Multi-Criteria Decision Analysis, 9*, 11–27.

Ward, R. K. (1997). The French language in Louisiana law and legal education: A requiem. *Louisiana Law Review, 57.*

Watterson, K. (2011). *The attitudes of African American students towards the study of foreign languages and cultures* [Thèse de doctorat, Université d'État de Louisiane]. ProQuest Dissertations & Theses.

Webinar: Fulbright-Hays Group Projects Abroad technical assistance. (2023). [Webinaire].

Westerman, A. (2012, 23 août). The future of French in Louisiana. *WRKF: All Things Considered.*

Williams, I., & Loeb, S. (2012). Race and the principal pipeline: The prevalence of minority principals in light of a primarily white teacher workforce. *Center for Education Policy Analysis.*

Wong, D. (2021, 4 juillet). Les derniers Franco-Américains. *ICI Radio-Canada.*

Zeiger, S. *Entangling Alliances: Foreign War Brides and American Soldiers in the Twentieth Century*, 1996.

Zéphir, F. (2004). *The Haitian Americans.* Greenwood Press.

Références légales

À propos des auteurs

Eileen M. Angelini est professeure de français à l'université et bénéficie d'une bourse Fulbright. Elle a mené des recherches approfondies dans le domaine des études franco-américaines et a publié de nombreux articles sur la langue et la culture françaises, apportant une contribution considérable à la compréhension de l'héritage francophone aux États-Unis. Ses travaux ont été récompensés par divers prix soulignant son engagement dans la préservation de la culture française et l'enseignement de la langue. Les recherches de la docteure Angelini, soutenues par sa bourse, continuent d'influencer les cercles universitaires et la communauté franco-américaine.

Valérie Barrau-Ogereau vit près de Boston, dans le Massachusetts. À la suite de son départ de France, après une carrière de 15 ans dans l'industrie aéronautique, elle a entamé une réorientation professionnelle. Elle a choisi l'enseignement, à la fois motivée par les nombreuses opportunités d'enseigner le français dans cette région et par le désir de mieux accompagner ses enfants dans leur parcours plurilingue. Pendant six ans, elle a travaillé comme professeure au sein d'une association FLAM (Français Langue Maternelle) dédiée à l'enseignement du français auprès d'enfants issus de familles francophones, tout en poursuivant ses études. Après cinq ans d'études en ligne, elle a obtenu un master de français langue étrangère à l'Université de La Réunion, avec une spécialisation en apprentissage numérique et en plurilinguisme. Elle enseigne actuellement le français comme langue étrangère à des collégiens de la région de Boston.

Timothy Beaulieu est le fondateur de la New Hampshire PoutineFest, la plus grande célébration en Nouvelle-Angleterre du fameux plat québécois. En 2019, pour son travail sur cet événement, il a été inscrit sur la liste des 40 professionnels de moins de 40 ans les plus influents de l'État du New Hampshire, établie par le journal *New Hampshire Union Leader*. Titulaire d'une licence de l'Université du New Hampshire et d'un master de Plymouth State University (New Hampshire), il s'implique activement dans la communauté franco-américaine, travaille sur divers projets professionnels et passe du temps avec sa famille.

Joseph Bolton est chercheur et écrivain spécialisé dans l'ascendance et la généalogie franco-canadiennes. Son travail explore la complexité des liens entre migrations, identité et préservation culturelle en Amérique du Nord. Il a contribué à des projets visant à documenter l'influence historique et sociale des communautés francophones. À travers ses recherches, Bolton met en évidence l'héritage durable des familles franco-canadiennes, qui a marqué la construction de la société américaine.

Claire-Marie Brisson est historienne et pédagogue à l'Université Harvard et se spécialise dans les identités francophones aux États-Unis. Elle a mené des recherches approfondies et a beaucoup écrit sur la présence de la culture française dans la Rust Belt. Son travail se concentre sur la préservation de la langue, les changements culturels et l'évolution identitaire des communautés francophones. La docteure Brisson milite activement pour la promotion de l'enseignement du français comme langue d'héritage.

Megan Diercks promeut l'enseignement de la langue française et a collaboré à des projets de recherche examinant le rôle des financements externes dans le maintien des programmes de français dans l'enseignement supérieur. Elle s'est engagée dans des initiatives soutenant le développement et la préservation de ces programmes. Son travail se concentre sur l'identification de stratégies visant à améliorer la viabilité des études françaises au sein des institutions académiques. Elle occupe le poste de directrice exécutive de l'American Association of Teachers of French.

Hamza Djimli est expert en coopération éducative et linguistique. Il est titulaire d'un master en sciences du langage et coopération, ainsi que d'une licence en littérature italienne. Sa carrière l'a mené à enseigner dans six pays, aussi bien sur des bases militaires que dans des écoles internationales, et inclut la direction du département de langues de l'Institut français de Jordanie. Il a ensuite rejoint France Éducation international, où il a développé des programmes de certification dans 173 pays et occupé le poste de coordinateur national pour le réseau de l'Alliance française à l'ambassade de France. Auteur d'un manuel publié aux Éditions Didier, il promeut une approche innovante de l'enseignement des langues et de la coopération interculturelle.

Elcie Douce dirige le département des langues étrangères à Nyack High School, à Upper Nyack, dans l'État de New York. Elle a été récompensée pour ses méthodes d'enseignement innovantes, recevant une subvention *Innovative Teaching Grant* de la Rockland Community Foundation. La docteure Douce est très impliquée dans la promotion du plurilinguisme et de la compréhension culturelle auprès de ses élèves.

Rebecca Fortgang est une pédagogue spécialisée dans l'enseignement du français auprès d'un public multigénérationnel. Elle a mis en œuvre des initiatives encourageant l'éducation bilingue pour tous, des jeunes enfants aux personnes âgées. Ses travaux s'attachent à créer des environnements d'apprentissage inclusifs et intergénérationnels. Elle a collaboré avec des institutions et des organisations promouvant la diversité linguistique et l'échange culturel.

Frédérique Grim est docteure et professeure de français dont la recherche se concentre sur l'acquisition de la langue et la pédagogie. Elle a publié de nombreux travaux sur les défis et les réussites liés à l'apprentissage du français aux États-Unis. Ses recherches portent sur la transmission intergénérationnelle du français. Elle participe activement à des projets visant à améliorer l'expérience des apprenants.

Jessamine Irwin est professeure assistante clinique dans le département de French Literature, Thought, and Culture à New York University. Elle y a obtenu un double master en didactique du français langue étrangère et en didactique de l'anglais langue seconde (TESOL). Elle est également titulaire d'une licence de français de l'Université du Maine. Ses recherches portent sur la pédagogie communautaire, les liens entre langue et identité, et la présence francophone en Amérique du Nord. En parallèle de son travail académique, elle est réalisatrice de documentaires et a co-réalisé *Le Carrefour / The Intersection*.

Fabrice Jaumont, basé à New York, est chercheur, auteur primé, responsable associatif et expert en éducation. Actuellement attaché de coopération éducative pour l'ambassade de France aux États-Unis, il est également affilié à la Fondation Maison des sciences de l'homme à Paris et professeur associé à Baruch College. Président du Centre pour l'avancement des langues, de l'éducation et des communautés (CALEC), il a publié dix ouvrages.

Emmanuel Kayembe est titulaire d'un doctorat en langue et littérature françaises de l'Université de Cape Town. Il a également étudié la pédagogie universitaire à Harvard University. Il a enseigné aux universités de Lubumbashi-Élisabethville et de Cape Town, avant d'occuper le poste de *Research Fellow* à l'American Council of Learned Societies (ACLS, New York). Il bénéficie de plus de trente-quatre ans d'expérience dans l'enseignement, la recherche et la promotion des études francophones. Son parcours l'a mené de la République démocratique du Congo à l'Afrique du Sud, au Botswana, puis aux États-Unis, où il a récemment enseigné à University of Southern Maine. Spécialiste de la littérature et des cultures francophones, ses recherches explorent les champs littéraires africain et franco-américain, les questions d'identité, de langue, d'écriture et les phénomènes d'interculturalité.

Melody Keilig est une autrice et chercheuse dont le travail explore les expressions culturelles et les contributions artistiques des Franco-Américains. Elle s'intéresse aux subtilités de leurs arts et met en lumière la combinaison singulière de traditions et d'innovations au sein des communautés franco-américaines. Ses recherches offrent un aperçu de l'évolution de l'art franco-américain et de son influence sur d'autres contextes culturels.

Sophie Kerman est professeure de français au lycée St. Paul Academy and Summit School. Elle a obtenu une licence en sociologie et anthropologie au Carleton College et un master de français à l'Université du Minnesota (Twin Cities). Elle s'engage à promouvoir l'inclusion et la compétence interculturelle en classe, du niveau débutant au niveau avancé. Son travail ouvre les élèves à une diversité de points de vue et les encourage à réfléchir à leur rôle en tant que citoyens du monde en développant leur esprit critique.

Patrick Lacroix occupe le poste de directeur des Archives acadiennes à Fort Kent, dans l'État du Maine, depuis 2021. Originaire de Cowansville, au Québec, le docteur Lacroix a enseigné dans des universités au Canada et aux États-Unis et a collaboré avec des groupes franco-américains à travers la Nouvelle-Angleterre. Il est l'auteur de *"Tout nous serait possible": Une histoire politique des Franco-Américains, 1874-1945* (Presses de l'Université Laval, 2021). Il a également publié des articles dans *Québec Studies, Revue d'histoire de l'Amérique française, American Review of Canadian Studies* et *Journal of History*, entre autres. Son blogue *Query the Past* comprend plus de 200 publications portant sur des sujets liés à l'histoire acadienne et franco-canadienne.

Camden Martin, originaire de Lewiston-Auburn dans le Maine, a étudié en France et au Québec avant d'enseigner le français à Saint Dominic Academy. Auparavant, il a travaillé au Museum L-A (Maine Mill) et consacre ses efforts à la promotion de l'héritage franco-américain. Il est membre du conseil d'administration de plusieurs organisations, notamment la Franco-American Genealogical Society, l'Alliance française du Maine, la Franco-American Collection de l'Université du Southern Maine et la Franco-American Education Foundation.

Jesse Martineau est historien, avocat et conférencier. Il est titulaire d'une licence d'histoire et d'un doctorat en droit. Il a été député à la Chambre des représentants du New Hampshire. Il anime le *French-Canadian Legacy Podcast*, une émission consacrée à la culture et à l'héritage franco-américains. Son travail vise à faire connaître et à préserver l'identité franco-américaine à travers les médias numériques et l'engagement communautaire.

Monique Martineau Cairns est pédagogue, entrepreneuse et défenseuse de l'héritage culturel franco-américain. Elle est titulaire d'une licence en enseignement secondaire des sciences sociales (*Social Science Secondary Education*) et d'un master en éducation spécialisée (*Master of Science in Special Education*). Elle possède et dirige Northern Explosion, un studio de danse situé à Sanford, dans le Maine, où elle intègre des éléments de culture franco-canadienne à sa pratique artistique.

Franck Mounier est médecin et titulaire d'un master en marketing et administration des affaires (*Marketing and Business Administration*). Après de nombreuses années comme directeur général dans l'industrie pharmaceutique, dans des environnements culturels variés aux États-Unis, en Europe, au Japon et en Afrique, il est reconnu comme un leader inspirant favorisant des collaborations efficaces pour atteindre des objectifs communs. Il s'intéresse particulièrement aux environnements interculturels et valorise la culture française lors de ses expériences à l'étranger. À la retraite, il enseigne également dans le secteur des boissons spiritueuses et est membre de Mensa depuis plus de vingt ans.

Jonathan Olivier est auteur et journaliste ayant largement écrit sur les efforts de revitalisation du français en Louisiane. Ses travaux portent sur les multiples facettes de la culture de cette région. Il est notamment l'auteur de *Gumbo*, un ouvrage retraçant l'histoire du plat emblématique de la Louisiane. Jonathan Olivier est titulaire d'une licence de journalisme de Louisiana State University et d'un master de français de l'Université de Louisiane à Lafayette.

Jerry L. Parker, titulaire d'un doctorat en éducation, enseigne le français depuis quinze ans. Ses recherches portent sur les programmes, les pratiques pédagogiques, la direction éducative et les politiques publiques dans l'enseignement des langues et dans l'enseignement supérieur. Il œuvre à rapprocher les objectifs et les ressources des législatures d'État et des responsables de l'éducation afin de favoriser la réussite scolaire et le développement de compétences bilingues pour tous les élèves.

Steven J. Sacco est professeur émérite, spécialiste de l'enseignement du français et du développement de programmes. Il a mené des recherches sur l'influence du financement externe dans la création et la préservation des formations de français dans les universités américaines. Son travail met en lumière les défis et les opportunités auxquels font face les programmes de français dans l'enseignement supérieur. Ses recherches contribuent aux politiques linguistiques et aux débats sur la pérennité des cursus.

Jasmine Grace St. Pierre est une future pédagogue engagée en faveur de l'enseignement du français. Elle participe à des initiatives promouvant le bilinguisme et la transmission intergénérationnelle de la langue et de la culture françaises. Elle développe des programmes éducatifs destinés à des apprenants de tous âges et contribue à la vitalité des communautés francophones.

Jennifer Schwester est autrice et pédagogue dans le New Jersey et se définit comme francophile. Elle se passionne pour la langue et la culture françaises, qu'elle intègre à ses écrits et à ses cours. Elle participe à des programmes promouvant l'apprentissage du français et les échanges culturels, et développe des ressources pédagogiques ainsi que des événements dédiés à la culture francophone.

Rebecca P. Sewall est enseignante-chercheuse spécialisée dans l'héritage culturel franco-américain. Elle a mené des recherches approfondies sur les contributions architecturales et culturelles des communautés franco-américaines en Nouvelle-Angleterre. Ses travaux mettent en lumière l'influence durable de ces communautés sur le paysage bâti régional et offrent des perspectives précieuses sur la préservation de leur patrimoine.

Maya Angela Smith est professeure de français à l'Université de Washington. Ses recherches portent sur la sociolinguistique, les relations entre langue et identité, et les diasporas africaines francophones. Elle a publié des travaux analysant l'expérience des immigrés sénégalais aux États-Unis et la manière dont la langue façonne les identités et les communautés. Son approche interdisciplinaire éclaire les liens entre langue, migration et culture.

Kathleen Stein-Smith défend avec conviction le plurilinguisme et l'enseignement des langues. Elle est l'autrice de plusieurs publications sur l'importance de l'apprentissage des langues à l'échelle internationale. En tant que pédagogue et conférencière expérimentée, elle met en avant les bénéfices du bilinguisme et des compétences interculturelles. Officière dans l'Ordre des Palmes académiques, elle est également présidente de la Commission pour la défense de la langue française de l'American Association of Teachers of French.

Marguerite Tabusse est économiste et chercheuse spécialisée en politiques économiques et en fiscalité. Elle a étudié à l'École normale supérieure de Lyon, où elle s'est spécialisée en fiscalité du revenu, développement durable et analyse des politiques publiques. Elle a travaillé comme assistante de recherche à l'ENS de Lyon et chez France Stratégie, où elle a notamment analysé les systèmes fiscaux américains et les réformes liées aux catastrophes naturelles en France.

Bertrand Tchoumi est spécialiste de l'éducation bilingue et de la pédagogie centrée sur l'Afrique. Il possède une vaste expérience dans la conception de programmes d'études intégrant les perspectives africaines francophones. Ses travaux visent à renforcer les identités francophones chez les élèves des écoles bilingues. Il milite pour une éducation inclusive reflétant la diversité culturelle et dirige la New York French-American Charter School.

Scott Tilton est le fondateur de la Nous Foundation, une organisation dédiée à la promotion et à la préservation de la culture francophone de Louisiane. Il a joué un rôle clé dans des initiatives valorisant les contributions des communautés francophones à la vie culturelle et musicale américaine. Son travail consiste à organiser des événements et à développer des programmes favorisant la transmission du patrimoine francophone.

John Tousignant est un défenseur de l'héritage francophone et de la préservation culturelle. Il œuvre à documenter et à promouvoir les contributions des communautés francophones aux États-Unis. Ses initiatives incluent l'organisation d'événements culturels, le développement de programmes éducatifs et la collaboration avec des institutions engagées dans la valorisation de l'histoire et de la culture francophones.

Joëlle Vitiello est professeure spécialisée dans les études francophones et s'intéresse particulièrement à la littérature et aux expressions culturelles des communautés francophones des Amériques. Elle a publié de nombreux travaux sur les questions d'identité, de migration et de production culturelle. Ses recherches analysent notamment les relations entre culture et identité dans les littératures francophones d'Amérique du Nord, en particulier dans la littérature haïtienne. Elle participe activement à des initiatives académiques et communautaires visant à promouvoir la compréhension et l'appréciation des cultures francophones.

À propos de TBR Books

Le programme TBR Books a été mis en place par le Centre pour l'avancement des langues, de l'éducation et des communautés (CALEC). Nous publions les travaux de chercheurs et de professionnels souhaitant toucher des communautés variées sur des sujets liés à l'éducation, aux langues, à l'histoire culturelle et aux initiatives sociales. Nos ouvrages sont traduits dans plusieurs langues afin de s'adresser au public le plus large possible.

LIVRES EN FRANÇAIS

Enfants bilingue : Familles, éducation et développement — Ellen Bialystok
Le français autour de nous (volume 1 et 2) — dir. K. Stein-Smith et F. Jaumont
Deux siècles d'enseignement français à New York — Jane Flatau Ross
Une révolution bilingue pour l'Afrique — dir. A. C. Hager-M'Boua et F. Jaumont
Jeux de FLE — Marie-Pierre Serra
Sénégalais de l'étranger — Maya Smith
Le projet Colibri : créer à partir de « rien » — Vickie Frémont
Pareils mais différents — Sabine Landolt et Agathe Laurent
Le don des langues — Fabrice Jaumont et Kathleen Stein-Smith
Conversations sur le bilinguisme — Fabrice Jaumont
La Révolution bilingue — Fabrice Jaumont

LIVRES EN ANGLAIS (également disponibles dans d'autres langues)

Speaking the World — dir. M. Lazar et F. Jaumont
Guiding Teachers into Bilingual Education — dir. V. Fialais et R. Streib
Bridging Worlds: The Power of Heritage Languages — dir. J. Ross et F. Jaumont
Myths and Facts about Multilingualism — J. Franck, F. Faloppa et T. Marinis
Mosaic of Tongues — dir. C. Allaf, F. Jaumont et S. Tahla Jebril
A Bilingual Revolution for Africa — dir. A.C. Hager M'Boua et F. Jaumont
Bilingual Children: Families, Education, Development — Ellen Bialystok
The Heart of an Artichoke — Linda Ashour et Claire Lerognon
French All Around Us — dir. K. Stein-Smith et F. Jaumont

Navigating Dual Immersion — Valerie Sun

Conversations on Bilingualism — Fabrice Jaumont

The Hummingbird Project — Vickie Frémont

One Good Question — Rhonda Broussard

Can We Agree to Disagree? — Sabine Landolt et Agathe Laurent

Salsa Dancing in Gym Shoes — T. Oberg de la Garza et A. Lavigne

Beyond Gibraltar; The Other Shore; Mamma in her Village — Maristella Lorch

Orrin Clark of Lake Champlain — Dorothy H. Hale

The English Patchwork — Pedro Tozzi et Giovanna de Lima

Peshtigo 1871 — Charles Mercier

The Word of the Month — Ben Lévy, Jim Shepd, Andrew Arnon

Two Centuries of French Education in New York — Jane Flatau Ross

The Bilingual Revolution — Fabrice Jaumont

LIVRES POUR ENFANTS (disponibles dans plusieurs langues)

My Granny lives in the tablet — Christine Hélot et Toscane Landréa

Sara, Roumaine en France, Française en Roumanie — Christel Houée

Les aventures de Zenzi et l'oiseau qui parle — Fadzai Gwaradzimba

Biscotte et le nouveau — Karine Cohen-Dicker et Agnès Angeles

Lapin is Hungry; Lapin is Cold — Tania & Olivier Czajka

Regards sans complexe — Bertrand Tchoumi

Franglais Soup e — Adrienne Mei

Morgane; Masques ; Noah Henry ; La leçon de couture — Deana Sobel Lederman

Super nouvel an coréen avec Mamie — Mary Kim et Eunjoo Feaster

Mon jardin est un carré — Barbara Schindelhauer

Math pour tous — Mark Hansen

Rose Alone — Sheila Decosse

La maison de l'oncle Steve ; La robe bleue ; Le bon, le vilain et l'incroyable — T. Moja

L'immunité en s'amusant ! ; La respiration en s'amusant ! ; La digestion en s'amusant — Dounia Stewart-McMeel

Marimba — C. Hélot, P. Velasco, A. Kojton

Nos ouvrages sont disponibles sur notre site web et dans les principales librairies en ligne, au format papier ou électronique. Certains ont été traduits dans plus de vingt langues. Pour consulter la liste complète des ouvrages publiés par TBR Books, obtenir des informations sur nos collections ou connaître les modalités de soumission d'un manuscrit, veuillez consulter notre site web **calec.org**

À propos de CALEC

Le Centre pour l'avancement des langues, de l'éducation et des communautés (CALEC) est une organisation à but non lucratif qui promeut le plurilinguisme, valorise les familles plurilingues et favorise l'entente interculturelle. La mission du Centre s'inscrit dans le même esprit que les objectifs de développement durable de l'Organisation des Nations unies (ONU). Nous souhaitons faire de la maîtrise des langues une compétence essentielle et bénéfique grâce à la mise en place et au développement de programmes d'éducation bilingue, à la promotion de la diversité, à la réduction des inégalités et à l'élargissement de l'accès à une éducation de qualité. Nos programmes visent à défendre le patrimoine culturel mondial tout en soutenant les éducateurs, les auteurs et les familles, en leur fournissant les connaissances et les ressources nécessaires pour façonner des communautés multilingues dynamiques.

Les objectifs spécifiques de notre organisation sont les suivants :

- Développer et mettre en place des programmes éducatifs qui promeuvent le plurilinguisme et l'entente interculturelle, et contribuer à une éducation de qualité, équitable et inclusive, notamment par le biais de stages et de formations (objectif de développement durable n° 4 – Éducation de qualité) ;
- Publier des ressources, articles de recherche, livres et études de cas, visant à soutenir et à promouvoir l'inclusion sociale, économique et politique de tous, en mettant l'accent sur la diversité culturelle, l'équité et l'inclusion (objectif de développement durable n° 10 – Inégalités réduites) ;
- Contribuer à la construction de villes et de communautés durables et soutenir les éducateurs, les auteurs, les chercheurs et les familles

dans le développement du plurilinguisme et de l'entente interculturelle à l'aide d'outils collaboratifs (objectif de développement durable n° 11 – Villes et communautés durables) ;

- Favoriser des partenariats à l'échelle mondiale en mobilisant des ressources au-delà des frontières, participer à des événements et à des activités promouvant l'éducation linguistique à travers la diffusion des connaissances, le mentorat, l'autonomisation des parents et des éducateurs, ainsi que la construction de sociétés plurilingues (objectif de développement durable n° 17 – Partenariats pour la réalisation des objectifs).

QUELQUES BONNES RAISONS DE NOUS SOUTENIR

Votre don nous permet de :

- Développer nos activités de publication et de traduction afin de représenter davantage de langues ;
- Donner accès à notre plateforme de livres en ligne à des crèches, des écoles et des centres culturels situés en zones défavorisées ;
- Soutenir des actions locales et durables en faveur de l'éducation et du plurilinguisme ;
- Mettre en œuvre des projets promouvant l'éducation bilingue ;
- Organiser des rencontres avec des auteurs et des experts du plurilinguisme, des ateliers pour les parents ainsi que des conférences destinées à un large public.

FAIRE UN DON EN LIGNE

Pour toute question, contactez notre équipe par courriel à l'adresse suivante : contact@calec.org

Pour effectuer un don en ligne, rendez-vous sur notre site web :
www.calec.org